강점 기반 슈퍼비전

상담자의 전문성 발달을 위한 긍정심리학적 접근

John C. Wade · Janice E. Jones 공저
김은지 · 김경희 · 이희경 공역

STRENGTH-BASED CLINICAL SUPERVISION A POSITIVE PSYCHOLOGY APPROACH TO CLINICAL TRAINING

학지사

The original English language work:
Strength-Based Clinical Supervision, First Edition
A Positive Psychology Approach to Clinical Training
ISBN: 9780826107367
by John C. Wade, PhD and Janice E. Jones, PhD
has been published by:
Springer Publishing Company
Princeton, New Jersey, USA

역자 서문

상담은 개인을 둘러싼 환경과 심리적 문제를 이해하고 해결해 나가는 중요한 과정이다. 대부분의 상담자는 내담자의 문제를 효과적으로 다루고, 긍정적인 변화를 이끌어 낼 수 있는 전문가로 성장하기 위해 상담 관련 교육에 참여하고, 사례 지도와 개인 분석을 받으면서 오랜 시간의 수련 과정을 거친다. 이러한 과정을 함께하는 슈퍼바이저는 슈퍼바이지가 상담자로서 전문적인 자질을 갖추어 나갈 수 있도록 내담자에 대한 정확한 이해와 구체적인 상담 기술을 교육한다. George와 Christiani(1981)는 유능한 상담자가 되기 위해서는 전문적인 자질뿐만 아니라 인간적 자질을 갖추어야 함을 강조하였다. 전문적 자질은 상담자가 이론적 지식과 상담 기술을 바탕으로 내담자를 이해하고 도울 수 있는 능력을 의미하며, 인간적 자질은 내담자의 다양성을 이해하고 한 인격으로 존중하고 수용하며 공감과 인내심을 발휘할 수 있는 성숙한 태도를 의미한다. 따라서 슈퍼바이저는 슈퍼바이지가 윤리적이고 성숙한 인간적 자질을 함양해 나가는 데 있어서 모델이 되어 주어야 한다. 즉, 상담자로서 윤리적인 태도를 기초로 내담자와 슈퍼바이지가 가지고 있는 잠재력과 다양성을 다각도로 이해하고 슈퍼바이지의 성장에 대한 동기를 강화할 수 있어야 한다.

이 책에서는 상담자의 평생학습이 될 전문성 발달과 성숙을 위한 구체적인 방법을 다룸으로써 슈퍼바이저와 슈퍼바이지의 효능감을 강화하고자 한다. 그동안의 고정관념과 맹점(blind spot)에서 벗어나 자신과 세상을 바라보는 시야를 넓히고 긍정적인 탐구를 할 수 있도록 다양한 예시와 성찰할 수 있는 질문을 제시한다. 더불어 슈퍼비전 관계를 형성하는 실제적인 방법부터 슈퍼바이지의 성공 경험과 갈등 경험을 통해 강점을 인식하고 강화해 나가는 구체적인 전략을 포함한다. 이는 긍정심리학의 연구 결과와 개념을 토대로 다양한 분야의 이론적 배경을 통합한 것이다. 긍정심리학이 심리학과 상담에서는 다양한 개념을 제시하며 활발히 연구된 반면, 상담자 발달과 성장에 적용할 수 있는 구체적인 지침이 부족했던 상황에서 이 책이 슈퍼바이저와 슈퍼바이지 모두에게 유용한 길잡이가 되어 줄 거라 믿는다.

Socrates는 "성찰하지 않는 삶은 살 가치가 없다."라고 말하며, 성찰하고 성장하는 삶을 강조하였다. 성찰과 검토를 통해 수많은 함정과 장애물을 이해하고 전문성을 개발해 나가는 일은 상담자에게 있어 평생의 학습이 될 것이다. 이 책의 많은 문구가 이전에 보지 못했던 것을 조명하는 깨달음(enlightement)을 주는 질문이 될 것을 기대한다.

끝으로 이 책이 출간될 수 있도록 애써 주신 학지사 김진환 사장님과 김지혜 선생님, 관계자 여러분께 마음 깊이 감사드린다.

2025년 9월

역자 일동

저자 서문

나(저자 John Wade) 역시 저자 서문을 읽지 않기 때문에 독자들이 이 글을 읽지 않는다고 해도 할 말이 없고 사실 알 길도 없다. 그럼에도 필요한 말을 몇 마디 적고자 한다.

이 책은 두 가지 관점으로부터 긍정심리학에 접근하고자 한다. 첫째, '강점'이나 '확장 및 구축 모델'과 같은 긍정심리학적 요소를 슈퍼비전과 수련에 적용하는 것이다. 둘째, 긍정심리학은 '효과가 있는 것에 대한 연구나 과학'이라는 정의에서 출발하는 것이다. 이러한 관점은 근본적인 개념 틀을 제공하는 것으로, 이 책 전반에 퍼져 있는 관점이다. 이러한 개념에 기반하여 슈퍼비전과 수련에 있어서 최적의 수행과 성공 혹은 '모범 사례'에 대한 연구 결과를 담고자 하였다.

Janice와 나는 둘 다 심리학자이지만 모든 정신건강 분야가 많은 제안점을 가지고 있고, 서로 다른 전문 분야 간의 유사점이 차이점보다 훨씬 많다고 생각한다. 따라서 사회복지, 상담, 정신의학, 알코올 및 약물 남용, 부부 및 가족 치료를 포함한 모든 정신건강 분야를 의도적으로 연구하고 활용해 왔다. 제5장 '평가 및 피드백'과 같은 경우, 주제에 대한 보다 포괄적인 이해를 돕기 위해 언어 병리학이나 법과 같은 임상 수련과 관련된 비정신건강 관련 분야도 연구하였다.

제1장 '슈퍼비전에 대한 관점'에서는 가장 효과적인 슈퍼비전 이론과 관점 몇 가지를 폭넓게 개관하고, 제2장 '긍정심리학의 기초'에서는 긍정심리학의 주요 연구 결과와 개념을 소개한다. 이후 장에서는 슈퍼바이저가 슈퍼비전 관계를 잘 형성해 나가는 데 도움이 되는 방법부터 슈퍼바이지의 강점을 인식하고 개발하여 전문성을 개발하고 평생

학습을 촉진하는 것까지 긍정심리학 틀에서 슈퍼비전을 제공하는 데 영향을 미칠 수 있는 요소와 실제에 중점을 둔다. 우리가 가장 좋아하는 장 중 하나는 제7장 '문제해결 및 해결책 제시'이다. 임상 장면에서는 종종 최선책이라고 생각한 것도 잘못될 수 있는데, 이때 발생하는 불가피한 좌절과 어려움을 다루기 위한 실용적인 제안점을 제7장에서 제공한다.

성찰과 토론을 위한 질문은 각 장마다 있다. 성찰은 자기 인식을 높이고, 관점을 넓히며, 거의 모든 치료적 접근의 초석이 된다. 이는 사려 깊은 슈퍼비전과 수련의 기초로, 이에 대한 질문은 수업이나 슈퍼비전 회기에서 토론을 촉진하는 데 유용하게 활용될 수 있다.

우리는 이 책을 통해 독자들이 유연성과 창의성, 효율성을 높여서 슈퍼비전과 수련을 제공하는 데 도움이 되기를 원한다. 특히 슈퍼바이저로서 자신의 능력을 최고로 이끌어 내는 데 도움이 될 뿐만 아니라 슈퍼바이지들의 최선을 이끌어 내는 데에도 효과적인 도구로 활용되기를 바란다.

John C. Wade

Janice E. Jones

차례

제1장

슈퍼비전에 대한 관점

배움에는 신성한 아름다움이 있다. 배운다는 것은 내가 태어날 때 모든 이의 삶이 시작되는 것이 아니라는 것을 받아들이는 것을 의미한다. 다른 사람들이 나보다 먼저 이곳에 있었고, 나는 그들의 발자취를 따라가는 것이다. – Eli Wiesel

마음은 채워야 할 그릇이 아니라 피워야 할 불이다. – Plutarch

보통의 교사는 말한다. 훌륭한 교사는 설명한다. 뛰어난 교사는 본을 보인다. 위대한 교사는 영감을 준다. – William Arthur Ward

슈퍼비전의 역사적 개요

일(work)이 존재하는 한 슈퍼비전은 계속 있어 왔다. 아버지가 아들에게 자신의 기술을 전수하던 형태이든, 특정 직업을 수행하기 위해 자격을 얻는 체계적인 견습 제도이든, 오늘날 많은 전문 직종이나 기업에서 운영하는 고도의 구조화된 교육 프로그램이든, 모두 슈퍼비전의 형태라 할 수 있다. 견습(見習) 모델에서의 목표는 경험이 많거나 전문적인 임상가가 초심자를 관찰하고, 돕고, 피드백을 함으로써 배워 나가는 것이다. Milne(2009)은 아이러니하게도 수련생들이 수련을 받으려고 할 때 자신의 경험이 반복적으로 거부당하고 고난과 굴욕을 겪는 선불교의 승려 수련 경험과 다르지 않다고 했다. 정신건강 전문 분야의 많은 대학원생은 경쟁이 치열하고 자격증을 취득하는 것이 힘든 여정이라는 점을 직면한다. 그러나 경험이 풍부한 임상가를 관찰하는 것은 교육의 매우 유용한 구성 요소가 될 수 있고(오늘날 관례보다 더 많이 활용되어야 할 것이다), 정신건강 서비스를 제공하는 데 능숙하려면 단순히 선임 임상가의 실무를 관찰하는 것 이상이 필요하다(Falender & Shafranske, 2004).

임상 능력을 개발하는 데 있어서 슈퍼비전의 중요성은 심리치료 초기부터 인식되어 온 듯하다. Freud는 수요일 저녁에 집에서 다른 치료사와 회의를 열고 이론과 사례에 대한 토론을 진행하여 사실상 그룹 슈퍼비전을 실시했다(Hess, Hess, & Hess, 2008). 이러한 사실상의 슈퍼비전은 19세기에 가난한 사람들에게 도움과 위안을 제공한 자원봉사자들과 사회복지사들보다도 먼저 시작된 것으로 보인다(Harkness & Poertner, 1989). Milne(2009)은 돕는 직업에서 슈퍼비전의 견습 제도가 고대 그리스 시대부터 크게 발달해 왔다고 했다.

이 장에서는 슈퍼비전에 대한 개요와 슈퍼비전 모델에 대해 간략하게 소개하고 슈퍼비전의 필수적인 업무와 기능, 슈퍼바이저의 역할도 논의하고자 한다.

슈퍼비전의 정의와 중요성

비록 슈퍼비전하는 교육을 정식으로 받지 않았더라도(이는 종종 실제 슈퍼바이저들 사이에서 발생하는 일이다), 당신은 자신이 다양한 활동에서 감독받았던 경험을 통해 슈퍼비전에 대한 기본적인 이해를 가지고 있을 것이다. 이러한 경험은 청소년기 동안의 아르바이트부터 보다 공식적이고 집중적인 임상 슈퍼비전에 이르기까지 다양할 수 있다. 슈퍼비전에 대한 넓은 정의는 일반적으로 '감독'과 '책임지는 것'으로 대략적으로 동일하며, 이는 수련생의 개발과 수행 수준 모두를 책임지는 것이다. Bernard와 Goodyear(2004)는 임상 슈퍼바이저가 교수, 상담, 자문과 유사하고 겹치는 부분이 있지만, 각 기능에는 차이가 있다고 언급했다. 그들은 슈퍼바이저를 "한 직업의 선배가 자신보다 주니어인 사람들에게 제공하는 개입"이라고 정의하며, "이 관계는 평가적이고, 시간이 지나면서 확장되며, 주니어인 사람의 직업적 기능 향상, 내담자에게 제공되는 전문 서비스의 품질 감독, 그리고 전문가로 진입하려는 사람들을 선별하는 목적을 가진다"고 말했다(p. 8).

Falender와 Shafranske(2004)는 임상 슈퍼비전을 "과학에 기반하여 실무 역량 개발을 목표로 하는 교육 및 훈련" "협력적인 대인 관계 과정을 통해 촉진되는 전문 활동"이라고 약간 다르게 정의 내린다. 여기에는 관찰, 평가, 피드백, 슈퍼바이지의 자가 평가 촉진, 교육, 모델링, 상호문제해결을 통한 지식과 기술 습득이 포함된다.(p. 3). 이 모델은 역량 기반 접근을 강조하지만, "슈퍼바이지의 강점과 재능에 대한 인식을 바탕으로 슈퍼비전은 자기 효능감을 장려한다"(p. 3)고 언급하며 강점 기반 접근법의 이점을 인정한다. 일반적으로 효과적인 슈퍼바이저는 관찰, 멘토링, 코칭 및 영감과 같은 다양한 역할을 하고 자기 동기부여, 학습 및 전문성 발달을 촉진하는 분위기를 조성한다(Center for Substance Abuse Treatment, 2007, p. 7).

슈퍼비전의 기능과 책임

슈퍼바이저는 많은 책임을 지고 있지만, 슈퍼비전은 크게 두 가지 기능으로 개념화될 수 있다. 슈퍼바이지의 전문적 개발을 촉진하는 것과 내담자의 복지를 보장하는 것이다(내담자 관리 모니터링 및 전문가 게이트키퍼로서 역할 수행하기). 슈퍼바이지의 전문성 발달과 관련하여 Bernard와 Goodyear(2004)는 슈퍼바이저들은 치료자와 달리 임상 과정에 직접 관여하지 않기 때문에 임상 과정에 대한 명확한 관점을 갖고 있는 장점이 있다고 했다. 그러나 그들은 이 '낯선 분위기'가 빠지기 쉬운 함정일 수 있으며, '월요일 아침 쿼터백(monday morning quarterback)'으로부터 통찰력을 얻는 것이 훨씬 더 자연스럽고 쉬울 수 있음을 주의해야 한다고 경고했다(p. 7).

슈퍼비전은 다른 전문 역할과 많은 공통점을 가지지만, 중요한 몇 가지 면에서 다르며, 정신건강 서비스 제공에서 대부분의 책임자와 차이점이 명확히 있다. 다음은 슈퍼비전과 교육, 상담, 자문 간의 유사점과 차이점을 명확히 하는 데 도움이 되는 지침이다(Bernard & Goodyear, 2004, pp. 8-9).

- 슈퍼비전 대 교육
  - **유사점**: 둘 다 새로운 기술과 지식을 전달하고 평가하는 기능을 수행한다.
  - **차이점**: 교육은 전체 학급의 학습 목표를 충족시키기 위해 진행되지만, 슈퍼비전은 매우 개인화되어 있으며 슈퍼바이지와 슈퍼바이지의 내담자의 필요에 따라 이루어진다.
- 슈퍼비전 대 상담 또는 치료
  - **유사점**: 슈퍼비전과 상담 둘 다 요청한 사람의 문제 행동, 사고, 감정을 다룰 수 있다.
  - **차이점**: (1) 슈퍼비전은 평가적이지만 상담은 그렇지 않다. (2) 내담자는 일반적으로 상담자에 대한 선택의 폭이 더 크지만, 슈퍼바이지는 슈퍼바이저에 대한 선택의 폭이 제한적이다. (3) 치료적 작업은 오로지 내담자와의 효과성을 높이기 위한 것이어야 하며, 잠재적인 경계 문제에 신중하게 주의해야 한다.
- 슈퍼비전 대 자문
  - **유사점**: 슈퍼비전과 자문 둘 다 요청한 사람이 전문적이고 더 효과적으로 작업하도록 돕는 것에 관심이 있다. 수련 경험이 많은 수련생일수록 슈퍼비전과 자문 사이의 공통점이 더 많다.
  - **차이점**: 자문은 동등한 관계이지만(사실 자문자를 해고할 수도 있다), 슈퍼비전 관계는 위계적이며, 슈퍼비전은 교육와 마찬가지로 평가적이지만 자문은 그렇지 않다.

슈퍼비전은 이러한 다른 전문 역할들과 중요한 공통점을 가지지만, 슈퍼비전이 교육에 너무 집중되거나(지나치게 교수적), 치료적 노력에 너무 집중되거나(잠재적인 윤리적 문제), 자문에 너무 집중될 경우(항상 내재되어 있는 권력이나 책임의 차이가 있기 때문에)에 문제를 일으킬 수 있다.

치료와 슈퍼비전 사이의 공통점은 추가적인 논의가 필요할 수 있다. 분명히 많은 부분에서 공통점이 있다. 슈퍼비전과 치료 모두 관점을 넓히고, 자아에 대한 인식을 높이며, 선택과 가능성의 범위를 넓히고, 구체적인 행동 대안을 탐색해야 한다. 그러나 치료적 영역은 적절한 경계를 명확하게 존중하고 궁극적인 목표를 가지고 접근해야 한다.

좋은 슈퍼비전은 때때로 슈퍼바이지가 효과적인 치료를 방해할 수 있는 자신의 측면을 인식하게 하고 더 효과적인 행동을 사용할 수 있는 방법을 탐색하는 것을 포함하지만 슈퍼비전과 치료를 혼동해서는 안 된다(슈퍼바이지에게 어머니에 대해 묻고 있다면, 잘못된 방향으로 가고 있는 것이다). 다시 말해, 권력의 차이는 매우 중요하다. 내담자는 언제든지 치료 과정을 중단할 수 있지만(적어도 자발적인 내담자는), 슈퍼바이지는 그럴 수 없기 때문이다.

유연성이 핵심이다. 효과적인 슈퍼비전은 슈퍼바이지의 다양한 발전과 즉각적인 요구 충족, 내담자의 필요, 그리고 상황적 요인을 슈퍼바이저가 정확히 평가하고 그에 맞게 조정할 수 있는 능력에 달려 있다.

슈퍼비전 접근법

이 절에서는 영향력 있는 임상 슈퍼비전 모델에 대해 간략하게 개요한다. 이는 각 모델에 대한 철저한 목록이나 완벽한 설명을 제공하는 것이 아니라, 독자에게 주목할 만한 다양한 슈퍼비전 접근 방식에 대해 빠르게 소개하는 것을 목적으로 한다.

치료 기반 모델

Morgan과 Sprenkle(2007)에 따르면, 초기에는 슈퍼비전에 대한 슈퍼바이저의 정식 수련이 거의 없었으며, 단순히 슈퍼비전 과정에 임상 이론을 적용하는 경향이 있었다. 상담자가 인간 본성에 대해 갖는 가정이 슈퍼비전을 포함한 모든 대인 행동을 이해하는 방식에 영향을 미친다는 것은 통상적으로 받아들이는 사실이다. 또한 치료와 슈퍼비전 사이에는 중요한 차이점이 있지만, 치료에서 사용되는 많은 기법이 슈퍼비전에서도 사용된다(Bernard & Goodyear, 2004, p. 76).

심리치료 기반의 슈퍼비전 모델은 치료 모델의 자연스러운 연장처럼 느낄 수 있으며, 많은 경우에 동일한 개념과 핵심 영역, 용어를 공유한다. 오늘날에도 치료 이론을 슈퍼비전에 적용하는 것은 여전히 매우 일반적인 관행이다. 그러나 슈퍼비전 관계는 상담자-내담자 관계와 동일하지 않으며, 필요한 기술과 강조 영역이 다르기 때문에 신중하게 분리하여 다루어야 한다.

심리역동 치료

심리학이 전문 직업으로 자리 잡기 시작한 초기에는 Freud의 개념이 지배적인 영향을 미쳤기 때문에 심리역동적 모델은 초기 슈퍼비전에 중요한 영향을 미쳤다. 이 접근법은 치료자가 내담자에 반응하지 않고 치료 과정을 방해하지 않도록 하기 위해 슈퍼바이지가 정신분석을 받도록 했다. (오늘날 대부분의 수련 프로그램이 수련생들에게 개인적인 심리치료 경험을 공식적으로 요구하지는 않지만, 우리는 이를 강력히 권장한다. 수련생들과 슈퍼바이지들에게 자주 말하듯이, 내담자 의자와 상담자 의자에서의 경험은 매우 다르고 상담자 관점에서 편안하게 느끼는 것이 내담자 관점에서는 반드시 편안하거나 도움이 되는 것은 아니다. 개인 치료 경험 없이도 좋은 상담자가 될 수 있지만, 이는 마치 한 번도 농구를 해 본 적이 없는 사람이 뛰어난 농구 코치가 되는 것과 같아서 물론 가능하지만 예외일 가능성이 높다.)

심리역동적 슈퍼비전은 심리역동적 관점에서 내담자의 과정에 중점을 두며, Freud의 심리적 과정, 즉 전이와 역전이, 방어기제, 갈등 등의 관점에서 슈퍼바이지를 본다. Dewald(1997)는 심리역동적 치료와 슈퍼비전 사이의 유사성에 대해 논하며, 두 과정 모두 견고한 동맹과 안전한 감각, 공감적 이해 및 전이와 역전이의 과정에 대한 조율이 필요하다고 언급했다. 그는 "숙련된 분석가라면 숙련된 슈퍼비전도 할 수 있을 것이다"라고 했다(p. 41). 그러나 좋은 상담자가 반드시 훌륭한 임상 교수진이 되는 것은 아니듯, 좋은 슈퍼바이저가 되는 능력 또한 개인 차이에 영향을 받을 가능성이 높다.

심리역동적 슈퍼비전은 초점에 따라 세 가지 범주로 넓게 분류되는데, 내담자 중심, 슈퍼바이지 중심, 그리고 슈퍼비전-매트릭스 중심이다(Frawley-O'Dea & Sarnat, 2001).

- 내담자 중심 심리역동적 슈퍼비전은 내담자의 표현과 우려에 중점을 둔다. 심리역동적 치료에서 상담자의 전문 역할을 강조하는 것을 반영하여 심리역동적 슈퍼비전은 주로 교수적이며, 슈퍼바이지가 내담자의 역동과 내용을 이해하도록 돕는 데 중점을 둔다.

- 슈퍼바이지 중심 심리역동적 슈퍼비전은 슈퍼바이지의 경험 내용과 과정에 중점을 두며, 슈퍼바이지의 저항과 불안을 다룬다(Falender & Shafranske, 2004). 슈퍼비전의 초점이 슈퍼바이지와 그의 심리적 과정에 대한 이해를 얻는 데 더 중점을 두기 때문에 이 과정은 내담자 중심 슈퍼비전보다 경험적이다.
- 슈퍼비전-매트릭스 중심 접근법은 슈퍼바이저와 슈퍼바이지 간의 관계를 조사하는 것을 포함한다. 이는 슈퍼바이저의 역할을 전문가의 역할에서 벗어나 슈퍼비전 과정과 관계, 그리고 평행 과정, 즉 상담자로서 슈퍼바이지와 내담자의 행동이 슈퍼바이저와의 상호작용에 어떻게 적용되는지를 검토하는 데 초점을 맞춘다(Haynes, Corey, & Moulton, 2003).

인간 중심 슈퍼비전

인간 중심 슈퍼비전은 Carl Rogers의 심리치료 촉진 조건을 슈퍼비전에 적용하는 데 기반을 둔다. Rogers(1957)는 자신의 상담 이론이 슈퍼비전 접근 방식에 영향을 미친다고 보았는데, 진정성, 따뜻함, 공감이라는 촉진 조건이 심리치료에 핵심적인 것처럼 효과적인 슈퍼비전에도 필수적이라고 믿었다. 이론적 지향과 상관없이 오늘날 대부분의 국가에서 대부분의 상담 기술 수련 프로그램의 기초는 로제리안(Rogerian) 원칙에 기초하고 있으며, 안전하고 공감적이며 진정성 있는 분위기를 만드는 것의 중요성을 인정하고 있다.

인간 중심 슈퍼비전은 슈퍼바이지가 상담자로서 발전할 수 있는 내재된 능력과 자원을 가지고 있다고 가정하며, 슈퍼바이저의 임무는 슈퍼바이지와 협력적 파트너십을 형성하여 슈퍼바이지가 내담자의 경험에 존재하고 내담자와 온전히 함께할 수 있는 조건을 제공하는 것이다(Lambers, 2000). 심리치료에서는 "상담자의 태도와 개인적 특성 및 상담자-내담자 관계의 질"이 치료 성과의 주요 결정 요인으로 간주되고(Haynes, Corey, & Moulton, 2003, p. 118), 슈퍼비전에서는 작업 동맹을 수련생의 학습과 성장 촉진을 위한 주요 수단으로 여긴다.

Rogers의 슈퍼비전 개념은 많은 다른 슈퍼비전 접근 방식보다 치료 쪽으로 더 기울어 있다. Rodney Goodyear와의 인터뷰에서 Rogers는 "나의 주요 목표는 상담자가 자신감을 키우고 치료 과정에 대한 이해를 깊게 하는 것을 돕는 것이라고 생각한다. 이를 위해 상담자가 내담자와 작업하면서 느끼는 어려움을 탐색하는 것이 매우 유익하다고 생각한다. 나에게 슈퍼비전은 치료 면접의 수정된 형태다"라고 말한 바 있다(Hackney & Goodyear, 1984, p. 283).

인지행동 슈퍼비전

정신역동적 및 인간 중심 슈퍼비전과 마찬가지로, 인지행동 슈퍼비전은 기본 이론의 많은 기법과 개념을 슈퍼비전 과정에 공유한다. Padesky(1996)는 인지행동치료(Cognitive Behavioral Therapy: CBT) 특징의 동일한 과정과 방법이 상담자 교육 및 슈퍼비전에 사용될 수 있다고 주장하면서(p. 289) 상담과 슈퍼비전 모두 목표 설정, 점검, 피드백 유도와 같은 유사한 활동을 포함한다고 언급했다.

인지행동 슈퍼비전은 일반적으로 매 회기의 시작에 슈퍼바이지와 의제를 협상하고, 슈퍼바이지의 진행 상황을 지속적으로 평가하고 모니터링한다. 행동 연습은 상담 및 슈퍼비전 회기 모두에서 강조될 수 있으며, 행동 연습과 역할연기 등을 포함한다. 인지행동 슈퍼비전은 Socrates식의 질문법과 슈퍼바이지의 한계에 도전하는 데 초점을 맞춘다. 다른 주요 초점으로는, (1) 강력한 작업 동맹 구축, 기술 분석 및 평가, (2) 슈퍼비전의 목표 설정 및 목표 달성을 위한 전략화 및 방법 구현, (3) 후속 평가 및 학습의 일반화, (4) 때때로 슈퍼바이지에게 숙제를 부여하는 것이 포함된다(예: Liese & Beck, 1997; Rosenbaum & Ronen, 1998). 또한 인지행동 슈퍼비전은 슈퍼바이지의 관찰 가능한 인지 및 행동, 특히 내담자에 대한 반응과 관련된 부분을 강조한다(Haynes et al., 2003).

체계적 슈퍼비전

체계적 슈퍼비전은 체계적 가족치료(예: Haley, 1987; Watzlawick, Weakland, & Fisch, 1974)의 이론적 관점을 바탕으로 하며, 가족 체계와 슈퍼비전 체계 간의 유사성에 주목하여 강조한다. 따라서 구조와 경계 같은 문제는 슈퍼비전에서 특별한 중요성을 가진다.

이 모델은 부부 상담자나 가족 상담자, 슈퍼바이저들 사이에서 널리 사용되며, 상담과 슈퍼비전 사이에는 긴밀한 이론적 일관성이 있어야 함을 강조한다(예: McDaniel, Weber, & McKeever, 1983). 상담과 슈퍼비전 사이의 일관성은 **동형적 전이**(isomorphic translation) 또는 **평행 과정**(parallel processes)이라고 불린다(Rigazio-DiGilio, Daniels, & Ivey, 1997, p. 224). 구조적 가족치료에 기반한 한 가지 시사점은 상담자와 가족 사이에서 유지하고자 하는 명확한 경계와 유사하게 슈퍼바이저와 슈퍼바이지 사이에도 명확한 경계를 유지해야 한다는 것이다.

체계적 슈퍼비전 과정은 체계적 치료와 마찬가지로 명확하고 효과적이며 의미 있는 목표를 공동으로 설정하는 데 기초한다(예: Haley, 1987; Watzlawick, Weakland, & Fisch, 1974). 이 '공동 구성 과정'은 슈퍼바이저와 슈퍼바이지 간에 형성되어 발전하는 관계에 기반한다(Milne, 2009, p. 30). Haley(1987)와 Liddle, Breunlin, 그리고 Schwartz(1988)는 성공적인 상담과 임상 슈퍼비전의 기초로 성공적인 첫 회기의 중요성을 강조했다.

핵심 원칙 중 하나는 슈퍼비전 과정의 구조가 구축되고 정교화되어 가면서 새로 형성된 구조가 슈퍼바이지의 학습과 발전의 수단이 된다는 것이다. 일반적인 가족치료에서처럼, 슈퍼바이저는 적극적이고 지시적이며 협력적인 역할을 맡는다(Liddle et al., 1997, p. 413). Yalom과 Leszcz(2005)가 과정 지향과 내용 지향을 구분한 것과 유사하게, Papadopoulos(2001)는 체계적 슈퍼비전은 중요한 **정보**와 **데이터** 간의 차이를 구분하도록 해야 한다고 언급했다. 즉, 슈퍼비전의 주요 임무는 슈퍼바이지가 회기에서 들은 모든 것이 치료 과정에 도움이 되는 것이 아니기 때문에 정보와 데이터를 구별하고, 적절한 정보를 도출해 내는 데 효율성을 높이는 방법을 배우도록 하는 것이다(pp. 406-407).

발달적 슈퍼비전

발달적 슈퍼비전 모델은 수련 중인 임상가가 지식과 기술을 향상시키면서 예측 가능한 발달 단계를 거친다는 가정에 기초한다. 슈퍼바이저의 임무는 슈퍼바이지의 발달 단계를 파악하는 것이다. 초심 상담자는 더 많은 구조와 지침이 필요한 반면, 보다 숙련된 임상가는 보다 협력적이고 개념적인 측면에서 도움을 받는다는 일반적인 가정에 따라 슈퍼비전의 초점과 접근 방식을 조정해야 한다. 성장과 학습의 단계는 서로 질적으로 다르며, 개발 단계에 따라 슈퍼비전에서 각기 다른 접근 방식과 강조점이 있다. 발달적 슈퍼비전 모델은 특히 1980년대에 Stoltenberg(1981)와 Ursula Delworth의 연구(Stoltenberg & Delworth, 1987)에 의해 시작되어 발전되어 왔다.

영향력 있는 발달심리학자 Lev Vygotsky(예: Vygotsky, 1978)는 슈퍼바이저가 슈퍼바이지의 발달 수준에 따른 요구를 충족시킬 수 있도록 수련 경험을 단계별로 발판화(scaffolding)하는 모델이나 도구를 제공하는 것이 중요하다고 생각했다. 그는 학습자가 스스로 할 수 있는 것과 도움을 받아 할 수 있는 것의 차이를 설명하기 위해 **근접 발달 영역**(Zone of Proximal Development: ZPD)이라는 용어를 만들었다. 발달은 더 많은 지식과 경험을 가진 사람이 제공하는 발판을 통해 이루는 것으로, 학습자가 숙련되어 감에 따라 점점 더 어려운 경험을 제공한다. 슈퍼바이저는 슈퍼바이지가 이미 알고 있는 것을 이끌어 내고, 명확히 하며, 이러한 강점을 바탕으로 슈퍼바이지의 이해의 폭을 넓혀 나갈 수 있다. Milne(2009)은 발판화 과정을 가이드와 함께 떠나는 여행에 비유해 설명했다. 슈퍼바이지는 자신만의 노력을 기울이고 혹시 모를 위험을 감내함으로써 원하는 것을 달성해 나간다. 하지만 이미 그 경로를 여행한 경험이 있는 가이드와 같은 슈퍼바이저와 함께 최선의 방향으로 갈 수 있는 것이다(p. 131).

Stoltenberg와 Delworth(1987)의 발달적 모델은 슈퍼바이지가 예측 가능한 발달 단계를 거친다는 전제 하에 슈퍼바이지의 현재 발달 수준을 충족하도록 슈퍼비전 과정을 조정하는 데 중점을 두었다. 슈퍼바이지의 역량이 발달되고 숙련되어 감에 따라 슈퍼바이저는 점차적으로 발판을 다음 단계로 이동하여 슈퍼바이지가 좀 더 어려운 다음 단계를 학습하도록 격려해야 한다.

슈퍼비전의 발달적 모델은 일반적으로 슈퍼바이지 발달의 점진적인 단계(예: 초심자에서 전문가까지)를 정의하고 각 단계에서 예상되는 특성, 과업, 기술을 설명한다. 발달적 슈퍼비전에서 슈퍼바이저는 슈퍼바이지의 현재 발달 단계를 정확하게 인식하고, 슈퍼바이지의 역량과 대인 관계적 요구를 모두 적절하게 충족하기 위해 슈퍼비전의 초점과 접근 방식을 조정해야 한다. 이를 통해 슈퍼바이지는 안정감을 얻는 것과 동시에 성장과 학습을 자극하기 위한 도전을 할 수 있다.

Heppner와 Roehlke(1984)는 슈퍼비전 과정에서 슈퍼바이지의 발달에 대해 조사하기 위해 2년 동안 슈퍼바이지를 연구했다. 초심 수련생들은 기술 수련에 대한 학습을 중요하게 여기며 본질적으로 상담을 수행하는 '올바른 방법'을 알고 싶어 하였다. 슈퍼바이지는 점점 더 많은 경험을 쌓으면서 사례 개념화와 치료 과정 전반에 대해 더 깊이 이해할 수 있었다. 수련을 시작하는 학생들은 지지나 자기 인식(self-awareness)과 관련한 문제를 '중요한 것'으로 밝힌 반면, 고급 수련생(박사 인턴)은 상담에 영향을 미치는 개인적인 문제나 방어와 관련된 문제를 더 중요한 것으로 보고하는 경향이 있었다.

발달적 모델은 얼핏 보기에도 슈퍼바이저와 슈퍼바이지 모두에게 의미 있어 보이지만, 실제 슈퍼바이저는 경험 수준에 관계없이 모든 슈퍼바이지에게 비슷한 슈퍼비전을 제공하기도 한다(Sumerall et al., 1998). 다행히 슈퍼바이지들은 개의치 않는 것 같다. Ladany, Marotta, 그리고 Muse-Burke(2001)는 100명의 슈퍼바이지를 대상으로 한 연구에서 임상 경험 수준에 따른 선호도에 차이가 없음을 발견했으며, 슈퍼비전에서 발달적 차이라는 개념은 "학문보다 오히려 임상 지식"에 기초한 것으로 볼 수 있었다(p. 215).

발달적 슈퍼비전 모델

이 절에서는 보다 영향력 있고 완전한 발달적 슈퍼비전 모델 중 두 가지를 자세히 설명하려고 한다. 대부분의 모델은 고유한 단계를 나타내지만 Hess(1987)는 다음과 같이 정의했다. 일반적인 발달 순서를 유용하게 이해할 수 있게 해 주는 4단계 순서이다.

- **1단계 시작**: 슈퍼바이지는 불안감을 느끼고 기본 기술을 습득하고, 역할을 정의하며, 경계를 설정하는 것을 중요하게 생각하는 경향이 있다. 이 단계에서는 치료의 신비를 없애는 것이 중요하다.
- **2단계 기술 개발**: 슈퍼바이지는 내담자의 특별한 요구를 파악하고 적절한 전략을 선택하는 데 더욱 능숙하게 된다. 슈퍼바이지는 치료 시스템과 인간 본성의 철학을 동일시하기 시작한다. 이 단계에서 슈퍼바이지가 자율성을 더욱더 개발해 나가면서 견습 모델로 전환하게 된다.
- **3단계 통합**: 슈퍼바이지는 자신만의 기술과 재능을 인식하기 시작한다. 그리고 이전에 습득한 여러 가지 블록을 통합해 나간다. 상담자로서의 성향이 드러나고, 기술의 세련미와 역량을 마음껏 발휘하게 된다.

- 4단계 상호성: 슈퍼비전에서 슈퍼바이지의 역할은 동료 상담자와 상의를 하는 자율성 있는 전문가가 된다. 슈퍼바이지는 점점 더 편안하고 능숙하게 문제를 해결하면서 해결책을 만들어 나갈 수 있다(p. 251-252).

가장 영향력 있고 연구가 많이 수행된 발달적 슈퍼비전 모델 중 하나는 통합 발달 모델(Integrated Developmental Model: IDM)이다. Stoltenberg(1981)에 의해 처음 개발된 이 모델은 Stoltenberg와 Delworth(1987)가 발전시키고, 이후 Stoltenberg와 McNeill(1997)가 또 한 번 발전시켰다. IDM은 상담자 발달을 세 가지 수준으로 분류한다.

- 1단계: 경험이 거의 혹은 전혀 없는 초심 슈퍼바이지이다. 일반적으로 열정적이고 의욕이 넘치지만 평가에 대해 불안해하고 두려워한다.
- 2단계: 경험이 중간 수준인 슈퍼바이지이다. 자신감과 동기에 기복이 있다.
- 3단계: 보다 고급 수준의 경험을 지닌 슈퍼바이지이다. 자신의 능력에 대해 좀 더 안정감을 느끼고, 치료 과정에 자신을 활용할 수 있다.

각각의 발달 단계에 따라 세 가지 주요 요인 혹은 구조에 발전이 있다.

- 자기와 타자를 알아차림(인지적인 부분과 정서적인 부분 모두)
- 동기
- 자율성

다른 발달 이론과 마찬가지로 기본 전제는 학습의 특성을 최적의 학습 환경으로 만드는 것이다. 즉, 슈퍼비전은 발달의 각 단계에 있는 슈퍼바이지의 학습을 최적화하도록 설계해야 한다. Stoltenberg의 IDM 모델은 개입 기술, 평가 기술, 대인 관계 평가, 사례 개념화, 이론적 이해, 직업 윤리, 다양성 인식, 치료 계획, 목표 설정과 같은 다양한 영역에서 전문성 발달의 중요성을 강조한다.

슈퍼바이저는 슈퍼바이지의 발달 수준에 맞는 기술과 접근 방식을 사용하는 것이 중요하다. 예를 들어, 초심 슈퍼바이지는 더 많은 지지와 지도가 필요한 반면, 숙련된 슈퍼바이지는 보다 협력적이고 도전적인 슈퍼비전을 통해 더 많은 배움을 얻어 갈 수 있다. 이러한 차이는 문제가 될 수 있는데, 예를 들어 초심 슈퍼바이지에게 자율성을 기대하는 슈퍼바이저는 슈퍼바이지의 불안을 증폭시킬 수 있으며, 숙련된 수련생에게 지나치게 규범적인 슈퍼바이저 역시 자율성 발달을 저해할 뿐만 아니라 실망스러운 슈퍼비전으로 기억될 수 있다.

선형인 다른 모델과 달리 Loganbill, Hardy, 그리고 Delworth(1982)가 제시한 모델은 상담자가 각 단계를 순환하면서 통합 수준을 발달해 나갈 것이라고 가정한다. 이 모델에서 반복되는 세 가지 발달 단계는 다음과 같다.

- **침체**: 숙련된 임상가의 경우에 '고착' 또는 사각지대, 초심 슈퍼바이지의 어려움을 인식하지 못한다. 이 단계에서는 단순한 흑백논리적 사고를 하며 통찰력이 부족하다.
- **혼란**: 이 단계에서는 불안정, 혼란, 혼동, 갈등이 특징이다. 이 단계에서 슈퍼바이지는 슈퍼바이저로부터 답변이 나오지 않을 것이라는 점을 깨닫고 당황스러울 수 있다.
- **통합**: 이 단계에서는 평온함, 새로운 이해, 유연성이 특징이며, 슈퍼바이지는 슈퍼비전 과정에 대해 더욱 책임감을 가지고 슈퍼비전 시간을 의미 있게 활용한다.

Rønnestad와 Skovholt(2003)는 초심 상담자부터 수십 년의 경험을 가진 전문가에 이르기까지 다양한 상담자 100명과의 인터뷰를 기반으로 슈퍼비전 모델을 개발했다. 이 모델은 경력 수준 전반에 걸쳐 상담자를 개발한다는 점이 독특하다. 그들은 다음과 같은 여섯 가지 발달 단계를 제안했다.

- **1단계 일반 도우미 단계**: 이 단계의 개인은 다른 사람(예: 친구 및 가족)을 돕는 경험이 있지만 경계 문제가 발생하고 과도하게 관여하는 경향이 있다.
- **2단계 초보 학생 단계**: 슈퍼바이지는 불안과 의존성을 느끼고 슈퍼바이저의 의견을 소중히 여긴다.

- **3단계 고급-학생 단계:** 고급 실습 또는 인턴십 단계의 슈퍼바이지가 전문적인 역량 수준에서 수행해야 한다는 압박감을 느낀다. 슈퍼비전은 슈퍼바이지가 자신의 상담 기술의 습득 수준을 확인하고 학습을 통합하도록 한다.
- **4단계 초심자-전문 단계:** 상담자는 일반적으로 자신의 성향을 상담에 통합해 가고 전문적인 역할을 하는 데 점점 더 편안함을 느끼기 시작한다.
- **5단계 경험이 풍부한 전문가 단계:** 도전 과제는 자신의 가치와 정체성에 일치하는 진정성 있는 상담 스타일을 찾는 것이다.
- **6단계 고위-전문 단계:** 20년 이상의 경험을 갖고 있다. 이 단계의 상담자는 내담자에게 미치는 영향에 대해 종종 더 겸손하다. 이 단계에서는 상실이 테마가 될 수 있다(자신의 은퇴, 선배의 상실 등).

처음 세 단계는 대략 IDM 단계와 일치한다. 그러나 이후 세 단계는 졸업 후 전문 영역으로 발전을 확장해 나가는 것을 의미한다.

횡단적 그리고 종단적 질적 연구 결과를 바탕으로 Rønnestad와 Skovholt(2003)는 상담자 발달의 열네 가지 주제를 다음과 같이 공식화했다.

- 전문성 발달은 직업적 자아와 개인적 자아를 고차원적으로 통합시켜 나가는 것을 포함한다.
- 역할의 초점은 시간이 지남에 따라 내부에서 외부로, 다시 내부로 극적으로 이동한다.
- 모든 경험 수준에 있어서 지속적인 성찰은 최적의 학습과 전문성 발달을 위한 전제 조건이다.
- 학습에 대한 열정과 헌신은 상담자 발달을 촉진한다.
- 초심자는 외부 전문 지식에 의존하지만, 숙련된 전문가는 내부 전문 지식에 의지하는 방식으로 인지 지도(cognitive map)에 변화가 일어난다.
- 전문성 발달은 길고 느리고 지속적인 과정이며 불규칙할 수도 있다.
- 전문성 발달은 평생에 걸친 과정이다.
- 많은 초심자는 전문적인 업무에서 많은 불안을 경험하지만 시간이 지남에 따라

대부분은 이러한 불안을 극복한다.

- 내담자는 상담자에게 영향을 미치는 주요 원천이자 교사 역할을 한다.
- 개인의 삶 역시 직업적 수행과 발달에 평생 영향을 미친다.
- 비인격적인 것에 영향을 미치는 원천보다 대인 관계에 영향을 미치는 원천이 전문성 개발에 더 큰 영향을 미친다.
- 상담 실무를 처음 접한 이들은 전문가 선배들이나 대학원 수련에 대해 강렬한 정서 반응을 보인다.
- 고통에 대한 다양한 경험은 인간의 다양성을 인식하고 수용하며 이해하게 한다.
- 실무자는 '영웅 같은 나'에서 '영웅 같은 내담자'로 관심이 옮겨 간다(pp. 27-38).

Rønnestad와 Skovholt(2003)는 슈퍼바이지가 성장하는 데 있어 발달 단계 전반에 걸친 지속적인 성찰의 중요성을 강조했다.

기타 슈퍼비전 모델

몇몇 다른 접근법도 슈퍼비전 분야에 영향을 미쳤다. 사회적 역할 모델은 슈퍼비전의 다양한 기능과 역할을 조직화하는 틀을 제공한다. Bernard(1979)의 변별 모델은 슈퍼비전의 기능(슈퍼바이지가 상담 과정과 사례 개념화, 개인화하는 기술을 학습하도록 돕는 것)을 슈퍼바이저의 역할(교사, 상담자, 자문가)과 일치시키는 3×3 개념화다. 각 셀은 슈퍼바이지가 특정 기술을 습득하도록 슈퍼바이저가 도울 수 있는 다양한 방법을 제안한다. 예를 들어, 슈퍼바이저는 도전이 되는 내담자를 개념화하는 다양한 방법을 고려하기 위해 숙련된 슈퍼바이지와 함께 자문가의 역할을 맡을 수 있다.

Holloway(1995)는 5×5 슈퍼비전 그리드를 만들고, 슈퍼비전 기능을 슈퍼비전의 초점 분야나 영역과 결합하는 보다 복잡하고 포괄적인 슈퍼비전 모델을 제안했다. Holloway가 말한 다섯 가지 기능은, (1) 모니터링 및 평가, (2) 지시 및 조언, (3) 모델, (4) 상담, (5) 지지 및 공유다. 슈퍼비전의 다섯 가지 역할 및 영역은, (1) 상담 기술, (2) 사례 개념화, (3) 전문적 역할, (4) 정서적 인식, (5) 자가 평가로 이루어져 있다. Holloway는 자신의 기능과 작업 그리드를 '프로세스 매트릭스'라고 불렀다. 또한 슈퍼비전이, (1) 슈퍼바이저, (2) 슈퍼바이지, (3) 내담자, (4) 슈퍼비전이 이루어지는 환경과 같은 상황적 요인의 영향도 고려할 것을 권장했다. 그는 슈퍼비전 과정에서 작업 동맹의 중요성을 강조했다. 즉, 작업 동맹을 슈퍼비전의 역할과 기능, 상황적 요인 간의 핵심으로 여겨야 함을 강조했다.

Worthen과 Lambert(2007)가 제안한 성과 지향적 슈퍼비전은 피드백 자료에 대해 초점을 맞추어 이를 실용적으로 다루는 것을 목표로 하며, 내담자 입장에서 상담의 진행 상황이나 부족한 면을 생각해 보면서 슈퍼비전을 진행한다. 또한 회기마다 간결한 측정 도구를 통해 피드백에 대한 정보를 수집하여 슈퍼바이저와 슈퍼바이지 모두에게 피드백을 제공하고, 성공적인 부분과 실패한 부분을 보여 준다. Falender와 Shafranske(2004)의 역량 기반 접근법, 변별 모델(Bernard, 1997), 그리고 과제 지향 모델(Mead, 1990)과 같은 역량 기반 모델 역시 측정 가능한 성과에 초점을 맞추며, 목표를 구체화하고 평가하여 달성하기 위한 전략을 포함하고 있다.

공통 요인 접근

여러 가지 슈퍼비전 모델이 존재하지만, 어떤 특정 슈퍼비전 모델이 다른 모델들보다 우수하다는 증거는 없다(Morgan & Sprenkle, 2007). Goodyear와 Bradley(1983)는 당시 가장 잘 알려진 임상 슈퍼비전 이론 다섯 가지(합리적-정서적 · 행동적 · 내담자 중심적 · 발달적 · 정신분석적)의 유사성과 차이점을 조사하였는데, 이론에 관계없이 슈퍼비전 기법이 슈퍼바이저들 간에 얼마나 유사해야 하는지에 대해 '깜짝 놀랐다'고 말했다(Goodyear & Bradley, 1983, p. 63). 특정 모델이 우수성을 가지고 있지는 않다는 점을 지적하며, Sprenkle(1999)은 접근 방식을 초월하는 슈퍼비전 요인을 검토할 필요가 있다고 주장했다. 임상 슈퍼바이저들의 경험이 증가함에 따라 이론적 접근 방식 간의 차이보다 실무에서의 공통 요인에 더 집중하는 경향이 있다. 경험이 풍부하지 않은 슈퍼바이저들은 이론적 지향에 따라 차이를 보이는 반면, 경험이 많은 슈퍼바이저는 많은 공통 요인을 강조하면서 따르는 경향이 있다(Goodyear & Robyak, 1982).

Morgan과 Sprenkle(2007)에 따르면, 심리상담의 공통 요인에 대한 접근법은 임상 성과에 대한 경험적 연구에서 나온 반면, 슈퍼비전의 공통 요인을 도출할 수 있는 슈퍼비전 연구는 아직 없다. 그러나 연구자들은 공통 요인을 파악하는 것이 다른 잠재적인 이점을 없애는 것은 아니라는 점을 강조한다(p. 6). 또한 다른 이론적 모델을 배제하고 하나의 모델을 채택하는 것에 대해서는 경험적 근거가 부족하기 때문에(Storm, Todd, Sprenkle, & Morgan, 2001) 공통 요인에 초점을 맞추는 것이 합리적이라고 생각한다. 공통 요인이든, 다른 요인이든 어떤 한 가지 모델이 모든 상황에서 모든 사람을 슈퍼비전하는 최선의 방법으로 등장할 가능성은 거의 없다고 생각한다. 인간과 슈퍼비전 과정은 너무 복잡해서 그런 오만함은 용납되지 않는다. 하지만 대부분의 좋은 슈퍼비전에는 공통적인 요인이 있을 것이다(Morgan & Sprenkle, 2007, p. 7).

Morgan과 Sprenkle(2007)의 검토 결과에 따르면, 일반적인 슈퍼비전 영역은 다음과 같다.

- 임상 기술 개발
- 내담자 역동, 임상 이론, 개입 전략 및 기타 문제에 대한 지식 습득
- 전문가로서의 직무 학습 및 전문적 관행과 윤리 기준 준수
- 개인적 성장, 알아차림, 정서 관리
- 슈퍼바이지의 자율성 및 자신감 확보
- 슈퍼바이지 모니터링 및 평가

슈퍼바이저가 슈퍼비전 중에 반드시 지켜야 하는 다양한 영역에 관한 공통점도 있다. 여기에는 다음과 같은 책임이 포함된다.

- 슈퍼바이지 개인에 대한 이해 필요
- 특정 내담자에 대한 이해 필요
- 전반적인 분야 혹은 전문 분야의 기준을 지키고 대중을 보호하기

슈퍼비전에서 중요하다고 널리 알려진 세 번째 요소는 '슈퍼비전 관계의 질'로, 이는 보편적으로 중요한 요인으로 설명된다. 협력적 관계이든, 위계적이고 지시적인 관계이

든 상관없이 적용된다. 그러나 다양한 연구 결과에 따르면, 슈퍼바이지는 슈퍼바이저와의 관계가 얼마나 지시적이거나 협력적인지에 관계없이 슈퍼바이저로부터 많은 지원을 받는 것을 선호하는 것으로 나타났다(p. 10).

공통 요인에 대한 문헌을 검토한 결과, 자주 등장하는 슈퍼비전 역할이 다음 네 가지로 제시되었다.

- **코치**: 슈퍼바이지가 내담자와의 직접적인 작업을 지원하고, 임상 기술을 적용하고 개선할 수 있도록 돕는 등 슈퍼바이저는 임상 역량에 중점을 둔다. 슈퍼바이지가 치료 관계에 집중하도록 돕고, 평가 기술을 적용하고, 사례 개념화를 발전시키고, 슈퍼바이지의 임상 작업에 대한 피드백을 제공하는 등의 활동이 포함된다.
- **교사**: 슈퍼바이저에게는 임상 역량도 강조되지만 일반적인 기술 및 이론과 같이 임상 업무에 광범위하게 적용할 수 있는 지식과 정보를 습득하는 것도 장려된다.
- **멘토**: 슈퍼바이지가 치료 동맹에 대한 자신의 기여도를 파악하고 해결하도록 돕고, 개인의 강점과 한계를 인식하고, 슈퍼바이지가 전문가 커뮤니티에서 실무 구성원으로서 역할을 개발하도록 돕는 등 성장하는 전문가로서 슈퍼바이지의 개인적 개발에 중점을 둔다.
- **관리자**: 임상 실습을 안내하는 광범위한 전문적, 윤리적, 법적 및 기타 표준에 중점을 둔다. 슈퍼바이저는 슈퍼바이지가 최소한의 기준을 충족하는지 확인하여 내담자를 보호한다. 이 역할에는 평가와 피드백이 포함된다(Morgan & Sprenkle, 2007, pp. 11-12).

좋은 슈퍼비전이란 다양한 슈퍼비전 역할 내에서 작업할 수 있는 능력과 유연성을 포함하는 것이다(Morgan & Sprenkle, 2007, p. 12). 또한 심리상담과 마찬가지로 많은 이론적 모델이 존재하지만 실제로는 매우 절충적인 경우가 많다는 점에 유의해야 한다. 슈퍼비전에 대한 공식적인 수련이 규정화되어 있지 않은 경우가 많기 때문인지 설문 조사에 따르면, 실제로 가장 많이 사용되는 슈퍼비전 모델은 단순히 자신의 슈퍼비전 경험을 활용하는 것으로 나타났다(Falender & Shafranske, 2004). 자신의 경험을 활용하는 것이 슈퍼비전 실무에서 가치 있고 중요한 구성 요소가 될 수는 있지만, 비행기를 조종하는 것부터 의술을 행하는 것, 슈퍼비전 제공에 이르기까지 모든 전문 활동에 있어 경험을 활용하는 것만이 옳다고 주장하는 사람이 있을지 의심스럽다. 슈퍼비전의 중요성과 영향력을 고려할 때 슈퍼비전에 대한 공식적인 교육이 곧 규정화되기를 기대해 본다.

결론

우리는 모든 슈퍼비전 모델과 접근 방식이 가치 있고 슈퍼비전에 기여를 하고 있다고 생각한다. 어떤 하나의 모델, 심지어 우리의 모델도 모든 슈퍼바이저와 슈퍼바이지의 상황을 충족시키기에는 부족할 것이라고 생각한다. 코끼리를 설명해 달라는 요청을 받은 세 명의 맹인 이야기가 적절해 보인다. 첫 번째 맹인은 코끼리의 머리에 다가가 머리, 귀, 코를 만져 보고 이 특징들을 다른 두 명에게 설명했다. 두 번째 맹인은 코끼리의 중간 부분에 다가가 이 부분을 만져 보고 그 결과를 다른 이들에게 보고했다. 마지막 맹인은 코끼리의 엉덩이에 다가가 이 부분을 만져 보고 자신이 발견한 점을 이야기했다. 당연히 각자의 설명은 경험적 발견에 근거하고 진실에 뿌리를 두고 있지만, 설명하는 사람의 기준점에 따라 큰 차이가 있었다. 우리의 강점 기반 슈퍼비전 모델이 긍정심리학의 구성 개념과 연구 결과에 근거하여 슈퍼비전 과정에 대한 유용한 정보와 관점을 추가할 수 있기를 바란다. 이 모델은 이미 존재하는 방대한 연구와 임상적 지식에 대한 깊은 감사의 마음을 담아 제공하는 바이다.

생각할 거리

- 당신이 받았던 최고의 슈퍼비전 경험 중 일부를 되돌아보세요. 당신의 슈퍼바이저는 어땠나요?
- 당신의 슈퍼바이저가 슈퍼비전 경험을 그렇게 잘 이끌어 내기 위해 무엇을 했나요?

- 당신이 슈퍼바이지로서 가장 잘했던 시점을 되돌아보세요. 무엇이 그 상황을 만들었나요? 특히 당신은 무엇을 했으며, 그것이 어떻게 좋은 경험이 되었나요?
- 만약 당신이 원하는 대로 슈퍼비전을 하는 자신을 상상해 본다면, 어떤 일이 일어나고 있나요? 당신은 슈퍼바이지와 어떻게 상호작용하고 있나요? 무엇을 강조하고 있나요?
- 당신이 슈퍼바이지에게 본보기가 되고, 전달하고 싶은 가치관은 무엇인가요?
- 당신의 임상 이론적 지향이 슈퍼바이저로서의 접근 방식에 어떻게 영향을 미칠 것이라고 예상하나요?
- 슈퍼비전과 치료 사이의 유사점은 무엇이라고 생각하나요? 주요 차이점은 무엇인가요?

읽을거리

도서

Bernard, J. M., & Goodyear, R. K. (2013). *Fundamentals of clinical supervision* (5th ed.). Boston, MA: Allyn & Bacon.

Everett, C. A., & Lee, R. E. (2005). *The integrative family therapy supervisor: A primer*. New York, NY: Routledge.

Falender, C. A., & Shafranske, E. P. (2004). *Clinical supervision: A competency-based approach*. Washington, DC: American Psychological Association.

Holloway, E. (1995). *Clinical supervision: A systems approach*. Thousand Oaks, CA: Sage Publications.

Lee, R. E., & Nelson, T. S. (2013). *The contemporary relational supervisor*. New York, NY: Routledge.

Milne, D. (2009). *Evidence-based clinical supervision: Principles and practice*. New York, NY: Wiley-Blackwell.

Stoltenberg, C. D., & Delworth, U. (1998). *Supervising counselors and therapists: A developmental approach*. San Francisco, CA: Jossey-Bass.

논문

Harkness, D., & Poertner, J. (1989). Research on social work supervision: A conceptual review. *Social Work, 34*, 115-199.

Morgan, M. M., & Sprenkle, D. H. (2007). Toward a common-factors approach to supervision. *Journal of Marital and Family Therapy, 33*(1), 1-17.

Rønnestad, M. H., & Skovholt, T. M. (2003). The journey of the counselor and therapist: Research findings and perspectives on professional development. *Journal of Career Development, 30*, 5-44.

Stoltenberg, C. D., & McNeill, B. W. (1997). Clinical supervision from a developmental perspective: Research and practice. In C. E. Watkins (Ed.), *Handbook of psychotherapy supervision* (pp. 184-202). New York, NY: John Wiley & Sons.

참고문헌

Bernard, J. M. (1979). Supervisor training: A discrimination model. *Counselor Education and Supervision, 19*(1), 60-68.

Bernard, J. M. (1997). The discrimination model. In C. E. Watkins (Ed.), *Handbook of psychotherapy supervision* (pp. 310-327). New York, NY: Wiley.

Bernard, J. M., & Goodyear, R. K. (2004). *Fundamentals of clinical supervision* (3rd ed.). Boston, MA: Allyn and Bacon.

Bernard, J. M., & Goodyear, R. K. (2013). *Fundamentals of clinical supervision* (5th ed.). Boston, MA: Allyn and Bacon.

Center for Substance Abuse Treatment. (2007). *Competencies for substance abuse treatment clinical supervisors*. Technical Assistance Publication (TAP) Series 21-A (Rep. No HHS Publication No. (SMA) 07-4243). Rockville, MD: Substance Abuse and Mental Health Services Adminstration.

Dewald, P. A. (1997). The process of supervision in psychoanalysis. In C. E. Watkins (Ed.), *Handbook of psychotherapy supervision* (pp. 31-43). New York, NY: John Wiley & Sons.

Falender, C. A., & Shafranske, E. P. (2004). *Clinical supervision: A competency-based approach*. Washington, DC: American Psychological Association.

Frawley-O'Dea, M. G., & Sarnat, J. E. (2001). *The supervisory relationship: A contemporary psychodynamic approach*. New York, NY: Guilford Press.

Goodyear, R. K., & Bradley, F. O. (1983). Supervision in counseling: II. Integration and evaluation—Theories of counselor supervision: Points of convergence and divergence. *The Counseling Psychologist, 11*, 1983, 59-67.

Goodyear, R. K., & Robyak, J. E. (1982). Supervisors' theory and experience in supervisory focus. *Psychological Reports, 51*(3), 978.

Hackney, H. L., & Goodyear, R. K. (1984). Carl Rogers' client-centered supervision. In R. F. Levant & J. M. Schlien (Eds.), *Client-centered therapy and the person-centered approach* (pp. 278-296). New York, NY: Praeger.

Haley, J. (1987). *Problem-solving therapy*. San Francisco, CA: Jossey-Bass.

Harkness, D., & Poertner, J. (1989). Research on social work supervision: A conceptual review. *Social Work, 34*, 115-199.

Haynes, R., Corey, G., & Moulton, P. (2003). *Clinical supervision in the helping professions: A practical guide*. Pacific Grove, CA: Brooks/Cole.

Heppner, P. P., & Roehlke, H. J. (1984). Differences among supervisees at different levels of training: Implications for a developmental model of supervision. *Journal of Counseling Psychology, 31*, 76.

Hess, A. K. (1987). Psychotherapy supervision: Stages, Buber, and a theory of relationship. *Professional Psychology: Research and Practice, 18*, 251-259.

Hess, A. K., Hess, K. D., & Hess, T. H. (2008). *Psychotherapy supervision: Theory, research, and practice*. New York, NY: John Wiley & Sons.

Holloway, E. (1995). *Clinical supervision: A systems approach*. Thousand Oaks, CA: Sage Publications.

Ladany, N., Marotta, S., & Muse-Burke, J. L. (2001). Counselor experience related to complexity of case conceptualization and supervision preference. *Counselor Education and Supervision, 40*(3), 203-219.

Lambers, E. (2000). Supervision in person-centered therapy: Facilitating congruence. In E. Mearns & B. Thorne (Eds.), *Person-centered therapy today: New frontiers in theory and practice* (pp. 196-211). London: Sage Publications.

Liddle, H. A., Becker, D., & Diamond, G. M. (1997). Family therapy supervision. In C. E. Watkins, Jr. (Ed.), *Handbook of psychotherapy supervision* (pp. 400-418). New York, NY: John Wiley & Sons.

Liddle, H. A., Breunlin, D. C., & Schwartz, R. C. (Eds.). (1988). *Handbook of family therapy training and supervision*. New York, NY: Guilford Press.

Liese, B. S., & Beck, J. S. (1997). Cognitive therapy supervision. In C. E. Watkins, Jr. (Ed.), *Handbook of psychotherapy supervision* (pp. 114-133). New York, NY: John Wiley & Sons.

Loganbill, C., Hardy, E., & Delworth, U. (1982). Supervision: A conceptual model. *Counseling Psychologist, 10*, 3-42.

McDaniel, S., Weber, T., & McKeever, J. (1983). Multiple theoretical approaches to supervision: Choices in family therapy training. *Family Process, 22*, 491-500.

Mead, D. E. (1990). *Effective supervision: A task-oriented model for the mental health professions*. New York, NY: Brunner/Mazel.

Milne, D. (2009). *Evidence-based clinical supervision: Principles and practice*. Chichester, UK:

Wiley-Blackwell.

Morgan, M. M., & Sprenkle, D. H. (2007). Toward a common-factors approach to supervision. *Journal of Marital and Family Therapy, 33*(1), 1-17.

Padesky, C. A. (1996). Developing cognitive therapist competency: Teaching and supervision models. In P. M. Salkovskis (Ed.), *Frontiers of cognitive therapy* (pp. 266-292). London, UK: Guilford Press.

Papadopoulos, R. K. (2001). Refugee families: Issues of systemic supervision. *Journal of Family Therapy, 23*, 405-422.

Rigazio-DiGilio, S. A., Daniels, T. G., & Ivey, A. E. (1997). Systemic cognitive-developmental supervision: A developmental-integrative approach to psychotherapy supervision. In C. E. Watkins (Ed.), *Handbook of psychotherapy supervision* (pp. 223-245). New York, NY: John Wiley & Sons.

Rogers, C. R. (1957). The necessary and sufficient conditions of therapeutic personality change. *Journal of Consulting Psychology, 21*, 95.

Rønnestad, M. H., & Skovholt, T. M. (2003). The journey of the counselor and therapist: Research findings and perspectives on professional development. *Journal of Career Development, 30*, 5-44.

Rosenbaum, M., & Ronen, T. (1998). Clinical supervision from the standpoint of cognitive-behavior therapy. *Psychotherapy: Theory, Research, Practice, Training, 35*, 220.

Sprenkle, D. H. (1999). Toward a general model of family therapy supervision: Comment on Roberts, Winek, and Mulgrew. *Contemporary Family Therapy, 21*(3), 309-315.

Stoltenberg, C. (1981). Approaching supervision from a developmental perspective: The counselor complexity model. *Journal of Counseling Psychology, 28*, 59.

Stoltenberg, C. D., & Delworth, U. (1987). *Supervising counselors and therapists: A developmental approach*. San Francisco, CA: Jossey-Bass.

Stoltenberg, C. D., & McNeill, B. W. (2009). *IDM supervision: An integrative developmental model for supervising counselors and therapists*. New York, NY: Taylor & Francis.

Storm, C. L., Todd, T. C., Sprenkle, D. H., & Morgan, M. M. (2001). Gaps between MFT supervision assumptions and common practice: Suggested best practices. *Journal of Marital and Family Therapy, 27*(2), 227-239.

Sumerall, S. W., Barke, C. R., Timmons, P. L., Oehlert, M. E., Lopez, S. J., & Trent, D. D.

(1998). The adaptive counseling and therapy model and supervision of mental health care. *The Clinical Supervisor, 17*(2), 171-176.

Vygotsky, L. S. (1978). *Mind in society: The development of higher psychological processes*. Cambridge, MA: Harvard University Press.

Watzlawick, P., Weakland, J. H., & Fisch, R. (1974). *Change: Principles of problem formation and problem resolution*. New York, NY: W. W. Norton & Company.

Worthen, V. E., & Lambert, M. J. (2007). Outcome oriented supervision: Advantages of adding systematic client tracking to supportive consultations. *Counselling and Psychotherapy Research, 7*, 48-53.

Yalom, I., & Leszcz, M. (2005). *The theory and practice of group psychotherapy* (5th ed.). New York, NY: Basic Books.

제 2 장

긍정심리학의 기초

성공은 약점을 없애는 것이 아니라 강점을 개발함으로써 이루어진다.

– Marilyn vos Savant

행복은 대부분 성취감을 느끼게 하는 일을 할 때 생기는 부산물이다.

– Benjamin Spock

긍정심리학은 지난 몇 년 동안 많은 대중 매체와 언론의 주목을 받았다. 긍정심리학은 학계에서도 큰 반향을 일으켰다. 1998년 Martin Seligman이 미국심리학회(American Psychological Association: APA) 연설에서 병리학과 '질병'만이 아닌 성공과 행복을 연구할 것을 촉구하면서 긍정심리학은 학계의 주목을 받기 시작했다. 이러한 관심의 증가는 긍정심리학에 대한 인식을 높이는 데 도움이 되었지만, 긍정심리학이 실제로 무엇인지에 대해서는 여전히 많은 혼란이 존재한다. 간단히 말해 긍정심리학은 평범한 인간의 강점과 미덕에 대한 과학적 연구다. "긍정심리학은 무엇이 효과가 있고, 무엇이 옳으며, 무엇이 개선되고 있는지 알아내는 데 관심을 가지고 '보통 사람'을 재조명한다"(Sheldon & King, 2001, p. 216). 긍정심리학은 또한 "사람, 임상 성과, 기관의 번영 또는 최적의 기능에 기여하는 조건과 과정에 대한 연구"로 정의되었다(Gable & Haidt, 2005, p. 104). Linley, Joseph, Harrington, 그리고 Wood(2006)는 긍정심리학을 "최적의 기능에 대한 과학적인 연구"(p. 8)라고 정의했고, Peterson(2006)은 "출생에서 죽음에 이르기까지 삶에서 올바르게 진행되는 것과 그 사이에 멈추는 모든 것에 대한 과학적 연구"(p. 4)라고 명시했다. 최근 언론에서 '긍정적(positive)'이라는 용어를 사용하여 많은 글을 쓰고 있지만, 진정한 긍정심리학은 건전하고 경험적인 연구에 우선순위를 두는 것으로 구별된다.

긍정심리학의 핵심 가정은 사람들이 단순히 번거로움을 피하거나 문제를 해결하는 것을 넘어 의미와 목적이 있는 삶을 살기를 원한다는 것이다. 10점 척도의 행복지수에서 1점이나 2점에서 5점이나 6점으로 올라가는 것은 마음이 어려운 사람들에게 큰 가치가 있는 일이지만, 4점, 5점, 6점에 있는 사람들은 일반적으로 8점, 9점, 10점으로 올라가고 싶어 한다. 우리는 자신의 능력을 최대한 활용하고, 의미와 목적, 좋은 관계로 가득 찬 풍요로운 삶을 살고 있다고 느끼기를 원한다. 긍정심리학은 개인 및 사회적 관계, 업무 환경, 조직, 제도, 공동체, 더 광범위한 사회, 문화, 정치, 경제 시스템 등 좋은 삶의 추구를 촉진하거나 방해하는 요인들을 보다 정확하게 이해하고자 한다(Linley et al., 2006, p. 7).

긍정심리학에 대한 일반적인 오해는 긍정심리학이 단순히 '밝은 면만 바라보고' 실제 고통을 최소화하거나 무시한다고 생각하는 것이다. 물론 이는 제대로 진행되지 않은 치료적 접근의 최종 목표일 수 있다. 그러나 긍정심리학의 진정한 목표는 강점과 성공을 증폭시켜서 마음속으로 구상해 온 그림에 균형을 더하는 것이다. 동시에 문제와 증상을 이해하는 것만으로 한 사람을 완전히 이해할 수 있다는 가정을 거부하는 것이다. Gable과 Haidt(2005)는 긍정심리학의 목표는 고통이나 괴로움을 부정하는 것이 아니라 동전의 다른 면, 즉 긍정적인 경험, 건강한 가족, 양육 기관을 바라보면서 "인간 경험의 전체 스펙트럼"을 다루려는 시도라고 했다(p. 105). Gelso와 Woodhouse(2003)는 긍정심리치료가 단순히 "문제와 결함을 은폐"하는 것이 아니라고 강조하며, 그렇게 하는 것은 "기껏해야 순진한 심리치료이고, 최악의 경우에는 이중적인 치료"가 될 수 있다고 경고했다(p. 179). 오히려 때때로 강점이 취약점에 내재되어 있을 수 있다고 지적했다.

긍정심리학은 "삶을 가치 있게 만드는 요소에 대한 지식이 부족했던"(Seligman & Csikszentmihalyi, 2000, p. 5) 의학 모델과 병리, 질병, 약점에 대한 상관관계를 강조하는 정신건강 전문 분야의 맥락에서 생겨났다. 긍정심리학의 목표 중 하나는 "심리학의 초점이 인생에서 최악의 상황을 복구하는 데에만 몰두하는 것에서 긍정적인 자질을 구축하는 것으로 바뀌도록 하는 것"이었다(Seligman & Csikszentmihalyi, 2000, p. 5). 회복탄력성, 힘, 성장, 우수성과 같은 개념을 연구하면 심리적 기능과 인간 경험을 보다 완벽하게 이해하는 데 도움이 된다. 또한 긍정심리학은 고통을 유발하는 것들만 주목하는 것에서 사람들에게 활력을 주고, 앞으로 나아가게 하는 요소와 경험으로 관심을 전환함으로써 동기부여 기능을 할 수 있다(Kauffman, 2006, p. 220).

Seligman(2002)은 처음에 긍정심리학이 세 가지 기둥에 기초한다고 가정했다. (1) 긍정적인 주관적 경험 또는 정서, (2) 강점, 미덕, 능력과 같은 긍정적인 특성, (3) 긍정적인 제도가 그것이다(p. xiii). 최근에는 일시적인 행복 상태에서 벗어나 다음 요소로 구성된 보다 안정적이고 지속적인 웰빙의 구조를 강조하기 위해 이 개념화를 재구성했다(Seligman, 2011).

- 긍정 정서
- 참여
- 관계
- 의미
- 성취

이 책의 목적은 긍정심리학의 핵심 원칙을 교육과 슈퍼비전에 적용하는 것이다. 나중에 자세히 설명하겠지만, 긍정 정서를 경험하는 것은 단순히 즐거운 것뿐만 아니라 학습과 좋은 업무 성과를 촉진하는 데에도 도움이 된다. 이어지는 장에서는 학습 및 성장과 관련된 특성과 이러한 속성을 키우는 데 도움이 되는 단계를 설명한다. 또한 우리는 '역량 촉진적' 기관의 특징들에 대해 논의하면서, 단지 개별 슈퍼바이지의 성장을 촉진하는 데 그치지 않고, 슈퍼바이지의 잠재력을 꽃필 수 있는 풍요로운 토양이 되기 위해 양육적이고 지지적인 환경을 조성할 수 있는 방법을 제시하고자 한다.

긍정심리학의 역사적 개요

긍정심리학은 종종 '새로운' 과학으로 인식되지만(많은 긍정심리학 서적 표지에서 새로움이 강조되기도 함), 이 분야는 매우 깊은 뿌리를 가지고 있다. 현대 긍정심리학자들은 '좋은 삶이란 무엇인가?'와 같은 근본적인 질문을 많이 다룬다. '행복하다는 것은 무엇을 의미하는가?' '행복은 직접 추구할 수 있는가, 아니면 다른 추구의 부산물로서만 추구할 수 있는가?' 등의 질문은 서양의 Plato과 Aristotle, 동양의 공자와 노자와 같은 철학자들에 의해 수천 년 동안 고민되어 온 주제다(Peterson, 2006). 종교적 인물과 신학자(예: Jesus, Buddha, Mohammed, Thomas Aquinas 등)도 좋은 삶과 그 성취에 대해 수많은 질문을 제기했다(Peterson, 2006, p. 6). 문화에 따라 다르게 정의되고 표현되기는 하지만, 웰빙을 추구하는 것은 문화적 정체성과 가치의 중심 역할을 해 왔다. 이는 미국의 임상 성과의식에서도 분명하게 드러나는데, '생명, 자유, 행복의 추구'가 미국 독립선언문의 초석이 될 정도로(그리고 대부분의 사람이 알고 있는 선언문의 몇 안 되는 문구 중 하나이기도 함) 강점과 잠재력에 대한 강조는 심리학이 학문으로 자리 잡은 초기부터 존재해 왔다.

다양한 결정론적 관점[예: 인간은 과거 경험에 의해 결정된다고 믿었거나(Freud주의), 환경에 의해 결정된다고 믿었거나(행동주의), 유전적 구성에 의해 제약을 받는다고 믿었거나(생물학적 모델)]이 한때 지배적인 것처럼 보였지만, 강점에 초점을 맞추고 인간의 최고를 파악하는 것은 초기의 영향력 있는 많은 심리학 이론가가 지지했던 관점이기도 하다. 세기가 바뀌자마자 James(1902)는 '건강한 마음'에 대해 글을 썼고, Beers(1908)는 회복탄력성과 강점에 초점을 맞춰 회복탄력성이나 강점이 정신적 문제에서 회복하는 데 도움이 된다는 새로운 생각을 담은 『스스로 찾은 마음(A Mind That Found Itself)』을 출간했다.

인간의 생산성 향상에 대한 응용심리학의 관심은 20세기 초 산업 및 조직심리학의 탄생을 알리는 계기가 되었다. Jung(1933)은 개별화라는 개념을 제시했는데, 이는 수십 년 후에 등장한 인간의 잠재력 운동의 선구자로 간주되기도 한다. 유명하고 영향력 있는 정신과의사인 Karl Menninger는 정신질환은 변화와 개선이 가능하다는 혁명적인 관점으로 치료와 예방을 옹호했다(예: Menninger, Mayman, & Pruyser, 1963). Jahoda(1958)는 자신의 저서 『긍정적 정신건강의 현재 개념(Current Concepts of Positive Mental Health)』에서 정신건강을 질병의 부재가 아니라 자기 수용(self-acceptance), 성장, 개인적 통합, 현실성, 자율성, 능숙함으로 특징짓는 것으로 개념화해야 한다고 주장했다.

20세기 중반, 인본주의 심리학은 당시 심리학의 지배적인 관점이었던 정신분석과 행동주의에서 제기한 인간 존재에 대한 암울한 관점과 대조를 이루며 등장했다. Erikson(1959)은 건강한 발달에 초점을 맞추었고, Allport(1961)는 성장 지향적인 성격을 강조했다. Blocher(1966)는 효과적인 성격을 특징짓는 다섯 가지 자질인 일관성, 공감, 통제, 유능함, 창의성을 이론화했다(성공이 어떻게 반복되는지도 흥미롭다). 또한 Rogers(1961)와 Maslow(1968, 1970)와 같은 인본주의 심리학자들은 '완전히 기능하는 사람'을 강조하면서 인간의 타고난 잠재력과 자아실현 성향이 발현될 수 있는 적절한 조건을 조성하는 것이 중요하다고 강조했다. 인본주의 심리학은 목표와 노력, 선택과 책임, 잠재력을 최대한 발휘하기 위한 노력, 의미와 목적 등 오늘날 긍정심리학이 연구하는 많은 개념을 강조했다(Peterson, 2006, p. 8). 긍정심리학은 종종 인본주의적 원칙과 구성을 따라가지만, 탄탄한 경험적 연구를 통해 이를 정교화하고 확장해 왔다.

제2차 세계대전 이전에 심리학은 정신질환을 치료하고, 모든 사람의 삶을 보다 생산적이고 만족스럽게 만들고, 우수한 인재를 발굴하고 육성하는 세 가지 사명을 가지고 있었다(Seligman & Csikszentmihalyi, 2000, p. 6). 그러나 제2차 세계대전 직후 재향군인청[Veteran's Administration; 현 보훈처(Department of Veteran's Affairs)]과 국립정신건강연구소(National Institute of Mental Health: NIMH)가 설립된 이후 심리학자들의 주의 초점과 경제적 보수가 정신질환의 치료와 연구로 옮겨 가면서 심리학의 다른 사명인 인간의 조건 개선과 성취 및 재능 육성은 소홀해지기 시작했다.

긍정심리학은 새로운 과학으로 간주되지만, 사실 심리학의 뿌리로 되돌아가서 정상적인 사람들을 더 강하고 생산적으로 만들고 인간의 높은 잠재력을 현실화하는, 소홀했던 두 가지 사명을 기억하는 것으로 설명할 수 있다(Seligman & Csikszentmihalyi, 2000, p. 8).

긍정심리학이 하나의 학문으로 등장하면서 강점과 인간의 잠재력에 초점을 맞춘 여러 이질적인 연구가 통합되고, 이를 통해 인간 기능을 향상시키는 것에 대한 경험적 근거가 지지되었다(Lopez et al., 2006, pp. 209-210). Linley와 Joseph(2004)에 따르면, 긍정심리학에서 연구된 많은 요소가 오랜 역사적 전통을 가지고 있지만, 최근에 등장한 긍정심리학은 잠재력을 성취하는 것과 병리를 개선하는 데 관심이 있는 연구자와 실무자들에게 임상 성과적인 정체성과 공통의 목소리, 공통의 용어를 제공한다(p. 4).

주요 개념

긍정심리학은 단순한 구성이나 원리가 아니라 잠재력을 키우고 개발한다는 기본 전제를 뒷받침하는 요소와 연구 결과의 집합체다. 교육과 슈퍼비전에 이보다 더 적합한 것을 생각하기 어렵다. APA의 긍정심리학 섹션에서는 최근 70개 이상의 긍정심리학 요소와 적용 사례를 선정하여 이 단체의 웹사이트에 게시했다. 이 장의 목표는 슈퍼비전 및 임상 업무와 관련된 연구의 핵심 개념 몇 가지를 간단히 소개하는 것으로, 그다지 야심찬 목표는 아니다. 이러한 요소의 대부분은 이후 장에서 더 자세히 설명할 것이며, 다른 몇 가지의 긍정심리학 적용 사례도 이후 장에서 소개할 것이다.

웰빙 대 행복

기본적으로 긍정심리학은 웰빙에 기여하는 요인을 연구하는 학문이다. **행복**이라는 용어는 종종 **웰빙**과 같은 의미로 사용되지만, 행복은 즉각적인 경험을 느끼는 유쾌하거나 불쾌한 감정에 대한 평가인 반면 정서적 웰빙은 삶의 만족도에 대한 장기적인 평가를 의미한다는 점에서 행복과는 차이가 있다(Keyes & Magyar-Moe, 2003). 행복은 현재의 주관적인 기분을 반영하는 반면, 웰빙은 삶에 대한 전반적인 만족도를 나타낸다. 우리가 경험하는 행복의 수준은 행복을 위한 유전적 설정점(set-point), 환경, 행동과 경험이라는 세 가지 요인에 의해 결정된다. Lyubomirsky, Sheldon, 그리고 Schkade(2005)는 '행복=유전+상황+행동'이라는 공식으로 이를 표현했다.

많은 경우에 생물학적인 요소가 큰 역할을 하며, 행복 방정식의 약 50%를 차지한다(Lyubomirsky et al., 2005). 그러나 지능이나 운동 능력과 같은 능력과 마찬가지로, 우리는 생물학적 범위를 가지고 태어나고 어떤 사람은 다른 사람보다 더 쉽게 기쁨과 만족을 경험하는 경향이 있지만, 삶의 경험과 일상적인 관행으로 인해 그 범위의 상단에 있거나 하단에 위치하게 될 수 있다. 행복을 높이려고 생각할 때 상황을 가장 강조하고 싶은 유혹이 있지만(예: 더 좋은 직장이나 더 좋은 집을 얻으면 더 행복해질 것이다), 일반적으로 상황은 행복 경험의 약 15%에 불과하다.

Maslow의 욕구위계 이론과 마찬가지로 기본적인 삶의 욕구가 적절히 충족되지 않으면 행복을 달성하기가 더 어렵다는 점은 기억해야 한다. 미국의 노숙자들은 자신의 삶에 대한 만족도는 낮지만 놀랍게도 불만족도는 그다지 크지 않았다(Diener & Biswas-Diener, 2008). 그러나 기본적인 욕구가 충족되면 더 크고, 더 멋진 집을 갖는 것에 대한 만족도가 급격히 감소하는 시점에 도달한다(Diener & Biswas-Diener, 2008). 우리가 통제할 수 없는 생물학이나 통제가 제한된 환경과는 달리, 우리가 하는 일, 즉 행동은 행복 경험의 약 35%다. 약 3분의 1에 불과한 것이기는 하나, 행동은 우리가 전적으로 통제할 수 있는 유일한 영역이기 때문에 가장 집중해야 할 영역이기도 하다. (부모를 선택하는 것이 인생에서 가장 중요한 결정이라는 말이 있지만, 안타깝게도 그 선택은 능동적으로 할 수 있는 것이 아니다.)

상황의 역할

우리는 행복과 웰빙에 대해 생각할 때면 환경의 역할에 좀 더 초점을 맞추고 싶은 유혹이 있다. 그러나 무엇이 우리를 행복하게 할 것인지에 대해 예측하기란 쉽지 않다(예: Gilbert, 2006). 복권에 당첨되는 것과 사고를 당해 하반신마비나 사지마비가 되는 것 중 하나를 선택해야 한다면, 아마도 우리 중 두 번째 선택지를 기꺼이 선택할 사람은 거의 없을 것이다(심지어 이것이 선행 질문이라고 생각하는 사람도 있을 것이다). 그러나 연구에 따르면, 두 그룹 모두 약 1년 이내에 기존의 평균 행복 수준으로 돌아갔다고 한다(Brickman, Coates, & Janoff-Bulman, 1978).

이는 적응의 과정을 극적으로 보여 주는 예다. 적응을 하는 것은 역경과 비극에 대처하는 데 도움이 되며, 종종 상당한 고통과 분투가 없지는 않지만 일반적으로 부정적인 상황에서도 회복한다는 것이다. 적응의 단점은 일시적으로 기분을 좋게 하는 것들에 대한 새로움이 금방 사라지는 경향이 있고, 새 스포츠카가 몇 주 또는 몇 달이 지나면 소름이 돋지 않으며, 우리가 산 집에 대한 관점이 Jones의 집을 따라잡기 위해 더 큰 집을 원하는 것으로 쉽게 바뀔 수 있다는 것이다. 동일한 만족감의 증가를 경험하기 위해 점점 더 큰 것을 필요로 하는 이러한 과정을 우리 사회와 같은 소비자 중심 사회에서는 '쾌락 적응(아무리 행복하거나 불행한 일이라도 적응하여 일상이 된다는 것)'이라고 한다.

그러나 상황에 대한 것과는 다르게 우리의 행동은 적응을 쉽게 하지 않는다(예:

Lyubomirsky et al., 2005). 우리가 1년 동안 매일 길 건너편 할머니를 도와주면 365일째 되는 날에도 첫날과 같은 이타주의의 빛을 경험할 수 있다. 지난 15년 동안 일주일에 세 번씩 운동을 해 왔다고 해서 운동을 했을 때 기분이 좋아지는 효과는 줄어들지 않는다. 또한 타인을 위한 선행은 자신을 위한 선행보다 행복에 더 크고 오래 지속되는 영향을 미치는 것으로 나타났다. 삶의 사건과 환경은 행복과 약간의 상관관계만 보이고 변화 후의 행복은 금방 사라지는 경향이 있지만, 우리의 관점은 매우 중요한 차이를 만들어 낸다.

Seligman(2003)은 웰빙을 '웰빙=즐거움+의미+몰입(flow)'으로 개념화했다. 즐거움은 다른 두 가지 요소가 충족되면 **케이크 위의 장식**이 된다. Seligman(2011)은 여기에 관계와 성취라는 요소를 추가하였다. 이러한 개념화는 긍정심리학의 또 다른 핵심 원리인 강점과 미덕의 중요성과도 잘 맞닿아 있다. 즉, 우리가 자신의 강점을 발휘하고 인격적 덕목에 따라 살아갈 수 있다면 행복을 경험할 가능성이 높다는 것이다.

강점

심리학의 상당 부분은 결핍을 개선하면 더 충만하고 생산적인 삶을 살 수 있다는 전제 위에 구축되었다. 이 주장에 어느 정도 진실이 있다. 물론 누군가가 압도적인 우울증으로 약해졌을 때, 증상을 완화하거나 줄이는 데 도움을 주면 그 사람의 삶의 질이 향상된다. 그러나 우리가 경험하는 성공과 만족의 대부분은 약점을 개선하는 데에서 비롯되는 것이 아니라 강점을 사용하고 강조하는 데에서 비롯된다. Clifton과 Nelson(1992)은 약점에 지나치게 집중하게 만드는 몇 가지 잘못된 가정을 확인했다. 여기에는 약점을 고치면 그 사람이나 조직이 더 강해질 것이라는 믿음, 강점은 자연스럽게 발달해서 주의를 기울일 필요가 없다는 믿음, 약점과 강점은 반대여서 약점을 강화하면 강점이 될 것이라는 믿음이 포함된다. [나(저자 John Wade)의 아내는 최근에 큰딸이 대학에 진학하면서 유명한 시험 강사를 만났다. 나는 그 기관의 철학이 강점 기반 접근 방식을 반영한다는 사실을 알게 되어 매우 기뻤다. 강사가 아내에게 약점에 집중해서 점수를 얻으려고 하는 것보다 강점을 더욱 개발함으로써 추가 점수를 얻는 것이 훨씬 더 쉽다고 말했기 때문이다.] 수학에서 C와 D를 받은 고등학생이 약점을 개선하기 위해 아무리 많은 노력을 기울여도 매우 성공적이고 행복한 회계사가 될 가능성은 낮다. 하지만 만약 학생이 학교 신문 작업에 대해 지속적으로 긍정적인 피드백을 받는다면, 그 학생은 영어와 저널리즘 분야에서 자신의 강점을 살릴 수도 있고, 끈기와 창의성이 보상받는 다른 진로를 목표로 삼는 것이 훨씬 더 도움이 될 수 있다.

직관적으로 보일 수 있지만 강점을 강조하는 관점이 항상 자연스럽게 오는 것은 아니다. 내(저자 John Wade)가 강점에 대한 워크숍을 열고 참가자들에게 '세 개의 A, 두 개의 B, 한 개의 C, 한 개의 F가 적힌 성적표를 집으로 가져온 아이가 있다면 어떻게 반응할 것인가?'라고 물었을 때, 거의 모든 사람이 F가 주의의 초점이 되고 대부분의 토론 주제가 될 것이라고 답했다. 이는 F가 중요하지 않거나 무시해야 한다는 것을 의미하지 않는다. 그러나 강점의 관점에서 볼 때, 더 생산적인 것은 A에서 시작하여 아이에게 좋은 성적을 얻기 위해 무엇을 했는지 묻는 것이다. 성공으로 이어진 강점과 학습 습관을 파악하고 논의한 후에는 학생의 강점이 입증된 학습 전략을 약한 영역에 적용하는 방식의 문제해결에 대해 솔직하게 대화할 수 있다.

긍정심리학은 "강점은 교육과 연습을 통해 개발해야 하며, 이를 통해 우리는 잠재력을 더욱 충분히 발휘할 수 있다"는 Aristotle의 개념에서 부분적으로 유래한 것으로 볼 수 있다(Jorgensen & Nafstad, 2004). 강점에 대한 두 가지 분류 체계가 널리 사용된다. Clifton 강점 측정 2.0(Clifton Strengths Finder 2.0: CSF 2.0; Asplund, Lopez, Hodges, & Harter, 2007)과 성격적 강점과 덕성에 대한 분류 체계(Values in Action Inventory of Character Strengths: VIA-IS; Peterson & Seligman, 2004)가 그것이다. CSF는 '사람들의 강점에 대해 연구하면 무슨 일이 일어날까?'라는 간단한 전제로 시작되어 수십 년간의 경영 및 교육 분야 연구에 의해 지지되었다(예: Buckingham & Clifton, 2001; Clifton & Nelson, 1992). CSF 2.0은 180개 항목으로 구성된 도구로, 34개 주제에 대한 정보와 순위를 제공하며, 그중 상위 5개는 응답자에게 공개되고, 이러한 주제를 실행에 옮기기 위한 제안을 한다. 더불어 재능을 단기 및 장기 목표로 전환하는 '강점 기반 행동 계획'을 포함한다.

VIA-IS(Peterson & Seligman, 2004)는 『DSM-5-TR 정신질환의 진단 및 통계 편람(Diagnostic and Statistical Manual of Mental Disorders)』에 대한 대항책으로 개발되었으며, 강점에 대해 이야기할 수 있는 공통 용어를 제공하고 진단 및 치료에 대한 강점 기반의 접근 방식을 보여 준다. Gallup 강점 측정(Gallup measure of strengths; Clifton Strengths

Finder)과 달리 VIA-IS 도구는 기술이나 재능 기반의 강점이 아닌 '성격 강점'을 식별하고 이에 집중한다. 문화권 전반에서 널리 인정받고 개인의 성취, 만족, 행복에 기여하는 성격 강점을 선택하여 포함시켰다(Peterson, 2006, p. 141). Peterson(2006, p. 139)은 역사적으로 심리학자들이 성격을 연구하는 데 관심이 있지만, 개인적 가치관이 연구에 개입될 수 있다는 우려와 도덕적 요소를 지닌 개념들이 과연 심리학의 정당한 연구 대상인지에 대한 이론적 논쟁 때문에 최근까지 학문적 담론에서 성격 연구가 배제되어 왔다고 지적한다. VIA 접근 방식은 좋은 성격을 긍정적인 성향과 특성으로 간주하고, 개별 구성 요소를 **성격 강점**이라고 지칭하였다. 분류 체계를 개발하는 동안에 종교적·철학적 전통을 모두 조사한 결과, 24가지의 강점이 거의 만장일치로 인정되었으며 문화와 시간을 초월하는 것으로 보였다. 이들은 지혜와 지식, 용기, 인간성, 정의, 절제, 초월의 여섯 가지의 포괄적 미덕으로 분류하였다(Peterson & Seligman, 2004). VIA-IS는 온라인(www.viastrengths.org)에서 무료로 제공된다. 이는 24가지의 다른 성격 강점을 활용하는 240개의 측정 항목이며, 응답자에게 상위 다섯 가지의 강점에 대한 정보와 24가지의 강점 목록의 순위를 제공한다.

확장 및 축적 이론

긍정 정서의 확장 및 축적 이론은 긍정 정서의 적응적 가치를 보여 주는 것이다. 기본적으로 그것은 핵심, 즉 "긍정 정서를 경험하는 것은 기분이 좋지만 그게 뭐예요?"라는 질문에 답하는 데 도움이 된다. 긍정 정서는 전통적으로 번영하거나 최적의 웰빙을 나타내는 지표로 여겨 왔다. 그러나 확장 및 축적 이론의 기초가 되는 Barbara Fredrickson의 연구는 긍정 정서가 단순히 그 자체로 목적이 아니라, 시간이 지남에 따라 심리적 성장과 웰빙을 향상시키는 수단임을 나타낸다(Fredrickson, 2001, p. 218). 긍정 정서는 접근 행동을 촉진하는 반면, 부정 정서는 초점을 회피하게 하거나 공격적인 행동으로 이어지게 한다(p. 219). 다양한 부정 정서로 인한 특정 행동은 빠르고 단호한 행동을 촉발하는 경향이 있다(예: 두려움은 회피를 촉진하고, 분노는 방어 또는 공격을 촉진하여 진화적으로 적응한다).

이와 대조적으로 Fredrickson(1998)이 제시한 긍정 정서의 확장 및 축적 이론은 기쁨,

관심, 만족, 자부심, 사랑과 같은 긍정 정서가 "사람들의 순간적인 사고-행동 레퍼토리를 확대하고, 신체적 · 지적 자원부터 사회적 · 심리적 자원에 이르기까지 지속적인 자원을 구축하는 능력이 있다"라고 말했다(p. 219). 이는 마음에 떠오르는 생각과 행동의 범위가 넓어지는 결과를 가져온다(Fredrickson, 1998; Fredrickson & Branigan, 2001). 확장 및 축적 이론은 긍정 정서가 사고-행동 레퍼토리를 확대하고, 개인의 자원을 지속적으로 구축하며, 결과적으로 긍정 정서는 적응적 의미를 갖는다고 가정한다. 부정 정서는 주로 생존 관점에서 진화적 가치를 지니는 반면(예: 사자나 강도가 다가올 때 신속하고 단호한 행동을 취하고 도망치는 것), 긍정 정서는 경험과 관련된 사고-행동 레퍼토리가 확대되어 개인적 자원과 전략을 구축할 수 있기 때문에 장기적으로 적응적이라고 볼 수 있다(Fredrickson & Branigan, 2005).

한 가지 흥미로운 실험이 이 원리를 잘 보여 준다. 연구 참가자들에게 감정을 불러일으키는 짧은 영상 클립을 보여 주어 즐거움, 만족감, 분노, 불안 또는 중립적이고 감정 없는 통제 상황을 유도하는 실험을 진행했다. 참가자들에게는 비슷한 감정이 생길 상황을 상상한 후 그 당시에 하고 싶은 일을 나열하도록 요청했으며, '~하고 싶습니다'라는 문구로 시작하는 최대 20개의 빈 줄에 응답을 기록하도록 했다. 두 가지 긍정 정서 조건에 있는 참가자들은 부정 정서 상태나 통제 조건에 있는 참가자들보다 하고 싶은 일을 더 많이 작성했다. 이러한 결과 패턴은 긍정 정서를 느끼면 마음에 떠오르는 생각과 행동의 범위가 넓어진다는 것을 시사한다(Fredrickson & Branigan, 2005). 두 가지 부정적, 두 가지 긍정적 또는 비정서적 상태를 시각 처리 과제에 적용한 또 다른 연구에서는 긍정 정서의 경험이 폭넓은 관점과 관련이 있다는 것을 발견하여 긍정 정서가 인식과 지각의 범위를 넓힌다는 제안을 다시 한번 뒷받침했다(Fredrickson & Branigan, 2005).

그러나 긍정 정서의 중요성은 주의의 범위를 넓히고, 개인 자원의 사용을 확대하는 데 국한되지 않으며, 긍정 정서는 실제로 부정 정서의 부정적이거나 해로운 영향을 부분적으로 없애는 것으로 보인다. 부정 정서는 심혈관계에 지속적으로 영향을 미치는데, 긍정 정서를 경험하면 이를 진정시키거나 '되돌릴' 수 있다(Fredrickson & Levenson, 1998; Fredrickson, Mancuso, Branigan, & Tugade, 2000). 긍정 정서는 또한 우리가 더 나은 관점을 얻고 삶의 사건을 더 넓은 맥락에서 바라보도록 도와 특정한 부정적인 사건의 영향을 줄이는 데 도움이 될 수 있다.

우리는 '부정 정서의 하향 나선형'에 대해 잘 알고 있다. 부정 정서는 부적응적인 행동으로 이어져서 부정적인 결과를 초래하고, 초기의 부정 정서와 관점을 더욱 심화시킨다는 것이다. 우울증에 관한 인지 문헌에서는 우울한 기분과 그로 인한 좁고 비관적인 사고가 서로에게 영향을 미쳐서 기분을 더욱 악화시키는 하향 나선형 현상을 설명한다(Peterson & Seligman, 1984). 확장 및 축적 모델은 나선이 다른 방향으로도 작동할 수 있으며, 긍정 정서가 변화를 일으켜서 개인과 조직의 기능을 최적화하는 상향 나선의 원동력이 될 수 있음을 시사한다(Fredrickson, 2003, p. 163). 긍정 정서는 조직 내 개인에게만 좋은 것이 아니라 조직의 변화를 달성하는 수단으로 작용하여 개인의 최적 기능을 만들어 내기도 한다. "긍정 정서는 개인의 습관적인 사고와 행동 양식을 넓히고, 미래의 긍정 정서 경험을 촉진하는 자원을 지속적으로 구축함으로써 상승적 나선을 유발한다. 이러한 순환이 계속되면 긍정 정서는 개인을 더욱 회복력 있고 사회적으로 통합되며, 유능한 사람으로 변화시킨다. 따라서 긍정 정서는 현재의 기분을 좋게 만들 뿐만 아니라 미래에도 보다 잘 기능하고 기분이 좋아질 가능성을 높인다"(Fredrickson, 2003, p. 169).

동양과 서양의 관점

희망, 낙관주의, 자기 효능감(self-efficacy) 등 긍정심리와 관련된 많은 구성 요소는 서양 문화에서 특히 중요하게 여기고 서양 역사에서 두드러지게 나타났지만, 동양의 구성 요소도 긍정심리학에 대한 완전한 이해와 인식에 기여할 수 있는 부분이 많다(Snyder, Lopez, & Pedrotti, 2011, p. 19).

동양과 서양의 사고에는 상당한 관점의 차이가 있다. 서구적 관점은 선형적이고 일반적으로 결정론적인 세계관을 강조하며, 큰 그림을 덜 강조하고, 특정 상황과 사건을 이해하는 데 더 중점을 둔다. 서구적 관점의 개인은 개인주의와 통제력을 중시하고, 전체의 일부를 이해함으로써 통제력을 가질 수 있다고 믿는 경향이 있다.

반면에 동양적 관점에서는 임상 성과주의를 중시하고 음과 양의 개념에서 알 수 있듯이, 서로 의존하고 서로가 있기 때문에 존재한다는 순환적 관점을 중시한다. 동양적 관점에서는 세상은 끊임없이 변화하고 있으며, 현재 상황은 전체적인 '큰 그림'의 관점보다 덜 우선시된다. 좋은 일이 있으면 나쁜 일이 뒤따르고, 그 반대의 경우도 마찬가지여서 특정 경험이나 순간에 대한 집착이 줄어든다. 이러한 믿음은 "**행운은 불운을 예고할 수 있고, 불운은 행운을 위장할 수 있다**"는 중국 속담에서 잘 드러난다(Snyder et al., 2011, p. 19).

동서양의 전통 모두 '좋은 삶'을 추구하는 데 많은 가치를 두었다. 미덕에 따라 사는 삶은 서양과 동양 철학 모두에서 강조되어 왔다. Plato과 Aristotle는 행복과 탁월함으로 가는 길로서 고결한 삶의 중요성을 크게 강조했으며, 십계명과 팔복은 미덕에 부여된 가치에 대한 증거다. 동양의 전통에서도 마찬가지로 미덕의 기본 원칙을 강조해 왔다(예: 불교의 팔정도 또는 유교의 가르침에 담긴 도덕성). 긍정심리학은 주로 서구적 세계관에서 비롯되었지만, 동양적 관점과 전통을 긍정심리학의 해석과 공식에 통합함으로써 인간의 강점과 웰빙에 대한 개념화와 이해를 넓히는 데 도움이 되고 있다(Snyder et al., 2011).

긍정조직학

역량 촉진적 제도

Peterson(2006)은 '**역량 촉진적 제도**(enabling institution)'라는 용어를 만들어, 개인의 웰빙을 증진하는 특성과 유사한 특성이 조직 수준에서도 존재하며, 이는 조직의 웰빙을 이끌어 낸다는 점을 강조했다. 이러한 조직적 특성은 조직의 목표 달성에 기여할 뿐만 아니라, 그 조직 안에 속한 개인의 충족감과 성장에도 기여한다(p. 280). 공통의 목적 의식, 공정성, 존엄성, 개인이 자신의 강점을 발휘하도록 돕는 것과 같은 특성을 제도로 갖춘 기관이 그렇지 않은 기관보다 더 긍정적인 결과를 내도록 하는 경향이 있음을 반영하는 개념이 '역량 촉진적 제도'라는 용어다(p. 277).

제도 수준의 미덕(institution-level virtues)은 단순히 구성원들의 특성 합이 아니라, 집단 전체가 공유하는 특성을 의미한다. 예를 들어, 한 학교에 학생들의 성장을 위해 헌신하는 교사들이 많다고 하더라도, 그러한 헌신이 교사들의 이직이나 인사 이동 이후에도 유지될 수 있도록 하는 조직적 시스템이나 관행이 없다면, 그것은 제도적으로 갖춰진 미덕이라고 볼 수 없다(Peterson, 2006, p. 280).

Peterson(2006)은 "조직 수준의 미덕은 단순히 이윤, 권력, 지속성 같은 조직의 실적(bottom line)을 넘어서, 조직의 목표 자체에 기여한다"고 말한다(p. 281). 이러한 조직적 미덕은 종종 조직 내에서 강조되고, 구성원들에게 정체성과 자부심의 원천이 된다(pp. 281-282). 또한 그는 성취감(fulfillment)은 미덕을 실천하는 행위에서 비롯된다고 주장한다. 이는 Aristotle의 '**유데모니아**(eudaemonia)' 개념과 유사한데, 이 개념에 따르면 웰빙은 미덕 있는 행동의 결과물이 아니라, 그 행동 자체에 내재된 속성이라는 것이다(p. 281). 예를 들어, 상사가 두 직원 간의 분쟁을 공정하게 중재했을 때, 이 행위는 나중에 만족감을 '유발'하는 것이 아니라, 정의(justice)가 실현되는 바로 그 행위 안에 이미 만족감이 내재되어 있는 것이다(pp. 281-282).

심리적 자원

Luthans(2002)는 긍정심리학이 직장과 직접적인 관련이 있다는 점을 반영하여 조직행동 분야에서 약점을 개선하는 데 초점을 맞추기보다는 강점을 강조하는 적극적이고 긍정적인 접근 방식이 필요하다고 주장했다. '심리적 자원'에 관한 문헌은 조직행동과 긍정심리학을 잇는 가교 역할을 한다. 이는 긍정심리학을 직장에 적용하는 것으로 볼 수 있으며, 긍정심리학의 이론과 연구를 기업, 관리자, 직장인에게 적용하는 것이다. Luthans, Norman, Avolio, 그리고 Ivey(2008)는 희망, 회복탄력성, 낙관주의, 효능감으로 구성된 긍정적인 심리적 자원의 역할을 조사한 결과, 심리적 자원이 성과나 만족도, 헌신도 증가와 상관관계가 있으며, 지지적인 직장 동료는 직원의 만족도나 헌신도와 관련이 있었다. 이러한 역량은 교육 프로그램이나 자기 주도적 학습을 통해 직장에서 학습하고 개발하며 변화할 수 있다. 긍정적인 조직행동(positive organizational behavior)에 중요한 것으로 확인된 이 네 가지 구성 요소는 다음에서 간략하게 설명한다.

희망

의미 있는 희망이란, (1) 주체성(personal agency; 목표 지향적 에너지)과 (2) 방법(목표 달성 계획)이 상호작용하여 도출된 감각을 기반으로 하는 긍정적인 동기부여 상태를 말한다(Snyder et al., 1996). 다시 말해, 희망은 의지력과 그 과정에 대한 에너지로 구성된다.

회복탄력성

회복탄력성에 대한 대부분의 연구는 심각한 역경과 위험에 직면했을 때 긍정적으로 대처하거나 적응하는 맥락에서 이루어졌다. 직장에 적용하면 **회복탄력성**은 "역경, 불확실성, 갈등, 실패, 심지어 긍정적인 변화, 발전, 책임감 증가 등의 상황에서 다시 일어서는 긍정적인 심리적 능력"으로 정의된다(Luthans, 2002b, p. 702). 회복탄력성은 만족감이나 행복이라는 업무 태도와 관계가 있는 것으로 밝혀졌다(Youssef & Luthans, 2007).

낙관주의

현실적 낙관주의는 사용 가능한 자원이 주어졌을 때 달성할 수 있는 것을 객관적으로 평가하는 것이다(Peterson, 2000).

효능감

Bandura(1997)의 광범위한 **자기 효능감**에 대한 연구를 기반으로 한 자기 효능감은 예상되는 상황에 대처하는 데 필요한 행동 과정을 얼마나 잘 수행할 수 있는지에 대한 판단 또는 믿음으로 정의된다(Bandura, 1982, p. 122). 자신감이 높아지면 과제에 몰입하고 도전을 환영할 가능성이 높아져서 노력과 동기부여가 증가하고, 장애물에 직면했을 때 끈기가 높아진다(Bandura, 1986, 1997). 자신감은 상황에 따라 매우 달라지며, 상황과 맥락에 따라 크게 변동될 수 있다(Bandura, 1997, p. 42).

Bandura(1997)에 따르면 효능감은, (1) 성공 경험(과제 숙달), (2) 타인을 관찰함으로써 대리 학습, (3) 존경하는 타인의 설득, (4) 생리적 · 정신적 각성 및 건강(괴로운 감정 관리 또는 재구성)이라는 네 가지 방식으로 향상될 수 있다. Stajkovic과 Luthans(1998)가 114개의 연구를 대상으로 실시한 메타분석에 따르면, 목표 설정, 피드백, 직무 만족도 등 다른 조직행동의 개념보다 자기 효능감이 업무 관련 성과와 더 강력한 관계가 있는 것으로 나타났다.

심리적 자원의 틀에서 볼 때 긍정적인 심리 상태는 다음과 같은 특징이 있다. (1) 도전적인 과제를 수행하고 성공하기 위해 필요한 노력을 기울일 수 있다는 자신감(자기 효능감), (2) 성공에 대한 긍정적 귀인(낙관주의), (3) 목표를 향해 인내하고 필요한 경우에는 성공을 위해 목표를 향한 경로를 재설정하는 것(희망), (4) 역경에 직면했을 때 성공을 위해 지속하고 반등하며 그 이상으로 나아가는 것(회복탄력성) 등이 있다(Luthans et al., 2008, p. 223).

이를 직장에 적용하면 직원들이 지지를 받는다고 느낄 때, 희망의 경로를 생성해 내는 능력을 활용하여 조직 내에서 과업을 달성하기 위해 새로운 방법을 시도할 가능성이 높아진다. 지지적인 동료는 누군가 좌절하더라도 빠르게 회복할 수 있는 '맥락적 자원(contextual resource)'의 역할을 할 수 있다. 그리고 조직 분위기가 양육적(nurturing)이라면 직원들은 실수를 했더라도 자신의 능력을 인정받는다고 느낄 가능성이 높다. 지지적인 분위기는 기대한 결과가 나오지 않았을 때에도 '다른 방식으로 다시 시도해 보자'라는 메시지를 암묵적으로 또는 명시적으로 전달하여 직원이 실수에 내재된 학습 잠재력에 집중할 수 있도록 한다(Luthans et al., 2008, p. 226). 개인이 직장 상황에 가져오는 내재적 특성 중 하나인 심리적 자원은 잠재력을 발휘할 수 있게 할 뿐만 아니라 긍정적이거나 지지적인 조직 분위기를 통해 성과에 영향을 미치게 하는 데 중요한 역할을 한다(p. 235).

직장에서의 긍정심리학

직장에서 긍정심리학의 요소들을 적용하면 직원 개개인과 조직 전체가 호혜적이고 관계를 돈독히 하면서 번창해 나가는 데 도움이 될 수 있다. 감성 지능이나 몰입, 희망 등과 같은 긍정심리학의 요소는 리더가 직원들의 잠재력을 최대한 끌어낼 수 있는 강력한 토대를 제공할 수 있다(Froman, 2010). 예를 들어, 희망은 정서적 힘을 제공하며, 삶에 대한 희망이 가득하다는 관점을 가질 때 기회가 있음을 알아차리고 대응할 가능성이 높아진다(p. 60). 자부심과 성취감은 다른 사람들과 공유할 때 성취에 대해 더 크게 꿈꾸게 하고, 영감을 주고, 불을 지필 수 있게 된다(p. 61). 몰입을 경험하는 것, 즉 내적 만족과 동기를 부여하는 활동에 몰두하면서 시간의 흐름을 잊고 자의식이 사라지는 상태는,

자기 결정적인 태도와 행동을 유발할 수 있다. 이는 긍정적인 직무 및 조직 성과로 이어질 뿐만 아니라 외부의 압력이나 제약으로부터 자신을 보호하는 메커니즘 역할도 할 수 있다(p. 61).

직원들이 조직과 동료를 어떻게 인식하는지는 조직에 적응하는 것뿐만 아니라 직무 만족도, 심리적 웰빙, 조직 몰입도에도 영향을 미칠 수 있다(Martin, Jones, & Callan, 2005). "팀원들이 지지하고 격려하며 인정해 주는 방식으로 행동할 때 사람들은 그룹과 조직의 한계를 넘어 질문하고, 서로에게서 배우고, 새롭고 창의적인 접근 방식을 시험해 볼 수 있을 만큼 안전하고 신뢰할 수 있다고 느낀다"(Froman, 2010, p. 65).

리더는 지속적인 경청과 학습 과정을 통해 직원들의 참여를 유도하고, 상호 신뢰와 존중을 바탕으로 관계를 구축하며, 미덕을 갖춘 조직으로 조직 문화를 형성할 수 있다(Froman, 2010, p. 67). Losado와 Heaphy(2004)의 연구에 따르면, 서로 높은 수준으로 연결되어 있고 서로에게 더 잘 적응하고 반응하는 것이 조직 팀의 높은 성과와 상관관계가 있다. 또한 핵심 가치와 원칙에 기반을 두면 내면의 힘과 자신감을 키울 수 있어 효율성이 높아진다(Froman, 2010, p. 61).

Harter, Schmidt, 그리고 Keyes(2002)는 긍정적인 웰빙이 개인 수준에서 직장까지 이어진다고 주장하며, 근로자의 긍정 정서가 더 행복하고 생산적인 직장을 만든다고 했다(p. 205). 정신건강이 쇠약하거나 보통인 사람과 구별되는 번영하는 사람은 삶에 대해 기분이 좋고, 삶의 기능을 잘 발휘한다. 그러나 미국인 10명 중 2명 정도만이 스스로를 번영하는 사람이라고 평가했다. 미국 직장인을 대상으로 한 연구에 따르면, 쇠퇴하거나 평범한 수준의 웰빙은 업무 생산성 저하, 장애 증가, 심혈관질환 위험의 증가, 모든 연령대에서의 만성적인 신체질환의 증가, 심리 사회적 기능 악화, 의료서비스 이용률 증가 등과 관련이 있다(Keyes & Annas, 2009, p. 200).

긍정적인 일탈

시스템은 일반적으로 고의적이든, 무의식적이든, 현상 유지에 초점을 맞추고 있다. **긍정적인 일탈(positive deviance)**은 긍정적인 방식으로 기존의 규범에서 벗어나는 의도적인 행동으로 정의된다. 이는 정규분포곡선(bell curve)의 긍정적인 끝부분에 초점을 맞춘 것으로, 평범함을 넘어 탁월함을 향해 나아가는 중요한 메커니즘이다(Spreitzer & Sonenshein, 2003). 저자들은 긍정적인 일탈의 극적인 예로 자주 인용되는 베트남 마을 주민들의 영양 개선을 위한 사례(Pascale, Millemann, & Gioja, 2000)를 언급했다. 제3세계 국가에서 기아를 줄이기 위한 일반적인 접근 방식은 외부 전문가가 들어와 영양결핍을 진단한 다음, 영양결핍을 해결하기 위해 토착 식품을 제공하는 것이 일반적이었다. 당연히 외부 지원이 중단되면 영양실조 문제가 다시 심각해지는 경우가 많았다.

Pascale 등(2000)은 문제를 파악하고 연구하는 것에서 긍정적인 예외를 찾아내는 것으로 연구의 초점을 전환했다. 연구팀은 영양실조에 걸린 다른 마을의 아이들과 동일한 기본 식량을 섭취하고 있음에도 불구하고 건강하고 잘 먹고 있는 소수의 베트남 어린이들을 연구했다. 연구진은 건강하고 영양상태가 좋은 아이들의 어머니들이 쌀 위주의 기본 식단에 주변에서 쉽게 구할 수 있는 민물새우와 게, 고구마 잎으로 영양을 보충했다는 사실을 발견했다. 긍정적인 일탈을 보인 이 어머니들은 연구진에 의해 다른 지역의 주민들을 교육하는 데 투입되었다.

Heath와 Heath(2010)는 베트남의 영양 사례에서 지식만으로는 행동을 바꾸지 못한다고 지적했다. 단순히 영양에 대해 알려 주는 것만으로는 그들의 행동이 바뀌지 않았으며, 스스로 실천하고 새로운 사고방식으로 행동해야만 했다. 이 사례는 때때로 비교적 작은 변화가 큰 문제를 해결하는 데 도움이 될 수 있음을 보여 준다.

다음은 긍정적인 일탈, 즉 예상을 뛰어넘는 변화를 촉진하기 위해 반드시 갖추어야 할 몇 가지 조건이다.

- **의미**: 개인적 의미를 어떻게 지각하고 있는지는 행동 동기에 대한 욕구를 자극하는 데 중요하다. 내재적 동기가 있으면 자신의 역량을 확장하고 발휘할 가능성이 높아지며 새로운 행동을 시작할 가능성도 높아진다(Spreitzer & Sonenshein, 2003, p. 212).
- **기타 초점**: 다른 것에 초점을 맞춘 리더십은 구성원들이 한 인간으로서 성장하고 더 현명하고 자율적이 되도록 돕는 것을 강조한다(p. 213).
- **자기 결정권**: 자기 결정권은 자율성 및 내부 통제에 대한 인식과 정적인 상관관계가 있다. 스스로 추구하는 목표는 일반적으로 더 많은 노력을 기울일 가치가 있는

것으로 간주된다. 개인의 자율성이 높아지면 생각과 행동을 연결하여 긍정적인 일탈을 촉진하는 반면, 외부 통제와 사물이 개인의 통제하에 있지 않다는 생각은 더 부적응적인 행동과 관련이 있다(p. 215).

- **개인적 효능감**: Bandura(1989)는 자기 효능감이 높을수록 목표 설정과 목표 달성을 위한 확고한 전념과 관련이 있다는 사실을 발견했다. 효능감 신념은 동기부여와 끈기에 영향을 미친다. 효능감을 많이 느낄수록 우리는 인간으로서 자신의 잠재력을 최대한 개발하고 성장시키고자 하는 갈망을 갖게 된다(Spreitzer & Sonenshein, 2003, p. 216).

강점 기반 사회복지 실천

긍정심리학이라는 용어는 심리학 분야에서 강점과 잠재력에 대한 새로운 초점을 반영하고 있지만, 사회복지도 강점 기반 오리엔테이션을 수용하는 풍부한 전통을 가지고 있다(예: Cowger, 1994; Greene, Lee, & Hoffpauir, 2005; Saleebey, 1992). 실제로 사회복지 문헌에서 Cohen(1999)은 문제보다는 실천가의 성취에 초점을 맞춘다는 전제를 바탕으로 병리보다는 강점에 초점을 맞춘다는 강점 기반 개입 모델을 반영한 강점 기반 슈퍼비전 모델을 제안했다(p. 460). 그는 이전의 전문가들이 인간의 실패가 도덕적 결함의 결과라는 생각은 버렸지만 병리 지향적인 생각, 즉 실패와 문제가 주요 초점이 되어야 한다는 생각은 유지되고 있다고 주장했다. 이러한 생각은 진단 및 임상 분류 체계[예: DSM 및 국제질병분류(ICD)]를 통해 명확히 드러나는데, "약점, 한계, 문제, 실패는 대부분의 도움을 주는 전문가가 내담자를 바라보는 필터로 남아 있다"(p. 460)고 한다. 이는 치료 관계의 성격과 형태에 쉽게 영향을 미칠 수 있다. Cohen은 "문제와 병리의 중심은 강점 관점이 저항하는 현실"이라고 주장했다(p. 460).

강점 관점은 내담자가 심각한 문제나 심각한 정신장애를 가지고 있더라도 내면의 자원을 활용하고, 불완전하더라도 대처하고 생존해 왔으며, 이러한 강점을 파악하고 활용하는 것이 치료적으로 유익하다는 것을 인정한다. "내담자를 자신의 강점과 자원을 최대한 활용하여 역경에 대처하는 인간으로 보도록 수련받은 전문가는 내담자가 자신의 상황을 개선할 수 있는 방법을 찾도록 도울 가능성이 훨씬 더 높다"(Cohen, 1999, p. 461). 그렇다고 해서 심각한 문제나 고통의 영향을 무시하는 것은 아니지만, 문제를 해결하기 위해 개발해 온 대처 기술을 간과하거나 최소화하는 것은 매우 귀중한 내적 자원을 활용하지 못하는 것이다. 회복탄력성은 트라우마나 고난에서 비롯되는 경우가 많으며, 회복탄력성을 파악하고 조명하며 내담자와의 협력 관계를 구축하여 문제해결을 위한 지식과 자원을 이끌어 내는 것이 강점 관점의 초석이다.

강점 관점은 슈퍼비전에도 유용하게 적용될 수 있는데, 슈퍼비전은 교정할 문제를 목표로 삼기보다는 최근의 성공에 초점을 맞추어 보다 지지적이고 덜 위협적인 환경을 조성하는 데 초점을 맞출 수 있다(p. 462). "가장 성공적인 최근의 임상 작업에 대해 이야기해 봅시다"와 같은 진술은 슈퍼비전이 학습할 수 있는 기회를 밝히고, 지지해 주며, 슈퍼바이지의 동기를 강화하는 발판 역할을 할 수 있다. 슈퍼바이저는 성공적인 상호작용과 관련된 세부 사항을 분석하고 다른 상황과 사례에 적용할 수 있는 방법을 모색하도록 토론을 유도할 수 있다.

임상 슈퍼비전에 대한 긍정심리학의 공헌

Howard(2008)는 임상 슈퍼비전의 핵심 기능 중 하나는 슈퍼바이지의 업무로 인한 정서적 영향과 슈퍼바이지의 웰빙에 관심을 기울이는 것, 즉 웰빙의 회복이라고 말했다(p. 106). 업무 몰입, 일관성, 자기 효능감, 몰입, 회복탄력성과 같은 긍정심리학의 개념에 대한 연구는 근로자의 행복, 건강 및 개선에 대한 자세한 이해를 제공하기 시작했다. 슈퍼비전은 회복 기능이 있으며, 업무 스트레스와 번아웃을 감소시키는 것으로 보인다. 예를 들어, Butterworth 등(1997)은 간호사가 임상 슈퍼비전을 받기 시작하면 정서적 소진 및 비인격화 수준이 안정화되지만 슈퍼비전이 없을 때는 다시 증가한다는 사실을 발견했다. 고학력 직원을 대상으로 한 연구에서 Bakker, Demerouti, 그리고 Euwema(2005)는 업무 과부하, 정서적 요구, 신체적 부담, 가정과 업무 간섭이 있더라도 자율성을 경험하거나 피드백이나 사회적 지지를 받거나 상사와 양질의 관계를 맺고 있는 경우에는 높은 수준의 소진으로 이어지지 않는다는 것을 발견했다.

Howard(2008)는 의미의 충만함, 업무 몰입, 자기 효능감, 몰입, 회복탄력성 등 웰빙에 긍정적인 영향을 미치는 몇 가지 구성 요소를 확인했다. 예를 들어, 사려 깊은 슈퍼바이저는 슈퍼비전을 통해 이러한 요소를 높이는 데 직접적으로 기여할 수 있다. 예를 들어, 목표와 기술을 적절히 일치시키면서 약간의 도전을 유지하면 슈퍼바이지가 몰입하는 데 기여할 수 있다(p. 109).

Howard는 긍정심리학에 기반한 슈퍼비전 개입의 예로 내러티브 슈퍼비전을 설명했다. 내러티브 상담은 상담자와 내담자 간의 협력적 탐구를 강조하며, 상담자는 내담자가 자신의 문제로부터 더 많은 거리를 확보할 수 있는 방식으로 자신의 이야기를 재구성하고 핵심 의도, 희망, 가치를 재확인하도록 돕는다. 다음은 이야기 치료 접근법의 슈퍼바이저 과제와 대화 예시가 포함된 몇 가지 긍정심리학의 구성 요소다(Howard, 2008, p. 110).

- **자기 효능감**: 슈퍼바이저의 과제는 슈퍼바이지가 기술을 적용하고, 업무를 성공적으로 수행하고, 새로운 책임에 대처할 수 있을 것이라는 믿음을 만들어 주는 것, 즉 내러티브 언어로 '바람직한 정체성을 구성하고 수행할 수 있도록 하는' 것이다. 역할극을 통해 자기 효능감을 향상시킬 수 있다.

> ☑ 내러티브 슈퍼비전 질문
> - 자신의 경험에 비추어 볼 때 이 목표를 달성할 수 있다고 생각하는 이유는 무엇인가요?
> - 어려운 상황에 직면했을 때 자신의 역량을 어떻게 상기시킬 수 있나요?

- **작업 참여**: 슈퍼바이저의 임무는 슈퍼바이지가 작업하던 도중에 일어난 사건에 대해 경험적인 시각을 가지고 의미를 부여함으로써 슈퍼바이지의 직업적 정체성과 업무에 대한 참여를 강화하는 것이다. 이는 성공과 성취를 축하함으로써 강화될 수 있다(청중을 만드는 것이 긍정적인 변화를 지지하고 강화하는 데 도움이 된다는 내러티브 치료의 개념을 반영).

☑ 내러티브 슈퍼비전 질문

- 어떤 목적의식으로 처음 이 작업을 시작하게 되었나요?
- 올해의 작업을 돌아볼 때 가장 만족스러운 점은 무엇인가요?

- 일관성(관리 가능성): 슈퍼바이저의 임무는 슈퍼바이지의 관심사와 성장 분야를 파악하고, 슈퍼바이지가 자신의 업무에 대한 통제력을 가질 수 있도록 돕는 것이다. 이는 슈퍼비전을 통해 기술적으로 성장하고 계속해서 발전하는 것에 대한 기대를 인식하고 표현함으로써 향상될 수 있다. 예상되는 상황을 역할극(role playing)으로 만들어 보는 것도 도움이 될 수 있다.

☑ 내러티브 슈퍼비전 질문

- 이 목표를 달성하기 위해 어떤 새로운 기술이나 자원이 필요한가요?
- 당신의 업무에서 독립성이 성장해 나가고 있는 것에 대해 다른 사람들은 어떤 점을 알아챘을까요?

결론

긍정심리학의 역사적 기원에 대한 설명에서 Lopez 등(2006)은 강점에 초점을 맞춘 실무자 및 학자가 되기 위한 권장 사항을 제시했다. 지금까지 긍정심리학의 개념을 슈퍼비전과 교육에 적용한 책은 거의 없었다. 이 책의 목표는 슈퍼바이저와 슈퍼바이지에게 강점 기반 슈퍼바이저가 되기 위한 권장 사항을 제공하는 것이다. 다음 장에서는 강점 중심 슈퍼비전 및 교육을 제공하기 위한 포괄적인 프레임워크와 구체적이고 실용적인 제안을 제공한다.

생각할 거리

- 언제 행복감을 느낀 적이 있나요? 무엇이 긍정적인 상태를 만드는 데 기여한 것 같나요?
- '긍정적인 나선형'을 경험했던 때를 생각해 보세요. 그런 일이 일어나도록 하기 위해 무엇을 하고 있었나요?
- 당신이 경험한 가장 매력적이고 지원적인 업무 환경을 생각해 보세요. 직장이 그렇게 긍정적으로 변한 데에는 어떤 요인이 있었나요?
- 자신의 장점을 가장 잘 보여 주었던 경험이나 사건을 떠올려 보세요. 이 사건에서 보여 준 강점이나 미덕을 최대한 많이 말해 보세요.
- 현재 자신의 강점을 자주 사용하고 있나요? 어떤 강점을 일상생활에 더 완벽하게 통합할 수 있는 방법은 없을까요?
- 당신의 롤모델은 누구인가요? 어떤 특성을 닮고 싶나요?

읽을거리

책

Diener, E., & Biswas-Diener, R. (2008). *Happiness: Unlocking the mysteries of psychological wealth*. Malden, MA: Blackwell Publishing.

Peterson, C. (2006). *A primer in positive psychology*. New York, NY: Oxford University Press.

Seligman, M. E. P. (2002). *Authentic happiness: Using the new positive psychology to realize your potential for lasting fulfillment*. New York, NY: Free Press.

Seligman, M. E. P. (2011). *Flourish: A visionary new understanding of happiness and well-being*. New York, NY: Free Press.

Snyder, C. R., Lopez, S. J., & Pedrotti, J. T. (2011). *Positive psychology: The scientific and practical explorations of human strengths* (2nd ed.). Thousand Oaks, CA: Sage Publications.

논문

Fredrickson, B. L. (1998). What good are positive emotions?. *Review of General Psychology, 2*, 300-319.

Fredrickson, B. L. (2001). The role of positive emotions in positive psychology: The broaden-and-build theory of positive emotions. *American Psychologist, 56*, 218-226.

Froman, L. (2010). Positive psychology in the workplace. *Journal of Adult Development, 17*, 59-69. doi: 10.1007/s10804-009-9080-0

Gable, S. L., & Haidt, J. (2005). What (and why) is positive psychology?. *Review of General Psychology, 9*, 103-110.

Linley, P. A., Joseph, S., Harrington, S., & Wood, A. M. (2006). Positive psychology: Past, present, and (possible) future. *The Journal of Positive Psychology, 1*, 3-16.

Luthans, F. (2002). Positive organizational behavior: Developing and managing psychological strengths. *Academy of Management Executive, 16*, 57-72.

Lyubomirksy, S., Sheldon, K. M., & Schkade, D. (2005). Pursuing happiness: The architecture of sustainable change. *Review of General Psychology, 9*, 111-131.

Seligman, M. E., & Csikszentmihalyi, M. (2000). Positive psychology. *American Psychologist, 55*, 5-14.

참고문헌

Allport, G. W. (1961). *Pattern and growth in personality*. New York, NY: Holt, Rinehart, & Winston.

American Psychiatric Association. (2013). *Diagnostic and statistical manual of mental disorders* (5th ed.). Washington, DC: Author.

Asplund, J., Lopez, S. J., Hodges, T., & Harter, J. (2007). *Technical report: Development and validation of the Clifton Strengths Finder 2.0*. The Gallup Organization.

Bakker, A. B., Demerouti, E., & Euwema, M. C. (2005). Job resources buffer the impact of job demands on burnout. *Journal of Occupational Health Psychology, 10*, 170-180.

Bandura, A. (1982). Self-efficacy mechanism in human agency. *American Psychologist, 37*, 122-147.

Bandura, A. (1986). *Social foundations of thought and action*. Englewood Cliffs, NJ: Prentice-Hall.

Bandura, A. (1989). Regulation of cognitive processes through perceived self-efficacy. *Developmental Psychology, 25*, 729-735.

Bandura, A. (1997). Self-efficacy: The exercise of control. New York, NY: Freeman.

Beers, C. W. (1908). *A mind that found itself*. New York, NY: Longmans Green.

Blocher, D. H. (1966). *Developmental counseling*. Oxford, UK: Ronald Press.

Brickman, P., Coates., D., & Janoff-Bulman, R. (1978). Lottery winners and accident victims: Is happiness relative?. *Journal of Personality and Social Psychology, 36*, 917-927.

Buckingham, M., & Clifton, D. O. (2001). *Now, discover your strengths*. New York, NY: Free Press.

Butterworth, T., Carson, J., White, E., Jeacock, J., Clements, A., & Bishop, V. (1997). *It's good to talk: An evaluation study in England and Scotland*. UK: University of Manchester.

Clifton, D. O., & Nelson, P. (1992). *Soar with your strengths*. New York, NY: Dell Publishing.

Cohen, B. (1999). Intervention and supervision in strengths-based social work practice. *Families in Society: The Journal of Contemporary Human Services, 80*, 460-466.

Cowger, G. (1994). Assessing client strengths: Clinical assessment for client empowerment. *Social Work, 39*, 262-268.

Diener, E., & Biswas-Diener, R. (2008). *Happiness: Unlocking the mysteries of psychological wealth*. Malden, MA: Blackwell Publishing.

Erikson, E. H. (1959). Identity and the life cycle. *Psychological Issues, 1*, (Monograph 1).

Fredrickson, B. L. (1998). What good are positive emotions?. *Review of General Psychology, 2*, 300-319.

Fredrickson, B. L. (2001). The role of positive emotions in positive psychology: The broaden-and-build theory of positive emotions. *American Psychologist, 56*, 218-226.

Fredrickson, B. L. (2003). Positive emotions and upward spirals in organizations. In J. E. Dutton, R. E. Quinn, & K. S. Cameron (Eds.), *Positive organizational scholarship* (pp. 163-175). San Francisco, CA: Berrett-Koehler Publishers.

Fredrickson, B. L., & Branigan, C. A. (2001). Positive emotions. In T. J. Mayne & G. A. Bonnano (Eds.), *Emotion: Current issues and future developments* (pp. 123-151). New York, NY: Guilford Press.

Fredrickson, B. L., & Branigan, C. A. (2005). Positive emotions broaden scope of attention and thought-action repertoires. *Cognition and Emotion, 19*, 313-332.

Fredrickson, B. L., & Levenson, R. W. (1998). Positive emotions speed recovery from the cardiovascular sequelae of negative emotions. *Cognition and Emotion, 12*, 191-220.

Fredrickson, B. L., Mancuso, R. A., Branigan, C., & Tugade, M. M. (2000). The undoing effect of positive emotions. *Motivation and Emotion, 24*, 237-258.

Froman, L. (2010). Positive psychology in the workplace. *Journal of Adult Development, 17*, 59-69. doi: 10.1007/s10804-009-9080-0

Gable, S. L., & Haidt, J. (2005). What (and why) is positive psychology?. *Review of General Psychology, 9*, 103-110.

Gelso, C. J., & Woodhouse, S. (2003). Toward a positive psychotherapy: Focus on human strength. In B. Walsh (Ed.), *Counseling psychology and optimal human functioning* (pp. 171-197). Mahwah, NJ: Lawrence Erlbaum Associates, Inc.

Greene, G. J., Lee, M. Y., & Hoffpauir, S. (2005). The languages of empowerment and strengths in clinical social work: A constructivist perspective. *Families in Society, 86*, 267-277.

Harter, J. K., Schmidt, F. L., & Keyes, C. L. (2002). Well-being in the workplace and its relationship to business outcomes: A review of the Gallup studies. In C. L. Keyes & J. Haidt (Eds.), *Flourishing: The positive person and the good life* (pp. 205-224). Washington, DC: American Psychological Association.

Heath, C., & Heath, D. (2010). *Switch: How to change things when change is hard*. New York, NY: Broadway Books.

Howard, F. (2008). Managing stress or enhancing well-being?: Positive psychology's contributions to clinical supervision. *Australian Psychologist, 43*, 105-113.

Jahoda, M. (1958). *Current concepts of positive mental health*. New York, NY: Basic Books.

James, W. (1902). *The varieties of religious experience: A study in human nature*. New York, NY: Longmans, Green & Co.

Jorgensen, I., S., & Nafstad, H. (2004). Positive psychology: Historical, philosophical, and epistemological perspectives. In P. A. Linley & S. Joseph (Eds.), *Positive psychology in practice* (pp. 15-34). Hoboken, NJ: John Wiley & Sons, Inc.

Jung, C. G. (1933). *Modern man in search of a soul*. London: Kegan, Paul, Trench, Trubner & Co.

Kauffman, C. (2006). Positive psychology: The science at the heart of coaching. In D. R. Stober & A. M. Grant (Eds.), *Evidence based coaching handbook: Putting best practices to work for your clients* (pp. 219-254). Hoboken, NJ: John Wiley & Sons, Inc.

Keyes, C. L., & Annas, J. (2009). Feeling good and functioning well: Distinctive concepts in ancient philosophy and contemporary science. *The Journal of Positive Psychology, 4*, 197-201.

Keyes, C. L. M., & Magyar-Moe, J. L. (2003). The measurement and utility of adult subjective well-being. In S. J. Lopez & C. R. Snyder (Eds.), *Positive psychological assessment: A handbook of models and measures* (pp. 411-425). Washington, DC: American Psychological Association.

Linley, P. A., & Joseph. S. (2004). Applied positive psychology: A new perspective for professional science. In P. A. Linley & S. Joseph (Eds.), *Positive psychology in practice* (pp. 3-14). Hoboken, NJ: John Wiley & Sons, Inc.

Linley, P. A., Joseph, S., Harrington, S., & Wood, A. M. (2006). Positive psychology: Past, present, and (possible) future. *The Journal of Positive Psychology, 1*, 3-16.

Lopez, S. J., Magyar-Moe, J. L., Petersen, S. E., Ryder, J. A., Krieshok, T. S., O'Byrne, K. K., Lichtenberg, J. W., & Fry, N. A. (2006). Counseling psychology's focus on positive aspects of human functioning. *The Counseling Psychologist, 34*, 205-227. doi:10.1177/001100000523393

Losado, M., & Heaphy, E. (2004). The role of positivity and connectivity with the performance of business teams. *American Behavioral Scientist, 47*, 740-765.

Luthans, F. (2001). The need for and meaning of positive organizational behavior. *Journal of Organizational Behavior, 23*, 695-706.

Luthans, F. (2002). Positive organizational behavior: Developing and managing psychological strengths. *Academy of Management Executive, 16*, 57-72.

Luthans, F., Norman, S. M., Avolio, B. J., & Ivey, J. B. (2008). The mediating role of psychological capital in the supportive organizational climate - Employee performance relationship. *Journal of Organizational Behavior, 29*, 219-238. DOI: 10.1002/job.507.

Lyubomirsky, S., Sheldon, K. M., & Schkade, D. (2005). Pursuing happiness: The architecture of sustainable change. *Review of General Psychology, 9*, 111-131.

Martin, A. J., Jones, E. S., & Callan, V. J. (2005). The role of psychological climate in facilitating employee adjustment during organizational change. *European Journal of Work and Organizational Psychology, 14*, 263-289.

Maslow, A. H. (1968). *Toward a psychology of being*. New York, NY: Van Nostrand.

Maslow, A. H. (1970). *Motivation and personality* (2nd ed.). New York, NY: Harper & Row.

Menninger, K., Mayman, M., & Pruyser, P. W. (1963). *The vital balance*. New York, NY: Viking Press.

Pascale, R. T., Millemann, M., & Gioja, L. (2000). *Surfing the edge of chaos: The laws of nature and the new laws of business*. New York, NY: Crown Business.

Peterson, C. (2000). The future of optimism. *American Psychologist, 55*, 44-55.

Peterson, C. (2006). *A primer in positive psychology*. New York, NY: Oxford University Press.

Peterson, C., & Seligman, M. E. (1984). Causal explanations as a risk factor for depression: Theory and evidence. *Psychological review, 91*, 347-374.

Peterson, C., & Seligman, M. E. P. (2004). *Character strengths and virtues: A handbook and classification*. Washington, DC: American Psychological Association.

Rogers, C. R. (1961). *On becoming a person: A therapist's view of psychotherapy*. Boston, MA: Houghton Mifflin.

Saleebey, D. (Ed.). (1992). *The strengths perspective in social work practice*. White Plains, NY: Longman.

Seligman, M. E., & Csikszentmihalyi, M. (2000). Positive psychology. *American Psychologist,*

55, 5-14.

Seligman, M. E. P. (1998). Building human strength: Psychology's forgotten mission. *APA Monitor, 29*(1).

Seligman, M. E. P. (2002). *Authentic happiness: Using the new positive psychology to realize your potential for lasting fulfillment*. New York, NY: Free Press.

Seligman M. E. P. (2003). Foreword: The past and future of positive psychology. In C. L. M. Keyes & J. Haidt (Eds.), *Flourishing: Positive psychology and the life well-lived* (pp. 15-36). Washington, DC: American Psychological Association.

Seligman, M. E. P. (2011). *Flourish: A visionary new understanding of happiness and well-being*. New York, NY: Free Press.

Sheldon, K. M., & King, L. (2001). Why positive psychology is necessary. *American Psychologist, 56*, 216-217.

Snyder, C. R., Lopez, S. J., & Pedrotti, J. T. (2011). *Positive psychology: The scientific and practical explorations of human strengths* (2nd ed.). Thousand Oaks, CA: Sage Publications.

Snyder, C. R., Simpson, S., Ybasco, F., Borders, T., Babyak, M., & Higgins, R. (1996). Development and validation of the state hope scale. *Journal of Personality and Social Psychology, 70*, 321-335.

Spreitzer, G. M., & Sonenshein, S. (2003). Positive deviance and extraordinary organizing. In K. S. Cameron, J. E. Dutton, & R. E. Quinn (Eds.), *Positive organizational scholarship: Foundations of a new discipline* (pp. 207-224). San Francisco, CA: Berrett-Koehler Publishers.

Stajkovic, A. D., & Luthans, F. (1998). Self-efficacy and work-related performance: A meta-analysis. *Psychological Bulletin, 124*, 240-261.

Youssef, C. M., & Luthans, F. (2007). Positive organizational behavior in the workplace: The impact of hope, optimism, and resiliency. *Journal of Management, 33*, 774-800.

제 3 장

단계 설정

> 모든 시스템이 현재와 같은 결과를 얻을 수 있도록 완벽하게 설계되었다.
>
> – Marv Weisbord

> 우리가 구조를 먼저 만들고, 구조가 우리를 만든다. – Winston Churchill

슈퍼비전을 받았던 다양한 경험을 떠올려 보라. 이 중 상당수는 공식적이고 체계적인 교육을 받았을 것이고, 덜 구조화된 교육 경험도 많을 것이다. 가장 좋았던 슈퍼비전 경험을 떠올려 보라. 이러한 슈퍼비전에서 눈에 띄는 점은 무엇인가? 무엇이 그토록 성공적이라고 느끼게 했나? 슈퍼바이저나 수련생과는 어떻게 상호작용했는가? 슈퍼바이저는 어떤 방식으로 슈퍼비전에 접근했는가? 당신의 성장과 발전에 도움이 된 슈퍼바이저의 개인적인 특성은 무엇인가? 당신이 근무했던 큰 기관이나 부서의 특징은 무엇인가? 당신의 경험에 영향을 미친 것을 되돌아볼 때, 보람 있는 경험이 되기 위해 어떻게 슈퍼비전에 접근했는가? 그 과정에서 부정적인 슈퍼바이저나 교육 경험이 있었다면 이러한 사례에 대해 동일한 질문을 다시 생각해 보라. 종종 건설적인 요소는 부정적인 요소와 대비될 때 더욱 분명하게 된다.

우리는 아마도 부정적인 경험을 '하지 말아야 할 것'이라는 범주로 분류했을 것이다. 무엇이 효과가 없는지 아는 것도 귀중한 정보다. 이 장에서는 발전적이며 생산적인 슈퍼비전이 이루어질 수 있는 환경을 조성하는 데 도움이 되는 다양한 요소를 자세히 살펴본다. 효과적이고 연구에 기반한 슈퍼비전을 제공하기 위한 기준이 될 수 있는 '좋은'

슈퍼바이저, 슈퍼바이지 및 교육 현장의 특성을 살펴본다. 또한 학습 과정 탐색, 긍정적인 기대치 설정, 슈퍼비전을 최대한 활용하기, 성찰적이고 의도적인 슈퍼비전을 위한 프레임워크 만들기 등 슈퍼비전의 모범 사례를 위한 단계 설정과 관련된 다른 요소도 논의한다.

슈퍼바이지의 특성

효과적인 슈퍼바이저가 아닌 효과적인 슈퍼바이지의 자질에서 시작하는 것이 이상하게 보일 수 있다. 그러나 심리치료에서 내담자의 변수가 치료 성과에 크게 기여한다고 알고 있는 것처럼(예: Bohart & Tallman, 2010; Messer & Wampold, 2002; Wampold, 2001), 슈퍼바이지는 슈퍼비전 경험의 성격과 궁극적인 결과에 대해 중추적인 역할을 한다. 성공적인 슈퍼바이지의 특성을 아는 것은, 슈퍼바이지가 지향해야 할 목표를 제시해 주고, 슈퍼바이저가 그러한 특성을 끌어내고 강조하는 데 도움이 되는 지침으로 활용할 수 있다.

그러나 심리치료에서 내담자 변인보다 치료자에 대한 연구와 투자가 훨씬 더 많이 이루어진 것과 마찬가지로, 슈퍼비전 연구에서도 도움이 되거나 방해가 되는 슈퍼바이지의 속성보다는 슈퍼바이저의 자질에 더 많은 연구 관심이 집중되어 있는 것은 동일한 상황이다. Rodenhauser, Rudisell, 그리고 Painter(1989)는 슈퍼바이지의 속성을 조사한 몇 안 되는 연구자 중 한 명이다. 이들은 정신과 레지던트의 심리치료 슈퍼바이저를 대상으로 심리치료 슈퍼비전 상황에서 성공적인 학습을 위해 바람직하다고 생각되는 슈퍼바이지의 특성을 최대 4개까지 나열하도록 요청했다. 다섯 가지 범주가 나왔는데, 각 범주에서 가장 중요한 특성을 나열하였다(pp. 370-371).

- 슈퍼바이지의 기본적인 개인적 자질
  - 심리적 마인드 및 개방성
  - 신뢰성
  - 심리 구조의 안정

- 슈퍼바이저와의 관계 촉진자
  - 관심 및 욕구
  - 동기부여 및 주도성
  - 열정 및 열의
- 내담자와의 관계 촉진자
  - 대인 관계 호기심
  - 유연성(개인적, 이론적, 임상적)
  - 공감 능력
- 콘텐츠와 이론 학습의 촉진자
  - 지적 개방성
  - 지식을 기반으로 한 발달 및 독서 습관
- 과정이나 기술에 대한 학습의 촉진자
  - 최소한의 방어성
  - 자기 성찰
  - 피드백에 대한 수용성

Rodenhauser 등(1989)은 일반적으로 합의된 이상적인 슈퍼바이지를 구성하는 자질 목록을 함께 사용할 경우에 다음과 같은 건설적인 것들을 슈퍼비전에서 제공할 수 있다고 했다. (1) 슈퍼비전 시작 시 슈퍼바이지의 특성을 평가하는 가이드, (2) 슈퍼바이지의 역할을 촉진하는 가이드, (3) 상호 기대치를 논의하는 체크리스트, (4) 개인 성장을 위한 동기부여, (5) 예측 가능한 문제, (6) 문제 예방 가이드이다(p. 369). 이러한 특성은 슈퍼바이지의 성장과 발달을 촉진하는 데 도움이 되는 교육 및 슈퍼비전에 대한 긍정적인 접근 방식을 만들거나 강화할 수 있다(p. 375).

정신건강 슈퍼바이저와 슈퍼바이지를 대상으로 한 설문 조사(Vespia, Heckman-Stone, & Delworth, 2002)에 따르면, 두 그룹 모두 가장 중요한 슈퍼바이지의 행동 및 자질로 다음을 꼽았다.

- 성장하려는 의지를 보이고, 자신의 행동 결과에 대해 책임을 진다.

- 슈퍼비전 회기에 적극적으로 참여한다.
- 개인의 차이를 존중하고 인정한다.
- 상담 및 슈퍼비전과 관련된 개인 역동을 이해한다.

슈퍼비전 과정 초기에 이상적인 슈퍼바이지의 특성에 대한 논의로 시작을 하면 슈퍼바이저와 슈퍼바이지 모두 슈퍼비전 과정에 대해 높고 비현실적인 기대를 갖게 되어 실패와 실망감을 느끼게 되는 경향을 완화하는 데 도움이 될 수 있다(Rodenhauser et al., 1989, p. 373).

Pearson(2004)은 슈퍼바이저가 수련생에게, (1) 긍정적인 슈퍼바이지의 특성 목록에 대해 스스로 평가하도록 요청하고, (2) 가장 도전적이거나 어려운 점을 두세 가지 선택하고, (3) 각 결핍과 관련된 목표를 세우고, (4) 이러한 영역과 관련 목표를 슈퍼바이저와 논의하도록 권장했다(p. 363). 그러나 강점 기반 관점에서 비슷한 연습을 제안할 수 있는데, 슈퍼바이지가 파악한 약점 영역을 해결하기 위한 발판 역할을 할 강점을 두세 가지 먼저 파악하도록 요청하는 것이다. 또한 다음과 같은 질문을 통해 슈퍼바이저와 함께 바람직한 슈퍼바이지의 자질에 대한 토론을 시작하도록 유도할 수도 있다. "이 분야에서 슈퍼바이저로 작업하면서 가장 성공적이고 만족스러웠던 학생은 어떤 학생이었나요?" "어떤 종류의 학생이 가장 성공적이지 못했습니까?" 또는 "슈퍼바이지와 함께할 때 가장 중요하게 생각하는 특성은 무엇입니까?"

Pearson(2004, pp. 371-372) 또한 정신건강 전공생에게 슈퍼비전 경험을 최대한 활용할 수 있도록 다음과 같은 제안을 제공했다.

- 적극적으로 하라.
- 유연성을 유지하라.
- 필요한 것을 요구하라. 어떤 것은 요구하지 말라.
- 슈퍼비전에서 학습 및 성장에 대해 책임감을 가지라.
- 문제해결 및 개선을 위해 자가 평가와 성찰을 활용하라.
- 비난을 삼가고 문제해결과 앞으로의 계획에 집중하라.
- 슈퍼바이저가 제공하지 않는 것에 초점을 맞추기보다는 슈퍼바이저로부터 무엇

을 배울 수 있는지 물어보라.

슈퍼바이저의 특성

슈퍼비전과 심리치료의 업무는 크게 다르며 이 둘을 혼동할 때 문제가 발생할 수 있지만, 좋은 업무 관계를 구축하는 것이 둘 다에 있어 근본적으로 중요하다. 이상적인 슈퍼바이저는 이상적인 심리치료사와 동일한 개인적 특성을 구현하는 것으로 알려져 있다(Pierce, Carkhuff, & Berenson, 1967). 심리치료에서 치료자의 성향에 관계없이 공감, 진정성, 따뜻함이라는 촉진 조건은 치료 효과를 위한 필수 조건으로 간주된다. Coche(1977)는 이러한 요소들이 효과적인 슈퍼비전의 필수 조건이라고 제안했으며, Lambert(1980)는 대부분의 연구자가 슈퍼바이저-슈퍼바이지 관계에서 적절한 수준의 공감, 존중, 진정성, 구체성이 필요하다는 데 동의하는 것으로 보인다고 언급했다. 슈퍼비전 회기에서 높은 수준의 공감, 존중, 진정성, 구체성을 제공하는 슈퍼바이저를 둔 슈퍼바이지는 내담자에게 치료를 제공할 때 이러한 촉진적 요소를 점점 더 많이 모델링하고 전수할 수 있다. Carifio와 Hess(1987)는 효과적인 슈퍼비전을 위한 촉진적 조건 조성의 중요성을 요약하면서 이상적인 슈퍼바이저는 다음과 같다고 제안했다.

- 적절한 수준의 공감, 존중, 진정성, 구체성, 자기 개방 능력을 가지고 있다.
- 치료와 슈퍼비전 모두에 대한 지식과 경험이 풍부하다.
- 명확하고 명시적인 목표를 설정하고, 이러한 목표를 다양한 교육 기법을 활용할 때 지침으로 사용한다.
- 심리치료와 슈퍼비전을 병행하지 않는다.
- 언제나 지지적이거나 비판적이지는 않다.
- 직접적 및 체계적 피드백을 포함한 다양한 사회적 프로세스를 사용한다.
- 지나치게 직접적이지는 않지만 그렇다고 특별히 소극적이지도 않다(p. 248).

심리학, 정신의학 및 사회사업 관련 수련 중인 슈퍼바이지의 슈퍼바이저 선호도에 대한 설문 조사에 따르면, 슈퍼바이저에게 매우 바람직한 성격 묘사로 유연성, 자기 개방, 관용적, 온화하거나 외향적인 성격이 포함되는 것으로 나타났다(Nelson, 1978). 또한 슈퍼바이지들은 실제 치료자로서 치료 기술과 이론적 지식을 갖춘 슈퍼바이저를 높게 평가했다. 흥미롭게도 슈퍼바이저의 일반적인 성격 요인이나 슈퍼바이저와 슈퍼바이지 간의 성격 요인의 일치 여부는 슈퍼비전 결과에 미미한 영향을 미치는 것으로 밝혀졌다(Neufeldt Beutler, & Ranchero, 1997). 그러나 슈퍼바이저의 자질인 전문성, 신뢰, 매력성은 슈퍼바이저가 슈퍼바이지에게 영향을 미치는 능력을 증가시키는 것으로 밝혀졌다(Dorn, 1985). 슈퍼바이저의 가용성과 접근성은 슈퍼바이지가 도움을 요청하고 요구 사항을 충족할 가능성을 높인다(Berger & Graff, 1995).

확장 및 축적 모델(Fredrickson, 1998; Fredrickson & Branigan, 2001)은 긍정 정서는 전염성이 있으며, 학습을 위한 비옥한 토양 역할을 한다고 가정한다. Borders(1994)는 훌륭한 슈퍼바이저는 당연히 슈퍼비전을 즐기고, 그 과정에서 자신의 편안함과 열정을 슈퍼바이지에게 전달하는 경향이 있음을 관찰했다. 좋은 슈퍼바이저는 다음과 같은 특징을 공유한다. (1) 슈퍼바이저는 슈퍼바이지의 성장을 돕기 위해 최선을 다하고, (2) 슈퍼비전 과정을 준비하고 참여하며, (3) 슈퍼비전에 대해 높은 수준의 개념적 지식을 갖추고 있으며, (4) 슈퍼바이저로서 자신의 강점과 한계에 대해 명확히 인식하고, (5) 자신의 개인적인 특성과 대인 관계 스타일이 슈퍼비전 과정에 어떻게 영향을 미칠 수 있는지 파악할 수 있고, (6) 매우 중요한 것은 슈퍼바이저와 슈퍼바이지 모두 힘든 부분을 극복하고 건강한 관점을 얻을 수 있는 유머 감각이 있다는 것이다(p. 1).

Kauffman(2006)은 가능하면 효과적이고 강점에 기반한 슈퍼바이저가 슈퍼바이지로 하여금 자의식 없이 과정에 완전히 몰입(예: Csikszentmihalyi, 1991)하도록 조건을 만들어 주는 것이 중요하다고 제안했다. 슈퍼바이저의 관점(supervisory perspective)이 안전하고 수용적인 경우, 슈퍼바이지로 하여금 슈퍼바이저가 인정해 주지 않을 것에 대해 걱정하기보다는 내담자와 함께 있는 데 인지적 자원을 더 온전히 할애할 수 있게 된다. 슈퍼바이지가 통제할 수 있는 영역을 분별하고, 집중하도록 돕고, 통제할 수 없는 상황에 대해서는 '초점을 맞추지 않도록' 하면 슈퍼바이지가 '몰입' 경험을 할 확률이 높아진다. 긍정 정서를 경험하는 것은 지각, 사고력, 문제해결력, 전반적인 기능을 향상시킬 뿐만 아니라 다른 사람들에게도 긍정적인 의미를 전달하는 일련의 사건들을 만들어 조직 전체로 확산될 수 있다(Fredrickson, 2003, p. 172). 기관의 리더의 긍정 정서는 특히 전염성이 강하여 전체 그룹의 성과에 영향을 미칠 수 있다. 긍정 정서를 경험하는 것은 성과 평가의 개선과 급여 인상, 동료와 상사로부터의 사회적 지지를 얻는 것과도 관련이 있다(Staw, Sutton, & Pellod, 1994).

좋은 슈퍼비전 경험

우리는 좋은 슈퍼바이저와 슈퍼바이지의 특징을 확인했지만, 좋은 슈퍼비전 자체의 요소는 무엇일까? 슈퍼바이지의 관점에서 '좋은' 슈퍼비전 사례를 조사한 결과(Worthen & McNeill, 1996), 긍정적인 슈퍼비전 경험은 공감적이고, 비판단적이며, 검증하는 슈퍼비전 관계와 함께 탐색하고 실험하도록 격려하는 슈퍼바이저가 특징인 것으로 나타났다. 반대 의견을 제시하는 것을 허용하면 방어적이지 않은 분석, 가정에 대한 재검토, 메타적 관점의 습득을 하게 된다. 또한 자기 보호를 줄이고 슈퍼바이저의 의견을 수용할 수 있는 '해방감'을 경험할 수 있다. '좋은' 슈퍼비전은, (1) 자신감 강화, (2) 전문가의 정체성 개선, (3) 치료적 지각 증가, (4) 개념화 및 개입 능력의 확대, (5) 어려움에 다시 맞설 수 있는 긍정적인 기대, (6) 강한 슈퍼비전 동맹을 가져왔다(p. 28). 슈퍼바이지는 슈퍼바이저의 의견에 개방적이고 새로운 학습을 수용하기 위해 자신의 부적절함을 인식해야 하는데(p. 29), 긍정적인 슈퍼비전 관계는 슈퍼바이지의 자기 평가 및 수행 불안에 대한 우려를 최소화하고 생산적인 슈퍼비전을 가능하게 한다.

슈퍼바이지가 자신의 학습과 발전에 대한 슈퍼바이저의 자비로운 관심을 느끼면서 자기 방어의 필요성이 감소할 수 있다(p. 30). 자기 방어의 필요성을 줄이면 슈퍼바이지가 비방어적인 분석, 가정에 대한 재검토, 치료 활동에 대한 정직한 성찰에 참여할 수 있는 여건이 조성된다. 한 슈퍼바이저는 이 과정을 내담자가 스스로 치료자가 되는 심리치료의 메타인지를 가능하게 하는 "내적 슈퍼바이저"(p. 31)를 개발하는 것이라고 설명했다. 좋은 슈퍼비전의 요소는 슈퍼바이지가 더 큰 복잡성을 볼 수 있는 능력과 복잡하고 혼란스러운 것을 일관성 있게 보이게 만드는 능력을 향상시킨다(p. 31).

반면, 슈퍼바이지는 다음과 같은 슈퍼비전 스타일을 부정적이고 제약적인 것으로 인식했다.

- 제한형: 슈퍼바이지의 기법 사용이 독단적으로 제한된다.
- 무정형: 슈퍼바이지에게 지도나 지시가 불충분하게 주어진다.
- 비지지형: 슈퍼바이저가 차갑고, 냉담하고, 무관심하거나 적대적인 태도를 보인다.
- 치료형: 슈퍼바이저가 슈퍼비전 중 내담자로서의 슈퍼바이지나 슈퍼바이지의 성격 구조에 초점을 맞춘다(Rosenblatt & Mayer, 1975).

슈퍼바이지가 개선을 위해서나, 성장을 위해서나 부적절함을 느끼는 것이 필요하다. 불행히도 인간의 특성 중 하나는 정확한 자기 평가에 어려움을 겪는 것이며, 슈퍼바이저도 다르지 않다. 슈퍼바이저는 교육이나 경험에 관계없이 자신의 능력을 높게 평가하는 경향이 있다. 한 연구(Robiner, Saltzman, Hoberman, & Schirvar, 1997)에 따르면, 임상심리학 인턴십에 참여한 62명의 슈퍼바이저는 일반적으로, (1) 슈퍼비전에 대한 교육을 상대적으로 적게 받았고, (2) 슈퍼비전에 관한 책을 상대적으로 적게 읽었으며, (3) 슈퍼비전 경험이 제한적이었다. 그러나 이들 슈퍼바이저의 절반 이상이 자신이 슈퍼비전을 '매우 잘' 제공한다고 답했으며, 15%는 자신의 슈퍼비전 기술이 '우수'하다고 답했다. 슈퍼비전 제공이 부적절했다고 인정한 응답자는 3%에 불과했다. 흥미롭게도 슈퍼비전 문헌을 읽은 양은 슈퍼비전 숙련도에 대한 자가 평가와 긍정적인 상관관계가 있었지만, 스스로 보고한 슈퍼비전 능력은, (1) 학위 취득 후 연수, (2) 슈퍼비전 경력, (3) 슈퍼비전한 인턴 수, (4) 그룹 및 동료 슈퍼비전 시간과는 상관관계가 없었다.

작업 동맹

심리학에서는 다양한 심리치료 모델의 효능을 조사하는 데 많은 연구와 관심이 집중되어 왔지만, 연구에 따르면 특정 치료 접근법에 초점을 맞추는 것은 빙산의 일각만 보는 것이며, 심리치료의 대부분의 이점을 담당하는 치료의 공통 요인이 훨씬 더 크고 강력한 역할을 가지고 있음을 무시하는 것과 유사하다고 한다. 경험적으로 뒷받침되는 치료법에 대한 연구에 따르면, '특정 요인'이 아닌 치료 접근법 간의 공통 요인이 심리치료의 대부분의 효과를 설명하는 것으로 나타났다(Wampold, 2001). 작업 동맹은 심리치료의 "전형적인 공통 요인"으로 묘사되어 왔으며(Wolfe & Goldfried, 1988, p. 449), 내담자와 상담자 간의 동맹은 심리치료 문헌에서 가장 자주 언급되는 공통 요인이다(Grencavage & Norcross, 1990). Norcross와 Halgin(1997)은 치료 관계가 치료의 공통 요인 중 가장 강력한 것으로 나타났기 때문에 "임상 수련생의 성장을 촉진하는 데 슈퍼비전 관계가 매우 중요하다고 인식하는 것은 비약이 아니다"(p. 212)라고 주장했다.

슈퍼비전 이론가들은 여러 이론 모델에서 공통적인 요인의 중요성을 강조해 왔는데, 특히 슈퍼바이저-슈퍼바이지의 관계는 중요한 역할을 한다(Ladany, Ellis, & Friedlander, 1999, p. 451). Bordin(1983)은 슈퍼비전 프로세스의 효과성에 대한 슈퍼바이저-슈퍼바이지의 유대의 중요성을 설명하기 위해 작업 동맹 모델을 개발한 것으로 알려져 있다. 강력한 작업 동맹은 자기 효능감의 네 가지 주요 원천인 성취, 대리 경험, 언어적 설득, 정서적 각성(Bandura, 1997)을 슈퍼비전에서 더 충분히 경험할 수 있게 해 준다. 예를 들어, 슈퍼바이저의 교육과 피드백은 슈퍼바이지의 상담 기술을 향상시킬 수 있으며, 이는 슈퍼비전 이후 내담자와의 상담 성과를 높일 수 있다. 슈퍼비전에서 역할극은 일종의 대리 경험으로 자기 효능감의 기대치를 높일 수 있다. 슈퍼바이저의 지지와 격려는 언어적 설득의 한 형태가 될 수 있다. 그리고 전체적으로 슈퍼비전 관계의 정서적 요소는 자기 효능감에 대한 기대를 형성하는 또 다른 원천이 된다(Ladany et al., 1999, pp. 447-448). 슈퍼비전의 정서적 유대감이 시간이 지남에 따라 강해지면 슈퍼바이저와 자신의 행동을 더 긍정적으로 판단하여 슈퍼비전을 더 편안하게 받아들일 수 있다. 또한 슈퍼비전에서의 정서적 유대감은 슈퍼바이지의 자기 개방과 상관관계가 있으며, 관계 초기에 슈퍼바이저의 자기 개방을 모델링함으로써 이를 촉진할 수 있다(p. 452).

슈퍼비전 내에서 일상적인 경험에 대한 관심은 특히 중요한 것으로 보인다. 슈퍼바이저가 슈퍼바이지에게 주의를 기울이고 고유하게 반응할 때 슈퍼바이지는 기쁨, 상호작용, 배려를 더 자주 경험한다. 시간이 지남에 따라 이러한 경험은 슈퍼바이저와의 유대감을 더욱 강화할 뿐만 아니라(Harter, Schmidt, & Keyes, 2002, p. 211) 학습 및 성과 향상과 연관된 긍정 정서를 만들어 낸다.

조직 변인

어떤 사람들이 우리 안의 최선을 이끌어 내듯이, 조직과 제도 또한 그런 역할을 할 수 있다. Peterson(2006)은 이를 설명하기 위해 '역량 촉진적 제도'라는 용어를 사용했으며, 이는 개인 구성원과 조직 전체 모두에게 긍정적인 결과를 이끌어 낼 수 있는 특성을 지닌 제도를 의미한다. 이러한 특성은 구조적으로 잘 짜여 있어서 긍정심리학적 요소들이 장려되고 통합될 수 있는 환경을 만들어 낸다. 기관 차원에서 육성하고 장려하는 덕목은 조직 구성원들의 정체성과 자부심의 원천이 될 뿐만 아니라(p. 282), 구성원들의 능력과 재능이 인정받고 더 풍성한 결실을 맺을 수 있는 비옥한 토양을 제공한다.

리더십 특성

변혁적 리더는 팔로워들이 장기적으로 더 높은 수준의 행복과 효율을 달성할 수 있도록 끌어올리는 사람이라고 생각할 수 있다. Sivanathan, Arnold, Turner, 그리고 Barling(2004, p. 245)은 변혁적 리더는, (1) 팔로워가 더 높은 곳으로 향하게끔 고무시키고(언어적 설득), (2) 슈퍼바이지가 모방하고 싶은 긍정적인 행동을 보여 주고(대리 경험), (3) 슈퍼바이지가 도전에 직면할 수 있는 방식으로 생각하도록 격려하고(언어적 설득), (4) 이 모든 것이 가능한 지지적인 분위기를 제공함으로써 자기 효능감을 높이는 Bandura(1997)의 모델을 통합한다(성공적인 성취).

슈퍼바이지가 교육 현장에서 슈퍼바이저와 직접적인 상호작용을 많이 할 수도 있고 그렇지 않을 수도 있는데, 슈퍼바이저의 리더십은 이러한 분위기를 조성할 수 있다.

영향력은 물과 같아서 아래로 흘러내리는 경향이 있다. Sivanathan 등(2004)은 변혁적 리더십은 다행히도 개인의 카리스마에 의존하는 것이 아니라 다음과 같은 요소 간의 함수라고 보았다.

- 영감을 주는 슈퍼바이지는 현실적인 자기 효능감, 즉 "이룰 수 없는 것에 대한 두려움보다는 무엇을 이룰 수 있는지에 대한 감각"을 통해 자신이 생각했던 것보다 더 높은 수준을 열망하고 달성할 수 있다.

- 슈퍼바이저는 슈퍼바이지에게 스스로 더 많이 생각하고 가정에 의문을 제기하도록 도전한다.
- 자비(compassion)를 보여 주고 강력한 작업 동맹을 강화하고자 하는 섬세한 배려를 한다(pp. 243-244).

Lopez(2011)는 긍정심리학 구조에 기반한 리더십을 강점 기반 접근법으로 설명했다. 슈퍼바이저로서 강점을 개선하는 방법이나 약점을 보완하는 방법에 대해 이야기하는 데 더 많은 시간을 할애하고 있는지 스스로에게 물어보는 것이 현재 자신의 방향에 대해 알 수 있는 단서다. 슈퍼바이저(또는 전문가)로서 성공하는 것은 개인의 노력과 능력뿐만 아니라 성장과 번영에 도움이 되는 환경에 있느냐에 따라 달라진다. Lopez는 성공의 공식은 '성공=의지+훌륭한 슈퍼바이저+좋은 조건'이라고 말했다. 강점 관점에서 교육이나 학습에 대한 노력에 강점 개발을 추가하면 더 효과적이고, 작업 동맹을 강화하는 데 도움이 되는 부가가치의 기능이 있다. 슈퍼바이저는 '적극적이고 건설적인 반응'을 통해 의도적이고 적극적으로 슈퍼바이지의 긍정적인 경험을 조명하고 극대화하려고 노력한다. 이를 위한 실용적인 방법 중 하나는 다음과 같은 간단한 지침에 따라 모든 경험의 가치와 영향력을 높이는 '자원화(capitalizing)'다.

- 긍정적인 경험에 대해 질문하기
- 상대방의 열정을 반영하기
- 긍정적인 경험에 대해 의미 있는 질문하기
- 경험과 강점을 연결할 수 있는 의미 있는 질문하기

경제학에서 말하는 낙수효과 이론의 실제 영향력에 대해서는 논란의 여지가 있지만, 이 원리는 인간관계에서 중요한 역할을 하는 것으로 보인다. 더 많은 권한을 가진 사람들이 우리를 어떻게 대하는지에 따라 우리는 슈퍼바이지에게 최선을 다하고 싶거나 집에 돌아갈 때 개를 걷어차고 싶다는 생각을 하게 될 수 있다. 슈퍼바이저가 지각하는 조직의 지원(support)은 부하 직원이 슈퍼바이저의 지원에 대해 어떻게 지각하느냐와 관계가 있는 것으로 밝혀졌다. 즉, 조직으로부터 지지를 받는다고 느끼는 슈퍼바이저는 슈퍼바이지에게 더 많은 지지적 대우로 보답할 가능성이 높다(Shanock & Eisenberger, 2006). 슈퍼바이지에 대한 슈퍼바이저의 지지적 대우는 슈퍼바이저가 조직으로부터 받는 지지적 대우에서 비롯된 것일 수 있다. 슈퍼바이저에게 발언권과 자율성을 부여하는 조직은 슈퍼바이저로 하여금 조직의 지원에 대해 크게 인식할 수 있게 한다(p. 694). 그리고 슈퍼바이저에 대한 조직의 지원적인 대우가 아래로 흘러내려서 모든 사람이 경험하는 지원을 긍정적으로 증가시키는 경향이 있으며, 이는 조직 전반에 더 나은 성과로 이어진다. 좋은 슈퍼바이저는 궁극적으로 슈퍼바이지의 필요를 충족시키는 사람이다. 연구에 따르면, 희망, 안정, 신뢰, 연민은 슈퍼바이지가 일관되게 필요로 하는 요소이며, 이러한 요소는 리더십과 슈퍼비전의 목표를 정의하는 기준이 되어야 한다(Lopez, 2011).

효과적인 리더나 슈퍼바이저는 슈퍼바이지의 강점을 파악하고 육성할 수 있지만, 자신의 강점에 대한 확고한 인식이 없는 경우가 많은데, 이는 효과적이지 않다(Kaplan & Kaiser, 2009). 조직이 잘 작동하려면 슈퍼바이저가 자신의 강점과 성과에 대해 정기적으로 피드백을 받을 수 있는 메커니즘이 필요하다. 영향력 있는 정신분석가 Kohut(1977)이 제시한 이론적 개념인 '미러링(mirroring)'에 따르면, 아이들은 어머니로부터 거울처럼 비추어 주는 반응을 갈망하며, 이러한 반응은 아이의 자기 수용을 형성하는 데 중요한 역할을 한다. 이와 유사하게 리더나 슈퍼바이저 또한 자신이 잘하는 것이 무엇인지에 대한 정확한 인식을 형성하기 위해 '미러링'을 필요로 한다. 자신의 강점을 모른다면, 슈퍼바이지에게 그것을 제대로 발휘하라고 기대할 수 없다(p. 108). 더 나아가 성장하고 발전하기 위해서는, 슈퍼바이저와 슈퍼바이지 모두가 정확하고 교정적인 미러링뿐 아니라, 치유적 관계에서 오는 인정과 지지 또한 필요하다(p. 109).

우리의 삶에 변화를 가져온 슈퍼바이저들을 떠올려 보면, 그들의 영향력은 의심할 여지없이 기술과 이론적 개념을 제공하는 것을 훨씬 뛰어넘는다. 사례 지도를 하는 우리 대부분은 우리의 영향력이 단순히 슈퍼바이지의 역량 개발을 돕는 것을 넘어 그들의 직업적 · 개인적 발전에 영향을 미치고 멘토링하는 데까지 확장되기를 원한다. Ragins(2011)는 멘토링을 상호 영향력과 성장, 학습을 위한 역량으로 설명하기 위해 '관계적 멘토링(relational mentoring)'이라는 용어를 만들어서 파트너 모두가 학습에 대한 책임감을 느끼고 그 과정을 통해 서로가 변화하는 관계로 정의했다. 영향력은 공유되며, **지배적 권력(power over)**이 아니라 **함께하는 권력(power with)**으로 경험될 수 있다. 이러한 관점은 '관계적 멘토링' 문화가 조직의 윗단에서부터 주도될 때 조직에서 더욱 잘 정착된다(Ragins, 2011, p. 524). 양질의 멘토링 관계는 사각지대를 조명하고 개인의 강점과 약점에 대한 통찰력을 제공하는 피드백을 할 수 있다. 또한 멘토링 관계는 영감의 원천이 될 수 있으며, 다양하고 더 나은 가능성을 볼 수 있게 하고, 노력과 행동에 활력을 불어넣고 방향을 제시하는 데 도움이 된다.

관계적 멘토링 모델은 **미켈란젤로 현상**(Michelangelo phenomenon)에 대한 아이디어를 바탕으로 한다(Drigotas, Rusbult, Wieselquist, & Whitton, 1999). 이 현상은 주로 커플 관계 연구에 기반하며, 가까운 파트너가 상대방의 이상적 자아(ideal self)에 대한 추구를 인정하고 지지함으로써, 상대의 지각과 행동을 긍정적으로 형성해 나가는 과정을 설명한다. Ragins(2011)는 미켈란젤로 현상이 양질의 멘토링과 관련된 과정을 설명하는 데 도움이 된다고 했다. 멘토의 인정은 행동적 인정과 지각적 인정(최상의 자아라는 관점에서 슈퍼바이지를 바라보는 것)의 형태를 취한다. 이를 통해 멘토는 슈퍼바이지가 이상적 자아와 일치하는 행동을 하도록 돕는다. 즉, 멘토는 이상적 자아에 부합하는 행동을 촉진하거나, 이상적 자아와 충돌하는 행동을 할 기회를 줄이는 방식으로 슈퍼바이지를 이끈다(p. 530). 멘토링 관계 내에서 슈퍼바이지의 "최상의 자아"를 파악하고 인정해 주면 슈퍼바이지가 "반영된 최상의 자아"로 살아갈 수 있다(p. 530).

역할 모델링

역사학자 Michael Gelb는 저서 『당신의 천재성을 발견하라: 역사상 가장 혁명적인 10인의 사고법 배우기(Discover Your Genius: How to Think Like History's Ten Most Revolutionary Minds)』(2002)에서 역사를 바꾼 10명의 삶과 관점을 통해 성공적인 사고와 비전의 사례를 설명했다. 이 책의 목적 중 하나는 Plato, Columbus, Darwin, 그리고 Jefferson과 같은 유명 인물의 평범하지 않은 특별한 사고와 관점을 모델로 삼아 우리 자신의 관점과 사고방식을 확장하는 데 도움을 주고자 하는 것이다. Gelb에 따르면, 우리 모두가 이미 다른 사람들에게 영향을 받고 다른 사람을 모델로 삼고 있다고 하는데, 그렇다면 탁월한 성취를 이룬 사람들을 모델로 삼는 것은 어떨까? 그는 독자들에게 지금까지 인생에서 영감을 주고 이끌어 준 사람이 누구인지, 그리고 이들에게서 배울 수 있는 본질적인 교훈이 무엇인지 생각해 보라고 했다(p. 5). 세상을 바꾼 혁명적인 인물과 비교할 수는 없겠지만, 우리는 그들의 탁월한 일부를 모방하려고 노력할 수 있다.

영감을 주는 10명의 인물 목록에 누가 포함될 수 있을지 생각해 보라. 각 인물의 어떤 특징을 존경하는가? 그들이 성공할 수 있었던 요인은 무엇인가? 삶의 영역별로 다른 사람들을 롤모델로 삼는 것도 도움이 될 수 있다. Albert Einstein은 직업적으로 큰 성공을 거두었지만 균형 잡힌 풍요로운 가정생활을 생각한다면 본받을 만한 인물은 아닐 것이다. 당신의 슈퍼비전 롤모델은 누구인가? 인생 전반에서의 롤모델은 어떤가?

Gelb는 역사적인 천재나 우리가 롤모델로 삼는 인물과 정신적으로 '대화'함으로써 우리의 천재성을 발견하라고 권유했다. 우리 대부분은 종교적 신념을 가진 많은 사람이 일상적인 결정을 내릴 때 지침이 되는 질문으로 사용되는 약어 WWJD[What Would Jesus Do(예수님이라면 어떻게 했을까)?]를 잘 알고 있다. 슈퍼바이저로서 매일 마주하는 의사결정에 이 가이드 질문 또는 원칙의 개념을 적용해 보라. 당신에게 지속적인 영향을 미쳤던 슈퍼바이저 중 아직도 가끔씩 머릿속에서 들리는 목소리를 가진 슈퍼바이저를 생각해 보라. 가장 영향력 있는 슈퍼바이저의 복제품이 되고 싶지는 않겠지만, 영향력 있는 슈퍼바이저라면 당신이 마주하는 다양한 슈퍼비전 상황에서 어떻게 행동했을지 자주 떠올려 보는 것은 관점을 넓히는 데 도움이 될 수 있다.

질문을 통한 Socrates식의 교수법을 개발한 것으로 유명한 고대 철학자 Socrates는 종종 배움의 대명사로 여기며, 그의 제자 Plato은 현대 대학의 기초를 세웠다고 평가받기도 한다. Plato은 배움의 본질은 교사가 학생의 내면의 지혜를 이끌어 내는 것이라고 믿었다. 교사의 역할은 학생이 예술적 질문을 통해 이러한 내면의 앎을 깨닫고 독립적인 사고를 할 수 있도록 돕는 것이다(Gelb, 2003, pp. 33-34). 슈퍼바이지가 직면하게 될 무수히 많은 독특한 임상 상황을 고려할 때, 좋은 슈퍼비전을 위해서는 임상 지식과 기술을 개발하는 것을 넘어 '심리적 사고력'과 메타 사고력을 개발하는 것이 필수적이다. 슈퍼바이저와 슈퍼바이지 모두 이러한 내면의 잠재력을 실현하는 데 필요한 적절한 조건이 무엇인지 고민하고 논의하는 것이 중요하다.

Gelb는 올림픽 메달을 수여한 후 수상자들에게 성공의 비결에 대해 물어보면 거의 예외 없이 자신을 믿어 준 부모, 코치, 교사, 친구 덕분에 성공할 수 있었다고 대답한다는 점에 주목했다. 훌륭한 슈퍼바이저는 외부의 지원과 지도가 없었다면 결코 알지 못했을 잠재력을 슈퍼바이지가 발견하도록 돕는 비전과 기술을 가지고 있는 것 같다. Plato과 그의 스승이자 멘토였던 Socrates에게 질문의 과정이야말로 지혜를 심화시키는 열쇠였다. 효과적인 리더와 임상가는 적절한 해결책이 분명해질 때까지 사람들이 이슈와 문제를 더 잘 이해하도록 안내하는 신중한 질문을 하는 데 능숙해야 한다(Gelb, 2002). 저명한 경영 컨설턴트인 Peter Drucker는 "과거의 리더는 말할 줄 아는 사람이었다. 미래의 리더는 묻는 방법을 아는 사람이 될 것이다"(Goldsmith, 2003, p. 200)라고 말했다. 그런 관점에서 미래는 고대 그리스인들에게로 돌아가고 있는 것 같다.

영향력 있는 슈퍼바이저는 자신의 역할과 슈퍼비전의 목적에 대한 확고한 비전을 가지고 있다. 능숙하게 질문하는 것은 거의 모든 슈퍼비전 모델의 핵심 요소다. 그러나 다음 단계로 나아가 슈퍼바이저로서 자신의 지도 원칙을 되돌아보고 자신의 질문과 접근 방식이 가치, 비전, 지도 원칙을 실제로 뒷받침하고 있는지 지속적으로 검토하고 반영하는 것이 중요하다. [예를 들어, 나(저자 John Wade)는 조심하지 않으면 나만의 원칙을 반영하기보다는 슈퍼바이지와 함께 매주 세부 사항에 훨씬 더 얽매여서 사례 관리자처럼 행동하는 나 자신을 발견할 수 있었다. 그리고 때때로 성찰의 순간이 다시 제자리로 돌아가는 데 도움이 된다는 것을 알고 있다.]

슈퍼바이저와 슈퍼바이지 모두 가장 중요한 교육 도구인 롤모델로서의 자신의 행동을 인식하는 것이 중요하다. 1993년, 'Charles 경' '리바운드의 둥근 마운드(the round mound of rebound)'로도 알려진 NBA 슈퍼스타 Charles Barkley는 팬에게 침을 뱉고 술집의 손님을 창문 밖으로 던지는 등 코트 밖에서 '나쁜 남자'로 행동하는 자신을 옹호하면서 자신은 롤모델이 아니라고 주장한 것으로 유명하다. 우리도 'Charles 경'과 같은 방식으로 대중의 주목을 받지는 못하지만, 슈퍼바이저나 관리자로서 우리 역시 롤모델이며, 우리의 행동과 결정을 통해 슈퍼바이지에게 끊임없이 메시지를 전달하고 있다.

사회적 존재인 우리는 모두 환경과 우리가 속한 커뮤니티의 문화와 규범, 기대에 매우 민감하다. 행동은 전염성이 있으며, 특히 새롭거나 모호한 상황에서는 어떻게 행동해야 하는지에 대한 지침을 다른 사람, 특히 상급자에게 구할 가능성이 높다(Heath & Heath, 2010, p. 225). 예를 들어, 진단 고려 사항이 복잡하고 쉽게 파악할 수 없거나 내담자가 고위험군에 속할 때 상급자가 상담하도록 하려면 상급자가 직접 상담하고 관리자가 이에 대해 공개적으로 긍정적인 피드백을 제공하는 것이 가장 좋은 방법이다.

슈퍼비전을 최대한 활용하기

효과적인 슈퍼비전과 관련된 변수를 아는 것도 중요하지만, 이는 방정식의 일부일 뿐이다. 모든 구성 요소를 최대한 활용하는 방법을 이해하는 것도 중요하다. 이 절에서는 슈퍼비전 프로세스를 최대한 활용하는 방법에 관한 정보를 제공한다.

피그말리온 효과

슈퍼비전의 효과를 극대화하려면 슈퍼바이저와 슈퍼바이지 모두가 올바른 기대치를 가져야 한다. '피그말리온 효과'는 부하 직원의 성과에 대한 리더의 기대가 무의식적으로 리더의 행동에 영향을 미쳐서 결과적으로 부하 직원의 성과에 영향을 미칠 수 있다는 연구 결과를 말한다. 이 효과는 그리스신화에 나오는 조각가 피그말리온이 자신이 조각한 여성 조각상이 인간이 되기를 바라는 소원을 들어준 후 사랑에 빠졌다는 데에서 유래했다.

원래의 피그말리온 연구(예: Rosenthal & Jacobson, 1968)는 다양한 환경에서 각기 다른 임상 성과를 대상으로 진행되었다. 예를 들어, 상담자와 내담자(Jenner, 1990), 관리자와 직원(Eden, 1990)을 대상으로 리더의 기대가 미치는 영향을 조사한 연구가 수행되었다. 피그말리온 효과는 이스라엘 방위군의 교관과 훈련생을 대상으로도 극적으로 연구되었다(Eden & Shani, 1982). 감정과 지각의 영향을 받지 않을 것으로 예상되는 임상 성과가 있다면 군대일 텐데, 고도로 훈련된 군인 사이에서도 피그말리온 효과는 사실로 나타났다. 훈련생 중 무작위로 표본을 추출하여 교관에게 지휘 잠재력이 매우 높은 것으로 확인된 훈련생 그룹은 훈련이 끝날 무렵에 실제로 객관적인 시험에서 대조군 훈련생 그룹보다 더 우수한 성적을 거두었다.

피그말리온 효과의 자기 충족 예언은 주로 리더십 행동과 자기 기대라는 매개변수로 설명되어 왔다(White & Locke, 2000). 리더십은 교사가 능력이나 잠재력이 더 크다고 생각되는 학생에게 더 많이 웃어 주고 더 따뜻하고 친근한 환경을 조성하는 등 학생에 대한 교사의 기대가 무의식적으로 차별적 행동으로 전환되는 메커니즘으로 밝혀졌다. 또한 교사는 기대치가 높은 학생에게 더 도전적인 과제를 주고 더 긍정적이고 건설적인 피드백을 주는 것으로 밝혀졌다(White & Locke, 2000).

이스라엘 방위군의 훈련 결과를 논의한 Eden(1990)은 교관이 지휘 가능성이 높다고 생각되는 훈련생에게 다음의 변수를 더 많이 보여 준다는 사실을 발견했다.

- 효과적인 업무 습관에 대한 코칭하기
- 회의나 우수한 성과 달성을 위한 열정을 자극하기
- 자존감 및 다른 중요한 감정 북돋기
- 구성원들이 관계를 형성하고 팀으로서 함께 작업하도록 격려하기

이러한 리더십 특성을 '피그말리온 리더십 스타일'이라고 부르는데, 이는 의도적인 요소와 무의식적인 요소를 모두 포함한다. 흥미롭게도 연구 조작이 드러났을 때에도 리더들은 여전히 자신의 기대에 따라 훈련생들을 다르게 대했다는 사실을 인식하지 못했다. Eden(1990)은 피그말리온 리더십 스타일에 대해 다음과 같이 설명했다.

> …… 높은 기대치를 일관되게 격려하고, 지원하고, 강화하여 부하 직원이 높은 기대치를 수용하고 내면화하도록 하는 것이다. 가장 간단하고 직접적인 예로, 관리자가 부하 직원에게 "나는 네가 이 일을 잘할 수 있다는 것을 알고 있다"고 안심시키는 것을 들 수 있다. 이 메시지는 다양한 방식으로 전달될 수 있다. 효과적인 리더의 특징은 이러한 메시지를 설득력 있게 전달하고 주변 사람들에게 높은 자신감을 불어넣을 수 있는 능력이다(Eden, 1990, p. 125).

피그말리온 효과의 두 번째 매개체는 리더의 기대치가 부하 직원에게 전달되어 부하 직원 스스로가 얼마나 잘 수행할 수 있는지에 대한 기대치를 높이도록 유도한다는 것이다(White & Locke, 2000). 이스라엘 방위군의 훈련에서 교관이 훈련생에 대한 기대치를 높이면 훈련생의 성과가 높아질 뿐만 아니라 훈련생도 자신에 대한 기대치가 높아지는

결과를 가져왔다. 연구 결과에 따르면, 훈련생에게 높은 잠재력을 가지고 있다고 직접적으로 말하는 것만으로도 훈련생의 기대치가 높아져서 성과가 증가했다(Eden & Ravid, 1982).

피그말리온 효과에 대한 많은 연구가 실험군의 기대치를 높이는 반면, 대조군에 대한 기대치를 낮추는 바람직하지 않은 결과를 초래했다. White와 Locke(2000)는 피그말리온 효과에 대한 연구를 통해 얻은 정보를 기반으로 모든 학생 또는 슈퍼바이지에게 의도적으로 긍정적인 기대감을 조성하기 위한 방법을 제시했다. 이들은 외부의 기대가 내적인 자기 효능감으로 내면화될 때 성취도가 높아진다는 점에 주목하여 Bandura(1986, 1997)가 제시한 네 가지 기술을 사용하여 자기 효능감을 높이는 데 집중할 것을 권장했다.

- **연습을 통한 숙달하기 혹은 기술 구축하기**: 슈퍼바이지는 복잡한 작업을 더 간단한 구성 요소로 나누고, 지시에 따라 한 번에 하나씩 연습하고, 점차적으로 전체에 재통합함으로써 달성할 수 있는 방식을 숙달하도록 하는 데 집중할 수 있다. 목표는 일련의 작은 승리를 통해 슈퍼바이지의 자기 효능감을 높여 성공의 발판을 마련하는 것이다.
- **역할 모델링 또는 공감할 수 있는 유능한 타인의 성과를 관찰하기**: 슈퍼바이저는 슈퍼바이지에게 관찰한 내용을 정리하고(즉, 원리 파악), 관찰한 내용을 통합하는 등 관찰 모델을 통해 최대한의 효과를 얻는 방법을 강조할 수 있다.
- **언어적 설득 또는 격려 표현하기**: 슈퍼바이저가 슈퍼바이지에게 성공할 수 있다고 믿는 이유와 방법을 설명할 때 설득력 있는 의사소통이 더욱 강력한 영향력을 가지게 된다.
- **모호한 정서 상태를 긍정적인 용어로 해석하기**[예: 뱃속의 나비(butterflies in one's stomach)를 두려움이 아닌 흥분으로 해석하도록 격려하기; pp. 405-408]

White와 Locke는 수련에 있어서 피그말리온 효과를 높이기 위해 슈퍼바이지와 함께 '성과 지향성'보다는 '학습 지향성'을 채택할 것을 권장하며 다음과 같이 설명했다.

> 학습 지향성은 목표를 추구하는 것이 학습 과정이라는 사실을 반영한다. 학습 지향성을 가진 사람은 목표를 달성하기 위해 노력할 때 과제를 수행하는 데 필요한 기술이나 목표 달성에 가장 도움이 되는 과제 전략을 파악하는 데 시간을 할애할 수 있다. 또한 목표에 도달하는 과정에서 발생하는 실수나 좌절을 학습과 발전의 기회로 여길 가능성이 높다. 성과 지향적인 사람들은 일반적으로 학습과 성취의 즐거움을 위해 어려운 과제를 수행하기보다는 성공을 보장하고 인정과 칭찬을 받기 위해 쉬운 과제를 수행하는 것을 강조한다. 실수를 학습을 위한 메커니즘으로 보기보다는 목표를 향한 진행 속도를 늦춘다는 관점에서 바라본다 (pp. 408-409).

피그말리온 효과는 본질적으로 기대 이론을 학습과 성과에 적용하는 것이다. 기대치가 높아지면 기대, 노력, 성과 사이에 긍정적인 연결고리가 만들어지고 더 높은 성과가 발생하는 경향이 있다. 피그말리온 효과는 부분적으로 수련생이나 슈퍼바이저가 인상이 형성되는 짧은 초기 기간 동안에 긍정적인 기대감을 조성하는 것과 관련이 있다. 부정적인 평가가 이루어진 후에는 긍정적인 피그말리온 효과를 만들기가 매우 어렵게 된다(White & Locke, 2000).

따라서 새로운 교육생이나 슈퍼바이지가 도착하기 전에 약간의 의도적인 노력이 매우 유용할 수 있다. 새로운 교육생이 도착하기 전에 교육 책임자가 각 교육생의 업적과 선발 이유를 모든 직원과 공유하는 등의 조치를 취하면 초기 인상과 기대감을 형성하는 데 도움이 될 수 있다. 최고의 슈퍼바이저는 이 원칙을 자신의 존재에 완전히 통합하는 것 같다. [인턴십 교육 디렉터였던 나(저자 John Wade)는 모든 사람을 특별하게 느끼게 하고, 각자의 고유한 강점을 파악하는 재능을 가졌다. 내가 도착한 첫날, 그녀는 내가 이곳을 선택하길 정말 잘했다고 말했고, 미처 몰랐던 강점을 계속 발견하는 것 같았다고 말했다. 사실 나는 가끔 그녀가 잘못된 강점을 본 것은 아닌지 의심하기도 했지만, 그녀는 항상 구체적인 근거로 칭찬을 뒷받침하고 강점에 가장 적합한 방향으로 나를 이끌어 주었다. 그녀의 긍정적인 인상과 기대는 내가 노력하면 실제로 그녀의 인상과 기대에 부응할 수 있다는 자신감을 주었다.]

배우는 법

좋은 슈퍼비전을 위한 장을 마련하는 것은 학습할 수 있는 무대를 마련하는 것과도 같다. Carol Dweck은 20년 이상 학습 성향에 대해 연구해 왔는데, 이러한 연구 결과를 저서 『마인드셋: 성공의 심리학(Mindset: The New Psychology of Success)』(2006)을 통해 대중화했다. 슈퍼바이저와 슈퍼바이지 모두 '체면 지키기'에 초점을 맞춘 방어적이고 보호적인 자세와 학습 과정에서 실수할 수 있다는 취약성을 받아들이는 개방적인 자세가 슈퍼비전에서 보이는 기본 태도 중 하나임을 알고 있다. Dweck의 연구는 이러한 이중성을 면밀히 조사했다. '성과 지향성'을 가진 아이들은 지능과 능력이 고정된 특성이라고 믿기 때문에 자신의 능력을 증명하는 데 에너지를 집중한다. 이러한 아이들은 학습 목표가 있고, 지능과 능력을 노력을 통해 성장할 수 있는 가변적인 것으로 보는 아이들에 비해 성적이 떨어지는 경향이 있다. 지능이 고정된 특성이라고 믿는 사람들은 그 특성에 대한 좋은 평가를 얻는 데 집중하는 경향이 있는 반면[수행 목표(performance goal)], 지능이 가변적이라고 믿는 사람들은 학습과 성장[학습 목표(learning goal)](Dweck, 1986, p. 1041)에 집중하는 경향이 있다. 저명한 업계 컨설턴트인 William Deming은 저서 『감성 지능(Emotional Intelligence)』(2006)에서 직장에서의 두려움은 성취할 수 있는 능력을 약화시키기 때문에 상사와 관리자에게 두려움을 없애 주어야 한다고 충고했다.

학습 목표는 노력을 통한 발전과 숙달을 강조한다. 이는 도전에 활력을 불어넣는 경향이 있지만, 능력 평가에 초점을 맞추면 도전을 피하고 물러서려는 경향을 초래할 수 있다(Dweck, 1986, p. 1041). 학습에 목표를 가진 아동은 기술과 지식을 습득하기 위해 무지를 드러내는 위험을 감수하고 개발할 기술의 가치나 수행해야 할 과제에 대한 흥미에 집중한다. 반대로 성과에 목표를 둔 아동은 자신의 능력에 대한 부정적인 결과를 해석하고 낙담할 가능성이 더 높다(p. 1042). 학습 목표를 가진 아동은 장애물을 단서로 삼아 노력을 늘리거나 전략을 수정하고 변화시켜서 어려움이나 실패 시에도 전략을 유지하거나 개선할 가능성을 높인다. 노력은 자신의 능력을 사용하여 장애물을 극복하고, 능력을 향상시키는 수단으로 간주된다. "노력은 성취를 위한 수단으로 인식될 뿐만 아니라 성과에 대한 자부심과 만족감을 불러일으키는 요소이기도 하다. 따라서 학습 목표를 채택하면 아이들이 지적인 성장을 촉진하는 과제를 탐구하기 시작하고, 이를 추구하도록 한다"(p. 1043).

실패에 대한 아동의 귀인을 재교육하는 것(실패의 원인을 능력이 아닌 노력이나 전략으로 돌리도록 가르치는 것)은 시간이 지남에 따라 끈기를 변화시키는 것으로 나타났는데, 이는 여러 과제에 걸쳐 일반화할 수 있다(Dweck, 1986, p. 1046). Dweck의 연구는 초·중·고등 교육에 초점을 맞추고 있지만, 이러한 개념은 연령에 관계없이 일반적인 학습에도 적용될 수 있을 것이다.

학습에 개방적이고자 하는 것과 유능해 보이고 체면을 지키고 싶은 것 사이의 내적 갈등은 슈퍼비전 전반에 내재되어 있다. 사실 정신건강 임상가만큼 이에 취약한 직업은 거의 없다. 회계사나 화학자는 실수를 하더라도 그 과정을 녹화할 수 있는 비디오테이프가 없기 때문에 불편함을 느낄 수는 있겠지만 이러한 내적 갈등은 크지 않을 것이다. 슈퍼바이저는 학습과 성장을 촉진할 수 있는 여건을 조성하여 효과적인 학습과 성장을 위한 무대를 마련해야 한다.

교육과 슈퍼비전의 핵심은 학습에 관한 것이다. 슈퍼바이저 개인과 교육기관은 슈퍼바이지가 임상 기술과 판단력을 배울 수 있는 기회를 제공하기 위해 노력한다. 사람들이 배움의 즐거움을 경험하려면 학습 과정에서 어떤 역량과 효능을 얻었다고 느끼거나 기대해야 한다. 즉, 기술을 습득하거나 지식의 공백을 메우고 있다고 느껴야 한다. 그러나 역설적이게도 학습에는 실패와 현재 경로가 효과가 없다는 것을 깨닫는 시간도 포함된다(Peterson & Seligman, 2004, p. 166). Peterson과 Seligman(2004)은 학습에 대한 숙달 지향과 성과 지향의 차이점을 설명했다. 숙달(또는 과제 또는 학습) 지향성을 가진 학생은 개인의 숙련도에 대한 성취를 위해 노력하며, 진도는 노력과 자신의 성과 기준에 따라 측정된다. 반면, 성과 지향성을 가진 학생은 다른 사람 또는 외부에서 정의한 기준(예: 성적, 순위; p. 166)과 비교하여 스스로 측정한 성과를 위해 노력한다. 숙달 목표를 추구하는 것은 학습하는 동안에 효능감을 유지할 수 있기 때문에 학습에 대한 애정과 더 관련이 있는 것으로 보인다.

진정한 성장과 평생교육의 토대가 되는 배움에 대한 애정은 다음과 관련이 있는 것으로 보인다.

- 주관적인 가능성

- 풍부한 자원
- 새로운 정보를 학습하는 것에 대한 긍정 정서
- 도전과 좌절에도 불구하고 노력을 멈추지 않는 자기 조절 능력
- 학습을 위한 노력에 대해 타인의 지지를 받는다는 느낌
- 자기 효능감(p. 169)

숙달 지향적 슈퍼비전은 수련 과정에서 이러한 것들이 일어나도록 해야 한다.

대학 행정가인 Laurie Schreiner는 성장 마인드셋 개념을 대학 환경에 적용하여 '고등 교육은 학생들이 부족한 것이 아니라 잘하는 것을 기반으로 해야 한다'고 주장하면서 심리적 및 학업적 웰빙과 관련된 번영(thriving)을 목표로 해야 한다고 강조했다. Schreiner(2010)는 번영을, (1) 학습 참여, (2) 학업 결단력, (3) 긍정적인 관점, (4) 다양한 시민성, (5) 사회적 연결감을 반영하는 것으로 정의했다(p. 4). Schreiner는 Dweck의 연구를 바탕으로 성공하는 학생들은 '꾸준한 노력의 투자가 성공으로 이어진다는 것'을 알고 있다고 주장했다. 그들은 잘하려는 동기가 있고, 자신에게 중요한 교육 목표와 그 목표를 달성하기 위한 전략을 가지고 있다. 가장 중요한 것은 일이 힘들거나 혼란스러울 때 포기하지 않고 새로운 전략을 시도하거나 도움을 요청한다는 점이다(pp. 4-5).

낙관주의와 사회적 지지는 번영 지향의 초석이다. 학생들 중, (1) 학습 경험에 참여하고 노력을 투자하는 학생, (2) 다른 사람들과 의미 있는 방식으로 연결되어 있는 학생, (3) 자신이 변화를 만들고 있다고 믿는 학생, (4) 삶에 대한 긍정적인 전망을 가진 학생은 대학 경험에서 더 잘하고 더 큰 학습효과를 얻을 가능성이 훨씬 높다(Schreiner, 2010, p. 5). 낙관주의와 끈기는 필수적이며, 다행히도 배우고 실천할 수 있다. 교육자가 대학생에게 지속적인 영향을 주는 경험적으로 입증된 세 가지 실천 방안을 제안한다. (1) 학생들이 낙관적인 설명 방식을 갖도록 돕는 것, (2) 학생들이 미래의 성공을 구체적으로 상상하도록 돕는 것, (3) 학생들이 자신의 강점을 개발하고 적용하도록 가르치는 것이다(p. 7).

오리엔테이션과 1학년 세미나에서 이러한 문제를 구체적으로 다루는 동료 멘토를 역할 모델로 제공하면 학생들에게 좌절을 해석하는 구체적이고 유용한 방법을 가르칠 수 있는데, 특히 학기 초에 귀인 이론에 대한 간단한 수업을 하는 것이 유용할 수 있다

(Schreiner, 2010, p. 8). Schreiner는 또한 학생들이 미래의 성공을 상상할 수 있도록 도와야 한다고 주장했다. '최상의 자아'라는 Markus와 Nurius(1986)의 개념을 바탕으로 자신의 '최상의 자아'를 시각화하면 더 긍정적인 정서를 느끼고 목표를 달성하기 위한 행동을 취하게 된다고 조언했다(p. 8).

성공을 위해 펌프에 마중물 붓기

학습 과정을 위한 투자와 노력은 대학원생이나 임상 수련생에게 당연한 것이지만, 항상 가장 효과적인 방법을 찾는 것을 의미하는 것은 아니다. 대학 신입생을 위한 오리엔테이션은 일반적이지만, 많은 대학원 수준의 임상 프로그램에서는 신입생이 성공하기 위해 무엇이 필요한지 알려 주는 경우가 많지 않다. 더불어 성공을 위한 사고방식이나 현실적으로 중요한 목표를 만드는 데 도움이 될 수 있는 롤모델과 멘토를 활용할 기회를 놓치고 있는 경우가 많다. 이러한 정서를 반영하여 Berger와 Buchholz(1993)는 보다 더 구조화된 형태로 슈퍼바이지를 위한 사전 준비를 할 것을 제안했다. 슈퍼바이저는 매우 당연하게 느끼지만, 학습이 어떻게 진행되는지, 각 당사자의 역할이나 책임과 같은 기본적인 것들을 일반적으로 초심 슈퍼바이지는 불분명하게 느낄 수 있다. 또한 슈퍼바이지는 "학습을 위해 자신이 전문성을 입증해야 한다고 느끼는 경우가 많으며" (p. 86), 이는 학습에 반감을 가질 수 있는 방어적인 사고방식을 유발할 수 있다.

사전 수습 준비의 첫 번째 단계는 슈퍼바이지가 희망 사항과 두려움을 포함하여 자신의 기대치를 표현할 수 있는 기회를 제공하는 것이다. 개방적이면서도 분명하게 이야기를 나누는 것은 슈퍼바이지의 불안을 완화하고, 가장 두드러진 관심 분야를 파악하는 데 도움이 되며, 향후 평가나 문제해결을 위한 대화의 틀을 제공할 수 있다. 슈퍼바이지가 일반적으로 학습에 도움이 된다고 생각하는 슈퍼바이저의 속성에 대해 이야기하면 슈퍼비전의 목표와 역할에 대한 유용한 기틀을 마련하게 되어 개인의 성장을 유도하는 데 도움이 될 수 있다(Berger & Buchholz, 1993, p. 87).

내(저자 John Wade)가 이전에 근무했던 캔자스 대학의 상담심리학과에서는 대학원생의 임상 교육과 슈퍼비전을 하는 것은 우리의 사명과 일상 업무의 필수적인 부분이었다. 매년 새로운 대학원생이 들어오면 며칠 간의 오리엔테이션 기간 동안에 정책과 규칙에 대해 정확하고 자세하게 설명했다. 직장 내 폭력, 성희롱 금지 규정, 성희롱을 당했을 경우의 대처 방법 등 오랜 시간에 걸쳐 다양한 주제가 다뤄졌다. 이 모든 것은 물론 중요하고 꼭 필요한 정보였다. 하지만 이처럼 조직의 분위기를 형성하는 핵심 시기에 전달되는 정보의 중심이 '하지 말아야 할 것들'에 너무 치우쳐 있었고, 정작 '어떻게 하면 성공적인 대학원 생활을 할 수 있는지'에 대한 안내는 부족했다. 마치 학생들이 정책과 절차만 잘 알면, 알아서 성공적인 대학원생이 되는 방법도 스스로 깨달을 수 있을 것이라고 기대하는 듯했다.

이는 긍정적인 탐구(appreciative inquiry) 접근법과는 반대되는 방식이다. 긍정적인 탐구는 원하지 않는 것을 피하려 하기보다, 더 많이 창출하고 싶은 것에 집중하는 것을 강조한다. 이러한 우려를 경영진에게 제기했고, 경영진은 오리엔테이션 과정 초기에 교육 워크숍을 추가하여 초심 슈퍼바이지에게 보람과 성장으로 가득한 교육 경험을 할 수 있는 방법에 대한 연구 기반 정보와 실질적인 제안을 제공할 수 있도록 동의해 주었다. '성공을 위한 마중물' 워크숍을 통해 슈퍼바이지들의 초기 불안감은 정상화되었고, 다양한 주제를 다루게 되었다. 경험적으로 근거가 있는 성공적인 임상 슈퍼바이지들만의 행동 특성을 공유하고 토론함으로써 각자가 선망하는 이미지를 명확하게 만드는 데 도움을 주었다. 나는 학습을 할 때 할 수 있는 실수를 학습 과정 중의 일부로 여기는 것의 중요성을 강조한 Dweck의 학습 마인드셋 모델을 소개했다. 목표를 설정하고, 결과를 지속적으로 관찰하고, 조정하고, 높은 수준의 자기 인식과 성찰을 유지하는 신중한 연습 모델(제8장 참조)에 대해 논의했다. 마지막으로, 긍정 정서와 학습 증진 및 문제해결력 향상 사이의 연관성을 보여 주는 Fredrickson의 확장 및 축적 모델을 소개했다. 절차 및 정책 정보를 습득하고 캠퍼스 내의 다양한 사무실을 알아가는 데에만 집중하는 것도 가치가 있지만, 정보 과부하로 인해 교육 환경의 문화와 가치에 대한 인상을 형성할 수 있는 짧은 시간을 소홀히 하는 경우도 종종 있다. '성공을 위한 마중물' 교육에 대한 피드백에 따르면, 이 프로그램은 긍정적인 에너지와 열정을 불러일으키고 해결 중심적이고 기회에 초점을 맞춘 사고방식으로 교육 경험에 접근하는 실용적인 틀을 만드는 데 효과적이었다고 한다.

성찰적 슈퍼비전

치료적 접근 방식에 관계없이 심리치료에서 내담자에게 암묵적으로 가르치는 기술 중 하나는 성찰의 가치다. Socrates의 "성찰하지 않는 삶은 살 가치가 없다"라는 유명한 말이 있다. 간단한 질문을 자주 던지는 것은 내담자가 자신의 문제를 다른 관점에서 바라보고 결과적으로 '고착에서 벗어나는' 데 도움이 된다. 또한 스스로 성찰하고 질문하는 것은 자신의 가치를 파악하고 자신의 행동이 가치와 목표에 부합하는지를 스스로 모니터링하는 데 도움이 된다. 검토하지 않은 기본 습관이 항상 우리의 가치와 의도와 일치하는 것은 아니며, 빠르고 간단한 성찰은 이러한 불일치를 식별하는 데 도움이 될 수 있다. Kreider(2011)는 슈퍼바이저로서 슈퍼바이저와 슈퍼바이지의 동맹, 슈퍼비전의 역할 및 치료 기법과 관련하여 우리가 가지고 있는 슈퍼비전의 가정을 검토하는 시간을 가지라고 조언했다.

내담자는 단순히 자신의 고통을 줄이고 전문 임상가로부터 '해답'을 얻고자 심리치료에 접근하는 경우가 많다(물론 당연한 일이다). 그러나 대부분의 치료사는 어느 정도의 심리 교육이 매우 가치 있을 수 있지만, 단순히 내담자에게 '해답'을 주는 것은 요청이 있더라도 종종 양면성을 가지며, 더 중요한 것은 은유적으로 내담자에게 물고기를 주지만 낚시하는 법을 가르쳐 주지 않는 것과 같다는 것을 알고 있다. 슈퍼비전은 슈퍼바이지가 딜레마와 씨름할 수 있도록 정보를 제공하는 것과 의사결정 과정을 비판적으로 성찰할 수 있는 교육의 기회로 활용하는 것 사이에서 비슷한 긴장을 수반한다. 때로는 이 과정에서 느껴지는 불편함을 견딜 수 있는 '안전한 환경(holding environment)'과 그 감정이 받아들여질 수 있다는 메시지를 슈퍼비전에서 제공해야 한다. 슈퍼비전 중에는 문제와 약점에 집착하는 결핍 관점(deficit perspective)으로 문제를 증폭시키지 않고 진심으로 이해해야 한다. 궁극적으로 슈퍼비전은 단순히 일련의 기술과 지식을 개발하는 것이 아니라 심리적 마인드를 개발하고 임상가를 위한 존재 방식을 개발하는 것이다.

'성찰적 슈퍼비전'은 이러한 목표를 달성하기 위한 한 가지 방법이다. 성찰적 슈퍼비전은 슈퍼바이저와 슈퍼바이지가 슈퍼바이지의 치료 과정을 의도적으로 조명하고 검토하는 데 초점을 맞춘 파트너십을 발전시키기 위해 고안된 모델이다. 슈퍼비전에 대한 강점 기반 접근 방식에 따라 슈퍼바이저의 강점을 소중히 여기고 취약점을 중심으로 협력함으로써 슈퍼바이저의 역량을 강화한다(Shahmoon-Shanok, 1991, p. 18). 성찰적 슈퍼비전은 임상 과정에서 '한 걸음 물러나' 회기에서 발생한 일과 아직 해야 할 일을 숙고하고 성찰할 수 있는 기회를 제공하여 슈퍼바이지가 다음 단계를 계획하고 준비할 수 있게 해 준다. 가장 중요한 것은 성찰을 통해 업무를 고려할 수 있는 다양한 관점을 얻는 것이다.

슈퍼바이저와의 관계는 가장 중요한 것으로 간주된다. 성찰적 슈퍼바이저는 슈퍼바이저와 슈퍼바이지 모두 같은 현상에 대해 관심을 갖고 깊이 경청하는 신뢰할 수 있고 존중하는 관계를 형성한다. 이러한 슈퍼비전은 강점을 공유하고 취약점을 드러내려는 슈퍼바이지의 방어적이지 않은 의지를 뒷받침하는 슈퍼바이저의 진정성과 진정한 관심이 특징이다. 슈퍼바이저와 슈퍼바이지 간의 이러한 공유된 생각, 관심, 인식, 계획은 슈퍼바이지의 시야를 넓히는 데 도움이 된다(Shahmoon-Shanok, 1991, pp. 8-9).

임상 슈퍼비전의 주요 목표 중 하나는 슈퍼바이지가 심리적으로 사고하는 법을 배우고, 각 치료 회기에 포함된 수천 개의 정보 데이터 중에서 무엇에 주의를 기울이고 작업해야 하는지에 대한 인식을 개발하는 것이다. 슈퍼바이저와 슈퍼바이지가 오랜 시간 동안 동일한 현상에 집중하면서 서로의 관점을 논의하고 교환하는 성찰적 슈퍼비전은 관점을 확대하고 올바른 임상적 판단에 필요한 예리한 집중력을 키우는 데 매우 적합한 것으로 보인다.

슈퍼비전은 슈퍼바이저와 슈퍼바이지가 다음 단계를 고려하는 '버텨 주는 환경(holding enviornment)'으로 간주된다. 또한 "조명된 것과 그림자를 바라보며 내담자의 이야기에 대한 단서를 찾도록 한다"(Shahmoon-Shanok, 2009, p. 18). '시험적 행동'을 시작하기 전에 다양한 관점에서 고려하는 버텨 주는 환경을 경험하는 것은 성장과 발달을 장려하는 안전한 공간을 만드는 데 도움이 된다. 또한 슈퍼바이지가 정서적 동요를 경험할 때 효과적인 성찰은 감정을 조절하게 하고, 슈퍼바이지가 더 풍부한 임상가가 되는 데 필요한 모든 경험과 통찰력, 아이디어에 접근할 수 있는 평온한 상태로 만든다(p. 18).

결론

정신건강 임상가는 도구 상자에 많은 도구를 가지고 있지만, 강력한 협력관계의 맥락에서 단순히 질문을 하고 인식을 높이는 것만큼 강력하면서도 과소평가된 도구는 없을 것이다. 몇 년 전, 나(저자 John Wade)와 아내는 풍수 전문가 자격증을 취득하기 위해 정식 교육을 받고 있던 친구에게 우리 집의 풍수 분석을 자원했다. 예를 들어, 쓰레기통이 집의 관계 사분면에 위치한다는 흥미로운 정보를 얻었지만(곧 이사했다), 나는 풍수의 궁극적인 가치에 대해 충분히 확신하지 못했기 때문에 생활공간에 대한 권장 사항을 변경할 수 없었다. 하지만 나에게 큰 영향을 준 것은 친구가 집을 보기 전에 아내와 나를 대상으로 실시한 상세한 인터뷰였다. 그녀는 우리 부부에게 장 · 단기 목표와 꿈에 대해 개별적으로 물어보았다. 생계를 위해 매일 사람들에게 질문을 던지지만, 멈춰서서 생각하게 만드는 의미 있고 중요한 질문을 받은 것은 오랜만이라는 생각이 들었다. 나의 목표와 우선순위에 대한 질문에 답하면서 희망과 동기부여라는 활력 넘치는 감정을 느꼈다. 이 책을 쓰겠다는 다짐은 책을 쓰고 싶다는 가벼운 생각을 인터뷰 중에 분명한 목표로 명확하게 말하는 것을 스스로 들으면서 생겨났다.

이러한 질문에 대해 생각하게 되면서 인생의 꿈과 같은 '큰' 항목에 대한 인식을 높이는 데 도움이 되었다. 그러나 성찰과 인식 제고의 중요성은 일상적인 작은 결정에도 똑같이 적용되며, 어쩌면 더 중요할 수 있다. 원칙적으로는 우리가 임상 업무나 슈퍼비전을 수행할 때 성찰과 자각을 갖고 접근하는 것이 쉬워 보일 수 있지만, 실제로는 우리의 행동이 개인적인 우선순위와 전문 직업의 가치에 일관되도록 만드는 일은 그리 간단하지 않다는 것을 우리는 모두 알고 있다. 우리는 의도적인 자각과 자기 조절을 중요하게 생각하지만, 임상가나 슈퍼바이저의 실제 일상은 그러한 가치를 반영하지 않는 경우가 많으며, 내담자와 상담하는 10분의 휴식 시간은 화장실에 가고, 전화를 받고, 내담자에 관한 메모를 시작하기 위해 정신없이 바쁘게 돌아가는 시간이 될 수 있다.

David Blaine은 34일 동안 음식 없이 플라스틱 상자에 매달려 17분 이상 물속에서 숨을 참는 등의 위업을 달성한 것으로 유명하다. 그는 또한 63시간을 얼음 속에 갇혀 지냈지만, 이 놀랍고 고통스러운 업적은 기네스북에 등재되지 못했다. 그 이유는 이 기록을 문서화하기 위한 서류를 제출할 시간을 찾지 못해 마감 기한이 만료되었기 때문이다

(Baumeister & Tierney, 2011). 의지력의 달인조차도 일상에서의 규율에 어려움을 겪는다!

존스 홉킨스 병원에서도 다른 많은 병원과 마찬가지로 수술 후 중심정맥관 감염이 문제가 되어 예방 가능한 사망자가 많이 발생했다. 중환자실의 간호사들에게 한 달 동안 의사가 환자에게 중심정맥관을 삽입하는 과정을 관찰하도록 한 결과, 3분의 1 이상의 사례에서 의사가 중심정맥관을 무균 상태로 감염 없이 유지하기 위한 다섯 가지의 중요한 단계 중 적어도 한 가지를 건너뛰는 것으로 나타났다. 이러한 부주의한 실수를 저지른 것은 분명 지능이나 환자 치료에 대한 헌신의 문제라기보다는(결국 세계적인 수준의 외과의사였으니까요) 가장 중요한 것에 지속적으로 관심을 기울이기 어려운 인간의 조건을 반영한 것이었다. 2009년 외과의사 Atul Gawande가 존스 홉킨스 병원에 '체크리스트 시스템'을 도입한 후, 의사들에게 라인 감염을 예방하는 다섯 가지의 중요한 단계의 체크리스트를 주고 작업을 마친 다음에 체크하도록 한 결과, 10일간 라인 감염률이 11%에서 0%로 떨어졌다. 이 간단한 체크리스트를 도입한 병원에서는 사망과 합병증이 3분의 1 이상 감소한 것으로 추정된다. 이 체크리스트는 제트 여객기 조종과 같은 다른 전문직에도 적용되었는데, 특히 복잡하지만 몇 가지 중요한 요소가 있는 임상 슈퍼비전에 적합한 것으로 보인다.

올바른 단계가 거의 보편적으로 합의된 정맥주사 부위를 무균 상태로 유지하거나 제트 여객기를 조종하는 것과 달리, 슈퍼비전의 중요한 단계나 구성 요소는 보편적으로 합의된 바가 적다. 이 책이 강점 기반 슈퍼비전에 대한 접근 방식에 필수적인 몇 가지 구성 요소를 제시하기를 바라지만, 슈퍼비전을 위한 체크리스트의 내용은 체크리스트를 사용하는 과정보다 훨씬 덜 중요할 수 있다. 대부분의 장의 마지막에 숙고할 수 있는 질문이 제시되어 있지만, 성찰할 수 있는 질문과 슈퍼비전 체크리스트 항목을 스스로 개발하는 것이 좋다. 이러한 항목은 유동적이고, 유연하며, 시간이 지남에 따라 회기마다 자주 변경될 것으로 예상된다. 체크리스트를 개발하고 사용하는 것은 성찰, 계획, 의도를 매 회기마다 슈퍼비전에 통합할 수 있는 매우 빠르고 실용적인 방법이다. 대부분의 일이 그렇듯이 간단한 것이 가장 좋다. 복잡하고 정교한 계획은 멋지게 들리지만 실행되는 경우는 거의 없는 반면, 짧고 간결한 계획은 실행될 가능성이 훨씬 높다는 것이 우리의 관찰 결과다. 의도적이고 성찰적인 활동은 거의 항상 더 나은 결과를 가져오는 반면, 의도적이지도 성찰적이지도 않은 활동은 그저 옳다고 느껴져서 행동하는 결과를 낳는다. 이는 일반적으로 가장 익숙한 것에 대한 편안함을 반영하는 것이라 볼 수 있다.

생각할 거리

슈퍼바이지의 경우

- 나의 특성은 '이상적인' 슈퍼바이지의 선호 특성과 어떻게 비교되나요?
- 학습 또는 성과 중심으로 슈퍼비전에 접근하는 경향이 있나요?
- 학습 중심보다 성과 중심으로 운영하려면 어떤 형태를 취해야 하나요?
- 어떻게 시간을 절약하여 정기적으로 임상 작업에 반영할 수 있나요?
- 현재 치료를 수행하기 위해 점검 목록에 추가하면 가장 유용한 다섯 가지 항목은 무엇인가요?
- 현재 슈퍼비전을 최대한 활용하기 위해 혹은 슈퍼바이지를 위해 체크리스트에 넣으면 가장 유용할 것 같은 다섯 가지 항목은 무엇인가요?

슈퍼바이저의 경우

- 슈퍼비전의 내용에 근거하여 슈퍼바이저가 슈퍼비전에서 가장 중요하게 생각하는 것은 무엇인가요?
- 이것이 나의 우선순위를 반영하지 않는다면 무엇을 바꾸어야 하나요?
- 나의 특성은 '이상적인' 슈퍼바이저의 특성과 어떻게 비교하나요?
- 슈퍼비전 작업 동맹의 현재 상태에 대해 슈퍼바이지로부터 정기적으로 피드백을 받나요?
- 현재 슈퍼바이지의 요구를 가장 잘 충족시키기 위해 체크리스트에 넣으면 가장 유용한 다섯 가지 항목은 무엇인가요?

리더 및 관리자의 경우

- 리더로서 팔로워의 요구사항을 어떤 방식으로 충족하고 있나요?
- 슈퍼바이저와 슈퍼바이지는 조직의 문화를 어떻게 설명할 수 있나요?
- 긍정적인 피그말리온 리더십을 어떻게 발휘할 수 있나요? 이 부분에서 부족한 점이 있

다면 개선하기 위해 내가 할 수 있는 작은 변화는 무엇인가요?

- 나의 리더십 스타일이 조직 구성원의 번영에 어떻게 기여하나요?
- 조직 구성원들이 내가 학습과 성장에 가치를 두고 있다는 것을 어떻게 알 수 있을까요?
- 팔로워들의 요구를 가장 잘 충족시키기 위해 지금 내가 체크리스트에 넣으면 가장 유용한 다섯 가지 항목은 무엇인가요?

읽을거리

책

Bandura, A. (1997). *Self-efficacy: The exercise of control*. New York, NY: W. H. Freeman.

Dweck, C. (2006). *Mindset: The new psychology of success*. New York, NY: Ballantine Books.

Gawande, A. (2009). *The checklist manifesto: How to get things right*. New York, NY: Metropolitan Books.

Gelb, M. J. (2002). *Discover your genius: How to think like history's ten most revolutionary minds*. New York, NY: HarperCollins Publishers, Inc.

Keyes, L. M., & Haidt, J. (2002). (Eds.). *Flourishing: Positive psychology and the life well-lived*. Washington, DC: American Psychological Association.

논문

Berger, S. S., & Buchholz, E. S. (1993). On becoming a supervisee: Preparation for learning in a supervisory relationship. *Psychotherapy, 30*, 86-92.

Carifio, M. S., & Hess, A. K. (1987). Who is the ideal supervisor?. *Professional Psychology: Research and Practice, 18*, 244-250.

Dweck, C. (1986). Motivational processes affecting learning. *American Psychologist, 41*, 1040-1048.

Fredrickson, B. L. (2003). Positive emotions and upward spirals in organizations. In K. S. Cameron, J. E. Dutton, & R. E. Quinn (Eds.), *Positive organizational scholarship* (pp. 163-175). San Francisco, CA: Berrett-Koehler Publisher.

Pearson Q. M. (2004). Getting most out of clinical supervision: Strategies for mental health. *Journal of Mental Health, 26*, 361-373.

Ragins, B. R. (2011). Relational mentoring: A positive approach to mentoring at work. In K. S. Cameron & G. M. Spreitzer, (Eds.) *The Oxford handbook of positive organizational scholarship* (pp. 519-536). San Francisco, CA: Berrett- Koehler Publisher.

Rodenhauser, P., Rudisell, J. R., & Painter, A. F. (1989). Attributes conducive to learning in psychotherapy. *American Journal of Psychotherapy, 3*, 368-377.

Shamoon-Shanrock, R. (2009). What is reflective supervision?. In S. Scott Heller & L. Gilkerson (Eds.), *A practical guide to reflective supervision* (pp. 7-22). Washington, DC: ZERO TO THREE.

참고문헌

Bandura, A. (1986). *Social foundations of thought and action: A social-cognitive view*. Englewood Cliffs, NJ: Prentice-Hall.

Bandura, A. (1997). Self-efficacy: The exercise of control. New York, NY: W. H. Freeman.

Baumeister, R. F., & Tierney, J. (2011). *Willpower: Rediscovering the greatest human strength*. New York, NY: Penguin Press.

Berger, N., & Graff, L. (1995). Making good use of supervision. In D. G. Martin & A. D. Moore (Eds.), *Basics of clinical practice: A guidebook for trainees in the helping profession* (pp. 408-432). Prospect Heights, IL: Waveland Press.

Berger, S. S., & Buchholz, E. S. (1993). On becoming a supervisee: Preparation for learning in a supervisory relationship. *Psychotherapy, 30*, 86-92.

Bohart, A. C., & Tallhman, K. (2010). Clients: The neglected common factor. In B. L. Duncan, S. D. Miller, B. E. Wampold, & M. A. Hubble (Eds.), *The heart and soul of change* (2nd ed., pp. 83-111). Washington, DC: American Psychological Association.

Borders, L. D. (1994). The good supervisor. Eric Digest, 1-2, EDO-CG-94-18.

Bordin, E. S. (1983). A working alliance based model of supervision. *The Counseling Psychologist, 11*, 35-41.

Carifio, M. S., & Hess, A. K. (1987). Who is the ideal supervisor?. *Professional Psychology: Research and Practice, 18*, 244-250.

Coche, E. (1977). Training of group therapists. In F. W. Kaslow (Ed.), *Supervision consultation, and staff training in the helping professions* (pp. 235-263). San Francisco, CA: Jossey-Bass.

Csikszentmihalyi, M. (1991). *Flow*. New York, NY: Harper.

Dorn, F. (1985). Utilizing the social influence model in clinical supervision. *The Clinical Supervisor, 3*, 77-84.

Drigotas, S. M., Rusbult, C. E., Wieselquist, J., & Whitton, S. W. (1999). Close partner as sculptor of the ideal self: Behavioral affirmation and the Michelangelo phenomenon.

Journal of Personality and Social Psychology, 77, 293-323.

Dweck, C. (1986). Motivational processes affecting learning. *American Psychologist, 41*, 1040-1048.

Dweck, C. (2006). *Mindset: The new psychology of success*. New York, NY: Ballantine Books.

Eden, D. (1990). *Pygmalion in management: Productivity as a self-fulfilling prophecy*. Lexington: D.C. Heath.

Eden, D., & Ravid, G. (1982). Pygmalion versus self-expectancy: Effects of instructor-and self-expectancy on trainee performance. *Organizational Behavior and Human Performance, 30*, 351-364.

Eden, D., & Shani, A. B. (1982). Pygmalion goes to boot camp: Expectancies, leadership, and trainee performance. *Journal of Applied Psychology, 67*, 194-199.

Fredrickson, B. L. (1998). What good are positive emotions?. *Review of General Psychology, 2*, 300-319.

Fredrickson, B. L. (2003). Positive emotions and upward spirals in organizations. In K. S. Cameron, J. E. Dutton, & R. E. Quinn (Eds.), *Positive organizational scholarship* (pp. 163-175). San Francisco, CA: Berrett-Koehler Publishers.

Fredrickson, B. L., & Branigan, C. A. (2001). Positive emotions. In T. J. Mayne & G. A. Bonnano (Eds.), *Emotion: Current issues and future developments* (pp. 123-151). New York, NY: Guilford Press.

Gawande, A. (2009). *The checklist manifesto: How to get things right*. New York, NY: Metropolitan Books.

Gelb, M. J. (2003). *Discover your genius: How to think like history's ten most revolutionary minds*. New York, NY: HarperCollins Publishers Inc.

Goldsmith, M. (2003). *Global leadership: The next generation*. Upper Saddle River, NJ: Pearson Education, Inc.

Goleman, D. (2006). *Emotional intelligence: Why it can matter more than IQ*. New York, NY: Random House Digital, Inc.

Grant, A. M., & Spence, G. B. (2009). Using coaching and positive psychology to promote a flourishing workforce: A model of goal-striving and mental health. In P. A. Linley & S. Harrington (Eds.), *Oxford handbook of positive psychology and work* (pp. 175-188). New York, NY: Oxford University Press.

Grencavage, L. M., & Norcross, J. C. (1990). Where are the commonalities among the therapeutic common factors?. *Professional Psychology: Research and Practice 1990, 21*, 372-378.

Harter, J. K., Schmidt, F. L., & Keyes, C. L. M. (2002). Well-being in the workplace and its relationship to business outcomes: A review of the Gallup studies. In C. L. M. Keyes & J. Haidt (Eds.), *Flourishing: Positive psychology and the life well-lived* (pp. 205-224). Washington, DC: American Psychological Association.

Heath, C., & Heath, D. (2010). *Switch: How to change things when change is hard*. New York, NY: Broadway Books..

Jenner, H. (1990). The Pygmalion effect: The importance of expectancies. *Alcoholism Treatment Quarterly, 7*, 127-133.

Kaplan, R. E., & Kaiser, R. B. (2009). Toward a positive psychology for leaders. In P. A. Linley & S. Harrington (Eds.), *Oxford handbook of positive psychology and work* (pp. 107-119). New York, NY: Oxford University Press.

Kauffman, C. (2006). Positive psychology: The science at the heart of coaching. In D. R. Stober & A. M. Grant (Eds.), *Evidence based coaching handbook: Putting best practices to work for your clients* (pp. 219-254). Hoboken, NJ: John Wiley & Sons, Inc.

Keyes, C. L. M. (2003). Complete mental health: An agenda for the 21st century. In C. L. M. Keyes & J. Haidt (Eds.), *Flourishing: Positive psychology and the life well-lived*. Washington, DC: American Psychological Association.

Kohut, H. (1977). *The restoration of the self*. New York, NY: International Universities Press.

Kreider, J. (2011, March 9). Personal interview.

Ladany, N., Ellis, M. V., & Friedlander, M. L. (1999). The supervisory working alliance, trainee self-efficacy, and satisfaction. *Journal of Counseling and Development, 77*, 447-455.

Lambert, M. J. (1980). Research and the supervisory process. In A. K. Hess (Ed.), *Psychotherapy supervision: Theory, research, and practice* (pp. 423-452). New York, NY: Wiley.

Lopez, S. J. (2011). Focusing on what's right: A strengths-based workplace. Workshop at University of Kansas Medical School, Wichita, KS.

Markus, H., & Nurius, P. (1986). Possible selves. *American Psychologist, 41*, 954-969.

Messer, S. B., & Wampold, B. E. (2002). Let's face facts: Common factors are more potent than specific ingredients. *Clinical Psychology: Science and Practice, 9*, 21-25.

Nelson, G. L. (1978). Psychotherapy from a trainee's perspective: A survey of preferences. *Professional Psychology, 9*, 539-550.

Neufeldt, S. A., Beutler, L. E., & Ranchero, R. (1997). Research on supervisor variables in psychotherapy supervision. In C. E. Watkins, Jr. (Ed.), *Handbook of psychotherapy supervision* (pp. 508-525). New York, NY: John Wiley & Sons.

Norcross, J. C., & Halgin, R. P. (1997). Integrative approaches to psychotherapy supervision. In C. E. Watkins (Ed.), *Handbook of psychotherapy supervision* (pp. 203-222). New York, NY: Wiley.

Pearson, Q. M. (2004). Getting most out of clinical supervision: Strategies for mental health. *Journal of Mental Health, 26*, 361-373.

Peterson, C. (2006). *A primer in positive psychology*. New York, NY: Oxford University Press.

Peterson, C., & Seligman, M. E. P. (2004). *Character strength and virtue: A handbook and classification*. New York, NY: Oxford University Press.

Pierce, R., Carkhuff, R., & Berenson, B. (1967). The effects of high-and low-functioning supervisors upon counselors in training. *Journal of Clinical Psychology, 223*, 212-215.

Ragins, B. R. (2011). Relational mentoring: A positive approach to mentoring at work. In K. S. Cameron & G. M. Spreitzer (Eds.), *The Oxford handbook of positive organizational scholarship* (pp. 519-536). San Francisco, CA: Berrett-Koehler Publisher.

Robiner, W. N., Saltzman, S. R., Hoberman, H. M., & Schirvar, J. A. (1997). Psychology supervisors' training, experiences, supervisory evaluation, and self-rated competence. *The Clinical Supervisor, 16*(1), 117-144.

Rodenhauser, P., Rudisell, J. R., & Painter, A. F. (1989). Attributes conducive to learning in psychotherapy. *American Journal of Psychotherapy, 3*, 368-377.

Rosenblatt, A., & Mayer, J. (1975). Objectionable supervising styles: Students' views. *Social Work, 18*, 184-189.

Rosenthal, R., & Jacobson, L. (1968). *Pygmalion in the classroom: Teacher expectation and pupils' intellectual development*. New York, NY: Holt, Rinehart, & Winston.

Schreiner, L. A. (2010, May/June). The "thriving quotient". *About Campus*, 2-10. doi:10.1002/abc.20016.

Shamoon-Shanok, R. (1991). The supervisory relationship: Integrator, resource, and guide. *Zero to Three, 12*, 16-19.

Shamoon-Shanrock, R. (2009). What is reflective supervision?. In S. Scott Heller & L. Gilkerson (Eds.), *A practical guide to reflective supervision* (pp. 7-22). Washington, DC: ZERO TO THREE

Shanock, L. R., & Eisenberger, R. (2006). When supervisors feel supported: Relationships with subordinates' perceived supervisor support, perceived organizational support, and performance. *Journal of Applied Psychology, 91*, 689-695. doi: 10.1037/0021-9010.91.3.689.

Sivanathan, N., Arnold, K. A., Turner, N., & Barling, J. (2004). Leading well: Transformational leadership and well-being. In P. A. Linley & S. Joseph (Eds.), *Positive psychology in practice* (pp. 241-255). New York, NY: John Wiley & Sons.

Staw, B. M., Sutton, R. I., & Pellod, L. H. (1994). Employee positive emotion and favorable outcomes at the workplace. *Organizational Science, 5*, 51-71.

Vespia, K. M., Heckman-Stone, C., & Delworth, U. (2002). Describing and facilitating supervision behavior in counseling trainees. *Psychotherapy: Theory, Research, Practice, Training, 39*, 56-65.

Wampold, B. E. (2001). *The great psychotherapy debate: Models, methods, and findings*. Mahwah, NJ: Lawrence Erlbaum Associates, Publishers.

White, S. S., & Locke, E. A. (2000). Problems with the Pygmalion effect and some proposed solutions. *Leadership Quarterly, 11*, 389-415.

Wolfe, B. E., & Goldfried, M. R. (1988). Research on psychotherapy integration: Recommendations and conclusions from an NIMH workshop. *Journal of Consulting and Clinical Psychology, 56*, 448-451.

Worthen, V., & McNeill, B. W. (1996). A phenomenological investigation of "good" supervision events. *Journal of Counseling Psychology, 43*, 25-34.

제 4 장

잠재력 찾아내기

강점 확인 및 개발

도덕적인 훌륭함은 습관의 결과로 생겨난다. 우리는 정의로운 행동을 함으로써 정의로워지고, 절제 있는 행동을 함으로써 절제할 수 있게 되고, 용감한 행동을 함으로써 용감하게 된다.
— Aristotle

우리가 습관적으로 행동하는 것이 우리다. 즉, 훌륭함이란 단 한 번의 행동이 아닌 습관에서 비롯되는 것이다.
— Aristotle

강점에 대한 워크숍을 진행할 때면 초반에 Aristotle의 명언 한두 개를 인용하고, 최소한 Aristotle를 인용하면 똑똑해 보인다는 농담을 던지곤 한다. 하지만 이는 강점과 인성 개발의 중요성이 수천 년 동안 강조되어 왔다는 것을 보여 주기도 한다. 저명한 철학자들의 저술 외에도 강점에 대한 이야기는 역사 전반에 걸쳐 종종 영감의 원천이 되어 왔다. 스트레스와 고난 속에서 활용한 강점과 미덕의 예시는 고대 그리스 학자들(Biswas-Deiner & Dean, 2007)보다도 앞서 있으며, 그에 대한 메시지는 시대를 초월한 것처럼 보인다.

학문으로서의 심리학 초기에는 확실히 병리학에 초점을 맞추었지만(예: Freud), 현대에 와서는 성공과 모범적인 행동을 연구하는 데에도 관심과 연구가 집중되었다. Lopez 등(2006)은 20세기 초 대부분의 기간 동안에 심리학은 영재성과 결혼 만족도에 대한 Lewis Terman의 연구(예: Terman & Oden, 1947; Terman, Buttenweiser, Ferguson, Johnson, & Wilson, 1938)와 같이 인간의 최선을 파악하는 데 전념했다고 지적했다. 최근에 '긍정심리학'으로 알려진 Adler(1927)는 심리학에 관한 많은 것을 예측하였는데, 그는 의미 있는 인생의 목표를 개발하거나 치료를 하는 과정에서 강점을 파악하고 이를 문제 영역에 사용하는 것의 치료적 가치를 강조했다.

그러나 20세기 중후반에 이르러 성공, 강점, 미덕에 대한 관심은 정신장애를 이해하고 치료하는 데 중점을 두는 것에 비해 상대적으로 후순위로 밀리기 시작했다. 1937년 Gordon Allport가 심리학에서 성격은 불필요한 개념이라고 주장한 이후, 최근 15년 동안 긍정심리학에 대한 관심이 높아지기 전까지 성격과 강점 문제는 심리학 분야에서 일반적으로 무시되어 왔다고 Linley와 Harrington(2006a)은 말한다.

최근 사회사업, 상담, 심리학에서는 성공과 모범적인 행동을 연구하고 강점 관점을 임상 작업에 통합하는 것의 중요성에 새롭게 초점을 맞추고 있다. Jones-Smith(2014)는 사회복지 분야가 강점 관점의 주요 지지자라고 주장하며, Weick, Rapp, Sullivan, 그리고 Kisthardt(1989)는 강점 관점이라는 용어를 도입했고, Saleebey(1992)가 이 '새로운' 관점의 핵심 구성을 설명하는 중요한 연구를 『사회복지 실천에서의 강점 관점(The strengths perspective in social work practice)』에 발표했다. 사람들의 자원과 강점에 초점을 맞추는 것은 상담심리학의 핵심 가치 중 하나이기도 하다(예: Gelso & Fretz, 1992). 예를 들어, Jordaan, Myers, Layton, 그리고 Morgan(1968)은 『상담심리학자(The Counseling Psychologist)』라는 책에서 내담자와 함께 작업하는 강점 기반 접근법을 설명하면서 내담자가 자신의 잠재력을 발견하고, 개발할 수 있는 경험을 계획하며 실천해 보고, 최대한 활용하는 데 도움이 되도록 내담자 자원을 평가하고 사용하는 데 중점을 두었다(Jordaan et al., 1968, p. 1).

Lopez와 Edwards(2008)는 1964년 제2회 상담심리학 전국 콘퍼런스에서 Thompson과 Super(1964)가 '개인의 발전을 촉진하기 위한 자원의 평가와 활용'을 특별히 강조한 것을 언급하면서 상담심리학이 사람들의 최선을 연구하고 증진하는 풍부한 전통을 가지고 있음을 강조하였다(pp. 3-4). Lopez 등(2006)은 상담심리학이 역사적으로 강점 관점에 기반을 두고 있다고 설명하면서 "…… 상담심리학은 개인 및 사회적 자원을 식별하고, 개발하며, 개인이 이러한 자원을 보다 효과적으로 사용하도록 돕는 데 철학적 초점과 전문적 강조점을 두어 왔다"(p. 206)고 말했다.

강점 기반 슈퍼비전 모델에서 강점을 파악하고 육성하는 것은 매우 중요한 요소다.

이 장에서는 강점 관점의 이론 및 연구 기반 토대를 제시하고, 슈퍼바이지의 강점을 식별하기 위한 제안을 하며, 슈퍼바이지가 자신의 잠재력을 더욱 개발하고 활용하도록 돕기 위한 팁을 제공한다. 흔히 강점 기반 관점은 약점을 간과하는 것을 의미한다고 가정한다. 만약 그렇다면 우리 모두는 약점을 가지고 있기 때문에 이는 비극이 될 것이다. 하지만 강점 기반 관점에서는 사람의 강점을 관리하는 데 약점을 활용할 수 있는 경우가 많음을 강조한다. 이에 대해서는 나중에 자세히 설명하겠다. 다음 절에서는 강점과 성공에 집중하는 것의 이점이 직관적으로 명백함에도 불구하고 많은 노력 없이는 그렇게 하기 어려운 이유를 살펴보자.

나쁜 것이 좋은 것보다 더 강하다

그렇다면 우리가 강점에 의도적으로 집중해야 하는 이유는 무엇일까? Baumeister, Bratslavsky, Finkenauer, 그리고 Vohs(2001)가 설명한 주된 이유 중 하나는 **나쁜 것이 좋은 것보다 더 강하다**는 것이다. (긍정심리학에 기초한 책에서 기대했던 것과는 다른 내용일 수도 있다!). 진화론적 관점에서 보면 긍정적인 것보다 부정적인 것을 더 중요하고 긴급하게 다루는 것이 적응적인 것으로 보인다. 여러 측면에서 부정적인 경험과 나쁜 결과에 대한 두려움은 중립적이거나 긍정적인 경험보다 훨씬 더 큰 영향을 미친다. 부정적인 사건을 떠올릴 가능성이 훨씬 더 높고, 우리는 다양한 방식으로 과거의 부정적인 경험에 더 많은 영향을 받는 경향이 있다. 고통스러운 감정과 부정적인 피드백은 좋은 감정이나 피드백보다 더 큰 영향을 미치며, 나쁜 정보는 좋은 정보보다 더 철저하게 처리된다(p. 323). Bren Brown이 TED 강연(2010)에서 취약성의 힘에 대해 언급한 것처럼, 피드백을 받을 때 거의 모든 사람은 칭찬보다 '건설적인 비판'이라는 항목에 집중한다. 연애 관계에 대한 Gottman(1994)의 연구에 따르면, 연애 관계가 성공하려면 긍정적인 상호작용과 중립적인 상호작용이 부정적인 상호작용보다 약 5대 1의 비율로 많아야 하는데, 이는 적어도 연애 관계의 맥락에서는 부정적인 사건이 긍정적인 사건보다 훨씬 더 강력하고 영향력이 크다는 것을 시사한다. 부정적인 경험은 우리의 인식과 기대에 지속적으로 영향을 미칠 수 있다. Seligman(2002)은 몇 번의 실패만으로도 학습된 무력

감이 생길 수 있는데, 수많은 긍정적인 성공에도 불구하고 이러한 인식을 되돌리기 어렵다는 것을 관찰했다.

Baumeister 등(2001)은 진화론적 관점에서 볼 때 나쁜 일에 더 잘 적응한 유기체는 위협에서 살아남을 가능성이 더 높았을 것이고, 결과적으로 유전자를 이어 갈 확률이 더 높았을 것이라고 설명했다. "긍정적인 결과의 가능성을 무시하는 사람은 나중에 즐거움이나 발전의 기회를 놓친 것에 대해 상당한 후회를 경험할 수 있지만, 직접적으로 끔찍한 결과를 초래할 가능성은 없다. 반대로 위험(나쁜 결과의 가능성)을 한 번이라도 무시하는 사람은 결국 불구가 되거나 사망에 이를 수 있다. 생존을 위해서는 나쁜 결과에 대해 긴급하게 주의할 필요가 있지만, 좋은 결과에 대해서는 덜 긴급하다. 따라서 심리적으로 좋은 것보다 나쁜 것에 더 강하게 반응하도록 설계되는 것이 적응적일 것이다" (p. 325).

만약 중간 크기의 물고기가 주의를 기울이지 않아 아침 식사로 먹을 수 있는 근처의 작은 물고기를 알아차리지 못했다고 하더라도 그 작은 물고기는 하루 더 살 수 있게 된다. 하지만 만약 중간 크기의 물고기가 자신을 잡아먹으려는 더 큰 물고기를 보지 못한다면, 중간 크기의 물고기는 아침 식사가 되고 만다. 생존의 관점에서 보면, 위협과 위험에 대한 예리한 주의력은 매우 중요하다.

사회적인 교류 패턴과 대인 관계 양식, 학습 과정 등 많은 삶의 영역에서도 좋은 사건보다 나쁜 사건이 더 큰 힘을 발휘한다. 나쁜 감정, 나쁜 부모, 나쁜 피드백은 모두 좋은 것보다 더 큰 영향을 미치며, 나쁜 정보는 좋은 정보보다 더 빨리 그리고 덜 따져 가면서 처리되는 경향이 있다. 특히 초기의 인상 형성 단계에서 나쁜 인상과 나쁜 고정관념이 빠르게 형성되고, 좋은 인상보다 그렇지 않은 인상이 더 오래 지속될 수 있다는 점은 주목할 만하다.

Jones-Smith(2014)는 대부분의 사람이 자신의 강점을 인식하지 못하게 만드는 부정적 편향이 마음속에 우세하게 자리 잡고 있다고 했다(p. 34). 우리는 주의를 끄는 것에 가장 집중하는 경향이 있는데, 진화적 경향을 고려할 때 부정적인 것에 끌리는 경우가 많다. 이는 생존에는 효과적이지만 학습과 성장에는 그다지 도움이 되지 않는다. 강점을 파악하고 이를 바탕으로 작업하는 것이 슈퍼비전 프로세스에 매우 유용한 이유는 이 장의 뒷부분에서 자세히 설명하겠지만, 먼저 강점 관점이 직관적으로 매력적일 수는 있으나 인간의 성향을 고려할 때 슈퍼바이저와 슈퍼바이지 모두 의식적이고 의도적인 주의가 필요하다는 점을 알아야 한다.

강점 이론

강점 지향의 중요성을 인식하는 것은 새로운 일이 아니다. Maslow(1954)나 Rogers(1961)와 같은 20세기 중반의 인본주의 심리학자들은 인간은 긍정적인 성장과 자신의 강점을 발휘하고 표현하려는 본능적인 욕구를 가지고 있다고 믿었다. 식물이 충분한 햇빛과 적절한 양의 물, 좋은 토양만 있으면 성장할 수 있는 것처럼, 인간의 자아실현과 성장에 대한 자연스러운 성향은 조건이 뒷받침되고 기본적인 욕구가 충족되면 인간을 번성하게 만들 것이다. Graybeal(2001)은 강점 관점의 기본 전제는 누구나 강점과 자원을 식별하고 인식하여 사용할 수 있도록 도움을 받으면 장기적으로 더 잘할 수 있다면서 강점 기반의 발달적 · 치료적 가치를 간결하게 표현했다(p. 234). Seligman(2002)은 강점과 미덕이 불행을 완충하고, 회복력을 키우며, "최고의 치료자는 단순히 손상을 치료하는 것이 아니라 사람들이 자신의 강점과 가치를 인식하고 발현하도록 돕는다"(p. xiv)고 언급했다. 또한 강점을 발견하는 것은 종종 역경과의 투쟁에 대한 변증법적 과정의 최종 결과물이며(Jones-Smith, 2014, p. 66), 어려운 시기에 대한 치료와 슈퍼비전의 목표는 내담자나 슈퍼바이지가 역경의 역설을 이해하도록 돕는 것이다.

이 절에서는 두 가지 강점 모델에 대한 간략한 개요를 제공한다.

강점 기반 치료

Jones-Smith(2014)는 심리치료 과정을 위해 고안된 강점 기반 이론을 구체적으로 설명했다. 그녀가 제시한 모델은 우리 모두에게 강점 영역, 즉 잠재적인 우수성을 개발하여 잘 수행할 수 있게 하는 타고난 재능이 있다고 가정한다(p. 17). 강점은 문제를 해결하거나 목표를 향해 나아가는 데 필요한 자원과 기술을 유연하게 적용하는 적응 체계의 일부로 개념화할 수 있다(p. 15). 이러한 강점을 파악하고 새로운 상황이나 도전에 적용하는 방법을 배움으로써 우리는 기술과 능력을 넓히고, 새로운 도전에 건설적이고 효과적으로 대처할 수 있는 능력을 갖추게 된다. 슈퍼비전에서 강점에 초점을 맞추면 슈퍼바이지가 뛰어난 능력을 발휘하고, 희망의 에너지를 사용하여 긍정적인 목표를 달성할 수 있는 새로운 경로를 알아가도록 할 수 있다.

그러나 우리가 가진 강점을 인식하고 자각하는 것은 쉽지 않다. Jones-Smith(2014)는 이를 '강점 소외', 즉 자신의 재능과 강점에 대한 인식이 부족하거나, 강점을 알고 있더라도 원하는 목표를 달성하기 위해 이러한 강점을 활용하는 데 방향성이 부족하거나 허둥대는 것이라고 설명했다(p. 18). Jones-Smith 이론을 적용하면 강점 기반 슈퍼비전의 핵심 과제는 슈퍼바이지가 자신의 강점을 식별하고, 인식하도록 도우며, 강점을 임상 업무에 효과적으로 통합할 수 있는 방안을 구축하는 것이다.

Jones-Smith(2014)는 강점 개발은 본질적으로 신뢰할 수 있고 지지적인 관계의 맥락에서 가장 잘 발달한다고 주장했다(pp. 34-35). 이는 완벽한 인지적 · 정서적 발달을 위해서는 일차적인 관계가 일관되게 안정적이어야 한다는 발달심리학의 합의된 관점(예: Davies, 2004)과도 매우 일치한다. 일상생활의 경험에서 거의 항상 다른 사람들은 우리의 강점 개발에 관여하며, 직간접적으로 피드백을 제공하고, 우리의 능력을 강점으로 판단하는 데 도움을 주는 청중의 역할을 한다(pp. 13-14). 이 과정은 슈퍼비전 체계 내에서도 증폭된다.

다음은 강점이 어떻게 발달하는지에 대한 Jones-Smith(2014)의 단계별 모델에 대한 개요다.

- 1단계 강점의 뇌 발달: 시냅스 연결은 유전자의 영향을 받아 뇌에서 형성되지만 특정 강점에 대한 신경 경로는 사용 혹은 사용하지 않음에 따라 강화되거나 약화된다.
- 2단계 강점 인식 및 식별: 거의 항상 성찰적인 과정(예: 자신이 무언가를 잘한다는 것을 알아차림)을 거친다.
- 3단계 강점 활용 시도: 자신의 재능을 강점으로 명명하고 주장한다. 다양한 환경에서 강점을 활용함으로써 자신이 특정 강점을 가지고 있다는 것을 인정받거나 확인받게 된다.
- 4단계 강점 다듬기 및 연습: 연습과 반복을 통해 더 나은 성과로 이어진다.

- **5단계 강점 통합**: 강점과 재능을 자신의 자아 개념에 통합하는 단계다. 사람들은 종종 자신이 잘하는 것으로 자신을 인식한다.
- **6단계 다양한 환경에서 강점 활용**: 강점을 다양한 환경에서 활용하면 강점을 일반화할 수 있다.
- **7단계 자신의 약점을 관리하기 위해 강점 활용**(pp. 62-63).

강점은 필연적으로 문화에 기반하여 표현될 수밖에 없다. 일부 문화권에서는 강점으로 간주되는 특성이 다른 문화권에서는 약점으로 인식될 수 있다는 점을 인식하는 것은 중요하다(예: 존중과 간접적 의사소통에 대한 일본의 전통적인 가치관은 보다 직접적인 문화권에서는 자기주장이 부족한 것으로 잘못 인식될 수 있음).

우리의 사고방식, 즉 우리 자신과 세상을 인식하는 방식은 우리의 강점 발휘 여부와 방식에 큰 영향을 미친다. 우리의 사고방식은 경험의 축적과 해석을 통해 만들게 된다. **강점에 대한 사고방식**은 자기 안의 약점을 인정하고 이해하지만, 강점을 인정하고 포용하며 어려운 상황에 처했을 때 활용할 수 있는 자원으로 보는 맥락이다. 이는 자신의 결핍과 약점에 초점을 맞추고 제약과 한계를 느끼는 경향이 있는 결핍 위주의 사고방식과는 대조적이다(Jones-Smith, 2014, pp. 50-51). 결핍 위주의 사고방식에서는 성공에 충분한 비중을 두지 않고 낮은 성적이나 실수 등 약점에만 집중하는 경향이 있다. 강점을 활용하면 강점을 더욱 완벽하게 발전시켜 나갈 수 있으며, 강점 개발은 내면의 재능과 능력을 인식하고 실천해 나가는 과정이다. Hebb(1949)가 발견한 것처럼, 우리가 자주 사용하는 방법은 점점 더 강해지는데, 간단히 말하자면 뉴런은 서로 연결되는 신경 경로를 더 강하게 형성한다. 슈퍼비전 과정에서도 강점을 탐색하고 표현할 수 있는 지지적인 환경의 맥락에서 강점 개발은 가장 효과적으로 이루어진다.

ROPES 모델

Graybeal(2001)은 자원과 가능성을 의도적으로 인식할 때 얻을 수 있는 자유와 유연성을 강조하는 강점 개발 모델을 제안했다. 그는 '자원, 기회, 가능성, 예외, 해결책'에 대해 인식함으로써 자율성과 효율성이 증가한다는 기본 개념을 바탕으로 미래 지향적인 관점을 강조하면서 강점을 식별하기 위한 ROPES 모델을 제안했다. 다음은 각 영역의 구성 요소 중 일부다.

- 자원(Resources)
  - 개인 차원
  - 기관 차원
  - 사회적 환경 차원
- 기회(Options)
  - 현재에 초점 두기
  - 선택을 강조하기
  - "현재 무엇이 접근 가능한가?"
  - "사용 가능하지만 아직 시도하거나 사용하지 않은 것은 무엇인가?"
- 가능성(Possibilities)
  - 미래에 초점 두기
  - 상상력
  - 창의성
  - 미래의 비전
  - "시도해 볼 생각은 있지만 아직 시도하지 않은 것은 무엇인가?"
- 예외(Exceptions)
  - "언제 문제가 발생하지 않는가?"
  - "언제 문제가 달라지나?"
  - "미래에 대한 가상의 해결책은 언제 나타날 수 있는가?"
  - "어떻게 살아남고, 견디고, 성공할 수 있었는가?"
- 해결책(Solutions)
  - "단순한 문제해결이 아닌 해결책을 만들어 나가는 것에 집중하라."
  - "지금 무엇이 효과가 있는가?"
  - "성공 사례는 무엇인가?"
  - "계속 하고 싶은 일은 무엇인가?"(p. 237)

그의 모델은 해결책 중심의 관점과 강점 파악에 초점을 맞추고 있다.

다음 절에서는 공식적이든, 비공식적이든 슈퍼바이저의 강점을 파악하는 방법을 살펴보자.

강점 확인하기

강점 기반 슈퍼비전의 청사진은 슈퍼바이지의 핵심 강점을 정확하게 파악하고 구축할 수 있는 능력에 달려 있다. Michelangelo가 원석에 숨어 있는 아름다움의 잠재력을 볼 수 있었던 것처럼, 효과적인 강점 기반 슈퍼바이저는 이미 존재하는 강점, 때로는 슈퍼바이지 안에 숨어 있는 능력이나 희미하게 빛나는 재능을 파악하고 이를 실현하는 데 능숙해야 한다. 먼저, 비공식적인 몇 가지 방법을 살펴보고, 슈퍼비전 과정 중에 사용할 수 있는 두 가지 공식적인 도구를 알아보겠다.

강점 기반 관점에서는 슈퍼바이저가 슈퍼바이지의 강점을 인식하고 이를 활용하도록 돕는 것이 슈퍼비전의 효율성을 높이기 때문에 슈퍼바이지의 강점을 인식하는 것은 슈퍼바이저에게 필수적이다. 약점을 강점으로 바꾸려는 시도는 보통 좋은 성과로 이어지기 때문에 좌절하게 되고 비생산적인 과정으로 이어지기 쉬운 약점을 단순히 고치려는 시도 대신에 약점 영역을 '기능적 역량'으로 끌어올리려고 노력해야 한다(Jones-Smith, 2014, p. 23).

우리는 종종 일상에서 자신을 모니터링하고 판단하는 과정을 통해 자신의 강점 인식을 최소화하거나 못하는 경우가 많다. 강점을 구축하는 것이 강점 기반 슈퍼비전 접근법의 핵심 요소라면, 슈퍼바이지가 자신의 강점을 인식하고 인정하며 의도적으로 활용하도록 돕는 것이 매우 중요하다. 강점은 공식적인 척도를 사용하거나 덜 구조화된 대화적인 방법을 통해 비공식적으로 파악할 수 있다.

그러나 대부분의 사람은 강점에 대해 겸손하고, 이야기하기를 꺼려 하는 경향이 있으며, 강점에 대해 물어보면 명명하기 어려워한다. Linley와 Harrington(2006b)에 따르면, 이는 우리가 자신의 강점을 충분히 인식하지 못하거나 강점이 무엇인지 알지 못하는 경우가 많다는 것을 의미한다. 이는 또한 개인주의 문화권에서 자란 우리 중 많은 사람이 겸손과 겸손의 가치를 배우면서 성장한 문화적 배경을 반영하는 것일 수도 있다. 낮은 자존감으로 어려움을 겪고 있는 내담자에게 자신의 강점을 말해 달라고 요청하면, 내담자는 가능한 한 빨리 그 과정을 끝내기 위해 무언가를 중얼거리는 듯한 반응을 보였을 가능성이 높다.

다른 많은 특성과 마찬가지로 강점은 간접적으로 물어보는 것이 가장 좋으며, 미묘한 단서를 통해 파악하는 경우가 많다. 예를 들어, 상사의 높은 에너지와 열정에 대한 표현, 성공 사례, 성공적으로 극복한 도전에 대한 이야기를 주의 깊게 경청하면 상사의 강점에 대한 단서를 얻을 수 있다. Compton과 Hoffman(2013)은 Donald Clifton과 동료들의 연구를 요약하여 강점은 다음과 같은 특징을 공유한다고 말했다.

- **열망**: 우리는 강점과 연결되는 관심사, 목표, 활동에 대해 강한 심리적 끌림을 느낀다. 이는 내면의 나침반 역할을 할 수 있다.
- **만족감**: 강점을 사용하거나 성취할 때 우리는 내적 만족감을 경험하며, 자신과 활동에 대해 좋은 기분을 느낀다.
- **학습**: 우리는 강점이 있는 분야에서 더 쉽게 배우는 경향이 있으며, 더 많은 것을 배우고 싶어 한다. 골프나 컴퓨터 과학, 발레에 재능이 있다면 이러한 주제에 관한 책이나 잡지를 즐겨 읽을 가능성이 높다. 반면, 강점이 없는 분야라면 이런 주제에 관한 책을 읽는 것보다 더 지루한 일은 없을 것이다.
- **우수성 또는 몰입**: 강점을 활성화하면 지속적으로 좋은 성과를 낼 수 있으며, 때로는 활동에 참여하는 동안에 몰입 상태를 경험할 수 있다.
- **적은 노력**: 우리는 자신의 강점 영역에서 더 쉽게 배우고 실행하는 경향이 있다 (p. 264).

이 모든 것은 우리가 주목해야 할 지표다. 다음과 같은 간접적인 질문을 통해 슈퍼바이지에게 자신의 강점에 대해 물어볼 수도 있다.

- 당신의 친구들은 당신을 어떻게 묘사할까요?
- 마지막 직장에서 어떤 기술을 배웠다는 사실에 놀랐나요?

- 파트너가 당신에 대해 자랑할 때 뭐라고 말하나요?
- 최근 근무 기간 동안에 어떤 일이 쉽게 풀린 것 같았나요?
- 모든 것이 '찰칵' 하는 것 같았던 순간을 경험한 적이 있나요? 그런 순간에 대해 말해 주세요.
- 상담을 진행하면서 어떤 부분을 수월하게 느꼈는지 말해 주세요.

개인 슈퍼비전이나 그룹 슈퍼비전 모두에서 활용할 수 있는 간단한 방법은 슈퍼바이지에게 강점이나 미덕을 설명하는 이야기를 들려 달라고 요청하는 것이다. 거의 모든 것이 그렇듯이, 상담과 슈퍼비전 모두에서 슈퍼바이지가 이야기를 구체적이고 자세하게 할수록 더 좋다. 슈퍼바이지가 이야기를 하고 나면 듣는 사람은 이야기에서 드러난 강점이나 미덕을 되돌아본다. 이렇게 하면 스토리텔러는 이미 드러난 강점을 다시 듣기만 하면 되기 때문에 일반적으로 강점을 '소유'하기가 더 쉽다.

흥미롭게도 내(저자 John Wade)가 비공식적으로 관찰한 바에 따르면, 강점 이야기의 대부분은 고난, 어려움, 역경과 관련이 있는 것으로 나타났다. 강점은 종종 고난의 과정을 통해 드러나는 것처럼 보이며, 이는 슈퍼바이지가 확신이 없거나 부적절하다고 느낄 때 빛을 비추는 매우 중요한 메시지로 활용할 수 있다. 이야기를 듣는 사람은 이야기하는 사람이 미처 생각하지 못했던 강점을 발견하는 경우가 매우 많다. 듣는 사람은 스토리텔러가 설명한 특성에 라벨을 붙이기만 하기 때문에 이러한 추가적인 강점을 더 쉽게 인정하고 받아들일 수 있다.

강점을 확인하기 위한 도구

슈퍼바이지의 강점이 드러난 상황과 단서에 주의를 기울이는 것 외에도 강점을 파악하는 데 매우 유용할 수 있는 근거 기반의 공식적인 진단도 있는데, 이는 논의하기 위한 공통된 설명과 단어를 제공하는 데에도 유용하다. 여기에서는 가장 널리 사용되는 두 가지 도구에 대해 설명한다.

VIA-IS(Peterson & Seligman, 2004)는 240개의 항목으로 구성된 도구로, 24가지 강점(각 강점당 10개 항목)을 측정하는데 약 30분이면 완료할 수 있다. 온라인(www.

positivepsychology.org)에서 무료로 사용할 수 있으며, 종이와 연필로 작성할 수도 있다. VIA-IS는 『DSM-5-TR 정신질환의 진단 및 통계 편람』에 대한 대안을 제시하고 인간의 강점을 설명하기 위한 공통 언어를 제공하기 위해 고안되었다. 수십 가지의 덕목과 강점 목록을 검토한 후 Peterson과 Seligman(2004)은 "문화와 시대를 초월하여 공통적으로 나타나는"(p. 29) 여섯 가지 주요 덕목(지혜와 지식, 용기, 인간성, 정의, 절제, 초월성)으로 정리된 24가지의 강점 목록이 있다. 그들과 동료들은 강점 분류를 위해 성격 강점을 탐구할 때 어떤 것도 놓치지 않기 위해 정신의학과 철학 등의 분야의 문헌을 조사했을 뿐만 아니라 책 『해리포터(Harry Potter)』, 포켓맨 캐릭터의 프로필, 심지어 텔레비전 쇼 〈스타트렉(Star Trek)〉의 클링온 코드(Klingon code)에 나오는 성격 강점에 대한 메시지도 살펴봤다(Peterson, 2006).

또 다른 주요 강점 측정 도구로, VIA-IS보다 조직 환경에 더 쉽게 적용할 수 있도록 고안되어 비즈니스 및 학술 환경에서 자주 사용되는 도구는 CSF(Buckingham & Clifton, 2000)다. 현재는 두 번째 버전인 CSF 2.0(CSF 2.0; Asplund, Lopez, Hodges, & Harter, 2007; Rath, 2007)이 출시되었다. CSF 2.0은 180개의 항목으로 구성된 도구로, 사회에서 공통적이며 교육 및 직업적 성공을 예측할 수 있는 34개의 강점, 즉 '재능 테마'에 대한 정보와 순위를 제공한다. 응답자에게는 상위 다섯 가지의 강점이 공개되며, 이러한 테마를 실천하기 위한 제안과 함께 해당 재능을 장·단기 목표로 전환하는 '강점 기반 실행 계획'이 함께 제공된다. 온라인(www.strengthsfinder.com)에서 유료로 이용할 수 있다.

강점 활용하기

강점을 활용하면 다양한 이점이 있다. 강점을 활용하는 것은 웰빙의 중요한 예측 인자이며, 3개월 및 6개월 추적 조사에서 스트레스를 줄이고 긍정적인 영향, 활력, 자존감을 높이는 것으로 밝혀졌다(Wood, Linley, Matlby, Kashdan, & Hurling, 2011). 새로운 방식으로 자신의 강점을 활용하면 6개월 동안 행복감이 증가하고 우울감이 감소하는 것으로 나타났다(Gander, Proyer, Ruch, & Wyss, 2012). 직장에서 여성의 VIA 강점 사용을 조사한 한 질적 연구에 따르면, 강점 사용이 강점 사용을 방해하는 장애물을 극복하는 데 도움이 되는 '선순환'으로 이어진다는 사실이 밝혀졌다(Elston & Boniwell, 2011).

Lopez와 Edwards(2008, pp. 96-97)에 따르면, 목표와 동기를 가지고 강점을 현명하게 적용하는 것이 목표 달성 능력을 향상시킨다. 다음 설명에서는 목표 달성에 필요한 세 가지 주요 구성 요소, 즉 (1) 목표 설정하기, (2) 여러 강점 활용하기, (3) 동기부여하기에 대해 자세히 설명하고자 한다.

- 목표 설정하기
  - 어렵지만 달성할 수 있는 목표를 설정한다(지나치게 엉성하거나 패닉 상황이 아닌 수준의 학습 영역에서 목표를 늘리거나 활동하는 것에 대해 생각해 보라).
  - 목표에 대해 구체화하고, 운영상 무형적이고 측정 가능한 용어로 정의한다.
  - 목표를 설정하는 데 시간을 갖고 경험을 통해 스스로 목표를 조정할 수 있도록 한다.
- 여러 강점 활용하기
  - 목표 달성과 관련된 단계에 대해 생각해 본다.
  - 목표에 도달하기 위해 사용할 수 있는 다양한 강점에 대해 생각해 본다.
  - 목표를 성공적으로 달성하기 위해 목표를 추구하는 동안에 필요한 것이 무엇인지 마음속으로 연습한다. 또한 목표를 달성할 때 발생할 수 있는 문제와 그 문제를 극복하기 위해 사용할 수 있는 개인적인 강점을 예상해 본다.
- 동기부여하기
  - 목표를 달성하는 과정을 여정으로 생각한다. 당면할 수 있는 장애물을 미리 예상하는 것은, 낙담하기 시작할 때 오히려 당면한 어려움이 동기를 높이고 더 열심히 노력해야 한다는 신호임을 상기시키는 데 도움이 될 수 있다.
  - 목표를 향해 나아갈 때, 자신이 이미 얼마나 멀리 왔는지 상기하고 목표를 향한 진전에 대해 긍정적으로 생각한다. 비슷한 어려운 상황에서 상황을 극복할 수 있었던 경험을 떠올려 본다(Lopez & Edwards, 2008, pp. 96-97).

강점을 파악하고 구축하는 것도 중요하지만, 강점을 효과적으로 적용하기 위해서는 분별력을 가지고 현명하게 적용할 줄 알아야 한다. 유연성은 종종 정신건강의 초석으로 여겨 왔다. 강점을 활용하는 방법과 강점을 적용하는 방식을 상황의 요구와 기대에 맞게 조정할 수 있는 능력이 매우 중요하다. Schwartz와 Sharpe(2006)는 강점을 활용하는 가장 좋은 시기를 판단하기 위해서는 실용적인 지혜가 필요한데, 관련성, 갈등, 구체성을 고려해야 한다고 했다. 강점이 상황에 어떤 영향을 미칠 수 있는지, 서로 다른 강점이 어떻게 충돌할 수 있는지, 당면한 특정 상황에 어떻게 적용할 수 있는지를 고려해야 한다. Linley와 Harrington(2006a)은 성격이 상황의 요구에 따라 변할 수 있지만 시간이 지나면서 안정적이고 일관성을 유지하는 것처럼, 강점도 상황의 요구에 따라 변할 수 있지만 대체로 일관성을 유지한다고 했다(p. 88).

성격 강점을 너무 많이 또는 너무 적게 활용하면 웰빙(예: Grant & Schwartz, 2011) 및 목표 달성에 부정적인 영향을 미친다. 강점에 관한 워크숍을 진행할 때, 이 원칙을 설명하기 위해 소통할 때 자연스럽게 사용하는 적응력을 자주 비유로 사용한다. 예를 들어, 우리는 일반적으로 직장에서는 특정 방식으로, 친구들과는 약간 다른 방식으로, 라커룸에서는 조금 더 다른 방식으로, 교회에서는 확실히 다른 방식으로 이야기한다. 우리 대부분은 라커룸에서와 같은 방식으로 교회에서 이야기한다면 문제를 일으키거나 최소한 당황스러울 수 있다. 강점을 활용할 때에도 같은 원리가 적용되는데, 강점을 활용하는 것은 일반적으로 좋지만 효과적으로 적용하기 위해서는 일반적으로 뉘앙스, 유연성, 맥락과 상황에 대해 인식해야 한다.

자신의 강점을 사용하는 것이 일반적으로 유리하지만, 많다고 해서 항상 좋은 것은 아니다. 예를 들어, 리더십의 힘을 과도하게 사용하거나 잘못된 상황에서 리더십에 의존하면 꼰대 또는 통제하는 사람으로 간주될 수 있다. 호기심이 너무 지나치거나 현명하지 않게 사용하면 경계를 침범하는 사람으로 오해받을 수 있다. 슈퍼바이저로서의 역할에서 지나치게 공감에 의존하면 슈퍼비전 과정이 의도치 않게 교육, 도전, 연구 등 슈퍼비전의 여러 중요한 측면을 소홀히 하는 한탕주의 쇼로 변질될 수 있다. 강점을 인식하고 이를 바탕으로 성공해 나갈 가능성이 높지만, 슈퍼바이저와 슈퍼바이지 모두 강점을 사용할 때 발생할 수 있는 잠재적인 문제를 인식하는 것도 중요하다.

하지만 대부분의 사람은 자신의 강점을 인식하지 못해 결과적으로 강점을 제대로 활용하지 못하는 경향이 있다. 이는 때때로 우리의 강점이 우리에게 더 쉽고 자연스럽게 다가오기 때문에 특정 강점에 대한 인식이 부족할 수 있으며, 이는 노력이 덜 든다는 이유로 특정 강점을 인식하지 못하는 결과로 이어질 수 있다. 또한 문화적 배경에 관계없이 대부분의 사람은 자랑하지 말라고 배웠기 때문에 자신의 강점에 집중하는 것을 불편하게 느낄 수 있다.

강점을 신중하게 사용하는 것의 중요성 외에도 Wright와 Lopez(2002)는 강점과 약점 모두에 균형 있게 초점을 맞추고 환경적 자원과 스트레스 요인을 함께 인식해야 한다고 주장했다. 실무자(및 슈퍼바이저)는 병리 또는 약점에 초점을 맞추는 경향을 상쇄하기 위해 네 가지 영역을 모두 검토해야 한다. Wright와 Lopez(2002)는 실무자(그리고 슈퍼바이저)가 "근본적인 부정적 편견과 무관심으로 인해 개인과 상황의 긍정적인 면이 간과되지 않도록 경계해야 한다"(p. 38)고 촉구했다.

우리가 강점을 어떻게 사용하고 접근하는지는 문화적 요인에 따라 크게 달라진다. Heine(2012)는 캐나다인으로서 일본 시골의 한 중학교에서 영어를 가르쳤던 2년간의 경험을 회고했다. 그는 일본 교사들이 학생들에게 얼마나 어려운 일인지, 얼마나 실력이 부족한지를 말함으로써 동기를 부여하는 경향이 있었고, 이것이 더 큰 노력을 불러일으키는 것 같다고 언급했다. 그는 학생들에게 지나치게 칭찬을 많이 하면 동기를 죽이는 것으로 여겨서 종종 질책을 받았다고 한다(pp. 241-242). 서양인은 문화적으로 자연스럽게 강점 지향에 더 끌리는 경향이 있는 것으로 보인다. Heine(2012)는 **예방 지향 특성**을 가진 사람들은 단점을 고치면 실패를 피할 수 있기 때문에 자신이 잘하지 못하는 일에 노력을 집중한다고 설명했다. 반대로 **강점 지향 특성**의 사람들은 발전과 승진에 관심이 많으며, 이러한 분야가 성공의 기회를 더 많이 제공하기 때문에 이미 잘하는 일에 노력을 집중한다. 강점 지향의 캐나다인은 성공을 경험한 후에도 과제를 더 오래 지속하는 반면, 예방 지향의 일본인은 부진한 성과를 낸 후에도 과제를 더 오래 지속하면서 취약한 분야를 개선하려고 노력하는 것으로 밝혀졌다(pp. 252-254).

Niemiec(2013)는 인식-탐색-적용 모델(aware-explore-apply model)이라고 하는 3단계의 강점 개발 모델을 설명했다. 이 모델은 VIA 성격의 강점을 다루기 위해 만들어졌지만, 그 원리는 일반적으로 강점을 다루는 데 광범위하게 적용된다. 3단계는 다음과 같다.

- **1단계 인식**: 강점 발견하기, 강점을 보지 못하게 하는 것과 싸우고 강점에 대한 인

식 키우기
- 2단계 탐색: 강점 과용 혹은 과소 사용 살펴보기, 맥락에 따른 강점 사용과 과거의 문제와 성공 사례 살펴보기
- 3단계 적용: 목표 설정하기, 강점의 효율적인 사용 및 조절하기, 타인의 강점 가치 평가(Niemiec, 2013)를 통한 행동 취하기

슈퍼바이저의 강점과 성격 스타일에 대해 아는 것은 가장 생산적인 교육 과정을 안내하는 데 도움이 될 수 있다. Kitzrow(2002)는 다양한 Myers-Briggs 성격 유형 지표(Myers Briggs Type Indicator: MBTI)를 통해 개인차에 대한 지식이 임상 슈퍼비전을 어떻게 안내하고 향상시킬 수 있는지에 대한 예를 제시했다. 그녀의 논의는 슈퍼바이저와 슈퍼바이지의 타고난 강점과 특성에 가장 잘 맞도록 슈퍼바이저가 슈퍼비전을 조정할 수 있는 한 가지 방법으로, MBTI의 언어와 패러다임을 활용한다(자세한 내용은 해당 문서를 참조).

Kiersey와 Bates(1984)의 『나를 이해해 주세요(Please Understand Me)』와 같이 MBTI와 그 적용에 관한 유용한 책도 많이 있다. 여기서는 내향성과 외향성의 성격 유형을 예로 들었는데, 이는 MBTI에 대한 지식이나 경험이 없어도 이해할 수 있는 유형이기 때문이다. 이 예는 MBTI를 기반으로 한 설명의 목적으로 사용되었지만, 슈퍼바이지의 요구와 성격 유형에 대한 기본 이해만 있어도 슈퍼비전에서의 노력을 맞추는 데 도움이 될 수 있다.

- 외향적인 슈퍼바이지의 특성, 기대치 및 요구사항
  - 이들은 상호작용과 토론을 통해 가장 잘 배우며, 타고난 열정과 호기심에 집중할 수 있도록 도와주어야 하며, 속도를 늦추고 내면의 탐색과 성찰에 참여하도록 격려해야 한다.
  - 그들은 열정이 넘치고, 마음을 빨리 열 때 새로운 관계에 접근한다. 이는 슈퍼바이저와 내담자 모두와의 관계에 적용된다.
  - 이들은 슈퍼비전에서 높은 수준의 상호작용과 피드백을 필요로 하고 기대한다.
  - 이들은 자신감이 높고 새로운 상황에서 주도권을 잡거나 위험을 감수하는 것을 주저하지 않는 경향이 있다. 하지만 뛰어들고 행동에 옮기기 전에 속도를 늦추고

숙고하는 데 도움이 필요할 수 있다.

- 내향적인 슈퍼바이지의 특성, 기대치 및 요구사항
  - 내적 처리와 성찰을 위한 시간이 허용될 때 최고의 성과를 낼 수 있다. 타고난 과묵함을 극복하는 데 도움이 필요할 수 있으며, 슈퍼바이저와의 대화에 참여하고 자신을 표현하도록 장려해야 한다.
  - 이들은 새로운 관계에 조심스럽게 접근할 때 편안함을 느끼고, 마음을 열 때까지 더 많은 시간이 필요하다. 이는 슈퍼바이저와 내담자와의 관계에 모두 적용된다.
  - 이들은 종종 자신과 자신의 능력에 대한 자신감이 부족하여 새로운 상황에서 주도권을 잡거나 위험을 감수하는 것을 주저한다. 새로운 상황에서 적절한 조치를 취하고 위험을 감수하며 자신감을 키우려면 격려가 필요할 수 있다.
- 외향적인 슈퍼바이저의 슈퍼비전 스타일
  - 적극적으로 접근한다.
  - 개방적이고, 표현력이 풍부하며, 에너지가 넘친다.
  - 슈퍼바이지가 다양한 관심사와 문제를 탐구하도록 돕는다.
  - 상호작용과 토론을 통해 외부에서 정보를 처리하고 문제를 해결한다.

☑ 작업할 수 있는 슈퍼비전 기술

- 슈퍼바이지가 이슈와 사례를 심층적으로 탐구하도록 돕는다.
- 성찰과 처리를 위해 속도를 늦추고 충분한 시간을 허용한다.
- 말없이 경청한다.

- 내향적인 슈퍼바이저의 슈퍼비전 스타일
  - 성찰적 접근 방식을 선호한다.
  - 숙련된 일대일 의사소통에 능하다.
  - 슈퍼바이지가 내적으로 정보를 추측해 나가는 과정을 허용한다.
  - 슈퍼바이지가 문제와 사례를 깊이 있게 탐색하도록 돕는다.

☑ 심층적으로 탐구할 수 있도록 돕는 슈퍼비전 기술

- 슈퍼바이지가 성찰뿐만 아니라 행동에도 집중할 수 있도록 돕는다.
- 더 많이 이야기하고, 더 개방적으로 표현하기 위해 더 많은 노력을 한다 (pp. 142-144).

이러한 사항 중 일부는 매우 당연한 것이지만, 의식적으로 염두에 두지 않으면 '당연한 것'을 간과하고 무시하기 쉬운 경우가 많다. 또 다른 예는 MBTI 성격 유형 중 '직관'이 아닌 '감각' 범주에 속하는 슈퍼바이지와 함께 작업하는 경우다. '감각형'은 실용적인 세부 사항에 더 집중하는 경향이 있으며, 패턴이나 추상적인 의미와 같은 '직관적인' 정보에는 덜 끌리는 경향이 있다. 감각형 슈퍼바이지는 실용적이고 단계적인 접근 방식을 통해 가장 잘 배우는 경향이 있다. 이들은 명확하고 상세한 정보를 기대하고 필요로 하며, 자신의 사례에 대해 자세히 논의하기를 원한다. 이들은 특정 기술로 해결할 수 있는 구체적인 문제에 가장 익숙하지만, 명확하게 정의되지 않은 문제와 해결책에 대해서는 격려가 필요할 수 있다(p. 144).

생각할 거리

- 슈퍼바이지가 더 개발해야 할 강점은 무엇이며, 그 개발을 어떻게 도울 수 있나요?
- 어떤 강점을 더 개발해야 할까요?
- 집중할 강점을 선택하고, 이를 강화하기 위한 계획(구체적인 단계)을 세우세요.
- 롤모델은 누구인가요? 그들이 보여 주는 강점은 무엇인가요? 본받으려고 노력할 수 있는 구체적인 행동은 무엇인가요?
- 최근 임상 업무에서 어려움을 겪고 있는 부분은 무엇인가요? 이를 보다 효과적으로 처리하기 위해 특정 강점을 어떻게 적용할 수 있을까요?

약점을 해결하기 위해 강점 활용하기

지금까지 이 장을 읽으면서 일부 슈퍼바이저들, 특히 자신의 약점이 너무도 명백하게 드러난 슈퍼바이지와 함께 작업하는 슈퍼바이저들의 불안감을 느낄 것 같다. 강점에 초점을 맞추는 것도 좋지만 약점은 어떻게 해야 할까? 긍정심리학에 대한 일반적인 오해 중 하나는 약점은 무시해야 한다는 것이다. 하지만 이는 사실과 거리가 멀다. 임상 경험이 있는 전문가나 슈퍼바이저라면 누구나 알고 있듯이 약점은 매우 실제적인 문제를 일으킬 수 있다. 많은 강점 연구자(예: Buckingham, 2010)는 자신이 약한 영역에서 강점을 가진 다른 사람과 파트너가 되어 자신의 강점 영역 내에서 가능한 한 많은 일을 위임할 것을 제안한다. 이는 분명 훌륭한 조언이며, 심리치료와 같은 개인 활동보다는 그룹이나 팀 환경에서 훨씬 더 효과가 있다. 하지만 개인의 강점은 개인의 약점을 관리하는 데 도움이 될 수 있다. 강점 기반 슈퍼비전 접근 방식은 약점을 무시하는 것이 아니라 약점을 해결하기 위해 강점을 사용하는 것이다.

- 약점 해결하기
  - 강점을 활용하여 약점을 해결하라.
  - 과거에 문제 영역을 어떻게 해결하거나 극복했는지 기억하라.
  - 이러한 능력을 현재 상황에 적용할 수 있는 구체적인 방법을 생각해 보라.

결론

강점에 초점을 맞추고 슈퍼바이지의 능력과 지혜를 이끌어 내는 방향을 지향한다고 해서 기대치가 낮거나 '부드러워야 한다'는 뜻은 전혀 아니다. Lipman(2013)은 어떤 분야에서 가장 성공한 사람들은 종종 자신에게 높은 기대를 걸고 도전하게 함으로써 최고의 역량을 끌어낸 교사나 코치의 영향을 성공의 원천으로 돌린다고 언급한다. 높은 기대치는 우리가 슈퍼비전하는 사람들에게 강력하고 매우 긍정적인 메시지, 즉 그들의 능력에 대한 믿음을 전달한다.

생각할 거리

- 너무 쉽게 드러나는 슈퍼바이지의 강점에만 지나치게 집중하고 있는 건 아닌가요? 강화할 수 있는 '강점의 단서들'이 더 있는지 주의를 기울이고 그것들을 어떻게 강화할 수 있을지 고민해 보세요.
- 슈퍼바이저로서 어떤 강점을 집중적으로 더 발전시키고 싶은가요? 그러기 위해 가장 먼저 취해야 할 조치는 무엇인가요?
- 회사는 슈퍼바이지와 직원 모두에게 강점을 개발할 수 있는 여건을 제공하고 있나요? 양쪽 모두의 강점을 더욱 발전시키는 데 도움이 될 수 있는 작은 변화가 있나요?

읽을거리

책

Buckingham, M., & Clifton, D. O. (2000). *Now discover your strengths*. New York, NY: Free Press.

Buckingham M. (2010). *Go put your strengths to work*. New York, NY: Simon and Schuster.

Clifton, D. O., & Anderson, E. (2002). *Strengths quest: Discover and develop your strengths in academics, career, and beyond*. New York, NY: Gallup Press.

Compton, W. C., & Hoffman, E. (2013). *Positive Psychology: The science of happiness and flourishing* (2nd ed.). Belmont, CA: Cengage Learning.

Jones-Smith, E. (2014). *Strengths-based therapy: Connecting theory, practice, and skills*. Los Angeles, CA: Sage Publications, Inc.

Saleebey, D. (1992). *The strengths perspective in social work practice*. New York, NY: Longman Publishing Group.

논문

Baumeister, R. F., Bratslavsky, E., Finkenauer, C., & Vohs, K. D. (2001). Bad is stronger than good. *Review of General Psychology, 5*, 323-370.

Linley, P. A., & Harrington, S. (2006a). Playing to your strengths. *Psychologist, 19*(2), 86-89.

Linley, P. A., & Harrington, S. (2006b). Strengths-coaching: A potential-guided approach to coaching psychology. *International Coaching Psychology Review, 1*, 37-46.

Linley, P. A., Nielsen, K. M., Gillett, R., & Biswas-Diener, R. (2010). Using signature strengths in pursuit of goals: Effects on goal progress, need satisfaction, and well-being, and implications for coaching psychologists. *International Coaching Psychology Review, 5*(1), 6-15.

Lopez, S. J., & Edwards, L. M. (2008). The interface of counseling psychology and positive psychology: Assessing and promoting strengths. *Handbook of counseling psychology*, 86-99.

Lopez, S. J., Magyar-Moe, J. L., Petersen, S. E., Ryder, J. A., Krieshok, T. S., O'Byrne, K. K., et al. (2006). Counseling psychology's focus on positive aspects of human functioning. *The Counseling Psychologist, 34*, 205-227.

Wood, A. M., Linley, P. A., Matlby, J., Kashdan, T. B., & Hurling, R. (2011). Using personal and psychological strengths leads to increases in well-being over time: A longitudinal study and the development of the strengths use questionnaire. *Personality and Individual Differences, 50*, 15-19.

참고문헌

Adler, A. (1927). Understanding human nature.

Allport, G. (1937). *Personality: A psychological interpretation*. New York, NY: Holt. American Psychiatric Association. (2013). *Diagnostic and statistical manual of mental disorders* (5th ed.). Washington, DC: Author.

Asplund, J., Lopez, S. J., Hodges, T., & Harter, J. (2007). *The Clifton StrengthsFinder® 2.0 technical report: Development and validation*. Princeton, NJ: The Gallup Organization.

Baumeister, R. F., Bratslavsky, E., Finkenauer, C., & Vohs, K. D. (2001). Bad is stronger than good. *Review of General Psychology, 5*, 323-370.

Biswas-Diener, R., & Dean, B. (2007). *Positive psychology coaching: Putting the science of happiness to work for your clients*. Hoboken, NJ: John Wiley & Sons.

Brown, B. (2010). *The power of vulnerability*. Retrieved from http://www.ted.com/talks/brene_brown_on_vulnerability.html

Buckingham, M. (2010). *Go put your strengths to work*. New York, NY: Simon and Schuster.

Buckingham, M., & Clifton, D. O. (2000). *Now discover your strengths*. New York, NY: Free Press.

Compton, W. C., & Hoffman, E. (2013). *Positive psychology: The science of Happiness and Flourishing* (2nd ed.). Belmont, CA: Cengage Learning.

Davies, D. (2004). *Child development: A practitioner's guide* (2nd ed.). New York, NY: Guilford Press.

Elston, F., & Boniwell, I. (2011). A grounded theory study of the value derived by women in financial services through a coaching intervention to help them identify their strengths and practice using them in the workplace. *International Coaching Psychology Review, 6*,

16-32.

Gander, F., Proyer, R. T., Ruch, W., & Wyss, T. (2012). The good character at work: An initial study on the contribution of character strengths in identifying healthy and unhealthy work-related behavior and experience patterns. *International Archives of Occupational and Environmental Health, 85*(8), 895-904.

Gelso, C. J., & Fretz, B. R. (1992). *Counseling psychology*. San Diego, CA: Harcourt Brace Jovanovich.

Gottman, J. (1994). *Why marriages succeed or fail*. New York, NY: Simon & Schuster.

Grant, A. M., & Schwartz, B. (2011). Too much of a good thing: The challenge and opportunity of the inverted u. *Perspectives on Psychological Science, 6*, 61-76.

Graybeal, C. (2001). Strengths-based social work assessment: Transforming the dominant paradigm. *Families in Society, 82*, 223-242.

Hebb, D.O. (1949). *The organization of behavior*. New York, NY: John Wiley & Sons.

Heine, S. J. (2012). *Cultural psychology* (2nd ed.). New York, NY: WW Norton.

Jones-Smith, E. (2014). *Strengths-based therapy: Connecting theory, practice, and skills*. Los Angeles, CA: Sage Publications, Inc.

Jordaan, J. E., Myers, R. A., Layton, W. C., & Morgan, H. H. (1968). *The counseling psychologist*. Washington, DC: American Psychological Association.

Kiersey, D., & Bates, M. (1984). *Please understand me*. Del Mar, CA: Prometheus Nemesis Book Company.

Kitzrow, M. A. (2002). Applications of psychological type in clinical supervision. *The Clinical Supervisor, 20*(2), 133-146.

Linley, P. A., & Harrington, S. (2006a). Playing to your strengths. *Psychologist, 19*(2), 86-89.

Linley, P. A., & Harrington, S. (2006b). Strengths-coaching: A potential-guided approach to coaching psychology. *International Coaching Psychology Review, 1*, 37-46.

Lipman, J. (2013, September 27). Why tough teachers get good results. Wall Street Journal. Retrieved from http://www.online.wsj.com/news/articles/

Lopez, S. J., & Edwards, L. M. (2008). The interface of counseling psychology and positive psychology: Assessing and promoting strengths. *Handbook of Counseling Psychology* (4th ed., pp. 86-99).

Lopez, S. J., Magyar-Moe, J. L., Petersen, S. E., Ryder, J. A., Krieshok, T. S., O'Byrne, K. K., et al. (2006). Counseling psychology's focus on positive aspects of human functioning. *The Counseling Psychologist, 34*, 205-227.

Maslow, A. (1954). *Motivation and personality*. New York, NY: Harper & Row.

Niemiec, R. M. (2013). VIA character strengths: Research and practice (The first 10 years). In H. H. Knoop & A. Delle Fave (Eds.), *Well-being and cultures: Perspectives on positive psychology* (pp. 11-30). New York, NY: Springer.

Peterson, C. (2006). *A primer in positive psychology*. New York, NY: Oxford University Press.

Peterson, C., & Seligman, M. E. P. (2004). *Character strengths and virtues: A handbook and classification*. New York, NY: Oxford University Press.

Rath, T. (2007). *Strengths Finder 2.0*. New York, NY: Gallup Press.

Rogers, C. (1961). *On becoming a person*. Boston, MA: Houghton Mifflin.

Schwartz, B., & Sharpe, K. E. (2006). Practical wisdom: Aristotle meets positive psychology. *Journal of Happiness Studies, 7*, 377-395.

Saleebey, D. (1992). *The strengths perspective in social work practice*. New York, NY: Longman.

Seligman, M. E. (2002). *Authentic happiness: Using the new positive psychology to realize your potential for lasting fulfillment*. New York, NY: Simon and Schuster.

Snyder, C. R. (2000). *Handbook of hope*. San Diego, CA: Academic Press.

Terman, L. M., Buttenweiser, P., Ferguson, L. W., Johnson, W. B., & Wilson, D. P. (1938). *Psychological factors in marital happiness*. New York, NY: McGraw Hill.

Terman, L. M., & Oden, M.H. (1947). *Genetic studies of genius…: The gifted child grows up — Twenty-five years' follow-up of a superior group* (Vol. 4). Stanford, CA: Stanford University Press.

Thompson, A. S., & Super, D. E. (Eds.). (1964). *The professional preparation of counseling psychologists: Report of the 1964 Greyston Conference*. New York, NY: Bureau of Publications, Teachers College, Columbia University.

Weick, A., Rapp, C., Sullivan, W. P., & Kisthardt, W. (1989). A strengths perspective for social work practice. *Social Work, 34*(4), 350-354.

Wood, A. M., Linley, P. A., Matlby, J., Kashdan, T. B., & Hurling, R. (2011). Using personal and psychological strengths leads to increases in well-being over time: A longitudinal study and the development of the strengths use questionnaire. *Personality and Individual Differences, 50*, 15-19.

Wright, B. A., & Lopez, S. J. (2002). Widening the diagnostic focus: A case for including human strengths and environmental resources. In C. R. Snyder & S. J. Lopez (Eds.), *The handbook of positive psychology* (pp. 26-44). New York, NY: Oxford University Press.

제 5 장

평가 및 피드백

> 셀 수 있는 모든 것이 중요한 것은 아니며, 중요한 모든 것이 반드시 셀 수 있는 것은 아니다.
> — Albert Einstein

> 피드백은 성공의 필수 요소다.
> — Ken Blanchard

과녁에 맞았는지 확인할 수 없는 상태에서 양궁을 배운다고 상상해 보라. 그것은 매우 어려울 것이다. Saptya, Riemer, 그리고 Bickman(2005)은 이러한 비유를 사용하여 학습 과정에서 피드백의 중요성을 설명했다. 피드백은 학습의 핵심이다. 피드백이 없으면 실수는 교정되지 않을 수 있고, 나쁜 습관이 생길 수 있으며, 긍정적인 행동이 사라질 수 있고, 성과의 질에 대한 부정확한 가정을 만들 수 있다(Westberg & Jason, 1993). 슈퍼바이지와 학생 역시 피드백의 중요성을 인식하고 있는 것으로 보이며, 슈퍼바이저의 관찰과 피드백을 자신의 기술 개발에 기여하는 가장 효과적인 요인으로 보고 있다(Smith, 1984).

오랫동안 학습과 수행에 대한 피드백은 중요한 것으로 여겨 왔다. 예를 들어, 선구적인 교육 연구자인 Edward Thorndike(Westberg & Jason, 1993에서 인용)는 1912년에 세 임상 성과의 피험자에게 특정 길이의 선을 그리게 했다. 피드백을 받지 못한 임상 성과는 연습을 해도 향상되지 않았고, 불완전한 피드백을 받은 임상 성과는 느리고 일관되지 않게 향상되었다. 하지만 구체적이고 철저한 피드백을 받은 임상 성과는 몇 번의 시도만으로 정확한 길이의 선을 그릴 수 있었다. 피드백은 성장과 학습의 기초이며, 많은 슈퍼바이지가 강의식 슈퍼비전보다 피드백을 선호하는 것으로 확인되었다(Westberg & Jason, 1993). 양궁의 예를 다시 언급하자면, 양궁 기술을 향상시키고 싶다면 대부분의 사람은 강사가 아무리 훌륭하더라도 개별적인 관심과 피드백을 제공해 줄 수 있는 코치를 고용하는 것이 더 좋다고 생각할 것이다.

슈퍼비전을 제공하는 수련 및 경험의 양에 관계없이 대부분의 슈퍼바이저는 평가보다는 피드백을 제공하는 것을 더 편안하게 느낀다. Cormier와 Bernard(1982)는 평가가 "일반적으로 대부분의 슈퍼바이저에게 약점"이라고 말했다(p. 490). 피드백과 평가는 서로 관련되어 있지만 서로 다른 기능을 수행한다. 피드백의 초점은 슈퍼바이지의 수행에 대해 구체적인 정보를 제공하여 그들이 임상 기술과 판단을 배우게 하는 데 도움을 주는 것이다. 양궁을 예로 든다면, 코치는 학생이 과녁을 더 정확하게 맞힐 수 있도록 피드백(예: 기술 및 실행에 관한 관찰 및 의견)을 제공하는 것이다. 그러나 피드백에는 정확성에 대한 판단은 없으며, 피드백은 단순히 개선이 주요 목표이다. 일반적으로 치료자들은 슈퍼바이저의 역할에 비교적 익숙한 편인데, 이는 임상가로서 우리가 내담자에게 피드백을 제공하는 데 익숙하기 때문이다. Bernard와 Goodyear(2004)는 다른 외부 준거가 아닌 개인의 진전이 성과의 잣대가 된다는 점에서 피드백 제공이 심리치료와 유사하다고 설명했다.

평가는 충족해야 하는 특정 기준을 설정하는 차원을 추가한다는 점에서 피드백과 다르다. 측정 기준은 단순히 자신의 능력을 향상시키는 것이 아니라 외부 기준에 맞춰 진행 상황을 측정하는 것이다. 평가의 목적은 외부에서 정의된 기준(예: 기관의 기대치, 자격 요건)을 충족하는 것이 표준이다. 양궁 초급에서 중급으로 발전하려면 학생은 과녁 연습에서 최소 점수를 획득하여 일정 수준의 숙련도를 입증해야 한다. 임상 기술을 학습하는 슈퍼바이지의 슈퍼비전에도 동일한 원칙이 적용된다. 기관 및 수련센터는 슈퍼바이지가 다음 단계로 넘어가기 전에 일정 수준의 역량을 기대한다. 궁극적으로 자격인증기관과 위원회는 슈퍼바이저와 기관이 진행 상황을 모니터링하고, 슈퍼바이지가 다음 단계로 넘어가기 전에 특정 기준을 충족했는지 확인하여 공공의 안전을 보호할 것을 기대한다.

대부분의 정신건강 전문가는 피드백을 제공하는 데 어느 정도 편안함을 느끼지만, 판단을 내리고 평가를 내리는 데 내재된 압박감과 책임감은 훨씬 더 많은 불안감을 유발할 수 있다. 앞으로 논의하겠지만, 슈퍼비전 과정에서 피드백이 일관되게 제공된다면 평가 기능은 이미 마련된 토대에 따라 자연스럽게 이루어지게 될 것이다. 평가를 제공하는 것은 슈퍼바이지와 슈퍼바이저 모두의 불안을 증가시킬 수 있지만, (특히 제대로 수행되지 않은 경우) 피드백과 평가를 효과적인 슈퍼비전의 여러 구성 요소 중 하나로 보는 것이 도움이 된다. 실제로 효과적인 평가 실행은 보다 강력한 작업 동맹과 정적인 관련이 있으며, 작업 동맹을 예측하는 것으로 보인다(Lehrman-Waterman & Ladany, 2001).

목적과 형식면에서 슈퍼비전과 치료는 다르지만, 안전, 존중, 이해를 기반으로 한 강력한 작업 동맹 형성의 중요성 같은 몇 가지 핵심 요소를 공유하고 있다. 치료의 맥락에서 강점과 약점을 모두 탐색하는 것은 매우 치료적일 수 있으며, 적절한 조건이 설정되었다고 가정할 때 변화와 성장을 촉진할 수 있다. 슈퍼비전에도 동일한 원칙이 적용된다. 강력한 작업 동맹을 구축한 후, 강점과 성장할 수 있는 영역에 대한 인식을 높이는 것은 보다 초점화된 성장과 발전을 위한 발판이 될 수 있다.

이 장에서는 목표 설정 및 피드백의 이론적 토대와 평가의 기준 및 측정 방법을 검토한다. 그리고 피드백을 제공하는 효과적인 방법을 자세히 살펴본다. 목표 설정, 피드백 제공, 평가 기준 및 측정 도구 선정이 각각 신중하게 이루어지면 결과적으로 평가가 원활하게 진행될 것이다.

목표 설정

목표를 설정하는 것과 피드백 및 평가를 제공하는 것은 본질적으로 연결되어 있다. Watkins(1997)가 심리치료 슈퍼비전 문헌을 검토하면서 언급했듯이, 평가는 목표 설정과 피드백이라는 두 가지 주요 활동으로 구성되는 것으로 보인다. 슈퍼바이저가 목표를 설정하든, 슈퍼바이저와 슈퍼바이지의 협력적인 의견 수렴 과정을 통해 상호 합의한 목표이든 상관없이 목표는 평가의 기초이자 평가 기준이 된다. 평가는 슈퍼바이지에게 어느 정도 진전되었는지에 대한 정보를 제공하며, 강점과 약점에 대한 인식을 높이는 데 도움이 되고, 내담자 돌봄을 모니터링하는 과정에 매우 중요하다. 강점 기반 슈퍼비전은 평가와 피드백을 제공하기 위한 최선의 방법들을 통합하는 데 달려 있다. 이와 더불어 슈퍼바이지가 피해야 할 함정에 과도하게 집중하는 것보다는 중요한 목표를 식별하고 이를 달성하기 위한 로드맵을 제공하는 것이 슈퍼바이지가 역량과 정확성을 획득하는 데 보다 더 도움이 된다는 기대를 바탕으로 한다. 강점 기반 관점에서의 목표 설정은 기본적인 슈퍼비전 과업 및 원칙과 여러 중요한 긍정심리학의 개념을 융합한다. 이 절에서는 이에 대해 자세히 설명할 것이다.

목표 설정 이론

목표 설정은 피드백 및 평가의 기초가 되기 때문에 목표 설정 이론에 대한 개요를 설명하고자 한다. 목표 설정은 피드백 및 성과 모두와 밀접하게 연결되어 있다. Locke와 Latham(2002)은 목표 설정 이론에 대한 35년간의 다학제적 경험적 연구를 요약하여 목표가 네 가지 주요 메커니즘을 통해 성과에 영향을 미친다고 제안했다.

- 목표는 목표와 관련된 활동에 관심과 노력을 집중시키고, 목표와 무관한 활동에서 멀어지게 한다. 우리는 목표를 통해 식별된 활동과 행동에 주의를 기울이는 경향이 있다. 예를 들어, 목표가 수행에 미치는 영향을 조사한 연구에서 참가자들이 자동차 운전 과제에서 여러 측면의 피드백을 받았는데, 이때 설정한 목표와 관련된 측면에서만 수행이 향상된다는 놀라는 사실을 발견했다(Locke & Bryan, 1969). 목표는 주의를 집중하고 학습을 안내하는 데 도움이 된다.
- 목표는 활력을 주는 기능을 가지고 있으며, 높은 목표는 낮은 목표보다 더 많은 노력을 기울이게 하는 경향이 있다.
- 목표는 지속성에 영향을 미치며, 도전적이거나 '어려운' 목표는 노력을 지연시키는 경향이 있다.
- 목표는 과제와 관련된 지식과 전략을 불러일으키거나 발견 또는 활용하도록 이끌어 냄으로써 간접적으로 행동에 영향을 미친다.

Locke와 Latham(2002)은 또한 슈퍼바이지와 협력하여 슈퍼비전 목표를 설정할 때 기초가 되어야 할 몇 가지 원칙과 실질적인 적용 방안을 제시했다.

- 과제가 적절히 중간 수준으로 어려울 때 가장 높은 수준의 노력이 발휘되며, 과제가 매우 쉽거나 매우 어려울 때는 가장 낮은 수준의 노력이 발휘된다. 이상적으로 과제는 도전적이지만 열심히 노력하고 성실하게 임하면 달성할 수 있는 수준이어야 한다.
- 목표의 구체성은 효과적인 목표 설정에 중요하며, 노력과 발전을 방해할 수 있는 모호성을 줄이는 데 도움이 된다. Heath와 Heath(2010)가 관찰한 바와 같이, 대부분의 슈퍼바이지는 '로드맵'이 명확하다면 열심히 수행하고 스스로 도전하려는 동기와 의지를 가지고 있다.
- 목표가 제시되면 사람들은 상황에 대해 자신이 이미 가지고 있는 지식과 기술을 자동으로 적용한다. 목표에 이르는 길이 단순히 자동적인 기술 사용으로 해결되지 않을 경우, 사람들은 이전에 유사한 상황에서 사용했던 다양한 기술을 끌어와서 현재 상황에 적용한다.
- 새로운 과업을 수행할 때 사람들은 자신의 목표를 달성할 수 있는 전략을 개발하기 위해 의도적인 계획을 세운다.
- 자기 효능감이 높은 사람들은 효과적인 과제 전략을 개발할 가능성이 더 높다.
- 효과적인 전략으로 수련을 받은 사람이 있다고 가정했을 때, 높은 수행 목표를 가진 사람이 그 전략을 사용하여 수행을 향상시킬 가능성이 더 높다.
- 단순히 사람들에게 최선을 다하라고 독려하는 것은 구체적이고 점점 더 도전적인 목표를 설정하여 단계적으로 더 높은 성과를 이끌어 내는 것보다 덜 효과적이다.
- 그러나 복잡한 과제에 직면했을 때 최선을 다하라고 독려하는 것은 때로는 구체적이고 어려운 수행 목표를 설정하는 것보다 더 나은 전략을 이끌어 낼 수 있다. "이는 수행 목표가 사람들을 성공하기 위해 너무 긴장하게 만들어서 비체계적인 방식으로 서둘러 전략을 찾으려고 하다가 효과적인 방법을 배우지 못하게 만들 수 있기 때문이다. 이는 평가에 대한 압박감과 수행 불안을 초래할 수 있다. 이에 대한 해결책은 구체적이고 도전적인 학습 목표를 설정하는 것이며, 예를 들어 과제를 숙달하기 위한 몇 가지 전략을 발견하는 것을 목표로 삼는 것이다"(p. 707).

Locke와 Latham(2002)의 분석은 자기 효능감 개념이 목표 설정에 중요하다는 것을 보여 준다. 자기 정의 목표(self-defined goal)와 관련하여 자기 효능감이 높은 사람들은, (1) 더 높은 목표를 설정하고, (2) 목표에 더 몰두하며, (3) 목표 달성을 위해 더 나은 전략을 찾아 사용하고, (4) 자기 효능감이 낮은 사람보다 부정적인 피드백에 보다 긍정적으로 반응한다. 이는 슈퍼바이지의 자기 효능감 발달을 촉진하는 것이 중요함을 강조하는 것이다. 특히 슈퍼바이지가 성숙하고 더 큰 자율성을 개발하며 스스로 설정한 목표에 점점 더 의존하기 시작할 때 그 중요성은 더욱 커진다. 이는 또한 가능한 경우에 협력적인 방식으로 목표를 설정하는 것이 이로움을 보여 주며, 외재적으로 설정해야 하는 목표에 대해서도 슈퍼바이지가 동의하고 주도적으로 참여할 수 있도록 노력하는 것이 중요함을 강조한다.

또한 높은 자기 효능감은 목표에 대한 몰두의 증가와 정적인 상관관계가 있다. 자기 효능감에 관한 Bandura(1997), White와 Locke(2000)의 연구를 바탕으로 Locke와 Latham(2002)은 리더나 슈퍼바이저가 슈퍼바이지의 자기 효능감을 높일 수 있다고 말했다. 이는, (1) 성공 경험을 제공함으로써 숙련도를 높이는 적절한 수련을 보장하고, (2) 슈퍼바이지가 동일시할 수 있는 롤모델을 제공하거나 찾고, (3) 개인이 목표를 달성할 수 있다는 확신을 표현하는 설득력 있는 의사소통을 하는 것을 통해 가능하다. 각 방법에 대해 더 자세히 살펴보자.

성공 경험을 제공함으로써 숙련도를 높이는 적절한 수련 보장하기

단순히 일을 잘했다는 말을 듣는 것보다 진정한 성공을 경험해 보는 것이 자기 효능감을 증가시킨다(Bandura, 1997). 슈퍼바이저가 초기 성공의 기회를 만들어 동기를 강화하고 희망과 자신감을 심어 주는 것이 중요하다. Heath와 Heath(2010)는 성장이 이미 시작된 것처럼 느낄 때 앞으로의 진전과 동력이 더 많이 발생할 가능성이 높다고 했으며, 이 과정을 **변화 축소하기**(shrinking the change)라고 불렀다(피아노 바의 연주자들은 이 원리를 잘 알고 있어서 팁을 받는 병에 적은 돈을 미리 넣어 둔다). 그들은 또 다른 예로, 사람들이 무료로 샌드위치를 받을 수 있는 펀치 카드를 사용할 가능성은 처음부터 아무것도 찍히지 않은 빈 카드로 시작할 때보다 한두 개의 펀치가 찍혀 있을 때 훨씬 높다고 하였다. 이는 필요한 샌드위치의 총 구매 개수가 동일하더라도 마찬가지다.

이 개념을 슈퍼비전에 적용하면 슈퍼바이저는 슈퍼바이지에게 특정 기술 개발에서 자신이 1~10점 중 어디에 위치하는지 물어볼 수 있다. 슈퍼바이지가 2점 또는 3점으로 응답한다면 필요한 진전을 다소 어렵게 느낄 수 있다. 그러나 슈퍼바이저가 "좋습니다. 당신은 이미 20~30% 도달했군요!"라고 반응한다고 상상해 보자. 슈퍼바이저는 이미 시작된 숙달에 초점을 맞추며 슈퍼바이지의 펀치 카드에 두 개의 스탬프를 찍는 것과 같다.

슈퍼바이지가 동일시할 수 있는 롤모델을 제공하거나 찾기

Mahrer와 Boulet(1997)은 숙련된 전문가가 치료 회기의 비디오 기록을 적어도 몇 시간 동안 시청하는 것이 임상 수련의 표준이지만, 실제로는 예외적인 경우라고 주장했다. 그들은 "(심리치료 분야처럼) 수련생들이 실제 본보기의 작업을 보고, 연구하고, 배우지 않은 채 기술을 익히는 직업은 아마 없을 것이다. 다른 분야의 학생들은 일반적으로 훌륭한 첼리스트, 외과의사, 배관공, 발레리나, 치과의사, 전기기사, 건축가 및 변호사의 작품을 연구하면서 배울 수 있는 풍성한 기회를 갖는다. 바이올린 연주자의 연주를 들어 본 적이 없는 바이올리니스트를 상상해 보라. 이것이 우리가 자랑스럽게 따르고 강력히 옹호하는 모델이다. 정말 안타깝다. 심리치료를 배우는 과정에는 훌륭한 치료자의 작업을 깊이 연구하는 것이 포함될 수 있고, 포함해야 한다"(p. 179)고 말했다. 임상 수련에서 슈퍼바이지가 더 경험이 많거나 전문적인 치료자의 치료 회기를 관찰하는 경우가 드문 이유를 설명하는 문헌은 없지만, 역할 모델링이 수련의 중요한 구성 요소로 인식된다면 더 많은 프로그램이 이 관행을 채택하게 될 것으로 기대한다.

목표를 달성할 수 있다는 확신을 표현하는 설득력 있는 의사소통을 하기

설득력 있는 의사소통은 목표 달성을 촉진하는 전략에 대한 정보를 제공하고, 영감을 주는 메시지를 전달하고 인지적 자극을 제공함으로써 발생할 수 있다. 『1분 경영(The One-Minute Manager)』(1983)의 저자 Ken Blanchard와 Spencer Johnson은 이를 실행할 수 있는 매우 실용적이고 쉬운 방법을 제안했다. 그것은 단순히 관리자들에게 직원들이 잘하고 있는 부분을 찾아내어 이를 인정해 주라고 조언하는 것이다(Blanchard & Johnson, 1983, p. 44).

목표가 효과적이려면 지속적인 피드백뿐만 아니라 목표와 관련된 진행 상황을 보여주는 **요약 피드백**(평가)도 필요하다. 다른 전문가와 마찬가지로 임상가도 학습에 있어 자기 주도적인 경향이 있다(Riemer, Rosof-Williams, & Bickman, 2005). 정확한 피드백이 주어지면 원하는 결과와 현재 상태 사이의 불일치에 대한 인식이 생기면서 슈퍼바이지들이 그 격차를 줄이기 위해 노력하고 문제를 해결하려고 할 것이다. 사람들은 자신이 목표보다 낮은 수준임을 알게 되면 일반적으로 목표에 전념하고, 개선이 가능하다고 믿는다면 노력을 늘리거나 새로운 전략을 시도한다(Saptya et al., 2005).

강점 기반 목표 설정

대부분의 심리치료 모델은 내담자의 필요를 주의 깊게 듣고 개인에게 맞는 치료 계획을 개발하는 것부터 시작된다. 이는 이론적 지향에 따라 내담자와의 협력 정도가 다르며, 접근 방식에 따라 세부적인 사항의 정도가 달라진다. 마찬가지로 내담자가 개별화된 치료 계획을 갖고 있는 것처럼, 수련 중인 치료자들도 기술 개발을 촉진하기 위한 계획을 필요로 한다. 이상적으로는 이러한 서면 목표에 슈퍼비전의 목적(purpose), 목표(goals) 및 과제(objectives)가 포함되어야 하며, 구체적인 변화에 대한 일정(specify timelines)이 명시되어야 한다(Center for Substance Abuse Treatment, 2009). 각 슈퍼바이지에 대한 맞춤형 목표를 공동으로 생성하고 조정하는 것은 Snyder와 Lopez(20007)가 **긍정적 교육 접근법**(positive-schooling approach to education)이라고 언급한 개념을 반영한다. 이 접근에서는 "교사가 학생의 학습을 촉진할 수 있도록 각 학생에게 맞춤형 목표를 설정하여 학습을 유도하고, 그 목표를 달성하기 위한 계획과 동기를 개발하기 위해 학생들과 협력한다"고 설명한다(p. 384).

긍정적인 탐구

긍정적인 탐구는 슈퍼바이지의 목표를 협력적으로 생성하기 위해 강점 기반 슈퍼비전에 유용한 모델이다. 긍정적인 탐구(예: Cooperrider & Srivastva, 1987; Cooperrider & Whitney, 1999)는 조직의 변화를 촉진하는 모델로 등장했다. 긍정적인 탐구는 두 가지 원칙에 기반을 두고 있는데, 그것은 조직이나 개인에 이미 존재하는 강점을 인식하는 것, 그리고 긍정적인 점을 식별하고 조명하고 구축하는 방법으로써 질문을 의도적으로 사용하는 것이다. 긍정적인 탐구의 주요 철학과 기술들은 긍정심리학과 해결 중심(solution-focused) 치료의 융합으로 이해될 수 있다. Bloom, Hutson, 그리고 He(2008)는 전통적인 긍정적인 탐구 모델을 확장하여 기존의 4단계 긍정적인 탐구 모델의 시작과 끝부분에 각각 한 단계를 추가한 6단계 과정으로 확장하였다. 이 모델의 초기 단계에서는 포부와 가능성을 강조하며, 후반부 단계에서는 실용성과 구체성을 결합한다. 슈퍼비전의 필요와 과정을 보다 정확하게 반영하기 위해 약간 수정된 모델은 다음과 같다.

- 1단계 무장해제 단계(disarming stage): 안전하고 환영하는 환경을 조성한다. 이는 정신건강 전문 분야의 슈퍼바이저로 일하는 모든 사람이 갖춰야 하는 것으로, 임상 업무를 위해 배운 관계 구축 기술을 적용하여 신뢰할 수 있고 안전한 슈퍼비전 동맹을 구축해야 한다. 무장해제 단계에서 가능한 질문의 예는 다음과 같다.
  - "만나서 반가워요. 추천서를 보니 당신은 __________한 점(구체적이고 긍정적인 특성 2~3개를 언급한다)이 강점이라는 내용이 있더군요. 그러한 특성은 여기서 일하는 데 매우 도움이 될 것입니다."
  - "수련 기간 동안에 어떤 강점을 더욱 발전시키고 싶습니까?"
  - "대부분의 사람은 새로운 프로그램을 시작할 때 약간의 불안감을 경험하기도 합니다. 혹시 당신에게도 그런 게 있다면 어떤 점에서 그러한지 궁금합니다."
- 2단계 발견 단계(discovery stage): 슈퍼바이지의 선호, 열정, 강점을 이끌어 내기 위해 긍정적이고 개방형의 질문을 사용한다. 발견 단계에서 물어볼 수 있는 질문은 다음과 같다.
  - "당신이 지금의 모습이 되는 데 영향을 미친 세 가지 인생 사건을 설명해 주세요."
  - "프로그램을 시작하고 나서 당신이 성취한 것과 자랑스러운 것은 무엇입니까?"
  - "당신의 롤모델은 어떤 치료자입니까? 이유는 무엇입니까? 당신은 그 사람의 어떤 자질을 닮고 싶습니까?"(Habley & Bloom, 2007)

  발견 단계에서 슈퍼바이저는 슈퍼바이지가 가능성에 열려 있도록 독려하며 (내러티브 치료의 확장적 의도와 유사하게) 여러 가능성이 있다는 점을 전달한다. 이는 하나의 '정답'을 찾아야 한다는 압박감을 완화하는 데 도움이 된다. 그리고 더 깊은 자기 탐구를 장려한다.

- 3단계 꿈 단계(dream stage): 슈퍼바이저는 슈퍼바이지와 협력하여 학습 과정을 통해 슈퍼바이지가 무엇이 될 수 있을지에 대한 비전을 공식화한 다음에 목표 개발을 돕는다. 이 단계에서는 주로 포부와 이상에 더 중점을 두고, 다음 단계에서는 이상을 현실 가능하고 달성 가능하게 만들기 위한 구체적인 전략을 개발하는 데 중점을 둘 것이다. 꿈 단계는 발견 단계에서의 탐색을 기반으로 가능성의 이미지를 형성하며, 그 이미지가 구체적일수록 더욱 강력한 힘을 가진다는 이해를 전제로 한다. Bandura(1997)는 또한 주인의식의 중요성을 언급하면서 사람들이 스스로 목표를 선택할 때 그 목표를 달성하는 데 더 많이 관여할 가능성이 높다는 점을 관찰하였다. 꿈 단계에서 물어볼 수 있는 질문은 다음과 같다.
  - "당신의 임상 작업에 영감을 준 것은 무엇입니까?"
  - "지금까지 당신이 했던 치료 중 가장 잘했던 사례(만일 슈퍼바이지의 첫 번째 임상 경험인 경우, 최고의 도움 제공 경험)를 생각해 볼 때, 앞으로 계속해서 확장하고 싶은 것은 무엇입니까?"
  - "당신의 멘토나 조언자는 치료사로서 발전하는 당신에게 어떤 점을 바랍니까?"
- 4단계 설계 단계(design stage): 이 단계는 현실과 실용성을 충족하는 순간이다. 이전에 확인된 포부와 목표를 실행하기 위한 실제 단계들을 공식화한다. 설계 단계에서 슈퍼바이저는 구체적이고 점진적이며 달성 가능한 목표를 고안하기 위해 슈퍼바이지에게 질문하고 협력한다. 이 단계에서 물어볼 수 있는 질문은 다음과 같다.
  - "당신의 목표 중 적어도 하나에 한 단계 더 다가가기 위해 다음 주에 무엇을 할 수 있을까요?"
  - "당신이 취할 수 있는 작은 단계는 무엇입니까?"
  - "이러한 목표와 목적을 달성하기 위해 무엇을 해야 할지 브레인스토밍해 봅시다."
  - "목표를 향해 나아가기 위해 가장 먼저 취해야 할 단계는 무엇입니까?"

- 5단계 전달 단계(deliver stage): 이 단계는 일반적으로 긍정적인 탐구 문헌에서 '운명' 단계라고도 한다. 이 단계에서 슈퍼바이지는 계획을 이행한다. 슈퍼바이저는 슈퍼바이지가 때로 불규칙하게 학습할 때에도 이를 발전적 학습 과정의 일부로 보며 일관성과 지지를 제공하고, 슈퍼바이지가 목표를 지속적으로 업데이트하고 개선할 수 있도록 돕는다. 이 단계에서 물어볼 수 있는 질문은 다음과 같다.
  - "만일 장벽에 부딪히게 되면 무엇을 하시겠습니까?"
  - "이전에 직업이나 학업에서의 어려움을 어떻게 성공적으로 관리했습니까?"
  - "당신의 진전을 어떻게 파악할 수 있습니까?"
- 6단계 단계를 확정하지 말라(Don't settle stage): 슈퍼바이저는 슈퍼바이지가 내적인 기대 수준을 능동적으로 높이도록 도전한다. 성공을 인정하고 강조하라. 이는 새로운 도전을 시도할 수 있는 점진적으로 성장하는 기반이 된다. 이 단계에서 물어볼 수 있는 질문은 다음과 같다.
  - "지금까지 훌륭하게 잘 해냈는데, 더 잘 해낼 수 있는 한 가지가 있다면 무엇입니까?"
  - "만약 당신이 스스로에 대한 내적인 기대 수준을 높인다면 그것은 어떤 의미입니까?"
  - "만일 제가 당신에게 가능한 한 최고가 되어 보라고 도전한다면 무엇을 다르게 해야 합니까?"(Bloom et al., 2008)

피드백 제공

피드백 이론과 역사적 검토

피드백은 개인 또는 시스템이 목표 달성을 조정하는 데 사용하는 정보로 정의할 수 있는데, Ende(1983)는 피드백이 1940년대에 로켓 엔지니어에 의해 처음으로 의미 있는 방식으로 적용되었고 그 결과 다른 많은 분야에 적용되어 왔다고 말했다. 인공두뇌학(cybernetics)의 아버지인 Weiner(1950)는 이 개념을 인문학으로 확장하여 만일 수행에서 나온 정보가 되돌아와서 그 수행의 패턴을 변경할 수 있다면 학습이 일어날 수 있다고 설명했다. 피드백은 슈퍼바이지가 실제로 한 일과 그 행동의 결과에 대한 통찰을 제공할 때 발생한다. 의도한 결과와 실제 결과 사이의 불일치가 강조되면서 변화와 성장을 위한 원동력이 생긴다.

Kluger와 DeNisi(1996)는 피드백 이론에 대한 역사적 검토를 진행했고, 수행에 대한 지식이 학습과 동기를 증가시킨다는 일반적인 지혜를 언급했다. 그러나 연구 근거를 좀 더 주의 깊게 살펴보면 피드백 개입의 효과가 실제로는 상당히 다양하다는 것을 알 수 있다. 상황 및 피드백의 성격에 따라 피드백은 대부분의 경우에 수행을 향상시킨다. 그러나 때로는 피드백이 아무런 영향도 미치지 않으며, 사례의 약 1/3은 피드백이 실제로 수행을 방해하거나 저하시킨다. 따라서 피드백의 일반적인 원칙뿐만 아니라 예외 사항과 미묘한 차이점에 대해서도 모두 숙지하는 것이 중요하다.

피드백 개입 이론(Feedback Intervention Theory: FIT)은 기존의 피드백 이론을 요약하고, 피드백이 수행과 학습에 미치는 영향을 설명하는 데 도움이 된다(Kluger & DeNisi, 1996). FIT의 기본 가정은 다음과 같다.

- 행동은 목표 또는 기준과 피드백을 비교함으로써(그리고 둘 사이의 격차를 식별함으로써) 조절된다.
- 주의는 제한적이며, 주의를 받는 피드백-기준 간의 격차만이 행동 조절에 활발하게 영향을 미친다.
- 피드백 개입은 주의 영역을 변화시켜서 행동에 영향을 미친다.

개인이 성과와 목표 사이의 불일치를 감지하거나 인식하게 되면 불일치를 줄이려는 동기를 갖게 된다. 피드백은 주의를 바꾸게 만든다. 즉, 개인은 피드백을 받은 후에 다른 것에 대해 생각하게 될 것이다. 그러나 피드백으로 인해 주의가 자신에게로 향하게 되면 피드백이 수행을 향상시키기보다는 저하시킬 위험이 증가한다(Kluger & DeNisi, 1996, 1998). 특히 복잡한 과제에서 자신에게 주의를 집중시키게 하는 피드백은 과제 수행에 필요한 인지 자원을 소모시키고, 이러한 자원 중 일부를 자기 향상과 같은 자기 관련 목표로 향하게 한다. 약점과 강점을 강조하며 다양한 수행 차원에 초점을 맞춘 발전

지향적 피드백이 더 효과적인 것으로 보인다(Marsh & Roche, 1997).

피드백 개입은 결과에 대한 지식(Knowledge of Results: KR)과 수행에 대한 지식(Knowledge of Performance: KP) 두 가지의 광범위한 분류로 나눌 수 있다(Kluger & DeNisi, 1996). 자기 수행의 효과를 알지 못해도 결과를 아는 것은 가능하다. 예를 들어, 임상가는 내담자의 사회적 불안 증상이 감소되고 있다는 것은 알 수 있지만 어떤 측면의 치료적 접근 방식 또는 치료사로서의 개인적 자질이 이러한 결과에 기여했는지는 알 수 없다. 흥미롭게도 수행에 대한 지식은 일반적으로 이미 높은 수준에서 성과를 내고 있는 개인에게는 거의 영향을 미치지 않으며, 성과가 좋지 않을 경우에 실제로 동기를 감소시킬 수 있다. 피드백의 효과는 과제가 주관적으로 친숙하거나 객관적으로 단순할수록 더 커진다(Kluger & DeNisi, 1998). 역설적이게도 피드백이 가장 필요한 사람들은 일반적인 피드백 개입으로부터 가장 적은 이득을 얻는다.

Kluger와 DeNisi(1996)는 피드백 개입에 대한 메타분석을 요약했는데, 피드백이 심리적으로 안심하게 하는 역할을 하며, 사람들은 일반적으로 피드백을 받는 것을 좋아하고, 피드백이 자신의 수행에 영향을 미치지 않을 때에도 피드백을 찾으려고 한다고 언급했다. 그러나 특정 상황에서는 피드백이 수행에 아주 긍정적인 영향을 미칠 수 있지만, 피드백이 자신에 대한 주의를 이끌어 내고 과제에 대한 주의는 멀어지게 하는 잠재력이 있음을 고려할 때 슈퍼바이저는 이와 관련된 잠재적 위험을 최소화해야 한다고 경고한다. 피드백을 이전에 설정된 목표와 연관시키는 것이 도움이 되며, 이는 자기 자신이 아닌 당면한 과제에 집중하게 만드는 데 도움이 된다. 자기 효능감을 높이는 단서들은 과제에 주의를 집중시키고, 사람들이 더 많은 노력을 투자하게 만드는 경향이 있다. 자신보다는 과제와 상황에 인지적 주의가 집중될 때 수행이 향상된다. 이 원칙은 수행의 절정 또는 **몰입**(Czikszentimihalyi, 1990)을 경험하는 동안에 가장 잘 드러나는데, 이러한 경험들은 자신의 정서적 상태에 대한 의식이 사라지고 특정 활동에 완전히 관여해서 몰두하는 것이 특징이다. 반대로 자기 의심이나 자기 비난처럼 인지 에너지가 자기 자신에게 향하게 되면 최적의 수행에 필요한 억제와 집중을 방해하는 경향이 있다.

효과적인 피드백 제공하기

모든 피드백이 똑같이 효과적인 것은 아니며, 피드백의 질은 제공된 피드백의 시기, 성격, 적절성에 영향을 받는다. 여기에서는 효과적으로 피드백을 제공하는 모범 사례의 특징을 자세히 설명한다. 우리는 효과적으로 피드백을 제공하는 방법에 대한 제안으로 다양한 분야의 피드백을 검토하고 제시한다.

'피드백'과 '평가'라는 용어는 종종 같은 의미로 사용되지만 형태와 기능면에서 구별된다. 피드백은 정보를 제공하고, 판단이 아닌 관찰을 기반으로 하며(Ende, 1983), 학생이 목표 달성 과정을 계속 진행하도록 돕는다. 반면에 평가는 총체적이다. 이는 수행 이후에 나오며, 어떤 기준이나 동료의 성과와 비교했을 때 슈퍼바이지가 주어진 목표를 얼마나 잘 달성했는지, 또는 부족했는지에 대해 (슈퍼바이저가) 판단을 내린다. Jake Ende는 피드백이 명사와 동사로 표현되는 중립적인 것인 반면, 평가는 부사와 형용사가 포함된 규범적 진술이라고 했다. 예를 들어, "제가 보기에 당신은 지난 상담 회기에서 반영을 더 많이 하신 것처럼 보입니다"는 단순한 피드백인 반면, "이번 학기에 당신은 반영을 사용함으로써 많은 발전을 보였습니다"는 평가적 피드백이다. 그러나 그는 실제로는 수신자가 받는 피드백에 거의 항상 판단이 부여되는 것으로 인식됨을 인정하며, 긍정적인 피드백은 종종 '좋은' 것으로 평가되고 부정적인 피드백은 '나쁜' 것으로 평가된다고 말했다.

다음은 인사관리, 임상 성과 역동 및 교육 분야의 표준 관행을 기반으로 한 피드백 제공 지침이다(Ende, 1983).

- 슈퍼바이저와 슈퍼바이지는 공동의 목표를 가지고 협력해야 한다.
- 피드백은 시기적절하고 예상할 수 있어야 한다.
- 피드백은 직접적인 자료를 기반으로 해야 한다.
- 피드백의 양을 조절하고, 교정 가능한 행동으로 제한한다.
- 피드백은 설명적이고 비평가적인 언어로 표현한다.
- 피드백에서는 일반화가 아닌 구체적인 수행을 다룬다.
- 주관적인 자료는 주관적인 것으로 식별하여 제공한다.

- 피드백에서는 가정한 의도나 해석보다는 결정과 행동을 다룬다.

또한 Ende는 다음과 같이 제안했다.

- 피드백은 실제 사례를 활용하여 구체적인 내용을 다루어야 한다. 일반화는 피드백만으로 이루어지기에는 너무 광범위하다.
- 행동에 기반한 자료는 더 정확할 뿐 아니라 심리적 거리를 갖게 하는데, 이는 피드백이 부정적이거나 슈퍼바이지가 안전하지 않은 경우에 중요하다.
- 주관적 자료는 임상 기술에 대한 피드백에도 매우 적합하다. 왜냐하면 치료자는 종종 내담자의 주관적 인상에 따라 판단받기 때문이다. 그러나 주관적 자료는 주관적인 것으로 식별되어야 한다. 슈퍼바이지가 긴장되어 보인다고 말하는 것보다 비디오에서 슈퍼바이지의 손이 떨리는 것을 보았다고 말하는 것이 더 낫다.

Ende(1983)는 성격 특성이 관찰 가능하고 검토할 수 있는 행동으로 나타나지 않는 한 피드백의 주제가 되어서는 안 된다고 주장했다. 그러나 우리는 임상가의 성격이 치료 과정에 미칠 수 있는 강력한 영향을 고려할 때 성격 요인이 임상 슈퍼비전에서 피드백 및 탐구에 적합하다고 제안한다. 그러나 슈퍼바이지가 변경할 수 있는 범위 내에서 수정 가능한 행동으로만 피드백을 제한하도록 주의를 기울이는 것이 중요하다.

Kreiling(1980)은 변호사의 역량에 대한 임상 슈퍼비전을 논의하는 문헌을 검토하면서 슈퍼바이지가 피드백을 더 잘 수용할 수 있게 하는 요인들을 제시했다. 피드백이 유용하다고 간주하기 위해서는 슈퍼바이지가 달성하고자 하는 것과 관련된 것으로 인식해야 한다. 슈퍼바이저가 쉬운 답이 없는 학습 딜레마(임상 슈퍼비전에는 이러한 상황이 많이 있음)에 초점을 맞추면 피드백이 관련성이 있다고 슈퍼바이지에게 인식되도록 도울 수 있다. 피드백은 직접적으로 관찰할 수 있는 정보에 중점을 맞춰야 한다. 그는 "보다 구체적인 피드백은 행위자와 관찰자 모두가 동의할 수 있는 행동을 묘사하며, 행동이 변할 수 있도록 조치를 취할 수 있기 때문에 사기를 저하시키지 않는다"라고 했다(p. 299). 그러나 관찰 가능한 행동에 초점을 맞춘다고 해서 슈퍼바이저가 의견을 제시할 수 없다는 의미는 아니다. 임상가의 판단이 치료 과정에서 귀중한 도구인 것처럼 슈퍼바이저의 판단과 전문 지식도 여러 중요한 슈퍼비전 자산 중 하나로 활용해야 한다. 또한 그는 슈퍼바이저가 전달하려는 내용을 슈퍼바이지가 제대로 이해했는지 확인하는 것이 중요하다고 조언했다. 왜냐하면 피드백 제공자가 아무리 좋은 의도를 가지고 있더라도 피드백이 부적절하게 전달되거나 오해될 경우에는 부정적인 결과를 초래할 수 있기 때문이다. 슈퍼바이지에게 피드백에 대해 이해했는지 묻게 되면 오해를 바로잡을 수 있는 기회가 되고 관심과 염려의 메시지를 전달하는 효과도 있다.

피드백 제공 과정

슈퍼바이저는 종종 피드백이 의도하지 않은 결과를 초래할 수 있다는 점을 우려한다. 즉, 부정적인 피드백으로 인해 슈퍼바이지가 상처를 입어 슈퍼비전 관계에 긴장감이 생길 수 있기 때문에 비판적인 피드백은 득보다 실이 더 클 수 있다는 것이다. 이러한 우려와 오해는 종종 인사관리 분야에서 '피드백 사라지기'라고 부르는 결과를 야기한다. 좋은 의도를 가진 슈퍼바이저는 때로는 너무 간접적이고 모호하게 표현하여 실질적인 도움이 되지 않으며, 그로 인해 슈퍼비전이 도움이 되지 않는 경우가 있다(Ende, 1983). 그러나 피드백이 없으면 실수가 수정되지 않고 좋은 수행이 강화되지 않는다.

명확한 피드백이 부족할 경우에 의도치 않은 결과가 발생할 수 있는데, 예를 들어 슈퍼바이지가 슈퍼바이저의 평가를 이해하기 위해 외부 단서에 과도하게 의존하게 되면서 눈썹을 치켜올리는 것이 저조한 수행을 암시한다고 생각하거나 의미심장한 침묵이 불안을 유발하는 경우가 생길 수 있다. 슈퍼바이저가 어려운 피드백을 피하려는 것은 좋은 의도일 수는 있지만, 피드백은 "진정으로 슈퍼바이지 개인의 성장과 발전에 대한 관심 어린 태도를 전달"하기에 건설적인 비판도 종종 환영받는다(Ende, 1983, p. 779). 슈퍼바이저는 때때로 직접적이거나 건설적인 피드백을 제공하는 것을 꺼릴 때가 있지만, 슈퍼바이지는 협력적인 슈퍼비전 접근 방식을 진실하고 직접적인 피드백과 동일시하는 경향이 있으며, 그들이 받은 피드백보다 더 많은 피드백을 원하는 경우가 많다(Lietz & Rounds, 2009, pp. 129-130).

슈퍼바이저가 피드백을 제공하는 과정을 편안하고 쉽게 느끼게 하는 데 영향을 미치는 몇 가지 변수가 있는데, 여기에는 슈퍼바이지가 피드백을 받아들이는 정도와 피드백의 범위 및 주제가 포함된다. Hoffman, Hill, Holmes, 그리고 Freitas(2005)는 피드백 제공 과정에서 슈퍼바이저가 느끼는 경험을 연구하면서 쉬운 피드백, 어려운 피드백, 또는 피드백을 제공하지 않는 상황을 조사했다. 슈퍼바이저는 슈퍼비전 관계, 슈퍼바이지의 성격 또는 전문적 행동과 같은 주제에 대하여 피드백을 제공하는 것보다 임상적 문제(예: 임상 기술, 내담자의 복지)에 대한 피드백을 제공하는 것이 더 쉽다고 느꼈다. 또한 피드백이 분명히 필요하고 슈퍼비전 범주에 속하는 경우에 피드백을 제공하는 것이 더 용이했다(예: 피드백이 명확하고 상황에 맞는 경우, 또는 슈퍼바이저가 슈퍼바이지의 행동을 비디오로 관찰한 경우). 이러한 경우에 슈퍼바이저는 일반적으로 피드백을 직접적으로 제공하고 슈퍼바이지와 함께 충분히 논의했다. 슈퍼바이저가 슈퍼바이지의 임상 작업을 개선하거나 강화할 수 있다고 분명하게 느껴서 피드백을 제공한 경우, 비록 슈퍼바이지가 당시 피드백을 듣는 것을 좋아하지 않았더라도 슈퍼바이저는 대개 슈퍼바이지가 나중에 임상 작업에 피드백이 도움이 되었다고 말했다고 보고했다.

반면, 슈퍼바이저들은 임상 문제가 주관적일 때(예: 치료가 어떻게 '진행되어야 하는지'에 대한 의견 차이) 피드백을 제공하는 것이 더 어렵다고 느꼈다. 성격이나 전문성과 같은 비임상적 문제는 주관적으로 여길 가능성이 높아서 임상적 이슈보다 피드백을 제공하기가 더 어려웠다(Hoffman et al., 2005). 슈퍼바이지의 성격 특성에 대한 피드백을 제공하는 것도 어려운 것으로 간주되었는데, 이는 슈퍼바이저가 슈퍼바이지의 성격 특성에 관한 사항을 바꾸려고 노력할 권리나 책임이 자신에게 있는지 의문을 가지고 있기 때문이다. 피드백은 슈퍼비전 관계 및 슈퍼바이지의 개방성에 따라 슈퍼바이지에게 더 쉽게 전달되기도 한다. 슈퍼바이저-슈퍼바이지 관계의 강도는 피드백을 어떻게 받아들이고, 통합되고, 활용되는지에 중요한 역할을 하는 것으로 보였다. 또한 (1) 슈퍼바이저가 피드백을 제공할 수 있는 전문성을 가지고 있다는 믿음, (2) 피드백을 뒷받침하거나 설명하기 위해 비디오나 오디오 녹음을 사용, (3) 적절한 타이밍 등이 피드백 제공 과정을 수월하게 해 주었다.

동기강화상담의 개념을 피드백에 적용하기

이론적으로는 슈퍼바이지들이 자신의 실패한 개입과 잘못된 시도를 드러내고 검토

받기를 원하며, 학습 기회에 대한 감사함으로 넘쳐날 것이라는 생각이 매우 합리적이고 논리적으로 보인다. 그러나 본질적으로 예민함과 방어기제를 가진 인간으로서 피드백이 건설적이고 외교적으로 제시되더라도 이를 듣고 받아들이는 데 어려움을 겪는 경우가 종종 있다. Sobell, Manor, Sobell, 그리고 Dum(2008)은 좋은 슈퍼비전과 관련된 많은 요소(예: 공감, 존중, 정상화, 슈퍼바이지가 적극적인 역할을 하도록 격려)가 **동기강화상담**(Motivational Interviewing: MI; 예: Miller & Rollnick, 2002; Rollnick & Miller, 1995)에 내재되어 있음을 주목하여 슈퍼비전 중 피드백을 촉진하기 위한 동기부여 절차를 만들었다. 이들은 저항을 관리하기 위한 면담 양식으로 MI를 발전시킨 대표적인 이유가 슈퍼바이저의 '덜 바람직한' 특성들 때문이라고 주장했다.

MI는 내담자가 양가감정(변화하고 싶은 마음과 기존의 행동을 지속하길 원하는 것 모두; Rollnick & Miller, 1995)을 탐색하고 해결하도록 도움으로써 행동의 변화를 이끌어 내기 위한 내담자 중심의 상담 양식이다. 이는 개방성이나 수용 수준이 다양한 내담자와 민감한 문제를 논의하기 위해 개발된 치료 양식이며, 약물남용이나 금연과 같이 저항이 흔히 나타나는 문제에 자주 사용된다(예: Miller, 2004; Miller & Rollnick, 2002). MI의 주요 목표는 저항을 최소화하거나 줄이고, 목표 행동을 변화시키려는 동기를 높이는 것이다. 이러한 접근은 특히 자신감이 부족하거나 불확실성을 느끼기 쉬운 초보 슈퍼바이지들이 취약함과 불안을 느낄 수 있는 슈퍼비전 상황에 잘 적용될 수 있을 것으로 보인다.

MI의 원칙을 간단히 요약하면, 이는 협력, 존중, 그리고 내담자의 자율성을 인정하는 치료적 태도에 기반한 매우 내담자 중심적인 접근 방식이다. 변화는 단순히 지식을 통해 이루어지는 것이 아니라, 개인의 목표 및 가치와의 연관성을 조명함으로써 발생한다고 믿는다. 변화를 고려할 때 양가감정이 발생하는 것은 자연스러운 일이다. 변화 촉진자의 주요 과업과 원칙은, (1) 공감 표현하기, (2) 현재 행동과 중요한 목표 또는 가치 사이의 불일치 개발하기, (3) 저항과 함께 구르기, (4) 자기 효능감 및 낙관성 지지하기다.

MI 기반 슈퍼비전의 목표는 슈퍼바이저가 MI 기술을 사용하여 대립적이지 않고, 비판단적이며, 공감적인 방식으로 저항을 최소화하여 슈퍼바이지와 대화하도록 하는 것이다. 슈퍼바이저는 슈퍼바이지가 피드백 논의 과정에 완전한 협력자로 참여하도록 독려한다. 예를 들어, 슈퍼바이저는 이렇게 말할 수 있다. "녹음테이프에서 들은 내용에 대해 좀 더 이야기해 주세요. 다음에 비슷한 상황에서 어떻게 다르게 표현할 수 있을까요?" 이어서 MI의 일환인 개방형 질문을 사용할 수 있다(예: "다르게 할 수 있는 방법은 무엇이 있을까요?" 또는 "더 높은 수준에 도달하기 위해 슈퍼비전에서 무엇을 다루어야 할까요?"; Sobell et al., 2008, p. 152).

MI 관점에서 슈퍼바이저가 슈퍼바이지에게 무엇을 바꿔야 한다고 지시하는 것보다 변화의 가능성을 탐구하는 방식이 더 효과적일 수 있다. MI는 슈퍼바이지에게 위협적이지 않고 비판단적인 방식으로 개인에게 맞는 피드백을 제공함으로써 변화에 대한 동기를 높이는 데 사용될 수 있다. 예를 들어, "당신은 내담자가 말한 것을 반영하려고 노력한 것 같아요. 이는 당신이 처음 내담자를 만났을 때와는 매우 다르네요. 어떻게 그렇게 할 수 있었나요?" 또는 "회기 중에 몇 가지 질문을 연속적으로 했다고 말씀하셨는데요, 연속적으로 여러 질문을 할 때 내담자의 반응이 어떠했는지 알고 계신가요?"와 같이 피드백을 줄 수 있다(Sobell et al., 2008, p. 152).

다음의 Tonya의 사례를 통해 MI에 대한 보다 상세한 설명과 슈퍼비전에 적용하는 방법을 확인할 수 있다. Tonya는 실습 1년차 학생으로, 회기 중에 말을 너무 많이 해서 회기의 흐름을 방해하고 때로는 내담자가 자신을 충분히 표현하기 어렵게 만드는 경향이 있다. Tonya는 자신이 CBT와 내담자 중심 이론의 조합을 지향한다고 설명하면서 내담자의 이야기를 중요하게 여기면서도 자신의 통찰력 있는 관찰과 실용적인 제안을 공유하고자 하는 욕구 사이에서 갈등을 겪고 있다. 또한 그녀는 자신의 불안이 과도하게 말하는 데 영향을 미칠 수 있다는 사실을 깨닫기 시작했지만, 이를 인정하는 것을 불편하게 느낀다. 다음은 유용하게 사용할 수 있는 MI 기반 질문의 예시다.

- **반영적 경청**: 슈퍼바이지의 말을 듣고 주요 요점을 반영하는 것으로, 일반적으로 가장 의미 있거나 중요한 감정이 담긴 내용에 초점을 맞춘다.
  - "내담자가 당신의 제안을 받아들이지 않는 것 같아서 답답함을 느끼시는 것 같아요."
  - "이 내담자와 어떤 방향으로 나아가야 할지 혼란스러워 하시는 것 같아요."
  - "열심히 경청하고 싶으면서도 잊어버리기 전에 당신의 통찰을 공유하고 싶어서 어려움을 느끼시는 것 같아요."

- 불일치 개발: 의도와 결과 간의 불일치를 알아차리도록 돕는 질문을 한다.
  - "이 내담자와의 작업에 대해 어떻게 느끼시는지 말해 주세요."
  - "침묵을 활용하는 것에 대해 어떻게 생각하시나요?"
  - "내담자가 자세한 내용을 말하지 않는 경향에 대해서 어떻게 생각하시나요?"
- 변화 대화 유도: 슈퍼바이지가 긍정적인 변화를 시작하기 위하여 실제 단계에 대해 생각하도록 돕는 질문을 한다.
  - "내담자가 충분히 표현할 수 있게 더 많은 기회를 제공하기로 했다면 어떻게 해 볼 수 있을까요?"
  - "내담자에게 더 많이 반영해 주는 식으로 접근하면 어떤 점이 좋을까요?"
  - "다음 회기에 당신이 말을 좀 덜 하고 싶은 이유가 무엇인가요?"
  - "내담자에게 당신이 말을 보다 선택적으로 하게 되면 좋은 점은 무엇이고, 단점은 무엇인가요?"
- 변화 대화에 반응하기: 슈퍼바이지의 변화 대화에 반응하면서 예시나 설명을 요청하거나 긍정적인 피드백을 제공하는 것이다.
  - "또 다른 게 있을까요?"
  - "그에 대한 다른 이유가 있나요?"
  - "그 점에 대해서는 맞는 말씀인 것 같아요."
  - "가장 최근에 이와 비슷한 시도를 했던 때가 언제였나요?"
  - "당신은 내담자가 어려움을 겪는 것을 보는 게 힘들기 때문에 조언을 줄이는 게 어렵지만, 때로는 내담자가 무시당한다고 느낄까 봐 걱정하고 계시네요."
- 저항과 함께 구르기: 슈퍼바이지의 양가감정을 비판단적으로 인정하는 것이다.
  - 반영(reflection): 양가감정을 있는 그대로 인정하며 되돌려주는 것이다.
  - 확대 반영(amplified reflection): 약간 과장되게 표현한다. "당신이 관찰을 잠시 보류한다면 내담자가 일주일 동안 끔찍한 결정을 내릴 것 같군요."
  - 양면 반영(double-sided reflection): "한편으로는 내담자 중심 접근을 가치 있다고 생각하지만, 다른 한편으로는 내담자가 스스로 좋은 결정을 내릴 거라고 신뢰하는 게 어려운 것 같아요."

- **자신감 강화:** 자기 효능감을 높이기 위해 실제 성공 경험과 강점을 강조하는 데 중점을 둔 질문이다.
  - "다음 주에 이것을 할 수 있다는 자신감을 주는 것은 무엇인가요?"
  - "이 변화를 성공적으로 수행할 수 있게 도와줄 당신의 강점은 무엇인가요?"

피드백에서 긍정 정서의 역할

긍정 정서는 우리의 주의(attention)의 범위를 넓히고 창의성을 높이는 데 중요한 영향을 미치며(예: Fredrickson, 2001), 긍정 정서의 점화는 인지적 유연성, 속도, 정확성을 높이는 것으로 밝혀졌다. 실제로 작은 사탕 선물로 긍정 정서를 느끼게 된 내과의사는 보다 유연한 사고를 보였고, 보다 정확하고 빠르게 진단을 내렸다(Isen, Rosenzweig, & Young, 1991). 여기서 얻을 수 있는 교훈은 다음에 의사에게 가기 전에 사탕 가게에 들러야 한다는 것이다.

긍정 정서를 이끌어 내는 것은 인지 처리, 문제해결, 학습에 유용한 것으로 밝혀졌다. 하지만 그것이 얼마나 긍정적일까? 문제가 될 여지는 없을까? 다행스럽게도 이 질문을 다루는 연구가 진행된 바 있다. 즉, 긍정적인 피드백과 부정적인 또는 비판적인 피드백의 최적의 비율을 조사한 것이다. Losada(1991)는 비지니스팀을 연구한 결과, 팀 수행에 긍정 정서가 주요 역할을 한다는 것을 발견했다. 순간순간의 임상 성과 상호작용을 관찰한 결과, 성과가 높은 팀은 행동의 범위가 훨씬 더 넓었고 토론이 더 유연하고 자유롭게 이루어졌다. 이 팀들의 상호작용에는 긍정적인 언급이 더 많았지만, 강한 비판과 도전도 포함되어 있었다. 성공과 강점에 대한 충분한 초점화가 건설적인 피드백을 수용할 수 있게 만든 것으로 보인다. 그러나 2천년 전에 Aristotle가 조언했듯이 균형이 중요하다. 너무 과한 **긍정성**은 업무나 성과에 좋지 않다. 많은 양의 지지와 인정(예: 최대 3:1의 비율)이 주어진 임상 성과에서는 부정적인 피드백이 발생할 경우에 근로자는 비판을 받은 후에 빠르게 회복되었다(Losada & Heaphy, 2004). 실제로 문제나 도전들을 강조하는 것이 성과를 촉진하고 더 명확하고 효과적으로 사고하도록 영감을 줄 수 있다. 그러나 긍정과 부정 비율이 3:1 미만인 임상 성과에서는 탄력성이 저하되고, 행동의 범위가 좁아졌으며, 특히 부정적인 언급 이후에 사람들이 창의성과 진실성을 잃어버리는 것으로 나타났다.

이는 긍정심리학이나 강점 기반 패러다임의 목표가 항상 긍정적인 상태를 유지하는 것이라는 잘못된 가정을 반박하는 것처럼 보인다. 피드백이 지지적이면서 허용적이기만 하고 진실성이나 개선이 필요한 영역에 초점을 맞추지 않는다면 부정적인 피드백이 너무 많이 주어질 때와 마찬가지로 행동의 범위를 제한하게 된다. Fredrickson과 Losada(2005)에 따르면, 긍정적인 의견과 부정적인 의견의 비율이 약 12:1을 초과하는 경우에 행동이 경직되고 반응성이 떨어지게 된다. 치료에서 유연성이 필요한 것처럼(Lopez, Snyder, & Rasmussen, 2003), 슈퍼비전에서 효과적인 피드백의 목표는 필요에 따라 강점과 약점 사이에서 주의를 전환하는 것이다. 정신건강과 마찬가지로 좋은 슈퍼비전의 핵심은 유연성이다.

피드백 학습

일반적으로 정신건강 전문가는 경험이 있으면 더 나은 치료자가 된다고 가정한다. 이 가정은 직관적으로 그럴 듯하다. 많은 슈퍼바이저는 슈퍼바이지의 구직 추천서를 작성할 때 자신의 슈퍼바이지가 완벽하지는 않지만 그가 가진 잠재력이 감소하지는 않을 것이라는 점을 암시하는 표현으로, "(이 사람은) 지속적인 경험을 통해 성장할 것입니다"라는 문구를 사용한다. 그러나 이 가정은 사실인가? 경험이 정말 우리를 더 나은 치료자로 만드는가? Bickman(1999)은 이 질문을 주의 깊게 조사하여 몇 가지 충격적인 결론을 도출했다. 그는 임상가의 경험이 내담자 성과(client outcome)에 영향을 미치는지에 대한 연구가 혼재되어 있다고 지적했다. 일부 연구에서는 경험이 내담자 성과에 거의 영향을 미치지 않는 것으로 나타났다(예: Luborsky et al., 1980; Smith & Glass, 1977; Stein & Lambert, 1984; Strupp & Hadley, 1979). 반면에 또 다른 분석에서는 치료자의 경험 수준이 치료 성과에 긍정적인 영향을 미친다고 보고하기도 했다(예: Dush, Hirt, & Schroeder, 1989; Stein & Lambert, 1995).

Bickman(1999)은 임상가의 경험과 내담자 성과 사이에 일관된 관계가 없는 이유는 여러 변수가 경험으로부터 배우기 어렵게 만들기 때문이라고 제안했다. 그는 '피드백 학습'(Sperry, Brill, Howard, & Grissom, 1996)이라는 용어를 차용하여 치료의 성공과 실패에 대한 피드백을 받는 것이 학습에 매우 중요하다고 주장했다. 이론적으로는 단순하지만 상담 기술에서 피드백 학습을 구현하는 것은 복잡하고 달성하기가 어렵다. 피드백 순환이 작동하려면 몇 가지 조건이 충족되어야 한다(Bickman, 1999, pp. 969-970).

- **치료 성과를 파악하기**: 경험을 통해 배우기 위해서는 임상가는 치료 성과를 알아야 하지만, 임상가들은 치료 중이나 치료 후에 내담자의 성과에 대한 체계적인 정보를 받는 경우가 드물다.
- **빠르고, 지속적이며, 정확한 피드백 받기**: 아이를 키우거나 반려동물을 키워 본 경험이 있는 사람들은 이를 잘 알고 있을 것이다. 그러나 내담자로부터 얻는 피드백은 종종 비공식적이고, 비체계적인 경우가 많아서 이를 기반으로 더 나은 실무자가 되기는 어렵다.
- **회기에서 사용된 과정과 전략을 인식하기**: 안타깝게도 임상가들은 회기에서 자신의 행동을 정확하게 기억하는 데 큰 어려움을 겪는다.
- **과정과 결과 간의 관계 알기**: 임상가들이 자신의 행동과 내담자의 성과에 대해 거의 알지 못하기 때문에 과정과 결과 간의 관계를 파악하는 것은 매우 어렵다.
- **특정한 요건에 맞춰 치료 조정하기**: 일반적인 지식을 특정한 내담자 및 특정한 임상 상황에 맞추어 적용한다.

끊임없이 변화하는 내담자의 진행 상황과 변화 과정에서 치료자의 역할에 대해 인식하는 것은 학습이 일어나기 위해 필수적이다. 슈퍼바이저는 회기에서 사용된 과정에 대한 인식을 높이는 데 시간을 투자하고 관심을 기울어야 한다. 심리치료의 일반적인 진리는 **세부적인 것이 중요하다**는 것이다. 이는 슈퍼비전에도 동일하게 적용된다. 효과적인 슈퍼바이저는 구체적인 과정과 전략에 집중하게 하고(비디오 녹화 사용이 유용할 수 있음), 과정과 결과 사이의 모호한 관계를 명료화하는 데 도움을 줄 수 있어야 한다. 다음 절에서는 적절한 피드백의 필요성과 유용한 기준을 참조할 수 있는 능력에 대해서 설명한다. 그리고 피드백과 평가를 위한 기준 및 측정 도구를 살펴볼 것이다.

평가 기준 및 측정 도구 선정

내담자 성과 측정

이 장에서는 피드백이 경험을 통한 학습의 기초임을 강조했다. 즉, 슈퍼바이지는 내담자 성과를 알 필요가 있다. 양궁 학습의 예(Saptya et al., 2005)를 다시 보면, 슈퍼바이지에게 무엇이 옳고 그른지에 대한 교정적인 피드백을 제공하는 것은 자기 관찰만으로는 얻을 수 없는 정보를 추가로 제공한다. 슈퍼바이저의 피드백은 슈퍼바이지 행동의 결과에 대한 정보와 결합되어야 하며, 이러한 행동이 '목표에 부합하는지'를 판단할 수 있는 객관적인 측정이 포함되어야 한다. 학습이 이루어지기 위해서는 슈퍼바이지와 슈퍼바이저 모두 화살이 어디에 꽂혔는지를 알아야 한다. 목표를 볼 수 없으면 학습이 심각하게 저해된다. 내담자 성과 자료는 치료를 정보화하고 내담자와 진행 상황을 논의하는 데 사용할 수 있으며, 슈퍼비전에도 유용하다(Lambert & Hawkins, 2001). 결과 자료를 추적하면 슈퍼바이지와 슈퍼바이저 모두에게 치료 진행 상황에 대한 객관적인 정보를 제공할 수 있으며, 이러한 추가 정보는 수련을 촉진할 수 있다.

슈퍼비전에 대한 진정한 검증은 (슈퍼비전이) 내담자 성과에 미치는 영향을 통해 이루어진다(Reese et al., 2009). 그러나 실제로 치료자들은 내담자 성과에 대한 제한된 지식과 객관적인 척도를 통한 치료 반응에 대한 정보가 부족한 상태에서 수련과 슈퍼비전을 받는 경우가 많다. 예상할 수 있듯이, 임상가들은 정확한 판단을 내릴 수 있는 능력이 제한적이다. 그러나 대부분의 전문가는 피드백 없이 작업하더라도 일반적으로 자신의 임상적 결정에 대해 매우 자신감을 가지는 경향이 있으며(Garb, 1989), 이는 경험으로부터 학습하려는 개방성과 내담자 돌봄 모두에서 잠재적으로 문제가 될 수 있다. 이는 **평균 이상의 효과**(above average effect), 즉 사람들이 특히 운전이나 리더십 자질과 같은 보다 모호한 능력에 대해서 자신을 또래보다 평균 이상으로 평가하는 경향을 반영하는 것으로 보인다(Dunning, Meyerowitz, & Holzberg, 1989). 체계적인 피드백을 받지 못한 임상가는 자신의 결정과 행동이 미치는 영향에 대해 거의 배우지 못할 수 있으며, 치료 접근 방식에 변화가 필요함에도 변화가 필요하지 않다고 가정하거나, 반대로 변화가 필요하지 않은데도 치료 전략의 변화를 고려할 수 있다(Lambert, Hansen, & Finch, 2001).

내담자 성과 자료는 슈퍼바이지와 슈퍼바이저 모두에게 빠른 **계기판 지표**로 활용될 수 있으며, 슈퍼비전 중에 더 많은 주의가 필요한 내담자를 식별하는 데 도움을 줄 수 있다 (Reese et al., 2009).

내담자 성과 피드백을 받는 것은 치료가 잘 되지 않는 내담자를 다루는 좋은 임상 개입에 특히 중요한 것으로 보인다. Saptya 등(2005)은 지역사회 환경에서 내담자의 건강 상태에 대한 피드백이 건강 전문가에게 미치는 효과를 평가한 30개의 무작위 임상 시험에 대한 메타분석을 수행했다. 내담자 피드백을 받은 임상가는 피드백을 받지 않은 통제 임상 성과에 비해 더 나은 수행을 보였다. 그러나 결과를 보다 더 면밀히 분석한 결과, 치료 진전이 잘 이루어지지 않은 내담자를 나타내는 **표시된 내담자**에 대한 피드백 개입이 **표시되지 않은 내담자**에 대한 피드백보다 훨씬 더 효과적인 것으로 나타났다. 피드백은 경험으로부터 배움을 얻는 장기적인 이점뿐만 아니라 추가적인 주의가 필요한 문제 사례를 파악할 수 있다는 단기적인 이점을 제공한다.

다양한 내담자 성과 측정 도구가 존재하지만 일반적으로 사용되는 세 가지 측정 도구는 다음과 같다.

- **성과 설문**(The Outcome Questionnaire 45: OQ45; Lambert et al., 1996): 45개 문항으로 이루어진 척도이며, 각 회기 전에 내담자가 작성한다. 치료자에게 내담자의 진전에 대한 정보를 제공한다.
- **회기 평가 척도**(Session Rating Scale: SRS; Duncan et al., 2003): 4개 문항으로 이루어진 척도이며, 치료 관계, 목표, 치료에서 다루는 주제들, 치료에서 사용된 접근, 전반적인 회기 평가를 평정한다.
- **성과 평가 척도**(The Outcome Rating Scale: ORS; Miller, Duncan, Brown, Sparks, & Claud, 2003): 4개 문항으로 이루어진 척도이며, 치료에서 내담자의 진전을 평가하도록 고안되었다.

내담자로부터 각 회기마다 SRS와 ORS가 결합된 설문지를 1년 동안 사용하여 지속적인 피드백을 얻은 슈퍼바이지는 치료 기간 동안 피드백을 받지 못한 자에 비해 약 2배 더 효과적인 것으로 나타났다. 지속적인 피드백을 받은 치료자 임상 성과는 내담자의

28%가 유의한 개선을 보였고, 그에 반해 피드백이 없는 조건에서는 15%만이 개선을 보였다(Reese et al., 2009). 흥미롭게도 SRS와 ORS를 사용한 슈퍼바이지는 더 나은 내담자 성과를 보였지만, 슈퍼비전 작업 동맹, 슈퍼비전에 대한 만족도 수준이 더 높지는 않았다. 그러나 피드백을 받은 치료자들은 자신이 내담자와 어떻게 작업하고 있는지 모니터할 수 있다는 점에 만족감을 표했다. 그들은 내담자 피드백이 새로운 내담자나 '어려운' 내담자와 함께 시작할 수 있는 더 나은 구조를 제공해 주었다고 느꼈다. 슈퍼바이저들은 일반적으로 내담자 피드백이 덜 유용하다고 느끼지만, 내담자 피드백이 도전적인 피드백을 제공하는 데 도움이 되고, 슈퍼비전에서 더 많이 주의를 기울어야 하는 내담자를 식별하는 데 유용하다는 점에 동의했다.

공식적인 결과 측정치를 수련의 일부로 사용하는 것이 객관적인 내담자의 성과 자료를 얻는 데 확실히 이상적이지만, 치료자의 지향점과 접근 방식, 상담 환경에 따라 그러한 공식적된 절차가 모든 상황에서 바람직하지 않을 수 있다. 그러나 우리는 최소한 슈퍼바이지가 각 회기가 끝날 때 내담자에게 다음 사항에 대해 확인할 것을 강력히 권한다.

- 오늘 회기를 어떻게 느꼈는가?
- 오늘 회기 중에 다루고 싶었던 고민들을 충분히 다루었는가?
- 오늘 회기에서 치료 관계에 대해 어떻게 느꼈는가?
- 이전 회기와 비교해서 증상을 어떻게 느꼈는가?

슈퍼비전 과정에 대한 평가

치료자가 치료 과정이 어떻게 진행되고 있는지에 대한 '계기판 지표'로서 피드백이 필요하듯이, 슈퍼바이저 역시 슈퍼비전 과정에 대한 피드백으로부터 이득을 얻을 수 있다. 여러 가지 구조화된 측정 도구가 존재한다. 경험적으로 검증된 세 가지 척도는 다음과 같다.

- **슈퍼비전 결과 설문지**(Supervision Outcomes Survey: SOS; Worthen & Isakson, 2003): 슈퍼비전 과정에 대한 슈퍼바이지의 만족도를 평가하기 위해 고안된 설문지로, 20개 문항으로 구성되어 있다.
- **슈퍼비전 작업 동맹 질문지-슈퍼바이지용**(Supervisory Working Alliance Inventory-supervisee version: SWAI-T; Efstation, Patton, & Kardash, 1990): 슈퍼비전 관계에 대한 슈퍼바이지의 인식을 측정하기 위해 고안된 19개 문항의 설문지다.
- **상담 자가 측정 질문지**(Counseling Self-Estimate Inventory: COSE; Larson et al., 1992): 5개 상담 영역에서 상담자의 자기 효능감을 측정하기 위해 고안된 37개 문항의 측정 도구이다. 5개 상담 영역은, (1) 미시적 기술(micro skills), (2) 상담 과정, (3) 어려운 내담자의 행동 다루기, (4) 문화적 역량, (5) 자신의 가치에 대한 인식이다.

결론

좋은 평가의 핵심 원칙은 진단 평가가 단일한 자료를 기반으로 이루어져서는 안 된다는 것이다. 교사가 보고한 교실에서의 행동이나 아동의 자가 보고 점수만으로 아동의 ADHD 진단을 내리는 것은 누구나 원치 않을 것이다. 정보의 종류와 출처가 많을수록 진단에 더 확신을 가질 수 있다. 다양한 방법을 통해 더 나은 정보를 얻을 수 있다. 슈퍼비전에도 동일한 원칙이 적용된다. 좋은 피드백과 평가는 가능한 한 많은 자료 원천을 기반으로 해야 한다. 예를 들어, 비디오 녹화 시청을 통해 임상 기술에 대한 지식을 얻고, 상호 합의된 치료 목표에 대한 진전을 평가하며, 중요한 사건들을 검토하여 개념적 사고와 의사결정 능력을 탐색하고, 내담자 만족도 조사나 내담자의 출석률 및 취소율과 같은 자료들을 활용할 수 있다. 피드백은 슈퍼비전 및 임상 학습 과정을 안내하는 데 도움이 될 뿐만 아니라, 내담자 성과에 대한 정보를 제공하는 피드백 자체가 근거 기반 실천의 한 형태가 된다. 더욱이 임상 환경을 과학 실험실로 간주하는 지역 임상 과학자 모델(local clinical scientist model; Stricker & Trierweiler, 1995)의 관점에서 볼 때 내담자와 슈퍼바이저로부터의 피드백은 과학과 실무 사이의 도전적인 간극을 해소하는 데 도움을 준다.

Bernard와 Goodyear(2004)는 수련 프로그램의 수만큼 평가 도구도 많을 수 있다고 제안했다. 많은 기관이 자체적인 평가 도구를 개발했으며, 종종 요약 평가를 위해 Likert 척도를 사용한다. 이러한 자체 평가 도구를 개발하고 사용할 때 평가 도구가 명확한 로드맵을 제공하도록 하는 것이 좋다. 우리는 명확한 경로가 있을 때에만 앞으로 나아가는 경향이 있기 때문이다(Bernard & Goodyear, 2004). 예를 들어, Likert 척도 항목에서 3과 4의 차이, 6과 7의 차이를 슈퍼바이지에게 설명할 수 있는가? 그렇지 않다면 그 측정 도구는 아무런 가치를 가지지 않으며, 오히려 슈퍼바이지의 사기를 저하시키고 슈퍼비전 관계를 해칠 수 있다. 또한 이러한 정보들을 슈퍼바이지에게 평가 기간의 시작 시점에 공유하여 목표로 설정할 수 있는가? 아무리 의도가 좋은 측정 도구라도 명확하고 구체적인 용어로 조직화되지 않거나 예시와 연결할 수 없다면 주관적인 것으로 인식될 수 있으며, 지침과 방향을 제공하는 데 거의 가치가 없다. 효과적인 평가는 단순히 슈퍼바이지의 현재 위치를 확인하는 것뿐만 아니라, 다음 단계로 나아가기 위한 명확한 예시와 로드맵을 제공해야 한다.

생각할 거리

- 슈퍼바이지가 지나친 자의식에서 벗어나서 학습과 도전적인 성장에 더욱 충분히 몰입하도록 돕기 위해 나는 무엇을 하고 있나요?
- 슈퍼바이지를 위해 나는 어떤 롤모델을 보여 주고 있나요?
- 내가 받았던 최고의 피드백이나 평가를 떠올려 보세요. 무엇이 그러한 경험을 특별하게 만들었나요? 그 요소들을 내가 제공하는 피드백과 평가에 어떻게 반영시킬 수 있을까요?
- 슈퍼비전 시간을 할당할 때 슈퍼비전 목표를 대략적으로 반영하나요? 만약 그렇지 않다면 어떤 변화를 주는 것이 도움이 될까요?
- 이번 주에 슈퍼바이지가 꼭 기억했으면 하는 핵심 피드백은 무엇인가요? 어떻게 하면 가장 효과적으로 그 메시지를 전달할 수 있을까요? 슈퍼바이지가 이를 충분히 수용할 수 있도록 하기 위해 어떤 방식을 사용할 수 있을까요?(예: 역할극)

- 도움이 될 만한 피드백이 있지만 전달하기에는 주저하게 되는 것이 있나요? 이를 보다 편안하게 전달하려면 어떻게 해야 할까요? 슈퍼바이지를 위해서, 그리고 슈퍼바이저인 나 자신을 위해서 어떤 방법이 있을까요?

읽을거리

책

Bandura, A. (1997). *Self-efficacy: The exercise of control*. New York, NY: Freeman.

Dweck, C. S. (2006). *Mindset: The new psychology of success*. New York, NY: Random House.

Heath, C., & Heath, D. (2010). *Switch: How to change things when change is hard*. New York, NY: Broadway Books.

Orem, S. L., Binkert, J., & Clancy, A. L. (2007). *Appreciative coaching*. San Francisco, CA: Jossey-Bass.

논문

Bickman, L. (1999). Practice makes perfect and other myths about mental health services. *American Psychologist, 54*, 965-978.

Ende, J. (1983). Feedback in clinical medical education. *Journal of the American Medical Association, 250*(6), 777-781.

Fredrikson, B. L., & Losada, M. (2005). Positive affect and the complex dynamics of human flourishing. *American Psychologist, 60*, 678-686.

Kluger, A. N., & DeNisi, A. (1996). The effects of feedback interventions on performance: A historical review, a meta-analysis, and a preliminary feedback intervention theory. *Psychological Bulletin, 119*, 254-284.

Locke, E. A., & Latham, G. P. (2002). Building a practically useful theory of goal setting and task motivation. *American Psychologist, 57*, 705-717.

Saptya, J., Riemer, M., & Bickman, L. (2005). Feedback to clinicians: Theory, research, and practice. *Journal of Clinical Psychology, 61*(2), 145-153.

참고문헌

Bandura, A. (1997). *Self-efficacy: The exercise of control*. New York, NY: Freeman.

Bernard, J. M., & Goodyear, R. K. (2004). *Fundamentals of clinical supervision* (3rd ed.). Boston, MA: Allyn and Bacon.

Bickman, L. (1999). Practice makes perfect and other myths about mental health services. *American Psychologist, 54*, 965–978.

Blanchard, K., & Johnson, S. (1983). *The one-minute manager*. New York, NY: Berkley Books.

Bloom, J. L., Hutson, B. L., & He, Y. (2008). *The appreciative advising revolution*. Champaign, IL: Stipes Publishing.

Center for Substance Abuse Treatment. (2009). *Clinical supervision and professional development of the substance abuse counselor*. Treatment Improvement Protocol (TIP) Series 52. Rockville, MD: Substance Abuse and Mental Health Services Administration.

Cooperrider, D. L., & Srivastva, S. (1987). Appreciative inquiry in organizational change. In R. W. Woodman & E. Pasmore (Eds.), *Research in organizational change and development: An annual series featuring advances in theory* (pp. 129–169). San Francisco, CA: Berrett-Koehler.

Cooperrider, D. L., & Whitney, D. (1999). Appreciative inquiry: A positive revolution in change. In P. Holman & T. Devane (Eds.), *The change handbook: Group for shaping the future* (pp. 245–261). San Francisco, CA: Berrett-Koehler.

Cormier, L. S., & Bernard, J. M. (1982). Ethical and legal responsibilities of clinical supervisors. *The Personnel and Guidance Journal, 60*, 486–491.

Czikszentimihalyi, M. (1990). *Flow*. New York, NY: Harper & Row.

Duncan, B. L., Miller, S. D., Sparks, J. A., Claud, D. A., Reynolds, L. R., Brown, J., et al. (2003). The session-rating scale: Preliminary psychometric properties of a "working" alliance measure. *Journal of Brief Therapy, 3*, 3–12.

Duncan, B. L., Miller, S. D., Wampold, B. E., & Hubble, M. A. (2009). *The heart and soul of change: Delivering what works in therapy* (2nd ed.). Washington, DC: American Psychological Association.

Dunning, D., Meyerowitz, J. A., & Holzberg, A. D. (1989). Ambiguity and self-evaluation: The role of idiosyncratic trait definitions in self-serving assessments of ability. *Journal of Personality and Social Psychology, 57*, 1082–1090.

Dush, D. M., Hirt, M. L., & Schroeder, H. E. (1989). Self-statement modification in the treatment of child behavior disorders: A meta-analysis. *Psychological Bulletin, 106*, 97–106.

Ende, J. (1983). Feedback in clinical medical education. *Journal of the American Medical Association, 250*(6), 777-781.

Efstation, J. F., Patton, M. J., & Kardash, C. M. (1990). Measuring the working alliance in counselor supervision. *Journal of Counseling Psychology, 37*, 322-329.

Fredrickson, B. (2001). The role of positive emotions in positive psychology: The broaden-and-build theory of positive emotions. *American Psychologist, 56*, 218-226.

Fredrickson, B. L., & Losada, M. (2005). Positive affect and the complex dynamics of human flourishing. *American Psychologist, 60*, 678-686.

Garb, H. N. (1989). Clinical judgment, clinical training, and professional experience. *Psychological Bulletin, 105*, 387-396.

Habley, W. R., & Bloom, J. L. (2007). Giving advice that makes a difference. In G. L. Kramer (Ed.), *Fostering success in the campus community* (pp. 171-192). San Francisco, CA: Jossey-Bass.

Heath, C., & Heath, D. (2010). *Switch*. New York, NY: Broadway Books.

Hoffman, M. A., Hill, C. E., Holmes, S. E., & Freitas, G. F. (2005). Supervisor perspective on the process and outcome of giving easy, difficult, or no feedback to supervisees. *Journal of Counseling Psychology, 52*, 3-13.

Isen, A. M., Rosenzweig, A. S., & Young, M. J. (1991). The influence of positive affect on clinical problem solving. *Medical Decision Making, 11*, 221-227.

Kluger, A. N., & DeNisi, A. (1996). The effects of feedback interventions on performance: A historical review, a meta-analysis, and a preliminary feedback intervention theory. *Psychological Bulletin, 119*, 254-284.

Kluger, A. N., & DeNisi, A. (1998). Feedback interventions: Toward the understanding of a double-edged sword. *Current Directions in Psychological Science, 7*, 67-72.

Kreiling, K. R. (1980). Clinical education and lawyer competency: The process of learning to learn from experience through properly structured clinical supervision. *Maryland Law Review, 40*, 284-337.

Lambert, M. J., Burlingame, G. M., Umphress, V. J., Hansen, N. B., Vermeersch, D., Clouse, G., et al. (1996). The reliability and validity of the outcome questionnaire. *Clinical Psychology & Psychotherapy, 3*, 106-116.

Lambert, M. J., Hansen, N. B., & Finch, A. E. (2001). Patient focused research: Using patient outcome data to enhance treatment effects. *Journal of Consulting and Clinical Psychology, 69*, 159-172.

Lambert, M. J., & Hawkins, E. J. (2001). Using information about patient progress in supervision: Are outcomes enhanced?. *Australian Psychologist, 36*, 131-138.

Larson, L. M., Suzuki, L. A., Gillespie, K. N., Potenza, M. T., Bechtel, M. A., & Toulouse, A. L. (1992). Development and validation of the counseling self-estimate inventory. *Journal of Counseling Psychology, 39*, 105-120.

Larson, L., Suzuki, L., Gillespie, K. et al. (1992). Development and validation of the counseling self-estimate inventory. *Journal of Counseling Psychology, 39*(1), 105-120.

Lehrman-Waterman, D., & Ladany, N. (2001). Development and validation of the evaluation process within supervision inventory. *Journal of Counseling Psychology, 48*, 168-177.

Lietz, C. A., & Rounds, T. (2009). Strengths-based supervision: A child welfare supervision training project. *The Clinical Supervisor, 28*, 124-140.

Locke, E. A., & Bryan, J. (1969). The directing function of goals in task performance. *Organizational Behavior and Human Performance, 4*, 35-42.

Locke, E. A., & Latham, G. P. (2002). Building a practically useful theory of goal setting and task motivation. *American Psychologist, 57*, 705-717.

Lopez, S. J., Snyder, C. R., & Rasmussen, H. N. (2003). Striking a vital balance: Developing a complimentary focus on human weaknesses and strength through positive psychological assessment. In S. Lopez & C. R. Snyder (Eds.), *Positive psychological assessment: A handbook of models and measures*. Washington, DC: American Psychological Association.

Losada, M. (1991). The complex dynamics of high performance teams. *Mathematical and Computer Modelling, 30*, 179-192.

Losada, M., & Heaphy, E. (2004). The role of positivity and connectivity in the performance of business teams: A nonlinear dynamics model. *American Behavioral Scientist, 47*(6), 740-765.

Luborsky, L., Mintz, J., Auerbach, A., Cristoph, P., Bachrach, H., Todd, T., Johnson, M., Cohen, M., & O'Brien, C. P. (1980). Predicting the outcome of psychotherapy: Findings of the Penn psychotherapy project. *Archives of General Psychiatry, 37*, 471-481.

Mahrer, A. R., & Boulet, D. B. (1997). The experiential model of on-the-job teaching. In C. E. Watkins, Jr (Ed.), *Handbook of psychotherapy supervision* (pp. 164-183). Hoboken, NJ:

John Wiley & Sons, Inc.

Marsh, H. W., & Roche, L. A. (1997). Making students' evaluations of teaching effectiveness effective: The critical issues of validity, bias, and utility. *American Psychologist, 52*, 1187-1197.

Miller, S. D., Duncan, B. L., Brown, J., Sparks, J., & Claud, D. (2003). The outcome rating scale: A preliminary study of the reliability, validity, and feasibility of a brief visual analog measure. *Journal of Brief Therapy, 2*(2), 91-100.

Miller, W. R. (2004). Motivational interviewing in service to health promotion. *American Journal of Health Promotion, 18*, A1-A10.

Miller, W. R., & Rollnick, S. (2002). *Motivational interviewing: Preparing people for change* (2nd ed.). New York, NY: Guilford Press.

Reese, R. J., Usher, E. L., Bowman, D. C., Norsworthy, L. A., Halstead, J. L., Rowlands, S. R., et al. (2009). Using client feedback in psychotherapy training: An analysis of its influence on supervision and counselor self-efficacy. *Training and Education in Professional Psychology, 3*, 157-168.

Riemer, M., Rosof-Williams, J., & Bickman, L. (2005). Theories related to changing clinician practice. *Child and Adolescent Psychiatric Clinics of North America, 14*, 241-254.

Rollnick, W., & Miller, W. R. (1995). What is motivational interviewing?. *Behavioural & Cognitive Psychotherapy, 23*, 325-334.

Saptya, J., Riemer, M., & Bickman, L. (2005). Feedback to clinicians: Theory, research, and practice. *Journal of Clinical Psychology, 61*(2), 145-153.

Smith, H. D. (1984). Moment-to-moment counseling process feedback using a dual-channel audiotape recording. *Counselor Education and Supervision, 23*, 346-349.

Smith, M. L., & Glass, G. V. (1977). Meta-analysis of psychotherapy outcome studies. *American Psychologist, 32*, 752-760.

Snyder, C. R., & Lopez, S. J. (2007). *Positive psychology: The scientific and practical explorations of human strengths*. Thousand Oaks, CA: Sage Publications, Inc.

Sobell, L. C., Manor, H. L., Sobell, M. B., & Dum, M. (2008). Self-critiques of audiotaped therapy sessions: A motivational procedure for facilitating feedback during supervision. *Training and Education in Professional Psychology, 2*, 151-155.

Sperry, L., Brill, P., Howard, K. I., & Grissom, G.(1996). *Treatment outcomes in psychotherapy and psychiatric interventions*. New York, NY: Brunner.

Stein, D. M., & Lambert, M. J. (1984). On the relationship between therapist experience and psychotherapy outcome. *Clinical Psychology Review, 4*, 127-142.

Stein, D. M., & Lambert, M. J. (1995). Graduate training in psychotherapy: Are therapy outcomes enhanced?. *Journal of Consulting and Clinical Psychology, 63*, 182-196.

Stricker, G., & Trierweiler, S. J. (1995). The local clinical scientist: A bridge between science and practice. *American Psychologist, 50*, 995-1002.

Strupp, H. H., & Hadley, S. W. (1979). Specific vs nonspecific factors in psychotherapy: A controlled study of outcome. *Archives of general psychiatry, 36*, 1125-1136.

Wagner, R., & Harter, J. K. (2006). *12: The elements of great managing*. New York, NY: Gallup Press.

Watkins, C. E. Jr. (Ed.). (1997). *Handbook of psychotherapy supervision*. New York, NY: John Wiley & Sons.

Weiner, N. (1950). The human use of human being. In *Cybernetics and society* (p. 71). Boston, MA: Houghton Mifflin Company.

Westberg, J., & Jason, H. (1993). Providing constructive feedback. In J. Westberg & H. Jason (Eds.), *Collaborative clinical education: The foundation of effective health care* (pp. 297-318). New York, NY: Springer Publishing.

White, S., & Locke, E. (2000). Problems with the Pygmalion effect and some proposed solutions. *Leadership Quarterly, 11*, 389-415.

Worthen, V. E., & Isakson, R. L. (2003). Enhancing Supervisory Relationships.

제 6 장

다양성

일치를 넘어 더 높은 차원 추구하기

우리 각자는 한쪽 날개만 가진 천사이며, 서로를 끌어안아야만 날 수 있다.

– I. F. Chamberlain

다양성은 우리가 어떻게 다른지에 대한 것이 아니다. 다양성은 서로의 고유함을 포용하는 것이다.

– Ola Joseph

『아웃라이어: 성공 스토리(Outliers: The Story of Success)』(2008)라는 책에서 Malcolm Gladwell은 1990년 롱아일랜드에 추락하여 탑승자 158명 중 73명이 사망한 콜롬비아 여객기의 이야기를 흥미롭게 들려준다. 이 비극은 콜롬비아 조종사가 비행기의 연료가 거의 떨어졌다는 알림을 뉴욕의 항공교통관제사들이 이해하지 못했기 때문에 발생했다. 조종사는 항공교통의 지연으로 인해 한 시간 이상 대기하라는 지시를 받았을 때 연료가 고갈되어 가는 긴급한 상황을 전달하려고 했지만, 그의 절제된 의사소통 방식 때문에 비행기가 추락할 위험에 처해 있다는 사실이 뉴욕의 관제사들에게 전달되지 않았다. 뉴욕의 관제사들은 매우 직접적인 의사소통에 익숙했기 때문에 조종사가 단지 많은 항공기가 착륙을 앞두고 흔히 겪는 연료 부족의 상황을 전달하고 있다고 생각했다. 결국 비행기의 연료가 다 떨어져서 추락한 이 비극은 조종사와 관제사가 각자의 문화적 관점에서 의사소통을 시도하면서 문화적 격차를 넘어 서로를 이해하지 못하여 발생한 것이었다.

유감스럽게도 이 사고는 충분히 예방할 수 있었다. 만약 관제사들이 조종사에게 착륙 대기줄 앞으로 이동해야 한다는 점을 전달했거나, 초기에 필라델피아로 착륙지 변경을 요청했더라면 비행 계획 변경은 쉽게 이루어지고 재앙을 피할 수 있었을 것이다. Gladwell은 또한 이와 비슷한 상황으로 1997년 대한항공 여객기가 괌 공항에 접근하던 중 추락한 사건을 언급했는데, 이는 몇 년 동안 대한항공에서 발생한 여러 추락 사고 중 하나였다. 당시 대한항공의 사고율은 업계 평균보다 17배나 높았으며, 상황이 심각하여 한국에 수천 명의 병력을 주둔시키고 있는 미 육군이 대한항공 이용을 금지할 정도였다. 다행히 대한항공은 1997년 사고 이후 문화적 수련을 실시하기 시작했고, 현재는 흠잡을 데 없는 안전 기록을 보유하고 있다. 이는 변화가 가능하다는 것을 보여 주는 사례다.

두 추락 사고에는 여러 가지 요인이 있었지만(대부분의 비극적인 결과와 마찬가지로), Gladwell은 두 재앙의 상당 부분이 관제사와 조종사 사이의 문화적 오해로 인한 의사소통의 단절에 기인한 것이라고 지적했다. 서양의 의사소통은 일반적으로 '발신자 지향'인데, 화자가 정보를 명확하고 모호하지 않게 전달해야 할 책임을 지닌 것으로 간주한다. 반면에 많은 아시아 및 기타 임상 성과주의 국가는 '수신자 지향'으로, 의사소통이 간접적으로 제공되더라도 말하는 내용을 이해해야 하는 책임이 청자에게 있는 것으로 간주하는 경향이 있다.

정신건강 분야에서는 문화 간 상호작용에 공감하고 적절하게 반응하지 못하는 것이 대규모 교통사고와 같은 결과를 초래할 가능성은 없지만, 그 결과는 여전히 비극적일 수 있다. 효과적인 슈퍼비전과 임상 작업은 모든 치료 및 슈퍼비전 관계의 상호작용에 스며들어 있는 관점과 세계관의 차이를 진정으로 이해하는 데 달려 있다. 그러나 다양성을 이해하고 차이점들을 효과적으로 탐지하는 것은 단순히 문제와 나쁜 결과를 최소화하는 데 그치지 않는다. 이는 대인 관계 상호작용과 임상 및 슈퍼비전 작업에 풍부함과 넓은 관점을 더할 수 있으며, 이러한 점을 이 장 전체에서 강조할 것이다.

과테말라 출신의 마야 원주민 여성인 Trevino(2012)는 다양성을 수용하는 관점을 채택함으로써 열릴 수 있는 몇 가지 가능성을 밝혔다. 그녀는 마야의 우주관에서는 모든 생명체 간의 상호 연결성과 주변 환경과의 조화에 초점을 둔다고 설명했다. 실제로 "In Lak'ech Ala K'in"이라는 인사는 존중을 전달하는 표현으로, "나는 당신의 또 다른 모습입니다" 또는 "나는 당신이고, 당신은 나입니다"(p. 36)를 의미한다.

이 장에서는 슈퍼비전에서 다양성의 강점과 잠재력을 활용하는 실제적인 방법에 초점을 맞추며, 동시에 차이점으로 인해 발생할 수 있는 도전도 다룰 것이다. 다양성은 사람들의 모든 상호작용에서 분명히 드러나며, 모든 치료 및 슈퍼비전 상호작용에 (명시적이든, 암묵적이든) 관여한다. 다양성에 대한 연구의 많은 부분이 인종과 민족에 초점을 맞추고 있지만, 이 장에서는 다양성을 보다 폭넓게 바라보고자 한다. 여기서는 다양성을 임상가와 내담자 또는 슈퍼바이지 스스로가 서로를 다르다고 인식하고, 삶과 세상에 대한 관점이 서로 다르다고 여기는 모든 의미 있는 방식이라고 정의한다. 이 장의 목표는 서로 다른 배경을 가진 내담자 및 슈퍼바이지와 작업할 때 필요한 모든 답변을 제공하려는 것이 아니다. 대신에 다양성을 통해 열리는 잠재력과 기회를 인식하면서 성찰의 기회를 제공하고, 생각할 거리를 주며, 강점 기반 관점을 사용하여 다양한 임상 성과를 작업하는 몇 가지 아이디어를 제시하고자 한다.

다양성 수련의 중요성

단순히 신청서를 작성하거나 인구 조사원의 질문에 답하기만 하면 자신이 어떤 임상 성과로 분류된다는 것을 알 수 있다. 그리고 우리는 앞으로 몇 십 년 안에 미국에서는 어떤 단일 인종 임상 성과도 다수를 차지하지 않을 것이라는 통계를 들어 본 적이 있을 것이다. 따라서 다문화 역량의 필요성이 증가하고 있다. 그러나 다양성 문제에 대한 기술이나 민감성이 필요하다는 것은 미국에서 가시적인 다양성이 증가하고 있다는 사실에 기반한 숫자적인 문제가 아니다. 진정한 다양성 관점은 겉으로 보이는 유사성이나 차이와 관계없이 두 사람 사이에 존재하는 독특한 차이도 함께 존중하는 것을 의미한다.

많은 사람에게 단일한 식별란을 체크하여 자신을 설명하는 것은 어렵고, 매우 부정확한 작업이며, 이러한 작업은 종종 자신의 중요한 정체성의 일부를 잘라내거나 적절한 항목을 선택하기 위해 자신의 민족적 자부심을 삼켜 버리게끔 한다. 미국은 작은 상자에 깔끔하게 맞출 수 없는 인구로 빠르게 진입하고 있다. 우리는 제한된 범주로 정확하게 설명할 수 없는 복잡하고 다양한 사람들이다. 우리는 점점 더 '동일'하기보다는 '타자'가 되어 가고 있다. 슈퍼바이저로서 우리는 자신과 우리의 '타자성(otherness)'을 살펴보고, 이러한 과정을 통해 슈퍼바이지가 자신의 내면에 있는 타자성을 발견하도록 돕는 것을 점점 중요하게 여긴다.

Torres, Solberg, 그리고 Carlstrom(2002)은 라틴계 임상 성과 내에서의 '동일성 신화'를 보여 주는 한 예를 강조했다. 이들은 라틴계 남성 참가자들을 대상으로 마초이즘(machismo)에 대한 조사를 실시하였다. 그 결과, 마초이즘이 다차원적 구성 개념이며, 전체 인구의 10%만이 권위주의적이고, 정서적으로 억제적이며, 통제적인 행동을 포함하는 마초이즘 개념에 동의했다. 참가자의 대다수는 정서적으로 반응적이고, 협력적이며, 유연하다고 보고했다. 이 연구 결과는 이 인구에 대한 우리의 고정관념을 현재의 라틴계 남성의 정체성과 더 일치하도록 바꿀 필요가 있음을 시사한다. 우리가 특정 인구 임상 성과(종종 우리 자신이 속한 임상 성과조차도)에 대해 고정관념을 가지고 있는 것은 다양한 인구 임상 성과가 제공하는 모든 것을 온전히 이해하고 경험하는 데 방해가 된다.

다양성 문제를 효과적으로 다룰 수 있는 능력은 매우 중요하다. Constantine(2002)는 내담자가 지각한 상담자의 일반적인 상담 역량과 다문화 상담 역량 간의 공유하는 분산(shared variance)이 약 60%에 이른다는 것을 발견하였으며, 이는 "다문화 역량은 일반 상담 역량과 동의어라고 말해도 무리가 아니다"라는 Coleman(1998, p. 153)의 주장을 뒷받침하는 것이다.

효과적인 다문화 상담 기술은 긍정적인 관계와 신뢰를 구축하는 데 도움이 되며(이는 공통적인 치료 요인 중 가장 중요함), 다문화적으로 민감한 치료자는 문화적 이해를 통해 치료자-내담자 관계를 강화한다(Pedersen, 2000). 항상 명시적이지는 않더라도 "상담은 특정 문화에 속한 인간에 의한 개입이기 때문에 문화는 모든 상담에서 불가피한 무언의 참가자다"(Das, 1995, p. 50).

Falender와 Shafranske(2004)는 연구와 이론에서 다양성에 대한 대부분의 초점이 다양성의 더 넓은 영역보다는 하나의 특정 측면에 불과한 다문화주의에 집중되어 있다고 지적하면서 다양성의 전체 스펙트럼에 대해 고려할 것을 주장했다(pp. 117-118). 이 장에서 일부 참고문헌은 문화와 다문화주의에 특별히 초점을 맞추고 있는데, 이는 다문화주의가 다양성 연구에서 가장 많이 다룬 분야이기 때문이다. 그러나 우리는 다양성을 포괄적으로 이해하는 틀을 기반으로 논의를 전개해 나갈 것이다. 이는 문화적 · 인종적 · 민족적 차이의 중요성을 과소평가하려는 것이 아니라, 성별, 연령 및 세대, 장애, 성적 지향 등과 같은 다양성 및 인간 경험의 다른 중요한 측면을 포괄적으로 다루기 위함이다. 또한 다양성 관점은 임상 성과 간의 차이뿐만 아니라, 임상 성과 내 차이에도 주의를 기울이는 것이 필수적이다. 연구에 따르면, 임상 성과 내 차이가 임상 성과 간 차이를 초과하는 경우가 많다(Suzuki, McRae, & Short, 2001).

우리는 세계관(worldview) 관점이 다양성을 이해하고 치료와 슈퍼비전에 유용한 지침으로 활용될 수 있다고 제안한다. Jones-Smith(2012)는 **세계관**을 개인이 삶에 대해 갖는 준거틀로 개념화하였으며, 개인이 환경 내에서 사람, 제도, 현상과의 관계에 대해 가지는 가정(assumptions), 이해(understandings), 해석(interpretations), 그리고 신념(beliefs)을을 포함한다고 보았다(p. 295). Baruth와 Manning(2003)은 세계관을 "타인 및 더 넓은 세상과의 관계, 과거와 현재 사건에 대한 관점, 그리고 미래에 대한 전망과 같이 삶의 측면에 대한 개인의 가치가 담긴 신념과 가정"으로 간결하게 정의했다(pp. 58-59). 분명히 인종, 성별, 성적 지향에서부터 가족 경험, 교육 수준, 사회경제적 지위, 그리고 심지어 직업의 정체성과 평소 읽는 문학 유형에 이르기까지 많은 요인이 세계관에 영향을 미친다. 다양성에 민감한 치료자는 내담자와 슈퍼바이지의 문제와 잠재적 해결책을 그들의 세계관 맥락에서 탐구하고 개념화해야 한다.

다양성에 대한 강점 기반의 접근

다문화주의와 다양성은 종종 결핍 관점에서 접근되는 경향이 있으며, 이는 내담자의 상담 조기 종결과 슈퍼비전에서의 문화적 교착 상태와 같은 위험으로 가득 찬 지뢰밭을 떠올리게 한다. 물론 이러한 위험은 문화와 다양성 문제가 제대로 처리되지 않을 경우에 실제로 발생할 가능성이 있다. 그러나 많은 경우에 그러하듯, 이해와 관점의 잠재적인 격차를 해소하는 데 따르는 도전은 큰 기회를 제공할 수 있다. Butler(2003)는 많은 전문가가 다문화주의에 대해 확신이 없거나 두려워하는 것 같다고 언급하면서도 "다문화주의는 사람을 돕는다는 전문 직업의 궁극적인 목표를 향상시키는 또 다른 도구로 간주되어야 한다"(p. 127)라고 제안했다. Sue, Ivey, 그리고 Pedersen(1996)도 이러한 견해와 동일하게 다문화 상담이 임상가나 슈퍼바이저의 도구 상자에 도구를 추가함으로써 진정한 강점 기반 접근법이 된다고 언급했다. 그들은 다문화 상담 이론에서 문화 중심 접근법의 궁극적인 목표는 이용 가능한 상담 반응의 레퍼토리를 확장하는 것이며, 상담의 전통적인 역할은 다른 문화적 맥락에서 사용할 수 있는 많은 대안적인 도움 역할 중 일부에 불과하다고 설명했다.

Torrey(1986)는 치유 방법이 문화마다 근본적으로 다른 것처럼 보일 수 있지만 전 세계적으로 사용되는 치료 기술은 매우 유사하다고 조언했다. 그러나 표현 방식의 차이는 우리의 관점을 넓히고, 일반적인 상황에 접근할 수 있는 추가적인 방법을 제공하는 데 도움이 될 수 있다. 퀘이커교도의 '명확성 위원회(clearness committee)'는 전통적인 문화적 관점을 넘어 우리의 도구를 확장할 수 있는 훌륭한 예시다. 이 위원회는 분별력을 갖고자 고군분투하는 모든 회원을 돕는 역할을 한다. 퀘이커 전통에 따르면, 명확성과 관점을 찾고자 하는 사람이 대여섯 명의 친구, 동료, 멘토 또는 심지어 낯선 사람을 초대하여 모임을 연다(Levoy, 1997). 이 위원회는 먼저 의미 있는 침묵의 시간을 갖는다. 명확성 위원회의 규칙은 단순히 질문만 하는 것이다. 조언 제공, 스토리텔링, 문제해결 또는 도전은 엄격히 금지된다. 위원회의 지침은 "호기심보다는 돌봄의 정신으로, 강요보다는 환기하는 방식으로 단순히 질문을 던지는 것이다. 여기서 목표는 이해하는 것(comprehend)이 아니라 포착하는 것(apprehend)이다"(p. 41). 서구의 경향은 능동적이고 행동 지향적이기 때문에 불확실성에 직면했을 때 문제해결을 시도하고 과정에 내재된 불안을 줄이려는 유혹이 강하다. 그러나 중요한 삶의 질문에 대한 답은 명확성을 찾는 그 사람의 내면에 있다고 가정함으로써 질문을 던지는 것은 그 사람이 자신의 내면의 인도를 더 잘 들을 수 있도록 초점을 맞추게 하는 데 도움이 될 수 있다. 이 퀘이커 전통의 영감을 받은 접근법은 전통적인 그룹 슈퍼비전에 추가할 수 있는 훌륭한 접근법이 될 수 있으며, 특히 문제해결이나 조언을 주고받는 패턴이 시작되는 경우에 더욱 그러하다.

진정한 다양성 관점을 수용하는 것은 내담자나 슈퍼바이지의 관점과 세계관을 의도적으로 탐구하고 보다 온전히 이해하려는 노력을 요구하며, 이를 통해 우리는 더 나은 임상가와 슈퍼바이저가 될 수 있다. 세계관 또는 다양성 관점은 치료 과정에서 각 개인의 관점을 인생 경험에서 의미를 구성하는 다양한 방법으로 인정한다. Gonzalez, Biever, 그리고 Gardner(1994)는 다문화 상담과 사회구성주의(social constructivist) 관점의 유사점을 제시하며, 사회구성주의가 내담자의 상황으로부터 문화적인 또는 세계관에 기반한 정보를 얻어 내담자의 삶에서 세계관의 역할을 이해하는 데 도움을 주는 메커니즘이라고 언급했다. 그들은 사회구성주의와 다양성 상담이 어떻게 서로를 보완하는지 반영하는 다음의 요점들을 강조했다.

- **치료자로서 학습하기:** 치료자는 내담자의 문화가 내담자의 행동에 미치는 영향에 대한 내담자의 이해에 민감해야 한다.
- **모든 아이디어를 고려하기:** 치료자는 내담자의 문제에 대해 하나 이상의 답을 찾고, 해결책에 도달하기 위한 다양한 방법을 모색해야 한다.
- **호기심을 유지하기:** 치료자는 너무 빨리 배우거나, 질문하기 전에 대답을 가정하지 않고자 노력한다. 내담자가 진술한 문제가 실제 문제인지 확인하고, 내담자가 제시하는 문제에 대해 답을 성급하게 가정하는 것을 피해야 한다.
- **내담자와 협력하기:** 치료자는 내담자가 자신의 문제에 대한 해결책을 만드는 데 유용할 수 있는 다양한 기술과 설명을 통합할 수 있는 능력을 가지고 있다고 믿는다.
- **치료자의 이해를 '작업을 위한 재료'로 사용하기:** 치료자는 내담자의 이야기에 대한 치료자의 이해를 더 나은 이야기나 더 나은 설명, 더 나은 선택지가 아니라 잠정적인 가설로 제시한다.
- **내담자의 이야기를 위한 공간 만들기:** 소수민족 임상 성과의 내담자는 때때로 다수 문화권의 사람들과 상당히 다르게 자신의 세계를 이해하고 설명한다.
- **장벽보다는 기회를 보기:** 치료자는 약점, 결핍 및 무능력의 형태로 나타나는 장벽보다는 강점, 기술 및 역량의 형태로 나타나는 기회를 강조한다.

다양성 영역에 대한 의도적인 조율과 탐색은 종종 강점을 식별하는 데 도움이 될 수 있다. 연구에 따르면, 소수인종 및 소수민족 임상 성과는 편견과 차별에 대처하는 법을 배워야 했기 때문에 비(非)소수 임상 성과보다 더 나은 대처 전략을 개발하는 경우가 많다(Ong & Edwards, 2008). 다수가 아닌 임상 성과의 구성원이 되는 것은 때때로 편견, 차별, 독특한 고난을 수반할 수 있지만, 역경 속에서 강점이 생겨나며 이를 자원으로 활용할 수 있다. 그러나 문화에 따라서 여러 '강점'이 다르게 인식되거나 표현될 수 있기 때문에 강점과 약점을 단지 자신의 관점에서만이 아니라 내담자나 슈퍼바이지의 관점에서 바라볼 수 있는 것이 중요하다(예: Chang & Banks, 2007).

'강점'과 '약점'의 의미와 표현에 대한 임상 성과 및 문화적 차이를 조율하는 것이 중요하다. 예를 들어, Chang(1996)은 아시아계 미국인들이 백인계 미국인들보다 비관주의 점수가 더 높게 나타났으나, 전통적인 서구 혹은 백인 관점에서 기대할 수 있는 것과는 달리 우울증 수준에서는 차이가 없음을 발견했다. 자료를 좀 더 자세히 살펴본 결과, 아시아계 미국인 표본에서는 낙관주의와 일반적인 심리적 · 신체적 건강의 관계가 음(-)의 상관관계가 있는 반면, 백인계 미국인 임상 성과에서는 이들 변수 사이에 양(+)의 상관관계가 존재하는 것으로 나타났다. 이에 반해 아시아계 미국인 표본에서는 비관주의와 문제해결력 증가 사이에 양의 상관관계가 있지만, 백인 표본에서는 그와 반대되는 결과가 나타났다. 이는 내담자 또는 슈퍼바이지의 관점에서 강점과 약점을 바라보고, 강점 표현의 미묘한 차이를 조율하는 것이 중요하다는 것을 보여 준다.

거의 모든 연구 논문은 '추가 연구가 더 필요하다'는 의무적인 결론으로 마무리하지만, 문화적으로 대표성 있는 표본을 포함하는 더 많은 연구가 실제로 매우 필요하다. 연구 결과가 문화, 인종 및 민족을 넘어 일반화할 수 있는 보편적인 심리학적 원리를 밝혔다고 가정하는 경우들이 많다. 심리학 분야의 상위 학술지를 분석한 결과, 참가자의 68%가 미국인이었고 96%가 서구 선진국 출신이었다(Arnett, 2008). WEIRD(Henrich, Heine, & Norenzayan, 2010)라는 약어[서양인(Western), 교육을 받은(Educated), 산업화된 환경에 사는(Industrialized), 부유한(Rich), 민주주의사회에 속한(Democratic)]에 포착된 전형적인 심리학 연구 참가자의 특징은 세계 인구의 대부분을 대표한다고 보기 어렵다. 만약 대다수의 연구 지식이 제3세계나 비민주주의 국가에서 나온 결과라면 서구 독자들이 그 결과와 자신들의 삶에 대한 적용 가능성을 어떻게 받아들일지 상상해 보라. 더욱이 심리학 연구의 약 70%는 학부생을 대상으로 이루어지며(Arnett, 2008), 이는 미국 인구 전체를 대표하지도 못한다. Heine(2012)는 전형적인 미국 대학생이 서구 외부에 있는 무작위로 선택된 사람보다 연구에 참여할 가능성이 4,000배 더 높다고 지적했다. 편리한 표본 추출이 대표성을 이기는 경우가 많고, 진정으로 대표성 있는 표본을 얻는 것은 어려우며, 시간과 비용이 많이 들지만, 심리학 연구 결과의 일반화 가능성이 매우 제한적일 수 있다는 점을 유념하는 것이 중요하다.

Leong과 Wagner(1994)는 미국의 소수민족 임상 성과는 백인 중산층 남성이 고수하는 아이디어 및 가치를 동일하게 가지고 있지 않을 가능성이 크기 때문에 이들이 지닌 생각과 가치가 소수민족 임상 성과에는 부적절할 수 있음을 재검토할 것을 심리학 분야에 촉구했다. Leong과 Wagner(1994)는 교차문화적 슈퍼비전을, 슈퍼바이저와 슈퍼바이지가 서로 다른 문화적 임상 성과에 속해 있는 슈퍼비전 관계로 정의했다. 예를 들어, 아프리카계 미국인 슈퍼바이저와 아시아계 미국인 슈퍼바이지, 혹은 백인 슈퍼바이저와 라틴계 슈퍼바이지의 관계를 들 수 있다. Bernard와 Goodyear(1992)는 교차문화적 인식의 발달 과정을 슈퍼바이지가 처음에는 문화적 문제에 대해 전혀 생각하지 않다가 점차 교차문화적 인식이 체화되고 자연스럽게 되는 단계에 이르는 것으로 개념화했다. Butler(2003)는 문화적으로 유능한 슈퍼바이저는 다음과 같은 자질을 갖추고 있으며, 이는 긍정적인 모델로서 본받을 만한 것으로 제안했다.

- 다양한 슈퍼바이지와 함께 일하고, 그들이 성공하는 데 필요한 문화적으로 특화된 도구를 제공할 수 있는 능력, 즉 유연성이 있다.
- 다양한 슈퍼바이지의 세계관을 이해하고 관점을 제시하는 능력, 즉 비판적 사고를 한다. 슈퍼바이지가 개방적이고 명시적인 방식으로 다양성 문제를 다루고 토론할 수 있는 기회를 가질 수 있도록 슈퍼비전 기간 동안에 긍정적인 환경을 조성할 수 있다.
- 슈퍼바이지의 역사적 배경, 문화유산 및 삶의 경험에 대한 실무 지식을 개발하고 여러 문화와 세계관을 넘나들며 작업할 수 있는 능력이 있다.
- 불편한 상황을 직접 해결할 수 있게 하는 모델링을 제공하고, 상담 또는 슈퍼비전 관계에서 가능한 장애물을 극복하기 위해 스스로에게 도전하면서 자신의 불안을 관리하는 능력이 있다.
- 정체성이 잘 확립되어 있고, 슈퍼바이지에 대한 우월감(이는 방어적인 태도를 유발하기 쉬움)이 없다.
- 유머, 겸손, 인내심을 갖고 자신을 평생학습자로 여긴다(pp. 131-132).

내재된 도전 과제

다양성에 대한 공감적 이해와 자신의 관점이 지닌 한계에 대한 인식은 치료 및 슈퍼비전 관계에 큰 도움이 될 수 있으며, 특정 세계관에서 내담자나 수련생을 진정으로 이해하려는 조율과 헌신은 모든 측면에서 더 나은 치료자와 슈퍼바이저가 되는 데 도움이 될 수 있다. 그러나 우리가 좋은 의도를 가지고 있다고 하더라도 그것이 반드시 자연스럽거나 쉽게 이루어지는 것은 아니다. 우리의 뇌는 **인지적 구두쇠**로 작동하도록 되어 있으며, 더 직설적으로 말하면 **게으르게** 작동하도록 설계되어 있다(DiSalvo, 2011, p. 80). 또한 우리는 자신의 세계관과 일치하는 방식으로 정보를 선택적으로 처리하는 경향이 있다(Pitner & Sakamoto, 2005, p. 686).

Frank DiSalvo가 쓴 『당신이 당신의 뇌를 행복하게 하는 것에 반대로 해야 하는 이유(What Makes Your Brain Happy and Why You Should Do the Opposite)』(2011)라는 책에서 그는 '내임상 성과(in-group)' 신뢰성의 강력한 호소력에 관한 Yamagishi, Hashimoto, 그리고 Schug(2008)의 연구에 대해 논의했다. 당연하게도 사람들은 일반적으로 자신과 닮았다고 느끼는 사람들을 더 착하고, 더 관대하고, 신뢰할 수 있고, 공정하다고 판단한다. 사람들은 또한 내임상 성과 구성원으로부터 더 나은 대우를 기대하는 경향이 있는데, 이는 그들이 내임상 성과 구성원의 관심사를 소중히 여기고 그것을 더 발전시키기를 원하기 때문이다. 참가자들에게 내임상 성과 또는 '외임상 성과' 구성원이 통제하는 알 수 없는 금액의 돈을 받는 것 중 하나를 선택하라고 제안했을 때 사람들은 압도적으로 내그룹 구성원 선택지를 선택했다. 흥미롭게도 이것은 외임상 성과 고정관념이 내임상 성과 고정관념보다 더 긍정적일 때에도 마찬가지였다(DiSalvo, 2011, p. 143). 이는 내담자와 치료자 또는 슈퍼바이저와 슈퍼바이지 사이에 '내임상 성과'라는 인식이 있을 때 외임상 성과로부터 처치를 받는 것보다 더 나은 결과를 기대함을 시사하며, 이는 우리의 타고난 경향을 극복하기 위해 양쪽 당사자가 관심과 노력을 기울여야 함을 의미한다.

임상 제공자가 다양성에 적합한 방식으로 치료를 수행하는 데 더 잘 적응하고 능숙하게 되는 과정의 일환으로서 자신의 문화적, 다양성 배경을 검토하는 것이 확실히 도움이 된다. 그리고 우리 자신의 편견과 가정을 인식하면 우리의 가치관이나 신념을 내담자에게 강요하거나 고정관념에 빠질 가능성이 줄어드는 것은 분명하다(Pitner & Sakamoto, 2005, p. 684). 문헌에는 자신의 태도와 신념을 검토하라는 권고와 그렇게 하는 것의 이점에 대한 논의로 가득 차 있지만(예: Anderson & Carter, 2003), 이 과정에서 쉽게 발생할 수 있는 인지적 · 정서적 장벽은 거의 인식되거나 논의되지 않는다. Pitner와 Sakamoto(2005)는 임상가에게 자신의 세계관에서 벗어나 내담자의 세계관에 주의를 기울이는 '비판적 의식'에 참여할 것을 촉구했지만, 이때 인지적 비용과 역효과의 위험이 없는 것은 아니라는 점을 인정했다. 비판적이고 의식적인 인식은 자동적인 과정이 아니기 때문에 자신의 관점에서 정보를 자동으로 처리하는 것보다 더 많은 인지적인 소모가 필요하며, 인지 부하가 증가하면 인지 소모를 줄이기 위해 휴리스틱(heuristics)을 의도치 않게 자동으로 사용할 수 있다(p. 691). 즉, 편견과 고정관념에 대한 인식을 높이는 것은 인지적으로 매우 부담스러울 수 있기 때문에 자신도 모르게 편견과 고정관념에 빠지는 결과를 초래할 수 있다.

사회심리학 문헌에서도 개인의 자아상이 불안을 유발할 정도로 도전을 받을 때 개인은 불안을 줄이기 위해 세계관을 고수할 가능성이 더 높다고 제안한다(예: Fiske & Taylor, 1991). 저항이 발생하는 것은 놀라운 일이 아니다. 요점은 (아마도 많은 슈퍼바이저가 경험했듯이) 다양성 교육과 자기 발견 과정, 그리고 자신의 편견과 편견을 인정하는 과정(이 용어들이 얼마나 부정적인지 생각해 보라!)은 저항과 방어를 불러일으킬 수 있다(Abreau, 2001)는 것이다. 이로 인해 임상가는 내담자의 사회 임상 성과 구성원에 대한 일반적으로 학습되고 종종 정형화된 문화적 특성에 지나치게 의존하여 문화적 휴리스틱에 의존할 수 있다(예: "아시아 내담자들은 종종 당신과 눈을 마주치지 않는다. 그리고 눈을 마주치면 당신에게 화를 낸다."). 어느 정도의 불안은 시야를 넓히고 성장을 촉진할 수 있지만, 지나친 불안은 슈퍼비전을 받는 이로 하여금 특정 집단 내의 다양성을 무시하고 모든 내담자에게 획일적인 방식으로 접근하게 만들 수 있다. 그렇다면 어떻게 해야 할까? 솔직한 자기 성찰과 관점, 태도에 대한 논의를 수반하는 본질적으로 까다로운 과정을 효과적으로 다루는 방법이 다음 절의 주제가 될 것이다.

슈퍼비전 관계에서 신뢰 구축하기

다양성에 관해 슈퍼비전 관계에서 신뢰를 구축하는 것은 두 가지 구성 요소를 수반한다. 하나는 슈퍼바이저가 개방적이고 긍정적인 분위기를 조성하여 슈퍼바이저와 슈퍼바이지 사이의 문화 및 세계관의 차이를 인정하고, 확인하고, 논의할 수 있도록 하는 것이다. 이 구성 요소는 지금까지 이 장에서 중점적으로 다루었다. 또 다른 중요하고 도전적인 구성 요소는 개인적인 선입견과 편견을 조사하는, 때때로 불안을 유발하는 이 과정에 슈퍼바이지가 참여할 수 있도록 초대하고 비판하지 않는 공간을 만드는 것이다. 대부분의 경우와 마찬가지로 자기 성찰의 효과는 균형에 달려 있으며, 불안과 불편함이 너무 고조되면 그 과정이 중단되고, 슈퍼바이지가 방어적이고 저항하게 만들 수 있다. 슈퍼바이지를 위해 이 과정을 정상화하고, 다양성 역량을 향한 여정을 하나의 과제로 보고 슈퍼바이지에게 최종 목적지가 처음부터 다를 것임을 분명히 하는 것이 필수적이다.

피드백의 초점은 이러한 어려운 과정에 참여하려는 슈퍼바이지의 의지를 강화하는 것에 있어야 한다. 그리고 때로는 슈퍼바이지의 태도와 신념이 사랑하는 사람들과 존경받고 가치 있는 기관의 메시지와 연결되어 있을 수 있기에 슈퍼바이지가 이 과정에서 드러나는 취약함을 기꺼이 마주하려는 태도를 강화하고, 소중한 사람들 또는 기관들로부터 받은 메시지와 연결되어 있을 수 있는 혼란스러운 태도나 신념을 검토하고 이를 직면하려는 내적인 갈등을 인정하는 데 피드백의 초점을 두어야 한다. 가능한 한 비판적 의식의 과정은 무뚝뚝한 방식으로 과제를 부과하는 것이 아니라 슈퍼바이지를 초대하는 방식으로 제공되어야 하는데, 무뚝뚝한 방식으로 부과하는 과제는 반동효과를 야기할 수 있기 때문이다. 슈퍼바이저가 슈퍼바이지에게 개인적 편견이나 인식 부족(다시 말하지만, 이는 명백히 가치 중립적인 용어가 아니다)을 인정하고 탐구하도록 요구하는 너무나 인간적인 메시지를 보내면 방어를 유발할 수 있다. 게다가 슈퍼바이저가 슈퍼바이지의 현재의 다양성 인식 수준에 대해 부정적인 내용을 명시적 또는 암묵적으로 전달하면 이러한 과정이 오히려 차단되고 방어가 악화될 수 있다.

슈퍼바이지가 이러한 민감한 주제를 탐구하도록 하려면 슈퍼바이저와 교육자가 안전하고 처벌되지 않는 공간을 진정으로 제공하기 위해 많은 주의를 기울여야 한다. 무의식적으로 '고정된' 학습 관점을 조장하는 대신에(예: Dweck, 2006) 다양성 수련 과정을 정상화하고 슈퍼바이지가 임상적 효과성의 또 다른 중요한 영역에서의 성장 가능성에 대한 열정을 느낄 수 있도록 주의를 기울여 노력해야 한다. 그렇지 않으면 슈퍼바이지가 즉각적인 다양성 역량이 있는 듯한 인상을 남기려는 노력에 집중하게 만들 수 있다. Gonzalez(1997)는 다문화 역량에 대해서 슈퍼바이지가 불완전할 수 있도록 허용해야 할 필요성이 있음을 강조했다. 종종 슈퍼바이지는 수련 과정에서 저항하게 되는데, 이는 일반적으로 슈퍼바이저가 문화적으로 더 유능하도록 끈질기게 강요하거나 도전할 경우에 발생한다(Butler, 2003). 슈퍼바이저는 다양성에 대한 인식이 항상 진행 중인 작업이며, 완벽함이 아닌 지속적인 성장이 표준이라는 것을 모범으로 삼아야 한다.

현상학적 관점을 받아들이는 것은 이 과정을 정상화하고 '수치심을 제거'하는 매우 유용한 방법이 될 수 있다. 현상학적 접근(연구에 자주 사용되지만 확실히 슈퍼비전과 치료에도 잘 맞는 것 같다)은 우리의 편견과 필터를 인정하고 인간으로서 우리 모두가 지각 필터를 가지고 있음을 인식하는 것에서부터 시작된다. 우리의 목표는 자신의 관점에서 벗어나 완전히 중립적이게 되는 것이 아니며, 이는 더 추상적인 연구 분야에서도 불가능하다. 그보다는 우리가 지닌 관점의 한계와 사각지대를 인정함으로써 우리가 그것들에 의해 부정적인 영향을 덜 받을 수 있도록 하려는 의도다. 우리의 편견과 지각 필터의 제약을 인정하는 것은 우리가 알고 있는 것을 더 잘 관리할 수 있게 하기 때문에 부정적인 영향을 제한할 수 있으며, 선입견이 지닌 강력한 영향을 줄일 수 있다. 현상학적 접근은 다양성을 인식하는 것이 단순히 편견을 인정하는 것으로부터 우리의 특정한 인지 필터가 슈퍼비전이나 치료 관계에 영향을 미칠 수 있음을 숙고하는 것으로 재구성하는 데 도움을 준다.

문화적으로 유능한 슈퍼바이저라는 신뢰감은 다양한 배경을 가진 슈퍼바이저와 슈퍼바이지 관계에 신뢰가 형성되는 데 필수적이다. 신뢰는 Erik Erikson의 발달 단계에서 볼 수 있듯이 모든 성공적인 관계의 기본 토대이며, 그 기초 단계는 신뢰 대 불신이다. 슈퍼바이저와 슈퍼바이지는 어떻게 신뢰 관계를 구축하는가? 전형적인 '당신을 알아가기'와 같은 종류의 질문을 슈퍼비전 초기 회기 중에 할 수 있다. 그러나 중요한 작업은 슈퍼바이저와 슈퍼바이지가 서로가 가지고 있는 세계관을 탐색하고, 그 세계관이 내담자와 함께하는 작업에 어떤 영향을 미칠지 분석할 때 시작된다.

Reynaga-Abiko(2010)는 라틴계 슈퍼바이저로서 지배적인 문화의 슈퍼바이지들과 함께 작업한 경험을 고찰했다. 그녀의 고찰에는 문화적 규범, 신뢰, 의사소통, 시간, 사회경제적 지위 및 영성 등 슈퍼바이지와의 신뢰 관계를 발전시키는 데 중요한 역할을 하는 다양한 문화적 문제에 대해 이해할 필요가 있다는 점이 포함되어 있다. 슈퍼비전 관계에 있는 각 개인이 이러한 문제를 어떻게 내면화하는지 더 잘 이해하면 관계에 대한 편안함과 신뢰가 증가할 수 있다. 경계 문제, 선물 제공, 관계의 성격과 같은 관점과 문화에 크게 영향을 받을 수 있는 윤리적 문제에 대한 사안은 서로 다른 문화를 가진 슈퍼비전에 참여할 때 윤리 강령을 어떻게 해석해야 하는지에 대해 논의하고 결정해야 할 영역이다(Reynaga-Abiko, 2010).

슈퍼비전 관계에서 신뢰가 형성되기 위해서는 가치, 생각, 감정 및 신념에 대한 논의가 이루어져야 한다. Priester(2004)는 투명성이 슈퍼비전 관계에 미치는 영향을 조사하였다. 동일한 슈퍼바이저와 슈퍼바이지가 있는 두 가지 시나리오가 녹화되었는데, 슈퍼바이지가 제공한 치료 및 슈퍼비전에 관련된 다문화 문제를 논의하는 내용이었다. 일례로, 인종차별적인 농담에 웃은 적이 있느냐는 질문을 받았을 때 슈퍼바이저는 인종 농담에 웃은 적이 없다고 단호하게 부인하며 말했다. "아뇨, 아뇨, 그런 적도 없고, 앞으로도 그럴 겁니다"라고 말했고, 슈퍼비전 회기가 재개되었다. 다른 시나리오에서는 슈퍼바이저가 "네, 그런 적이 있습니다. 나는 그것을 인정하는 것이 부끄러웠고, 그렇게 하지 않았더라면 좋았을 거예요. 농담한 사람에게 그 농담이 불쾌하고 부적절하다고 생각한다고 말했으면 좋았을 텐데……. 그때부터 그렇게 표현하는 것을 목표로 삼게 되었어요."

두 가지 시나리오를 본 대다수의 사람은 인종차별적인 농담에 웃었다고 인정한 슈퍼바이저가 훨씬 더 솔직하다고 느꼈고, 그런 적이 없다고 완강히 부인하는 슈퍼바이저보다 이 슈퍼바이저와 신뢰 관계를 발전시킬 수 있겠다고 느꼈다고 답했다. 불편하기는 하지만, 이러한 정직함은 우리의 슈퍼바이지들도 취약할 수 있는 개방적인 마음을 갖는 데 도움이 될 수 있다. 우리의 문화적 유산과 인지적 경향을 고려할 때, 선입견으로 인한 감정이 불가피하다는 것을 받아들이는 슈퍼바이저는 어떤 감정에 도전하고 변화시킬 수 있는지에 대한 진정한 탐구를 할 수 있다(Hawkins & Shohet, 2000).

연구자들(예: Cook, 1994; Sue & Sue, 2007)은 슈퍼비전에 내재된 권력 차이가 슈퍼바이저의 인종적 태도에 영향을 미치거나 인종적 태도를 형성할 수 있으며, 이것이 내담자에게 전달될 수 있다고 논의한 바 있다. 왜냐하면 슈퍼바이저는 관계 내에서의 논의 방향과 슈퍼바이지가 갖는 다양성에 대한 태도의 형성 과정을 좌우할 수 있는 권력을 가지고 있기 때문이다. 슈퍼바이저가 문화와 다양성에 대한 질문에 관련된 토론과 반응을 처리하는 방식은 궁극적으로 이러한 문제를 개방적이고 정직하게 탐구하려는 슈퍼바이지의 의지에 영향을 미친다. 만약 슈퍼바이저가 다양성에 대한 주제에 대해 짧은 답변을 하거나 회피적인 반응을 보인다면 슈퍼바이지는 이것이 피해야 할 문제라고 금방 인식하게 될 것이다. 반면, 슈퍼바이저가 개방적이고 수용적이라면 더 많은 토론이 일어날 것이고 그리하여 많은 성장이 일어날 가능성이 높다.

Cook(1994)은 "슈퍼비전에서 인종을 무시하는 것은 가장 힘이 약한 사람들에게 가장 큰 대가를 치르게 할 수 있다"(p. 135)고 썼다. 슈퍼바이저가 슈퍼비전에서 인종이나 문화적 문제를 다루지 않는다면 슈퍼바이지들은 내담자와의 치료에서 인종이나 문화적 문제를 다룰 수 없다고 느낄 수 있다. 슈퍼비전 회기 중에 "인종이나 문화가 내담자의 문제에 어떤 역할을 합니까?" 또는 "내담자의 인종이나 문화가 내담자와의 작업에 어떤 영향을 미칩니까?"와 같은 간단한 질문은 이러한 중요한 문제에 대한 대화를 시작하는 데 큰 도움이 될 수 있다. '마이크로어그레션(microaggressions)'(예: Sue et al., 2007)은 권리를 박탈당한 임상 성과를 겨냥한 미묘하고 일상적인 조롱의 표현으로, 감지하기 어렵지만(그래서 쉽게 간과하지만) 영향력이 있기 때문에 슈퍼비전에서 구체적으로 다루는 것이 특히 유익할 수 있다.

Pitner와 Sakamoto는 슈퍼바이지가 임상가로서 민족지학자(ethnographer) 역할을 하도록 조언하는 것이 슈퍼바이지가 임상적 접근 방식에 다양성 인식을 불어넣는 데 도움이 되는 간단한 기술이 될 수 있다고 제안했다. 민족지학자의 역할을 한다는 것은 내담자가 자신의 현실과 문화적 세계관을 어떻게 구성하는지 이해하는 데 도움이 되는 내러티브 과정에 참여하는 것이다. 내러티브 접근을 통해 내담자의 이야기를 경청하고, 문제에 통제되는 존재로 내담자를 바라보기보다는 내담자가 문제에 어떻게 효과적으로 반응하는지에 초점을 맞추도록 한다. 이를 통해 임상가는 사실에 기반하면서도 내담자에게 보다 힘을 실어 주는 관점에서 내담자가 생생한 이야기를 다시 쓰는 과정에 참여함에 따라 내담자와 협력자가 된다(Pitner & Sakamoto, 2005, pp. 688-691).

다양성 역량

다문화 또는 다양성 역량의 역사는 비교적 최근이며, 공식적으로는 1980년대와 1990년대 초반으로 거슬러 올라간다. 1991년 다문화 상담 및 발달 협회(Association for Multicultural Counseling and Development: AMCD)에서는 상담에 다문화적 관점을 포함시켜야 할 필요성과 근거를 제시한 논문을 승인하였고, 그 후 세 가지 범주로 상담자 역량을 제안하였다. 그것은, (1) 상담자 자신의 문화적 가치와 신념에 대한 상담자의 인식, (2) 내담자의 세계관에 대한 상담자의 인식, (3) 적절한 개입 전략에 대한 상담자의 학습이다. 이 틀은 때때로 인식(awareness), 지식(knowledge) 및 기술(skills)로 언급되며, 세 영역 모두의 역량이 다양한 내담자와의 효과적인 임상 작업에 필수적임을 강조한다.

세 부분으로 구성된 이 모델은 이론적이며, 연구에 따르면 다문화 역량은 단일 요인의 구성 개념일 수 있지만(Ponterotto, Rieger, Barrett, & Sparks, 1994), 이 개념화는 다양성 역량을 개념화하고 수련 목적에 유용한 조직화 모델을 제공한다. APA에서는 '심리학자를 위한 다문화 교육, 수련, 연구, 실습 및 조직 변화에 관한 지침'(2003)을 준수하고 있으며, 사회사업, 정신의학, 전문 상담 및 언어 병리학을 포함한 다른 분야에서도 자체적인 다문화 지침을 가지고 있다. Ponterotto 등(1994)은 인식, 지식 및 기술의 세 가지 영역을 측정하는 데 사용할 수 있는 '개정된 다문화 상담자 인식 척도(Multicultural Counselor Awareness Scale-Revised: Form B-MCAS)'라는 자가 평가 도구를 개발했다. 이 도구는 슈퍼비전에 사용할 수 있는 유용하고 탐색적인 도구가 될 수 있으며, 다양성 주제에 대한 중요한 대화를 시작하는 방법으로도 사용할 수 있다. 다음에서는 세 가지 역량, 즉 자기 인식, 세계관 이해 및 적절한 개입 개발을 다룬다.

자기 인식

정서 또는 핵심 신념 관점에서 가정(assumptions), 가치 및 편견을 검토하기보다는 지적인 수준에서의 자기 인식에 집중하기가 쉽다. 약점이나 성장이 필요한 영역을 인정하는 것은 어려울 수 있지만, 다양성 인식을 위해서는 우리가 누구인지, 어디에서 왔는지, 우리에게 무엇이 중요한지, 우리 가족에게 무엇이 중요한지, 그리고 이러한 요인이 내담자 및 슈퍼바이지와 함께하는 작업에 어떤 영향을 미치는지 이해하는 것이 가장 중요하다. 다음은 다문화 및 다양성의 자기 인식을 높이는 데 도움이 될 수 있는 연습이다.

'나는 누구인가' 연습

우리는 치료 관계의 간극을 메우는 다리 역할을 하기 전에 우리 자신과 자신의 세계관을 이해할 수 있어야 한다. '나는 누구인가' 연습('Who I am' exercise)은 슈퍼바이지가 자기 이해와 자기 인식을 높이도록 안내하는 데 사용할 수 있다. 이 연습은 시(poem) 형태로도 개념화될 수 있으며, 어떤 사람들은 이러한 지시문에 응답할 때 매우 창의적으로 반응하기도 한다. 이 간단한 연습은 "나는 ~이다(I am)"라는 지시문에 응답하는 것이다. 예를 들어, 나(저자 Janice Jones)는 "나는 딸이다" "나는 언니(여동생)이다" "나는 엄마이다" "나는 심리학자이다" "나는 교수이다"라고 말할 수 있다. "나는 ~이다" 지시문은 응답자들이 자신의 가치관과 신념을 되돌아보는 데 도움이 되는 경우가 많다(예: "나는 매일이 주는 선물을 소중히 여기는 사람이다" 또는 "나는 소외된 사람들을 위해 목소리를 내고자 노력하는 사람이다").

이 연습의 목표는 슈퍼바이지가 자기 정체성의 복잡성을 인식하도록 돕고, 그리하여 그들이 서비스를 제공하는 내담자의 정체성과 내담자가 받는 영향들이 복합적임을 이해하려는 노력이 필요하다는 인식을 높이는 것이다. 이것은 초심자들이 내담자를 진단과 동일시하거나 내담자의 정체성 중에서 쉽게 드러나는 측면으로만 정의하려는 것을 멈추게 하는 데 도움이 될 수 있다. 강점 관점에 초점을 맞춘다면 슈퍼바이저는 이 연습의 각 진술을 통해 슈퍼바이지의 강점에 초점을 맞추고 해당 진술이 슈퍼바이지에게 어떤 의미를 갖는지 구체적으로 말할 수 있도록 돕는 방식으로 작업할 수 있다. 더 나아가 슈퍼바이지가 내담자와 함께할 작업에 이러한 의미가 어떤 영향을 미치는지에 대해 논의할 수 있다.

'정체성의 원' 연습

'정체성의 원' 연습(circle of identities exercise)은 참가자들이 자신의 정체성을 나타내는 모든 용어를 종이에 적고, 각 정체성이 자신의 삶에서 차지하는 중요성 또는 강도를 나타내는 다양한 크기의 원에 각 용어를 표기하는 것이다. 예를 들어, 멕시코계 미국인 여성 대학원생은 여성, 라틴계, 딸, 맏언니, 간병인, 대학원생, 발레 애호가, 충성스러운 개 주인, 가톨릭 신자 등과 같은 8~10개의 용어를 쓸 수 있다. 그런 다음에 참가자는 자신의 식별 용어들에 대해 논의한다. 이 연습은 특히 임상 성과 형식으로 수행될 때 자신이 생각하는 특정 측면의 정체성 비중이 다른 사람이 경험하는 중요성과 항상 일치하지 않는다는 것을 밝히는 데 도움이 된다. 또한 쉽게 식별할 수 있는 정체성이나 차이점을 넘어서 다른 사람의 관점을 확장하는 데 도움이 된다(Metzger, Nadkarni, & Cornish, 2010에서 발췌).

'상자 안/밖' 연습

'상자 안/밖' 연습('in-the-box/out-of-the-box' exercise)은 임상 성과 슈퍼비전에 적합하다. 두 개의 상자를 칠판에 그리는데, 이 중 하나는 남성용이고 다른 하나는 여성용이다. 참가자들은 각 성별과 관련하여 사회에서 수용된 특성, 특질 및 태도를 브레인스토밍하며, 이를 '상자 안(in-the-box)' 행동으로 분류한다. 그다음 참가자들은 두 성별 모두에게 공유될 수 있는 행동 및 태도뿐만 아니라 남성과 여성의 '틀에서 벗어난(out-of-the-box)' 행동의 결과를 논의하도록 한다(Zimmerman & Haddock, 2001).

'은유 사용' 연습

치료 관계를 조사하기 위해 '은유 사용' 연습('use of metaphor' exercise)은 종종 슈퍼바이지에게 도움이 된다. 치료 관계는 춤으로 묘사될 수 있다. 슈퍼바이지에게 누가 춤을 이끌고 있는지, 두 무용수 사이의 스타일의 차이는 무엇인지와 같은 질문에 대해 숙고하도록 초대한다. 또 다른 은유는 얼어붙은 연못에서 파트너와 함께 스케이트를 타는 것이다. 중앙의 '얇은 얼음'과 연못 가장자리에 가까운 '안전한 얼음'을 묘사하는 것은 종종 슈퍼바이지에게 치료 관계에 대해 인식할 수 있는 눈을 뜨게 할 수 있다(Cashwell, Looby, & Housley, 1997).

세계관 이해

임상가와 슈퍼바이저는 내담자와 슈퍼바이지의 세계관을 "이해하고 공유할 수 있는"(Sue & Sue, 2003, p. 18) 것이 중요하다. 백인 교외 주민인 내(저자 Janice Jones)가 라틴계 사람처럼 느끼고 생각할 수 있다고 믿는 것은 비현실적일 것이다. 그러나 상대방의 배경, 희망, 두려움, 목표, 그리고 상대방의 일상생활 경험이 실제로 어떤지 이해하는 것이 필수적이다. 슈퍼바이지가 가지고 있는 세계관과 그것이 슈퍼바이지의 지각 및 경험세계에 어떤 영향을 미치는지 더 잘 이해하기 위한 노력의 일환으로, 다음의 연습이 도움이 될 수 있다.

세계관 워크시트 연습

세계관 워크시트 연습(worldview worksheet exercise)은 슈퍼바이지에게 자신의 문화와 정체성의 여러 측면을 나열한 다음에 자신의 세계관에 대한 생각을 나열하도록 요청한다. 이 연습은 간단해 보이지만 슈퍼바이지에게 깊은 사고와 성찰을 유발할 수 있으며, 어렵거나 감정적으로 자극적인 경험이 될 수 있다. 슈퍼바이지가 내용을 떠올리는데 어려움이 있는 경우에 슈퍼바이저는 이를 부드러운 탐색의 출발점으로 사용하거나, 슈퍼바이지에게 자신의 문화에 대한 정보를 찾아보는 과제를 줄 수 있다. 이 연습은 내담자들에게도 유익할 수 있으며, 다양성이 자신에게 미치는 영향에 대한 의미 있는 대화를 시도해 보는 데 도움이 될 수 있다.

문화 간 감수성 강화 연습

문화 간 감수성 강화 연습(intercultural sensitizer exercise)은 문헌이나 임상가의 경험을 통해 특정 임상 성과에 대한 문화 관련 지식을 슈퍼바이지에게 제공하는 데 도움이 될 수 있다. 슈퍼바이지들에게 특정 임상 성과의 문화적 차이와 어려움에 초점을 맞춘 중요한 사건을 제시한다. 각 사건에는 간략한 설명이 포함되며, 슈퍼비전 임상 성과는 이에 대해 논의하고 가능한 설명들 중에서 가장 적절한 것을 선택한다. 모든 설명을 논의한 다음, 대상 임상 성과의 가치관에 기초하여 올바른 설명이 무엇인지 제공한다. Leong과 Kim(1991)은 「다문화주의로 가는 길에서 문화적 감수성을 넘어서기: 다문화 감수성을 상담자 수련 도구로 사용하기(Going Beyond Cultural Sensitivity on the Road to Multiculturalism: Using the Intercultural Sensitizer as a Counselor Training Tool)」라는 논문에서 중요한 사건의 예를 제시하였다.

'1인칭' 연습

'1인칭' 연습('first person' exercise)은 그룹 슈퍼비전에서 슈퍼바이지들에게 어떤 역할(예: 내담자, 상담자, 내담자의 삶에서 중요한 타인)을 선택하게 하거나 할당하고, 상담 회기 비디오를 시청하면서 자신이 선택한 역할의 관점에서 피드백을 제공하도록 지시한다. 피드백은 1인칭으로 하며, 인지적 관점과 경험적 관점을 넓히는 데 도움이 된다(Borders, 1991).

적절한 개입 개발

자기 인식과 타인의 세계관을 이해하는 것이 중요하지만, 효과적인 임상가가 되기 위해서는 슈퍼바이지가 내담자에게 적합한 치료 접근을 구현할 수 있어야 한다. Sue와 Sue(2003)는 상담자가 개발해야 할 몇 가지 중요한 문화적 기술을 열거했다.

- 다양한 언어적 · 비언어적 반응을 생성할 수 있어야 한다.
- 언어적 · 비언어적 메시지를 정확하고 적절하게 주고받을 수 있어야 한다.
- 적절한 시기에 내담자를 위해 기관 또는 제도적 개입 기술을 실행할 수 있어야 한다.
- 내담자의 도움을 받는 방식을 이해하고, 한계를 인식하며, 문화적으로 다른 내담자에 대한 영향을 예상할 수 있어야 한다.
- 환경적 개입으로 이어지는 적극적인 체계적 관점을 바탕으로 도움 제공자 역할을 수행할 수 있어야 한다. 이러한 정신건강 전문가는 전통적인 상담자 또는 치료자 방식에 얽매이지 않는다(Sue & Sue, 2003, pp. 22-23).

APA(2003) 다문화 가이드라인에는 자기 인식(self-awareness), 문화적 또는 세계관 인식(cultural or worldview awareness), 그리고 문화적 다양성에 적합한 개입 구현(implementing culturally or diversity-appropriate interventions)의 세 요소로 구성되어 있지만, Constantine과 Ladany(2001)는 다문화-다양성 역량 구조를 6차원 모델로 확장했다. 이 여섯 가지 요소 모두 슈퍼바이지에게 다문화 및 다양성 역량을 교육할 때 고려해야 할 중요한 요소다.

- **자기 인식**: 자신의 다양한 문화적 정체성, 편견, 관점 및 사회화가 태도와 가치관에 어떤 영향을 미치는지 이해하기
- **다문화 문제에 대한 일반적인 지식**: 사회 및 사회정의 문제, 차별, 편견적인 태도를 포함한 다문화 문제에 대한 일반적인 지식 갖추기
- **다문화상담 자기 효능감**: 역량에 대한 단순한 자기 인식이 아닌, 기술에 기반하여 성공적으로 수행할 수 있다는 자신감 가지기
- **고유한 내담자 변인에 대한 이해**: 개인적 특성, 상황 변수, 맥락 및 기타 요인이 내담자의 행동에 미치는 영향을 이해하기
- **효과적인 작업 동맹 형성**: 관계 내에서 다양성 문제들을 다루는 것을 포함하기
- **다문화상담 기술**: 치료 또는 슈퍼비전에서 다양성 문제에 효과적으로 접근할 수 있는 기술을 갖추기(pp. 482-498)

다양성과 관련된 삶의 경험과 공식적인 교육 및 수련을 결합하는 것이 다문화 및 다양성 역량을 진정으로 향상시키는 데 가장 효과적인 조합인 것으로 보인다. Ladany, Inman, Constantine, 그리고 Hofheinz(1997)는 다문화 문제에 대한 대학원 수준의 과정을 수강하거나 다인종 내담자를 경험한 것, 그리고 다문화 사례 개념화 기술 사이에 아무런 관계가 없음을 발견했다. 이는 공식적인 교육과 수련만으로는 거의 가치가 없거나, 최소한 불충분할 가능성이 있음을 시사한다. Ponterotto, Fuertes, 그리고 Chen(2000)은 개인적 경험과 공식적인 수련 경험을 결합했을 때 더 높은 역량 점수로 이어진다고 제안했다.

결론: 일치를 넘어 더 높은 차원을 만들기 위한 결언

심리학 및 정신건강 분야에는 문화적 편견과 다양성의 또 다른 측면에 대한 이해 부족으로 인해 임상 성과와 개인에게 심각한 해를 끼친 몇 가지 심각한 오류와 행위의 역사가 있다. 문화와 다양성에 대한 감수성과 이해를 통합하지 못했기 때문에 1970년대까지 아메리카 원주민 아동은 가족으로부터 분리되었고, 표준화된 검사는 사람들의 선택

권을 제한하고 미래를 제한하는 데 사용되었으며, 비(非)다수 임상 성과가 정신건강 서비스 이용을 꺼리는 일반적이지만 매우 이해 가능한 결과를 낳았다. 모든 직업의 윤리적 서비스 조항의 기본은 "첫째, 해를 끼치지 말라"다. 아직 해야 할 일이 더 많지만, 정신건강 커뮤니티는 임상 서비스 제공, 슈퍼비전, 연구 및 교육에서 다문화주의와 다양성 문제를 더 잘 해결하는 데 매우 주목할 만한 진전을 이루고 있는 것으로 보인다.

그러나 해를 끼치지 않는 것은 칭찬할 만한 목표이지만, 특히 다문화 및 다양성 문제가 제대로 고려되지 않거나 제대로 처리되지 않아서 발생하는 비극적인 결과를 고려할 때 임상 작업 및 슈퍼비전에서 개인과 문화적 다양성에 대한 진정한 인식을 전체 임상 과정에 추가하는 것이 지닌 가치는 종종 간과된다. 우리는 슈퍼바이저가 다양성-세계관 관점을 채택할 것을 촉구하며, 단순히 문화적 또는 다양성 역량 부족으로 인해 형편없는 치료나 슈퍼비전을 제공하지 않는 것보다 훨씬 더 높은 목표를 가져야 한다. 다양성과 문화적 역량을 지속적으로 개발함으로써 얻을 수 있는 많은 풍요로움에 초점을 맞추면 다양한 문화적 관점을 배우는 것이 창의성과 유연성 향상에 도움이 되고, '임상가의 도구 상자'가 추가적인 통찰력과 모델로 확장된다. 때문에 가정을 단순히 받아들이는 것이 아니라 탐구를 해야 임상가와 슈퍼바이저가 모든 내담자와 더 나은 치료를 수행할 수 있다. 상대방의 세계관과 관점을 이해하고 인정하는 것은 효과적인 치료와 슈퍼비전의 초석일 뿐만 아니라, 임상 환경에서 진정한 풍요로움에 이르는 길이다. 이를 통해 우리는 '같은 페이지'에 있고 공통의 기반에서 작업한다는 최소한의 목표를 달성할 수 있을 뿐만 아니라, 더 풍부한 가능성에 도달하고 더 높은 경지를 달성할 수 있다.

생각할 거리

- 나의 세계관은 무엇인가요? 나의 슈퍼바이지는 어떤 세계관을 가지고 있나요? 나는 나의 슈퍼바이지의 세계관을 얼마나 알고 있나요? 어떻게 하면 더 많은 것을 배울 수 있을까요?
- 어떤 문화적 가치가 나의 치료 활동에 영향을 미치나요?
- 어떤 문화적 가치가 슈퍼비전 업무에 영향을 미치나요?

- 나의 슈퍼바이지는 어떤 문화적 가치를 가지고 있으며, 이러한 가치가 임상 작업에 어떤 영향을 미치는 것으로 보이나요? 슈퍼비전 관계에서의 상호작용에 어떤 영향을 미치나요?
- 슈퍼바이지의 문화적 인식을 높이는 데 나는 어떻게 도움을 주고 있나요?
- 슈퍼바이지의 문화적 역량 개발을 어떻게 돕고 있나요? 어떤 식으로든 뒤로 물러나 있나요? 그렇다면 슈퍼바이지의 성장을 더욱 촉진하기 위해 무엇을 할 수 있을까요?
- 문화 및 다양성 역량의 전문성 발달을 지원하기 위해 어떤 임상적 구조가 마련되어 있으며, 슈퍼바이지는 이를 어떻게 활용하고 있나요?
- 상급 직원과 슈퍼바이저들은 다문화 및 다양성을 긍정하는 가치를 어떻게 실천하고 보여 주고 있나요?

읽을거리

책

Bronstein, P., & Quina, K. (2003). *Teaching gender and multicultural awareness*. Washington, DC: American Psychological Association.

Olkin, R. (1999). *What psychotherapists should know about disability*. New York, NY: Guilford.

Ponterotto, J. G., Casas, J. M., Suzuki, L. A., & Alexander, C. M. (2009). *Handbook of multicultural counseling* (3rd ed.). Thousand Oaks, CA: Sage.

Pope-Davis, D., Coleman, H. L. K., Liu, W. M., & Toporek, R. L. (2003). *Handbook of multicultural competencies in counseling and psychology*. Thousand Oaks, CA: Sage.

Sue D. W., & Sue D. (2012). *Counseling the culturally diverse: Theory and practice* (6th ed.). New York, NY: John Wiley & Sons.

논문 및 책의 장

American Psychological Association. (2003). Guidelines on multicultural education, training, research, practice, and organizational change for psychologists. *American Psychologist, 58*, 377-402.

Cashwell, C. S., Looby, J., & Housley, W. (1997). Appreciating cultural diversity through clinical supervision. *The Clinical Supervisor, 15*, 75-86.

Gonzalez, R. C. (1997). Postmodern supervision: A multicultural perspective. In D. B. Pope-Davis & H. L. K. Coleman (Eds.), *Multicultural counseling competencies: Assessment, education and training, and supervision* (pp. 350-386). Thousand Oaks, CA: Sage.

Leong, F. T., & Wagner, N. S. (1994). Cross-cultural counseling supervision: What do we know?: What we need to know?. *Counselor Education & Supervision, 34*(2), 117-132.

Pitner, R. O., & Sakamoto, I. (2005). The role of critical consciousness in multicultural practice: Examining how its strength becomes limitations. *American Journal of Orthopsychiatry, 4*, 684-694.

Trevino, Y. (2012). Reconciling the blessings and challenges of diversity through ancestral spiritual values. In K. Schaaf, K. Lindahl, K. S. Hurty, & G. Cheen (Eds.), *Women, spirituality, and transformative leadership* (pp. 36-39). Woodstock, VT: Skylight Paths Publishing.

참고문헌

Abreau, J. M. (2001). Theory and research on stereotypes and perceptual bias: A didactic resource for multicultural trainers. *The Counseling Psychologist, 29*, 487-512.

Ancis, J. R., & Ladany, N. (2001). A multicultural framework for counselor supervision. In L. J. Bradley & N. Ladany (Eds.), *Counselor supervision: Principles, process and practice* (3rd ed., pp. 53-94). New York, NY: Brunner-Routledge.

Anderson, J., & Carter, R. (2003). *Diversity perspectives for social work practice*. Boston, MA: Allyn & Bacon.

American Psychological Association. (2003). Guidelines on multicultural education, training, research, practice and organizational change for psychologists. *American Psychologist, 58*, 377-402.

Arnett, J. J. (2008). The neglected 95%: Why American psychology needs to become less American. *American Psychologist, 63*, 602.

Baruth, L. G., & Manning, M. L. (2003). *Multicultural counseling and psychotherapy: A lifespan perspective* (3rd ed.). Upper Saddle River, NJ: Merrill Prentice Hall.

Bernard, J. M., & Goodyear, R. K. (1992). *Fundamentals of clinical supervision*. Boston, MA: Allyn and Bacon.

Borders, L. D. (1991). A systematic approach to peer group supervision. *Journal of Counseling and Development, 69*, 248-251.

Butler, S. K. (2003). Multicultural sensitivity and competence in the clinical supervision of school counselors and school psychologists: A context for providing competent services in a multicultural society. *The Clinical Supervisor, 22*, 125-141.

Cashwell, C. S., Looby, J., & Housley, W. (1997). Appreciating cultural diversity through clinical supervision. *The Clinical Supervisor, 15*, 75-86.

Chamberlain, I. F. (2007). *Abdu'l-Baha on divine philosophy*. Boston, MA: Tudor Press.

Chang, E. C. (1996). Cultural differences in optimism, pessimism, and coping: Predictors of subsequent adjustment in Asian American and Caucasian American college students. *Journal of Counseling Psychology, 43*, 113-123.

Chang, E. C., & Banks, K. H. (2007). The color and texture of hope: Some preliminary findings and implications for hope theory and counseling among diverse racial/ethnic groups. *Cultural Diversity and Ethnic Minority Psychology, 13*, 94-103.

Coleman, H. L. K. (1998). General and multicultural counseling competency: Apples and oranges?. *Journal of Multicultural Counseling and Development, 26*, 147-156.

Constantine, M. G. (2002). Predictors of satisfaction with counseling: Racial and ethnic minority clients' attitudes toward counseling and ratings of their counselors' general and multicultural counseling competence. *Journal of Counseling Psychology, 49*, 255-263.

Constantine, M. G., & Ladany, N. (2001). New visions for defining and assessing multicultural counseling competence. In J. G. Ponterotto, J. M. Casas, L. A. Suzuki, & C. M. Alexander (Eds.), *Handbook of multicultural counseling* (2nd ed., pp. 482-498). Thousand Oaks, CA: Sage.

Cook, D. A. (1994). Racial identity in supervision. *Counselor Education and Supervision, 34*, 132-141.

D'Andrea, M., & Daniels, J. (2001). Expanding our thinking about white racism. In J. G. Ponterotto, J. M. Casas, L. A. Suzuki, & C. M. Alexander (Eds.), *Handbook of multicultural counseling*. (pp. 289-319) Thousand Oaks, CA: Sage.

Das, A. K. (1995). Rethinking multicultural counseling: Implications for counselor education. *Journal of Counseling and Development, 74*, 45-52.

DiSalvo, D. (2011). *What makes your brain happy and why you should do the opposite*. Amherst, NY: Prometheus Books.

Dweck, C. S. (2006). *Mindset: The new psychology of success*. New York, NY: Random House, Inc.

Falender, C. A., & Shafranske, E. P. (2004). *Clinical supervision: A competency-based approach*. Washington, DC: APA.

Fiske, S., & Taylor, S. (1991). *Social cognition*. New York, NY: McGraw-Hill.

Gladwell, M. (2008). *Outliers: The story of success*. New York, NY: Little, Brown and Company.

Gonzalez, R., Biever, J. L., & Gardner, G. T. (1994). The multicultural perspective in therapy: A social constructivist approach. *Psychotherapy, 31*, 515-524.

Gonzalez, R. C. (1997). Postmodern supervision: A multicultural perspective. In D. B. Pope-

Davis & H. L. K. Coleman (Eds.), *Multicultural counseling competencies: Assessment, education and training, and supervision* (pp. 350–386). Thousand Oaks, CA: Sage.

Hawkins, P., & Shohet, R. (2000). *Supervision in the helping professions* (2nd ed.). Buckingham, UK: Open University Press.

Heine, S. J. (2012). *Cultural psychology* (2nd ed.). New York, NY: W. W. Norton & Company.

Henrich, J., Heine, S. J., & Norenzayan, A. (2010). Beyond WEIRD: Towards a broad-based behavioral science. *Behavioral and Brain Sciences, 33*, 111–135.

Jones-Smith, E. (2012). *Theories of counseling and psychotherapy: An integrative approach*. Los Angeles, CA: Sage.

Ladany, N., Inman, A. G., Constantine, M. G., & Hofheinz, E. W. (1997). Supervisee multicultural case conceptualization ability and self-reported multicultural competence as functions of supervisee racial identity and supervisor focus. *Journal of Counseling Psychology, 44*, 284–293.

Leong, F. T., & Wagner, N. S. (1994). Cross-cultural counseling supervision: What do we know?: What do we need to know?. *Counselor Education & Supervision, 34*(2), 117–132.

Leong, F. T. L., & Kim, H. H. W. (1991). Going beyond cultural sensitivity on the road to multiculturalism: Using the intercultural sensitizer as a counselor training tool. *Journal of Counseling and Development, 70*, 112–118.

Levoy, G. (1997). *Callings: Finding and following an authentic life*. New York, NY: Harmony Books.

Metzger, L. H., Nadkarni, L. I., & Cornish, J. A. E. (2010). An overview of multicultural counseling competencies. In J. A. E. Cornish, B. A. Schreier, L. I. Nadkarni, L. H. Metzger, & E. R. Rodolfa (Eds.), *Handbook of multicultural counseling competencies*. Hoboken, NJ: Wiley.

Ong, A. D., & Edwards, L. M. (2008). Positive affect and adjustment to perceived racism. *Journal of Social and Clinical Psychology, 27*, 105–126.

Pedersen, P. (2000). *Hidden messages in culture-centered counseling: A triad training model*. Thousand Oaks, CA: Sage.

Pitner, R. O., & Sakamoto, I. (2005). The role of critical consciousness in multicultural practice: Examining how its strength becomes limitations. *American Journal of Orthopsychiatry, 4*, 684–694.

Ponterotto, J. G., Fuertes, J. N., & Chen, E. C. (2000). *Models of multicultural counseling*.

Hoboken, NJ: John Wiley & Sons Inc.

Ponterotto, J. G., Rieger, B. P., Barrett, A., & Sparks, R. (1994). Assessing multicultural counseling competence: A review of instrumentation. *Journal of Counseling and Development, 72*, 316-322.

Priester, P. E. (2004, August). What about you … Have you ever laughed at a racial joke?: Credibility tests in cross-racial psychotherapy. Poster presented at American Psychological Association conference, Honolulu, HI.

Reynaga-Abiko, G. (2010). Opportunity amidst challenge: Reflections of a Latina supervisor. *Training and Education in Professional Psychology, 4*, 19-25.

Sue, D. W., Ivey, A. E., & Pedersen, P. B. (1996) *A theory of multicultural counseling and therapy*. Pacific Grove, CA: Brooks/Cole.

Sue, D. W., & Sue, D. (1990). *Counseling the culturally different: Theory and practice* (2nd ed.). New York, NY: Wiley.

Sue, D. W., & Sue, D. (2003). *Counseling the culturally diverse: Theory and practice* (4th ed.). New York, NY: Wiley.

Sue, D. W., & Sue, D. (2007). *Counseling the culturally diverse: Theory and practice* (5th ed.). New York, NY: Wiley.

Suzuki, L. A., McRae, M. B., & Short, E. L. (2001). The facets of cultural competence: Searching outside the box. *The Counseling Psychologist, 29*, 842-849.

Torres J. B., Solberg, V. S., & Carlstrom, A. H. (2002). The myth of sameness among Latino men and their machismo. *American Journal of Orthopsychiatry, 72*(2), 163-181.

Torrey, E. F. (1986). *Witchdoctors and psychiatrist: The common roots of psychotherapy and its future*. New York, NY: Harper & Row.

Trevino, Y. (2012). Reconciling the blessings and challenges of diversity through ancestral spiritual values. In K. Schaaf, K. Lindahl, K. S. Hurty, & G. Cheen (Eds.), *Women, spirituality, and transformative leadership* (pp. 36-39). Woodstock, VT: Skylight Paths Publishing.

Yamagishi, T., Hashimoto, H., & Schug, J. (2008). Preferences versus strategies as explanations for culture-specific behavior. *Psychological Science, 19*(6), 579-584.

Zimmerman, T. S., & Haddock, S. A. (2001). The weave of gender and culture in the tapestry of a family therapy training program: Promoting social justice in the practice of family therapy. *Journal of Feminist Family Therapy, 12*, 1-31.

제 7 장

문제해결 및 해결책 제시

잘 진술된 문제는 반쯤 해결된 문제다. — Charles F. Kettering

인생은 폭풍이 지나가기를 기다리는 것이 아니라 빗속에서 춤추는 법을 배우는 것이다. — 익명

전문가란 저지를 수 있는 모든 실수를 해 본 사람이다. — Neils Bohr

나(저자 John Wade)는 대학원 시절의 약 1년 동안 대형 은행에서 파트타임으로 고객 서비스 업무를 했다. 그 일로 다시 돌아가고 싶지는 않지만, 문제를 다루는 관점에서 보면 이보다 더 완벽한 수련의 장은 없을 것이다. 결국 고객 서비스는 대부분 문제해결에 관한 것이기 때문이다. 일반적인 인식과는 달리, 전화를 건 사람들 중 대다수는 실제로 꽤 합리적이고 우호적이었다. 물론 "당신들은……"으로 시작하는 불길한 전화를 가끔 받았지만 그것은 예외적인 경우였다. 수천 건의 고객 상담전화를 통해 내가 느낀 점은 우리 은행을 가장 충성스럽게 이용하면서 자부심을 표한 고객은 은행의 실수를 한 번도 경험하지 않은 고객이 아니었다는 점이다. 오히려 은행에서 발생한 문제를 잘 처리하고 수정한 경우에 고객들이 우리를 칭찬하는 경우가 많았다. 고객과 협력하여 문제를 해결하는 과정에서 관계가 더 깊어지곤 했다. 실제로 문제는 기회를 가져다주기도 했다. 물론 어느 쪽도 문제가 발생하기를 원했던 것은 아니며, 고객의 충성도를 높이기 위한 전략으로 일부러 문제를 만드는 것을 옹호하는 것은 아니다. 그러나 이러한 좌절스러운

경험 속에 숨어 있는 진정한 가능성을 간과하는 것도 실수일 것이다. 이와 유사하게 임상 슈퍼비전에서도 예기치 못한 실수가 발생할 경우에 슈퍼바이저가 배려심을 가지고 슈퍼바이지의 '실수'를 부정적으로 여기지 않으며, 학습 과정에서 발생하는 모호함과 시행착오를 환영한다면 작업 동맹을 강화하는 기회가 될 수 있다(Whiting, 2007, p. 148).

우리는 모두 문제 속에 기회가 있다는 말을 수없이 들어 왔지만, 일상생활에서 특히 스트레스가 높아질 때는 문제에 지나치게 집중하여 '꼼짝 못하는' 상태에 빠지기 쉽다. 이는 상황이 나아질 가능성을 상상하지 못하게 만든다. 은행에서의 고객 서비스에서는 대부분의 문제가 몇 분 내에 쉽게 해결되었다. 그러나 임상 슈퍼비전에서는 그런 경우가 흔치 않다. 문제를 어떻게 인식하고 해결 방안을 구상하느냐는 우리의 관점과 준거틀에 크게 좌우된다. 인간의 본성은 문제에 과도하게 집착하는 경향이 있다. 스트레스에 대한 연구(예: Ohman, 2000)에 따르면, 위협을 느낄 때 '터널 시야(tunnel vision)'를 가지게 되는 경향이 있으며, 이는 싸우거나 도망치는 것이 좋은 선택인 단기 상황에서는 적응적일 수 있다. 그러나 슈퍼비전에서의 문제나 '막힘'을 효과적으로 대처하려면 유연성과 관점을 전환할 수 있는 능력이 필수적이다. 이 원칙은 고등학교 수학이나 심리학 입문 수업에서 자주 사용되는 고전적인 그림으로 잘 설명된다. 이 그림은 우리가 어디에 초점을 맞추느냐에 따라 아름다운 여성이나 늙은 여자의 모습이 전경으로 나타난다. 어느 관점도 더 '옳거나(right)' '진실(true)'하지 않다. 특히 치료나 슈퍼비전에서 중요한 것은 '진실'을 찾으려는 노력이 아니라, 필요에 따라 관점을 전환할 수 있는 능력이다. 진실을 찾으려는 시도는 종종 압박감, 방어적 태도, 경직성을 초래하기 때문이다(Lopez, Snyder, & Rasmussen, 2003).

슈퍼비전은 슈퍼바이저와 슈퍼바이지 모두에게 불안을 유발할 수 있는 과정이다. 학습은 본질적으로 시행착오를 포함하며, 때로는 현재의 방식이 효과적이지 않다는 것을 깨닫는 순간도 포함된다(Peterson & Seligman, 2004, p. 166). 이와 관련하여 아내와 내가 새 주방 싱크대를 샀을 때의 이야기가 여기에 잘 어울리는 것 같다(아마도 독자들은 '이제는 주방 싱크대까지 끌어들이려는 건가?'라고 생각할지 모르겠다). 몇 년 전, 우리는 새롭고 반짝이는 스테인리스 주방 싱크대를 설치했다. 그러나 며칠 지나지 않아 우리가 아끼는 새 싱크대에 몇 개의 작은 흠집이 생겼다. 그것은 더 이상 완벽하지 않았고, 그 흠집이 눈에 거슬렸다. 이때 우리는 두 가지 선택이 있다는 것을 깨달았다. 사실 흠집이 생기지 않도록 싱크대를 완벽하게 조심히 다루는 선택지는 이미 지나가 버린 상황이었다. 나머지 선택지는 단순히 시간이 지나도록 두는 것이었다. 흠 없는 새것에 비해 눈에 띄던 몇 개의 작은 흠집들은 시간이 지나면서 점점 더 많은 흠집이 쌓여 풍부한 멋스러운 녹청색으로 변했다. 물론 주방 싱크대에서든 슈퍼비전에서든 작은 흠집과 불완전함은 풍부함과 개성을 더하지만, 깊은 상처는 실제로 심각하고 때로는 영구적인 손상을 초래할 수 있기 때문에 주의 깊게 피해야 한다.

내가 개인적으로 매우 신경 쓰이는 것 중 하나는 임상 관련 책에서 모든 기법이나 접근법이 마치 마법처럼 작동하고, 내담자가 항상 빠르고 쉽게 나아지는 것처럼 묘사되는 경우다. 심지어 한 번은 조현병 같은 겉보기에 어려운 문제를 치료자가 '치료'하는 데 한 회기 전체가 필요하지 않은 경우도 있다는 내용의 책을 읽은 적도 있다. 하지만 우리 모두 알다시피 현실에서는 실제 문제들이 발생하며, 때로는 계획대로 일이 진행되지 않을 때도 있다.

긍정심리학적 접근이란 문제를 과소평가하거나 상황을 긍정적으로 포장하려는 것이 아니다. 오히려 문제를 문제로 인정하고, 잘 준비된 도구 상자를 활용해서 그것을 효과적으로 다루는 것을 의미한다.

이 장에서는 슈퍼비전 중에 발생할 수 있는 문제에 접근하는 여러 가지 모델을 제시하고, 도전적인 상황들이 슈퍼바이지의 성장과 슈퍼비전 관계의 강화를 이끌 수 있도록 돕는 실용적인 제안들을 제시한다. 문제가 발생하는 것은 불가피하지만, 은행의 고객서비스처럼 이를 해결하는 외부 부서가 따로 있는 것은 아니다. 그러나 문제를 성공적으로 해결하는 과정은 오히려 순조로운 여정보다 더 큰 성장과 발전을 가져올 수 있다.

고정관념에서 벗어나 생각하기

세계적으로 유명한 피렌체 대성당은 오늘날까지도 피렌체의 명소로 꼽히지만, 극복할 수 없는 도전에 직면하여 건축 완공이 위기에 처했었다(Gelb, 2002). 건축은 1296년에 시작되었지만, 100년이 지난 후에도 대성당은 여전히 완공되지 않은 상태였다. 정말 해결책이 절실히 필요한 문제라고 할 수 있다! 대성당의 팔각형 벽은 폭이 약 55m에 달했고, 이 벽들 사이의 개방된 공간은 약 43m에 이르렀다. 이는 당시 전통적인 건축 방법으로는 해결이 불가능한 문제였다. 심지어 대성당의 원 설계자들조차도 돔을 완성하는 방법을 생각해 내지 못했고, 미래 어느 시점에서 신께서 해결책을 제공할 것이라는 믿음만을 표현한 상태였다. 이 문제를 해결하기 위해 1418년에 대성당의 돔 설계를 위한 공모전이 열렸다. 당시 최고의 건축가와 엔지니어들이 돔을 설계하기 위해 초대되었고, 대부분의 공모전 출품작은 내부 중앙에 비계를 세우고 이를 지지 구조로 사용하는 전통적인 기술을 따랐다. 그러나 이탈리아 건축가 Filippo Brunelleschi는 완전히 새로운 방식을 제안했다. 그는 중앙 지지 구조를 제거하고, 헤링본 벽돌 배열을 사용한 이중 돔 구조로 혁신적인 설계를 제시했다.

물론 이런 이야기에서 흔히 그렇듯이, Brunelleschi의 설계안을 검토한 건축가들은 처음에는 그 아이디어를 비웃었다. 그러나 그는 포기하지 않고 심사위원들과 다시 회의를 열 것을 요청했다. 이번에는 다른 건축가들에게 평평한 대리석 바닥 위에 달걀을 세우는 도전을 제안하며, 이를 성공적으로 해내는 사람이 돔을 건설할 만큼 충분히 지능적이라고 주장했다. 모두가 시도했지만 실패했고, 그러다가 Brunelleschi는 간단히 달걀의 밑부분을 대리석에 살짝 깨뜨려 세웠다. 이에 다른 건축가들은 자신들도 그렇게 할 수 있었다고 불평했으나, Brunelleschi는 만약 자신의 설계를 이해한다면 그들도 돔을 지을 수 있을 것이라고 응수했다. 결국 그의 설계안은 심사위원들의 승인을 받았고, 그는 이 유명한 돔을 건설할 계약을 따냈다. 피렌체 대성당은 일반적으로 두오모(Duomo)라고 불리며, 거의 500년 동안 세계에서 가장 큰 돔으로 남아 있었다. 20세기 들어 강철과 콘크리트 같은 새로운 건축 자재가 등장한 이후에야 비로소 그 크기를 능가하는 돔이 등장했다.

Gelb(2002)는 유명한 역사적 인물과 주목할 만한 업적에 대해 글을 쓰면서 탁월한 사고와 관점을 조명하면서 Brunelleschi의 업적에서 배울 수 있는 교훈을 설명했다. 그는 '문제(problem)'라는 단어가 '앞으로(forward)'를 의미하는 라틴어 어근 'pro'와 '던지다(throw)'를 의미하는 라틴어 단어 'ballein'에서 유래했다고 말했다. '해결(solution)'과 '해결하다(solving)'라는 단어는 '풀어 주다(to loosen up)'를 의미하는 라틴어 어근 'solver'에서 유래했다. 따라서 '문제해결'은 '일을 풀어 주면서 진전시키는 기술'이다. 다시 말해, Brunelleschi는 문제를 받아들임으로써 자신의 관점을 넓힐 수 있었다. 다른 사람이 생각할 수 없는 해결책을 어떻게 생각해 낼 수 있었는지 설명해 달라는 요청을 받았을 때, 그는 프로젝트를 시작할 때 성공적인 완결을 시각화하는 것부터 시작했다고 설명했다. 궁극적인 결과만큼이나 중요한 것은 처음에 거부당했던 좌절에 멈추지 않고 스트레스를 받을 때에도 자신의 우선순위에 집중할 수 있었다는 것이다. 이 장의 나머지 부분에서는 고정관념에서 벗어나 생각하고 슈퍼비전에서 문제와 도전이 발생할 때 일을 진전시키는 다양한 접근을 제시할 것이다.

긍정적인 탐구: 진흙탕에 빠지지 않기

차가 진흙탕에 빠져서 움직이지 못하는 경험을 해 본 적이 있을 것이다. 차를 빼내려고 애쓸수록 더 깊이 빠지게 되는 경우가 많다. 아무리 의도가 좋아도 슈퍼비전에서도 이와 비슷한 상황이 쉽게 발생할 수 있다. 슈퍼바이저로서, 특히 슈퍼바이지의 행동에 대해 법적 및 윤리적 책임이 있다는 점을 의식하면 슈퍼바이지의 실수나 잘못은 불편한 상황을 초래할 수 있다. 지극히 당연하게도 임상 슈퍼비전은 종종 의도는 좋지만 해결 중심이 아니라 문제 중심으로 흐르는 함정에 빠지기 쉽다. Cohen(1999)은 슈퍼비전과 실무의 병렬 과정을 고려할 때 문제 중심의 슈퍼비전 접근법은 슈퍼비전 과정에서 저항을 일으키거나 임상 작업에서 혼란을 초래하여 슈퍼비전 과정을 쉽게 약화시킬 수 있다고 언급했다(p. 462).

긍정적인 탐구 모델(예: Ludema, Whitney, Mohr, & Griffin, 2003)은 변화에 대한 접근 방식으로, 우리가 집중하는 것이 더 커진다는 것을 전제로 한다. 따라서 전통적인 문제해결 접근법, 즉 문제의 핵심을 파악하고, 실패의 근본 원인을 분석하며, 가능한 해결책을 탐색하고 행동 계획을 개발하는 방식은 비록 의도는 좋지만, 종종 '꼼짝 못하는 상태(stuckness)'를 더욱 고착화하는 결과를 초래할 수 있다. 이에 반해 긍정적인 탐구 모델은 우리가 줄이고 싶은 것을 피하려는 시도에서 벗어나 이미 잘 작동하고 있는 것과 우리가 원하는 것을 더 많이 창조하려는 관점으로의 근본적인 전환을 제안한다. 의도적으로 슈퍼바이지의 강점과 진전에 집중하고 이를 증폭시키는 것은 치료자로서 그들의 주체성(agency)을 강화할 가능성이 높다. Bandura(1994)는 주체성이 강화되면 더 많은 도전을 추구하고, 어려운 과제에 더 오래 지속적으로 노력을 기울이며, 실패를 경험하더라도 스스로를 유능하고 성공적인 사람으로 여기는 경향과 연관되어 있다고 설명했다.

이름에서 알 수 있듯이, 긍정적인 탐구는 개인에게 이미 존재하는 강점과 재능을 인식하고 질문을 사용하여 자신이 더 원하는 것을 조명하고 확장하는 데 기반을 두고 있다(예: Cooperrider & Srivastva, 1987; Cooperrider & Whitney, 1999). 피벗팅(pivoting)이라는 행위는 이 원칙을 구체적으로 담고 있다. 이는 사람이 원하지 않는 것에서 벗어나 원하는 것에 주의를 돌리는 의도적인 행위를 말한다(Orem, Binkert, & Clancy, 2007). 예를 들어, 회기에서 실패한 개입 시도에 머무르지 않고 성공적인 개입이 어떤 모습일지를 상상하는 것이 이에 해당한다. 슈퍼바이지를 긍정적으로 인정하고 지지하는 슈퍼바이저의 태도는 특히 슈퍼바이지가 불안하거나 수련 초기 단계에 있을 때 자아중심적 집착에 빠지기 쉬운 경향을 줄이는 데 도움이 된다. 동시에 이는 슈퍼바이지의 시야를 넓히는 데에도 기여한다(Cooperrider, 1990). 효과적인 시작점은 단순히 함께하기(being-with)다. 이는 상황의 어려움을 인정하되 이를 거부하거나 축소하지 않고, 동시에 그 문제에 과도한 초점을 두지 않는 것을 의미한다(Orem, Binkert, & Clancy, 2007, p. 165). 재구성(reframing) 또한 특히 슈퍼바이지와 슈퍼바이저 간의 갈등 상황에 유용한 기법이 될 수 있다. 슈퍼비전 목표와 기대치에 갈등이 강하게 연결되고, 갈등에 포함된 정서적 과정들이 다루어진다면 이러한 갈등은 더 쉽게 해결될 가능성이 있다(Allen, Szollos, & Williams, 1986, p. 90).

긍정적인 탐구 질문은 판단이 아니라 호기심을 표현하고, 정답이 아니라 여러 답변을 이끌어 내며 사고를 자극하는 역할을 위한 것이다(Orem et al., 2007). 이 개념은 Rainer Marie Rilke의 『젊은 시인에게 보내는 편지(Letters to a Young Poet)』(1987)에서 볼 수 있다. Rilke(1987)는 우리가 스스로에 대해 가장 좋은 모습을 생각해 볼 수 있는 질문을 포용하되, 너무 서둘러서 답을 찾으려고 하지 말라고 권고했다. 이러한 부담 없는 성찰의 태도는 비판적 사고를 촉진하는 데 도움이 될 수 있다. 특히 "명확한 해결책이 없는 비교적 복잡하거나 구조화되지 않은 아이디어에 대해 예상되는 결과나 목적을 가지고 이루어지는 정신적 처리의 한 형태"로서 비판적 사고를 이해할 때 더욱 그러하다(Moon, 1999, p. 23). 이는 임상 슈퍼비전에서 직면하는 많은 문제와 관련된다.

긍정적인 탐구 모델은 문제를 '해결'하기 위해 문제를 완전히 이해하려는 기존의 상식적이고 문제 중심적인 접근 방식이 종종 '꼼짝 못하는 상태'에 빠지게 만든다고 지적한다. 슈퍼바이지는 문제를 더 잘 이해하거나 다시 발생하지 않도록 하려는 최선의 의도로 문제에 집중하지만, 운전과 비슷하게 우리는 바라보는 방향으로 핸들을 돌리는 경향이 있다. 우리가 피하려는 것에 지나치게 초점을 맞추면 결국 원치 않는 바로 그 문제를 더 많이 초래하게 되는 경우가 많다. 긍정적인 탐구는 이러한 딜레마를 해결하기 위해 '해결 중심(solution-focused)' 접근 방식을 사용한다. 이는 질문을 긍정적인 관점에서 의도적으로 구성하고, 해결책이 어떤 모습일지에 대해 탐구하는 방식이다.

몇 년 전, 나(저자 John Wade)는 하루에 두 번의 졸업식에 참석하는 영광을 누렸는데, 6학년 아이의 초등학교 졸업식, 다른 하나는 9학년 아이의 중학교 졸업식이었다. 나는 학교 대표로 선발된 11~12세, 그리고 14~15세 청소년들이 학교를 대표하여 연설자로서 보여 준 침착함과 대중 연설 능력에 깊은 인상을 받았다. 하지만 긍정심리학의 관점에서 나를 더욱 놀라게 한 것은 그들의 연설이 자연스럽게 강점을 강조하는 관점으로 흘러갔다는 점이다. 연설에서는 성취를 기리고, 강점을 찾아내며, 어려운 경험을 인정하되 거기에 머물지 않고 나아가는 태도가 드러났다. 처음에는 겨우 15세인 아이가 삶의 어려움을 겪으며 얻은 '지혜'와 이를 통해 배운 것에 기반한 변화에 대해 이야기하는 것을 진지하게 듣고 받아들이기가 어려웠다. 하지만 깊이 생각해 보면 그것은 정말 멋진 일이다! 물론 15세 아이는 아직 배울 것이 많고, 실수도 계속하겠지만, 이는 35세, 55세, 75세의 성인들에게도 마찬가지다. 이는 숙련된 슈퍼바이저나 초보 임상가에게도 해당된다. 고난을 인정하고, 실수를 받아들이며, 변화와 성장을 향한 열린 마음을 가지는 과정은 단지 초등학교와 중학교 졸업생뿐 아니라, 심리학 대학원생, 병원 레지던트, 언어치료 전공 학생, 그리고 사회복지 슈퍼바이지들에게도 기대하는 바다.

아프리카의 한 속담에 '잔잔한 바다가 훌륭한 선원을 만드는 것은 아니다'라는 말이 있다. 어려움과 문제는 불가피하고 학습 과정의 본질적인 부분이지만, 실패와 좌절이 슈퍼바이저와 슈퍼바이지 모두에게 어떻게 인식되는지는 슈퍼비전의 학습 과정에 매우 중요하다. 좌절과 실패를 수련 과정의 예상되는 부분으로 보는 슈퍼바이지들은 실수로부터 더 빨리 회복할 가능성이 높고, 미래의 도전에 건설적으로 접근하는 능력이 높다(Seligman, 1990). 슈퍼바이저가 실패를 학습 과정의 일부로 인식한다는 메시지를 전달하는 것이 중요한데, 그 이유는 사람들이 '넘어지는 것을 실패가 아닌 학습으로 인식할 때에만 인내하는' 경향이 있기 때문이다(Heath & Heath, 2010, p. 169). 슈퍼바이지들은 전형적으로 매우 불안한 감정 상태로 슈퍼비전을 시작한다. 따라서 슈퍼비전과 학습 과정을 성장 초점적인 것으로 바라보게 하는 것이 불안을 가라앉히는 데 도움이 된다. 또한 슈퍼바이지가 가지고 있을 가능성이 있는 비현실적이거나 부정확한 기대를 다루는 것에도 유용하다(Juhnke, 1996).

강점 기반 슈퍼비전은 강점과 약점을 모두 인정하지만, 슈퍼바이지의 타고난 능력을 의도적으로 강조하고 활용하여 강점을 더욱 발전시키는 데 초점을 맞춘다. 이러한 강점은 약점과 문제를 해결하는 데에도 활용될 수 있다. Wetchler(1990)는 슈퍼비전에서 실수나 문제에만 초점을 맞추면 슈퍼바이지가 탄탄한 개념적 · 실질적 기반을 개발하기 어렵고, 이는 혼란과 비효율성을 초래할 수 있다고 지적했다. 반면, 해결 중심 슈퍼비전 모델은 치료자로서의 효능감을 높이고 체계적인 임상 스키마를 개발하는 데 도움을 주도록 설계되었다(p. 131). 간단히 말하자면 "슈퍼바이지가 치료에서 임상적 실수에 지속적으로 초점을 맞추는 것보다 올바르게 하는 것을 아는 것이 개인 역량의 전반적인 발달과 내담자의 복지에 있어서 더 중요하다"는 것이다(Wetchler, 1990, p. 130).

내러티브 슈퍼비전 관점

내러티브 치료(예: White & Epston, 1990)는 우리의 정체성과 행동이 우리의 이야기나 서사를 통해 여과된 경험으로 형성된다고 가정한다. 내러티브 치료는 내담자가 자신의 문제에 얽매이지 않고 자신의 가치와 희망에 더 부합하도록 삶을 다시 쓰거나 '다시 이야기(re-story)'를 하도록 돕는다. 내러티브 치료의 창시자로 널리 알려진 White(1984, 1986)는 유분증을 앓고 있는 아이들과 작업하면서 그 문제가 아이와 별개의 문제인 것처럼 이야기할 때 더 큰 진전을 이룰 수 있다는 것을 발견했다(Tomm, 1989, p. 1). 그는 **말썽꾸러기 푸**(sneaky poo; White, 1984)라는 용어를 사용하여 아이들과 보다 이해하기 쉽고 덜 위협적인 방식으로 유분증에 대해 이야기하기 시작했다. 그는 **말썽꾸러기 푸**가 아이들을 어떻게 방심하게 하고 속여서 불행감, 좌절감, 당혹감을 유발하는지에 대해 질문했다. 이런 질문을 직접적으로 던지는 것은 방어적 태도나 수치심을 유발할 가능성이 있겠지만, 문제에 이름을 붙임으로써 문제를 외재화(externalization)하는 것은 내담자들이 어려운 문제를 더 열린 마음으로 검토하고 이야기할 수 있는 정서적 거리를 제공했다. 또한 그는 아이들에게 문제를 효과적으로 극복한 시간에 대해 알아차리고 이를 이야기하도록 권장하여 자신감을 강화하고 문제를 더욱 외재화하는 데 도움을 주었다.

보통 우리의 정체성은 적어도 어느 정도는 자신의 문제와 융합되어 있으며, 이는 우리가 사용하는 일상적인 언어에도 반영된다(예: "나는 우울한 사람이야" 또는 "그녀는 알코올중독자다"). 이렇게 문제와 정체성이 융합되면 변화를 이루기가 매우 어렵게 되고, 마치 변화라는 게 자신의 정체성 일부를 떼어내야 하는 것처럼 방어적이고 양가적인 감정을 만들어 낸다. 슈퍼바이지가 문제를 개인의 정체성으로 통합하게 되면 그 문제에서 벗어나는 것이 점점 더 어렵게 된다(Tomm, 1989, p. 2).

내러티브 치료는 "사람이 문제가 아니라, 문제가 문제다"라는 기본 가정에 기반하고 있다. 일반적으로 여기에는 문제에 이름을 붙인 다음, 문제를 그 사람과 별개의 개체로 간주하여 문제에 대해 이야기하는 것이 포함된다. 예를 들어, 회기 도중에 자신이 비효율적이라고 자주 느낀다고 언급하는 슈퍼바이지에게 슈퍼바이저는 다음과 같은 질문을 할 수 있다. "비효율성이 당신의 능력에 대해 무엇을 믿게 만드나요? 비효율성이 우위를 점한 것처럼 보이는 순간들은 언제인가요?" 외재화 기법은 문제를 개인의 정체성과 언어적으로 분리하는 것을 의미하며, 이는 문제의 삶에 미치는 영향을 줄일 수 있는 개념적 공간(conceptual space)을 열어 준다(Tomm, 1989, p. 1). Tomm(1989)은 "책망은 억제하고, 죄책감은 속박하는 경향이 있으므로 이를 줄이는 것은 해방감을 준다. 이는 문제해결의 새로운 노력을 탐색할 수 있는 공간을 열어 준다. 그 결과, 치료 과정이 더 원활하고 신속하게 진행된다"(p. 2)라고 설명했다. 내러티브 접근은 다양한 문제와 인구 임상성과에 일반화되어 사용될 수 있으며, 슈퍼비전 문제를 다루는 데 특히 적합해 보인다. 이는 슈퍼바이지가 보통 자신의 역량에 대해 확신이 없고, 슈퍼바이저와 내담자에게 자신이 어떻게 보일지에 대해 불안을 느끼는 경우가 많기 때문이다.

일단 문제가 '외재화'되면 슈퍼바이지를 낙인의 억압에서 벗어나 '바람직한 결과'를 만드는 데 집중하도록 초대할 수 있다(Tomm, 1989, p. 3). 내러티브 치료의 핵심 개입은 언어를 신중하게 사용하여, 슈퍼바이지가 자신이 지향하는 유능한 치료자를 상상하도록 제안하는 것이다(예: "당신이 되어 가고 있는 유능한 치료자로서 이 문제를 해결할 수 있는 두세 가지 방법을 상상할 수 있을까요?"). 이미 진행 중인 진전을 명확히 드러내는 것도 중요하다[예: "상담 회기 중에 '소극성'이 당신을 밀어붙이지 못하도록 스스로를 지키고 당당히 맞선 방식은 무엇인가요?"(p. 3)].

이러한 질문들은 슈퍼바이지가 선택권을 가지고 있으며(따라서 통제권도 가지고 있음), 슈퍼비전 및 슈퍼바이지의 임상 작업 과정에서 적극적인 주체라는 믿음을 형성하고 정당화하는 데 도움이 된다. 슈퍼바이지에게 특정 행동을 취하도록 압력을 가하지 않고(임상적으로 해로운 가능성은 제외), 그 대신에 이용 가능한 대안이 강조된다. 내러티브의 관점에서 볼 때, 슈퍼바이지가 여전히 막혀 있다고 느끼고 다른 가능성을 탐색하거나 시도하지 않는다면 슈퍼바이지를 억제하는 문제의 다른 측면이 있다고 가정하면서 이에 대한 추가적인 외재화가 필요하다고 본다. 예를 들어, 슈퍼바이지는 '실패에 대한 두려움'이나 '완벽주의'의 영향을 받을 수 있다(p. 3). 회기 녹화를 보면서 슈퍼바이저와 슈퍼바이지는 외재화된 문제에 관련된 사례를 관찰할 수 있고, 추후에 문제에 위축되지 않고 문제에 대항하기 위해 취할 수 있는 가능한 대안에 대해 논의할 수 있다(Sekelman & Todd, 1995, p. 27). 예를 들어, 슈퍼바이저는 "다음에 완벽주의로 인해 당신이 자기 초점에 몰두하게 만들고 내담자와의 연결감을 잃어버리게 된다면 무엇을 할 수 있을까요?"라고 질문할 수 있다.

내러티브 관점은 슈퍼바이지에게 다양한 가능한 내러티브와 미래의 방향을 상상하도록 요청할 것을 강조한다. 이는 어려움 속에 항상 희망이 담겨 있다는 동양적 관점과 연결된다. 즉, 현재 우리는 동전의 한쪽 면만 보고 있을 뿐이며, 반대쪽 면도 상황 안에 포함되어 있지만 아직 보이지 않는 것일 뿐이다. 희망은 어려움의 반대면이다. 막힌 상태를 풀기 위한 핵심은 단일한 '올바른' 답을 찾으려는 것이 아니라, 관점을 전환하여 다시 앞으로 나아가기 시작하는 것이다.

문제를 보는 균형 잡힌 시각이나 접근 방식, 즉 음양(陰陽)의 관점에서 작업하는 것은 슈퍼비전에서 문제가 발생하여 '막힘' 상태에 빠졌을 때 어두운 길을 벗어날 수 있는 길을 밝히는 데 도움이 될 수 있다. 동양적 관점에서 변증법적 음양의 틀을 기반으로 하면 슈퍼바이지가 문제를 겪을 때 할 수 있는 질문은 "무엇이 빠져 있는가?"일 것이다(예: Linehan & Dexter-Mazza, 2007). 예를 들어, 여러 주제를 이리저리 옮겨다니며 횡설수설하는 경향이 있는 내담자에게 좌절감을 느끼는 슈퍼바이지에게 이 질문을 던진다면 슈퍼바이지가 회기에서 실행할 수 있는 대안적이고 가능한 행동을 탐구하도록 촉진할 것이다. 예를 들면, 대화를 더 깊이 이어 가도록 유도하기 위해 때때로 말을 끊고 개입하거나, 주제를 자주 바꾸는 행동을 인정하고 내담자에게 이러한 방식으로 시간을 활용하고 싶은지 물어보는 등 더 지시적인 접근법을 사용할 수 있을 것이다.

세부 사항들이 아직 명확하지 않더라도 단순히 변화를 상상할 수 있는 것만으로도 막힌 상태를 깨는 데 도움이 될 수 있다. 또한 상황이 나빠졌을 때 슈퍼바이지의 의도를 탐색하는 것도 유용한(그리고 매우 타당할 수 있는) 방법이다. 비록 잘못된 방향이거나 실행이 미흡했더라도 의도는 거의 항상 긍정적이다. 이는 '체면을 살리는 방식'으로 대안을 탐구하거나 새로운 기술을 생산적으로 논의할 수 있는 문을 여는 데 도움을 준다 (Edwards & Chen, 1999, p. 354).

사회구성주의 접근

내러티브 슈퍼비전은 협업(collaboration), 비지시성(nondirectiveness), 다중 관점 (multiple perspectives)을 강조하는 포스트모던 원칙을 강조하는 사회구성주의(social constructionism)에 기반을 두고 있다(Whiting, 2007). 사회구성주의는 의미와 신념이 사회적 상호작용과 대화를 통해 생성된다고 가정한다. 우리의 현실은 우리가 나누는 대화와 우리가 사용하는 언어에 의해 영향을 받고 만들어지기 때문에 치료와 슈퍼비전 모두에서 언어에 대한 세심한 주의를 기울이는 것이 매우 중요하다. 슈퍼비전은 개인적 차이, 인종, 성별, 문화, 권력의 차이에 의해 영향을 받는 맥락에서 이루어지기 때문에 사회구성주의 관점에서 슈퍼비전이 항상 명확하지 않고 문제가 발생할 수 있다는 것은 놀라운 일이 아니다(Whiting, 2007, p. 140). 사회구성주의가 인내, 다양한 관점, 호기심을 강조한다는 점은 슈퍼비전에 유용할 수 있다. 이는 복잡한 과정에서 쉽게 발생할 수 있는 오해와 '잘못된 해석(misreadings)'을 풀어내기 위해 시간과 개방성이 필요한 상황에서 특히 중요하다(p. 141).

슈퍼비전에서 설정되는 어조와 패턴은 슈퍼비전의 효과에 영향을 미칠 뿐만 아니라 이러한 영향이 치료자-내담자 관계로 전이될 가능성이 높기 때문에 매우 중요하다

(Whiting, 2007, p. 142). 슈퍼바이지가 특히 도전적인 사례를 절망적인 것으로, 내담자를 다루기 힘들 정도의 고착된 상태로 제시할 수 있다. 그럴 때 슈퍼바이저가 이를 그저 단순히 받아들이고 제한된 선택지에 동조하기 쉽겠지만, 내러티브 또는 사회구성주의적 틀에서 작업하는 슈퍼바이저는 절망으로 가득 찬 사례에 대해 무기력해하기보다는 이야기를 확장하고 치료자와 함께 다른 가능성을 탐색하려고 할 것이다. 슈퍼바이저의 발견과 가능성에 대한 태도는 잔물결처럼 슈퍼바이지에게 영향을 미쳐서 내담자에 대한 이야기를 다시 구성하도록 독려할 가능성이 높다(p. 142).

사회구성주의적 관점은 치료와 슈퍼비전에 협력적으로 접근하는 것을 포함한다. 그러나 이것이 슈퍼바이저가 슈퍼바이지에게 도전하지 못한다는 것을 의미하는 것은 아니다. 협력을 강조하고 슈퍼바이저가 비전문가의 입장을 취한다고 해서 슈퍼바이저가 경험과 지식을 공유하지 않는 것은 아니다. 경험과 지식은 슈퍼비전 과정에서 중요한 것으로 간주되며, 슈퍼바이저는 이를 '미리 아는 것(preknowing)'이나 결론을 내리는 태도를 취하지 않고 공유한다. 내러티브 치료 관점에서 심리치료는 내담자가 자신의 삶에 대한 전문가라는 가정에 기반하지만, 슈퍼비전에서는 동일한 가정을 하지 않는다. 슈퍼바이지가 치료를 수행하는 방법에 대한 전문가로 간주되지는 않지만, 그들이 어떤 자연적인 기술, 능력, 재능을 가지고 있으며 슈퍼비전 과정을 통해 이를 집중적으로 강화할 수 있다고 믿는다(Bobele, Gardner, & Biever, 1995, p. 18). 사회구성주의 접근은 슈퍼바이저가 지시적이거나 실제적인 토론에 초점을 맞추는 것을 배제하지 않지만, 선택에 대한 신중함을 필요로 한다(Whiting, 2007, p. 143). 이를 달성할 수 있는 한 가지 방법은 단언하는(pronouncing) 태도보다는 호기심에 가득 찬(curious) 태도를 취하는 것이다. 단언하는 태도는 불안과 방어적인 반응을 유발할 가능성이 있다. Parry와 Doan(1994)은 마침표 대신에 물음표로 표현하는 것이 도움이 된다고 제안했다.

사회구성주의적 관점에서 슈퍼바이지들은 강점과 역량을 가지고 있다고 가정하지만, 종종 이를 인식하지 못하거나 충분히 사용하지 않고 있으며, 그들의 자산과 자원은 슈퍼바이지 본인과 다른 사람 모두에게 잘 보이지 않을 수 있다(Greene, Lee, & Hoffpauir, 2005, p. 268). 사회구성주의적 관점에서 문제가 발생했을 때 가장 중요한 목표는 슈퍼바이지를 강화(empowerment)하는 것이다. 즉, 슈퍼바이지가 도전에 대처할 수 있는 능력을 확장하고, 이를 성장의 자극제로 사용할 수 있도록 돕는 것이다. 슈퍼비전에서는 기존에 이미 슈퍼바이지가 가지고 있지만 잊어버린 강점, 역량, 자산, 자원을 파악하고 이를 증진할 수 있도록 슈퍼바이저가 질문하는 과정이 포함된다(p. 269). 단순히 도움을 필요로 하는 것에 초점을 맞추는 대신에 협력을 강조하면서 슈퍼바이저는 "오늘 슈퍼비전에서 당신 자신을 위해 원하는 것은 무엇인가요?" 또는 "오늘 다루고 싶은 당신의 고민은 무엇인가요?"와 같은 질문으로 슈퍼비전 시간을 시작할 수 있다. 이러한 질문들은 효과적인 대처와 문제해결에 필수적인 주체성을 촉진하는 데 도움이 된다(p. 271).

가능성의 언어

내러티브 또는 사회구성주의적 관점에서 슈퍼바이저는 어려움을 재구성하고, 슈퍼바이지에게 부정적이고 바람직하지 않거나 변하지 않는 것으로 정의된 것에 대해 그럴듯한 대안적 해석을 제안함으로써 슈퍼바이지의 가능성을 넓히고 선택지를 늘릴 수 있다(Greene et al., 2005, p. 272). 현실에 대한 우리의 인식과 참조 틀은 문제를 인식하는 방식과 가능한 해결책의 범위에 큰 영향을 미친다. 자신의 인식이나 참조 틀을 바꿀 수 없는 사람들(즉, 갇혀 있는 사람들)은 스스로에게 선택지가 거의 없다고 생각하는 경향이 있으며, 따라서 문제 상황에 대처하는 능력이 부족한 경향이 있다(p. 272). "해결 중심 언어는 결코 문제의 존재를 부정하려고 하지 않는다. 오히려 그것은 사람들이 가지고 있지만 자신이나 다른 사람들이 무시하거나, 잊어버렸거나, 충분히 활용하지 못하고 있는 강점, 역량, 자원, 잠재력 및 창의성을 강조한다. 치료적 대화를 해결책과 강점에 초점을 맞춤으로써 언어의 힘은 내담자와 치료자가 역량, 기술, 권한, 그리고 주체성을 포함하는 자기에 대한 확장된 정의를 공동으로 구성하는 데 도움이 될 수 있다"(pp. 272-273).

역할극은 슈퍼바이지가 다른 관점에서 문제를 볼 수 있도록 돕는 데 사용할 수 있는 기법 중 한 가지다. 이는 슈퍼바이지에게 다른 맥락과 상황에서 슈퍼바이지가 마치 내담자인 것처럼 역할극을 하도록 요청하는 것이다. 이것은 슈퍼바이지가 대안적이면서도 실행 가능한 이해를 생성하는 데 유연해지도록 장려하기 위해 고안되었다. 예를 들어, 슈퍼바이저는 슈퍼바이지에게 내담자가 되어 슈퍼비전에 대해 다음의 질문에 답해보라고 요청할 수 있다. "당신이 내담자라면 오늘 슈퍼비전에서 우리가 논의한 문제와 아이디어에 대해 뭐라고 말할까요?"(Bobele et al., 1995, pp. 18-19). 또는 "내담자의 관점에서 볼 때, 회기에서 에너지나 감정을 자극한 것은 무엇인가요? 상담 과정을 방해한 것은 무엇이라고 생각하나요?"

사회구성주의적 관점에서 슈퍼비전은 동시에 여러 가지 아이디어를, 때로는 모순되는 아이디어를 받아들이는 과정으로 이해된다(Bobele et al., 1995, p. 19). 내담자와 마찬가지로 뭔가에 막히게 되었을 때 슈퍼비전의 주요 목표는 하나의 정답을 내놓아야 한다는 압박감에서 벗어나서 여러 아이디어나 이해를 추구하도록 유도하는 것이며, 이는 상당한 해방감을 줄 수 있다. 효과적인 슈퍼바이저는 호기심의 관점에서 작업하며, 이는 슈퍼바이지에게 개방성과 수용성을 모델링해 준다. 또한 슈퍼바이지에게 가능한 한 많은 아이디어를 생성하도록 독려한다.

그러나 이것은 무분별하게 상대주의가 난립하도록 하는 것을 의미하는 것은 아니다. 어떤 아이디어와 개입은 다른 것보다 더 도움이 되고, 어떤 경우에는 실제로 내담자에게 해로울 수 있다(Bobele et al., 1995, p. 20). 슈퍼바이저로서 우리는 슈퍼바이지의 발전과 교육에 대한 책임뿐만 아니라 서비스를 받는 내담자의 복지를 보장해야 하는 중요한 책임도 가지고 있다. 그러나 합리적이고 도움이 되는 범위 내에서 슈퍼바이지가 주인의식과 편안함을 느낀다면 그들이 아이디어와 제안을 실행할 가능성이 높다(Bobele et al., 1995, p. 20). 다음과 같은 질문들이 슈퍼바이지가 관점을 확장하게 하는 데 유용할 수 있다.

- "내담자가 이해한 바는 무엇이라고 생각하나요?"
- "당신은 어떻게 이해하고 있나요?"
- "어떻게 이해하는 것이 유용할까요?"
- "당신이 묻지 않았던 다른 질문이 있나요?"(Bobele et al., 1995, p. 20)

내러티브 또는 구성주의적 슈퍼바이저는 이러한 질문들을 통해 슈퍼바이지의 사고를 확장하고 정교화할 수 있으며, 슈퍼바이지가 생성한 아이디어를 추가하거나 확장할 수 있다(Bobele et al., 1995, p. 22).

해결 중심 관점

해결 중심 치료는 내러티브 치료와 많은 공통된 가정을 공유하며, 강점, 가능성, 해결책에 초점을 맞추고, 슈퍼바이지가 성공과 강점을 식별하고 이를 바탕으로 구축하며, 궁극적으로 해결책을 창출하도록 돕는 것을 목표로 한다. 사회복지의 강점 관점(예: Saleebey, 1992)을 차용하여 해결 중심 치료는 상황이 불가능해 보일 때 해결책을 창출할 방법을 탐구하는 데 중점을 둔다. 문제를 축소해서는 안 되지만, "문제를 부정하는 것이 잘못된 것처럼 가능성을 부정하는 것도 잘못된 것이다"(Saleebey, 1996, p. 297).

실수나 문제에만 초점을 맞추면 슈퍼바이지에게 탄탄한 개념적 · 실천적 토대를 제공하지 못하며, 이는 혼란과 비효율성을 초래할 수 있다(Wetchler, 1990). 문제 지향적 관점의 슈퍼비전은 슈퍼바이지에게 부적절감을 느끼게 하는 반면, 해결책이나 슈퍼바이지들이 이미 올바르게 하고 있는 것에 초점을 맞추는 것은 슈퍼바이지들이 치료자로서의 핵심이 되는 정체성과 임상적 적용을 위한 실질적인 틀을 형성하는 데 도움이 될 수 있다. 해결 중심 슈퍼비전 모델은 슈퍼바이지들이 임상 작업에서 긍정적인 측면을 인식하고, 체계적인 임상 스키마를 개발하고, 자신감을 갖도록 돕기 위해 고안되었다(Wetchler, 1990, p. 131). 또한 슈퍼바이지들이 임상 작업에서 효과적인 측면을 식별하고 명료하게 표현하도록 하여 유사한 상황에서 이러한 효과적인 행동을 반복하도록 장려한다. 이를 통해 문제에 대한 성공적인 해결과 변화를 가져올 수 있는 슈퍼바이지의 잠재력에 대한 기대를 촉진한다(Juhnke, 1996). 다시 말해, 성공을 기록하고 동일한 행동(즉, 효과적인 행동)을 더 많이 수행하게 하는 것이다.

슈퍼바이지는 상담 시간에 자신이 잘한 점을 식별하고 이를 슈퍼바이저에게 보고하는 과제를 부여받을 수 있다. 여기서의 초점은 올바른 해결책이 아니라, 특정 사례에서 슈퍼바이지에게 효과적이라고 보이는 것에 맞추는 것이다. 많은 수련에서의 어려움은 지식 부족에서 비롯되며, 유능한 슈퍼바이저는 문제가 해결 중심 관점을 통해 가장 잘 해결될 수 있는지, 아니면 단순한 교육과 정보 제공을 통해 다루는 것이 적합한지를 결정해야 한다(Wetchler, 1990, p. 134). 발달적 접근과 해결 중심 접근을 결합하여 초심 슈퍼바이지들이 교육 중심의 접근을 보다 필요로 하거나 원할 수 있다는 것을 인식하는 것(Marek Sandifer, Beach, Coward, & Protinskey, 1994)은 보다 많은 정보가 필요한 문제를 다룰 때 슈퍼바이지가 느끼는 무능감이나 부적절함을 줄일 수 있다.

해결 중심의 슈퍼바이저는 슈퍼바이지가 책임을 맡고, 여러 가능한 해결책을 생성하고, 슈퍼비전 목표와 관련된 새로운 행동을 시작하도록 장려한다. 다음과 같은 질문이 유용할 수 있다.

- "이 목표를 달성하기 위해 회기 내에서 무엇을 시작해 볼 수 있을까요?"
- "동일한 것을 더 많이 성취하려면 무엇을 해야 할까요?"
- "다음에 더 많은 도움을 주기 위해 무엇을 다르게 해 볼 수 있을까요?"
- "어떻게 하면 다음 주에도 이런 긍정적인 개입을 지속할 수 있을까요?"
- "지난 만남 이후로 당신의 상담 기술이 향상된 것을 어떻게 알아차렸나요?"
- "상담 기술을 향상시키기 위해 이번 회기가 끝나고 다음 회기가 시작되기 전까지 무엇을 할 계획인가요?"(Juhnke, 1996)

Thomas(1994)는 해결 중심 치료와 내러티브, 역량 기반 및 가능성 치료 모델을 결합하여 문제를 해결하기 위해 슈퍼바이지의 삶의 경험, 교육 및 수련을 이끌어 내는 데 중점을 두었다. 그는 슈퍼바이지들이 전형적으로 이미 스스로에게 충분히 엄격한 경향이 있으며, 많은 치료사가 자신이 수행하는 치료에 대해 '문제에 포화된 시각(problem-saturated views)'을 가지고 있다고 지적했다. '저항 같은 것은 없다'는 de Shazer(1984)의 주장을 참조하면, 슈퍼바이저의 임무는 '적합성(fit)'을 개발하고 슈퍼바이지의 학습 경험과 방식에 호기심과 진정한 관심을 통해 협력할 방법을 찾는 것이다(Thomas, 1994, pp. 13-15). 다루기 어려워 보이는 상황에서 희망의 빛을 비추는 것도 슈퍼바이지의 저항을 낮추는 데 큰 도움이 될 수 있다.

다음은 슈퍼바이저가 발전과 성장을 촉진하기 위해 사용할 수 있는 실제적 질문들이다(Thomas, 1994, pp. 15-17).

- 중요성(saliency)
  - "현재 당신의 치료에 대해 제가 알아야 할 가장 중요한 것은 무엇인가요?"
  - "우리가 가장 도움이 될 초점은 무엇인가요?"

- 해결 초점 유지(maintaining a solution focus)
  - "지난 슈퍼비전 이후 당신의 치료가 변화되거나 개선된 부분이 있나요?"
  - "상황이 보다 나아졌을 때, 당신은 무엇을 다르게 하고 있나요?"
- 목표 설정(setting goal)
  - "상황이 나아졌다는 것을 어떻게 알 수 있나요?"
  - "이 방향(목표)으로 나아갈 수 있는 작은 단계는 무엇인가요?"
  - "차이를 만들 가능성이 있는 작은 변화는 무엇인가요?"
  - "제가(또는 다른 사람이) 당신의 치료가 개선된 것을 가장 먼저 알아차리게 하는 것은 무엇인가요?"
- 문제의 예외 식별(identifying exceptions to problems)
  - "문제가 조금이라도 다른 경우는 언제인가요?"
  - "이 문제에 대해 당신이 하고 싶었던 것을 실행하고 있을 때는 언제인가요?"
- 예외를 의미 있게 만들기(making exceptions meaningful)
  - "그렇게 하기로 결정한 이유는 무엇인가요?"
  - "당신이 이 문제에 영향을 미쳤을 때, 내담자가 당신에 대해 알아차린 것은 무엇인가요?"
  - "당신의 실수나 오류 등이 어떻게 당신을 더 나은 치료사로 만들었나요?"
  - "아직 크게 나아지진 않았더라도, 더 나빠지지 않게 하려면 어떻게 해야 하나요?"
  - "지난 회기 이후로 어떻게 ___________을 줄일 수 있었나요?"
- 미래 지향 및 변화 유지(future orientation and keeping the changes going)
  - "이번 주에 문제가 재발하지 않도록 하기 위해 구체적으로 집중해야 할 일은 무엇인가요?"

슈퍼바이지에게 자신의 성장과 발전에 대한 책임을 지게 하고 학습 과정을 깊이 있게 성찰하도록 초대하는 질문을 하는 것은 슈퍼바이지들이 궁극적으로 자신만의 슈퍼바이저가 되는 목표에 더 가까워지도록 도울 수 있다.

Sekelman과 Todd(1995)는 de Shazer(1985, 1988, 1991)의 해결 중심 모델을 슈퍼비전에 적용하여 긍정적이고 생산적인 치료자의 행동 패턴을 식별하고, 이러한 유익한 결과를 도출하는 데 도움이 되는 것이 무엇인지 슈퍼바이지가 이해하도록 안내하는 예외 지향적 관점을 강조했다. 이러한 예외 지향적 초점을 통해 슈퍼바이지들은 생산적인 행동과 비생산적인 행동을 구분하고, 긍정적인 사건이 발생한 조건을 탐색하여 특정 목표 및 기술 영역에서의 성과에 대한 새로운 발견으로 이어질 수 있다(Sekelman & Todd, 1995, p. 23).

이 접근 방식을 적용하는 한 가지 방법은 상담 회기를 녹화한 비디오에서 슈퍼바이지에게 잘 진행되었다고 느끼는 두 곳과 막혔다고 느끼는 두 곳을 찾아보도록 하는 것이다. 이때 슈퍼비전은 슈퍼바이지가 잘 진행되었다고 판단한 부분을 시청하는 것으로 시작한다. 슈퍼바이저는 의도적으로 성공을 강조하며, 주체성 질문(예: "어떻게 그렇게 하셨나요?")과 증폭 질문(예: "이 내담자와 더 자주 그런 일이 일어나게 하려면 어떻게 해야 할까요?")을 던진다. 성공에 먼저 초점을 맞추면 이러한 성공 요소를 어려운 사례에 적용하는 방법을 자연스럽게 탐구하도록 전환할 수 있으며, 슈퍼바이지의 효능감을 강화할 수 있다(Sekelman & Todd, 1995, p. 23).

단순하지만 종종 간과되는 전략 중 하나는 일이 잘 풀리지 않을 때, 특히 슈퍼바이지가 좌절하거나 막힌 것처럼 보일 때는 뭔가 다른 것을 해 보는 것이다(Sekelman & Todd, 1995, p. 23). 슈퍼바이저는 슈퍼바이지에게 다음번에는 내담자와의 상담 회기에서 다른 것을 시도해 보라고 요청할 수 있다. 그것이 아무리 특이한 것처럼 보일지라도 말이다(p. 26). 물론 이러한 지시를 하기 전에 신중한 판단이 필요하며, 슈퍼바이지의 임상적 판단 수준과 윤리적 의사결정 능력에 대한 신뢰가 확립되어야 한다. 그러나 기존 틀을 벗어나서 생각할 수 있도록 허락하는 것이 해방감을 줄 수 있다.

Sekelman과 Todd(1995)는 전제적 언어[예: '언제(when)' '할 것이다(will)'와 같은 단어] 사용이 긍정적인 치료 성과와 연관되어 있다고 밝혔다(Gingerich, de Shazer, & Weiner-Davis, 1988). 변화에 대한 기대는 종종 슈퍼바이지의 행동에 직접적인 영향을 미친다(Sekelman & Todd, 1995, p. 25). 예를 들어, 상담에서 단호한 태도를 취하는 데 어려움을 겪는 슈퍼바이지에게 두 회기 후의 상담 녹화를 상상하게 할 수 있다. 이때 슈퍼바이지는 상담에서 적절히 주도성을 발휘하는 상황을 떠올린다(Sekelman & Todd, 1995, p. 25). 또한 de Shazer(1985, 1988, 1991)의 기적 질문을 사용하는 것은 슈퍼바이지가 막다른 길에 있을 때 효과적일 수 있다. "다음 상담 회기 전에 기적이 일어나서 내담자와의 교착 상태가 해결되었다고 가정해 봅시다. 실제로 기적이 일어났다는 것을 어떻게 알 수 있습니까? 상담 회기에서 내담자와 무엇을 다르게 하고 있을까요? 그것을 이루기 위해 무엇을 했나요? 그런 일이 더 자주 일어나도록 하려면 무엇을 해야 할까요?" 이러한 질문들은 슈퍼바이지가 막혀 있는 사례에서 창의성과 전문성을 발휘하여 대안을 찾도록 도울 수 있다(Sekelman & Todd, 1995, pp. 25-26).

슈퍼비전 관계의 갈등 다루기

대부분의 슈퍼바이저에게 특히 어렵고 불편한 문제는 슈퍼비전 관계의 갈등을 다루는 것이다. 이것은 슈퍼비전에서 발생할 수 있는 여러 잠재적 어려움 중 하나일 뿐이지만, 특히 문제가 많고 도전적일 수 있기 때문에 이 문제를 더 깊이 있게 다룰 것이다. Nelson, Barnes, Evans, 그리고 Triggiano(2008)는 전문가 동료들이 '현명하다'고 평가한 슈퍼바이저들을 인터뷰하여 그들의 경험과 슈퍼비전에서의 갈등 대처 전략에 대해 이야기했다. 이 연구는 혼란스러운 문제에 대한 유용한 통찰력을 제공하며, 모범 사례를 연구하고 전문가로부터 배우는 이 방법론은 긍정심리학 연구의 핵심을 잘 구현하고 있다.

갈등의 잠재적 원인

슈퍼비전 상황은 슈퍼바이지가 피드백을 수용하고, 위험을 감수하며, 취약할 상태가 될 것으로 예상되기 때문에 갈등이 생길 가능성이 높다(Nelson et al., 2008, p. 172). 현명하다고 알려진 슈퍼바이저들은 갈등에 기여하는 주요 요인으로 슈퍼바이저에 대한 명확한 지침 부족, 수련보다 서비스 요구를 우선시하는 경우, 슈퍼바이지의 발달 수준과 일치하지 않을 정도로 슈퍼바이저의 기대치가 지나치게 높거나 일관되지 않은 경우를 꼽았다(Nelson et al., 2008, p. 178). 과거 갈등 경험에서 가장 자주 언급되는 교훈은 슈퍼비전 초기에 명확한 기대치를 전달하고 초기부터 더 많은 피드백을 제공하는 것이 중요하다는 것이다. 여러 슈퍼바이저는 슈퍼바이지들이 슈퍼비전을 가장 잘 활용할 수 있는 방법을 명시적으로 제안하여 슈퍼비전을 받을 준비를 시키는 것을 권장하였다. 많은 슈퍼바이저는 특히 도전적이었던 슈퍼비전의 갈등을 떠올리면서 초기 단계에서 동료와 상의하지 않은 것에 대해 후회를 표현했다. 슈퍼바이저들은 본인과 슈퍼바이지의 불안이 갈등의 발생과 발전에 동반된다고 보았다. 그러나 슈퍼바이저들은 이 불안을 활용하여 슈퍼바이지의 발달을 촉진할 수 있다고도 말했다. 특히 슈퍼바이지와 불안감과 걱정거리에 대해 지금-여기 관점에서 터놓고 논의하는 것이 도움이 될 수 있다(Nelson et al., 2008, p. 180). 이와 관련하여 Marek 등(1994)은 슈퍼바이지와 슈퍼바이저의 목표가 상충할 때, 이는 슈퍼바이지의 특정한 경험 및 수련 단계에서의 발달적 필요를 반영하는 것일 가능성이 높다고 보았다. 이것은 잠재적으로 도움이 되는 정보로 해석되어야 하며, 슈퍼바이지가 슈퍼비전에서 필요로 하는 것이 무엇인지에 대한 논의를 시작하기에 좋은 지점으로 간주해야 한다.

갈등 속에 내포된 기회

종종 불편한 경우도 있지만, 갈등은 성장의 기회를 확대할 수 있다. 만약 슈퍼바이저가 이를 잘 다룬다면 이것이 슈퍼바이지에게는 내담자와의 갈등 상황을 치료적으로, 그리고 잠재적으로 변혁적인 방식으로 관리하는 방법에 대한 중요한 교훈을 배울 수 있는 기회가 된다. 갈등에 대한 개방성은 현명한 슈퍼바이저들이 보유한 핵심 역량으로 확인되었으며, 모든 슈퍼바이저가 슈퍼바이지와 함께 갈등 상황에 접근하고 이를 해결하기 위해 노력하겠다는 의지를 표했다. "치료적 균열에서 회복될 수 있는 치료 관계 역량은 오해나 의견 불일치를 견디고 극복할 수 있다는 점에 대한 내담자의 신뢰를 높일 뿐 아니라, 내담자가 그러한 상황을 성공적으로 해결할 수 있다는 자신감을 높이는 것으로 보인다. 숙련된 치료자는 내담자에게 치료자의 불가피한 불완전성을 수용하는 과정을 안내함으로써 내담자가 자신의 불완전성을 받아들일 수 있는 능력을 향상시킬 수 있다. 마찬가지로 숙련된 슈퍼바이저는 이러한 과정을 발달 중인 치료자에게도 안내할 수 있다"(Nelson et al., 2008, p. 172).

갈등에 접근하기 위한 전략

현명한 슈퍼바이저들은 강력한 작업 동맹 구축을 통해 슈퍼비전에서 발생하는 많은 어려움을 어느 정도 완화할 수 있다고 믿었으며, 이러한 작업 동맹 내에서 신뢰를 의도적으로 형성함으로써 슈퍼바이지가 용기 있게 갈등에 접근할 수 있도록 돕고자 했다. 한 슈퍼바이저는 "열린 문을 보여 주고, 슈퍼비전 관계에 대해 매우 개방적으로 대화할 수 있는 '환영의 매트'를 깔아 주고 싶다"라고 언급했다(Nelson et al., 2008, p. 177). 겸손 또한 현명한 슈퍼바이저들에게 중요한 요소로 지적되었으며, 이는 슈퍼바이저로서 자신의 한계에 대한 인식과 수용을 포함하는 것이었다.

당연하게도 많은 슈퍼바이저가 슈퍼비전 업무 자체에서 큰 즐거움을 느끼고, 슈퍼바이지로부터 배울 수 있다는 점에 대해 흥분을 표했다(Nelson et al., 2008, p. 177). 이러한 태도는 전염성이 있을 수 있으며, 갈등을 누그러뜨리는 데에도 도움이 된다. 현명한 슈퍼바이저가 갈등을 효과적으로 다룰 수 있다고 해서 그들이 갈등을 좋아하는 것은 아니다. 대부분의 슈퍼바이저 전문가는 갈등이 자연스럽고 유용하다고 믿지만, 개인적으로는 갈등을 해결하는 것을 극도의 스트레스로 느꼈다고 말했다(p. 179). 그러나 대부분은 그것이 매우 생산적일 수 있다고 느꼈고, 필요할 때 그것을 해결하기 위해 최선을 다했으며, 이 과정을 통해 자신의 인지, 행동의 변화를 통해 슈퍼비전을 개선할 수 있는 방법을 모색하면서 자기 인식을 높이는 계기로 삼았다(p. 181).

자기 성찰 또한 중요한 요소로 나타났다. 현명한 슈퍼바이저들은 갈등 속에서 자신이 어떤 역할을 하는지, 그리고 어떤 부분에서 변화가 필요한지를 철저히 점검하여 지속적인 성장을 도모하는 모습을 보였다(Nelson et al., 2008, p. 179). 슈퍼바이저들은 어려운 상황이나 갈등 상황에서도 내면적으로 스스로에게 조언하는(자기 코칭) 방식으로 마음을 다스리고 갈등을 처리하곤 했다.

아울러 전문 슈퍼바이저들은 슈퍼비전 상황에서의 갈등을 효과적으로 관리하기 위해 다음과 같은 요소들이 중요하다고 지적하였다.

- 갈등 및 대인 관계 과정에 대한 개방성
- 의견 불일치와 오해를 유발하는 대인 관계 요인 및 맥락적 요인 식별
- 슈퍼바이지에게 공감하기 위한 노력
- 단순히 어려움에 초점을 맞추기보다는 슈퍼바이지의 강점을 파악하고 인정하는 것
- 동료로부터 전문적인 자문을 구하는 것. 전문적인 지원과 자문은 슈퍼비전 갈등에 대한 이해, 대처 전략 수립, 처리 능력을 강화하는 데 중요함
- 적절할 때 슈퍼바이지에게 더 적극적으로 개입하기. 예를 들어, 기술 및 이론 수련, 문제해결 지원, 바람직한 행동 시범, 슈퍼바이지의 역량과 대인 관계 스타일에 대한 이해를 높이기 위해 보다 직접적인 관찰 사용
- 인내심 발휘
- 슈퍼바이지의 발달적 필요 사항의 명료화
- 발달적 측면에서 문제를 개념화하고, 해당 필요를 충족시키는 것이 갈등 해결로 이어질 수 있는 슈퍼바이지의 요구 사항 파악
- 실수로부터 배우려는 의지
- 겸손과 투명성(Nelson et al., 2008, pp. 179-181)

Kottler와 Hazler(1997)는 슈퍼비전에서 어려움을 경험하는 슈퍼바이지들에게 실용적인 조언을 제공했다. 이들은 슈퍼바이지가 언어적 설명과 이론을 명확히 이해하기 위해 구체적인 예시를 요청하거나, 실제 시연을 요청함으로써 슈퍼비전 회기를 이론적 논의에서 실제적 적용 단계로 이끌 것을 권장했다. 이러한 요청은 슈퍼바이저의 능력에 대한 진심 어린 칭찬으로 전달될 수 있다. 그들은 슈퍼비전 관계에서의 권력 차이를 인정하면서 슈퍼바이저에게 질문하는 태도를 보일 것을 조언했다. 질문하는 태도는 매우 바람직한 슈퍼바이지의 자질이지만, 슈퍼바이저의 제안이나 판단에 대한 의심은 표현하지 말아야 하며, 또한 "어려운 문제를 대화로 이끌어 내기 위해서는 자신의 우려를 '슈퍼바이저에 대한 의심'이 아닌 '개인적 호기심'으로 제시하는 것이 좋다"고 강조했다(p. 214).

변화 촉진

Chip Heath와 Dan Heath는 『스위치: 변화를 이끄는 힘(Switch: How to Change Things When Change is Hard)』(2010)에서 긍정적인 변화를 이끌어 내는 과정에서 인간이 본질적으로 겪게 되는 어려움과 장애물을 예리하게 묘사했으며, 임상 슈퍼비전에도 적용 가능한 문제해결 및 어려운 상황에서의 대처를 위한 틀을 제안했다. 이들의 모델은 Jonathan Haidt가 『행복의 가설(The Happiness Hypothesis)』(2006)에서 제안한 자기(self)의 개념화에 기반을 두고 있는데, 이 개념화에 따르면 자기는 **기수**(rider; 우리의 논리와 이성)와 **코끼리**(elephant; 감정, 유전적 요소, 과거 경험, 두려움, 희망, 습관, 학습 등 모든 나머지 요소)라는 두 가지 구성 요소로 이루어진다. 우리는 기수와 과도하게 동일시하는 경향이 있으며, 올바른 정보만 있다면 변화는 쉽고 자연스럽게 일어날 거라고 믿는다. 그러나 행동을 바꾸려고 노력해 본 사람이라면 누구나 알고 있듯이 정보만으로는 충분히 변화가 일어나지 않는다. Haidt에 따르면, 핵심은 코끼리와 기수가 함께 협력하도록 하는 것이다. 코끼리의 힘을 무시하거나 과소평가하면(코끼리와 기수의 상대적인 크기를 관찰하면 코끼리의 힘의 차이는 분명하다) 좌절감을 느끼기 쉽다. Heath와 Heath(2010)는 코끼리와 기수의 개념을 문제해결과 변화 창출을 위한 통합적 비유로 활용하며, 문제를 직면하고 변화를 이끌어 내기 위해서는 "기수를 지도하고(직접적인 방향 제시), 코끼리에게 동기부여하며(감정적 에너지 불어넣기), 길을 조성하라(환경과 상황 정비하기)"라고 주장했다(p. 259). 이러한 각 단계를 보다 구체적으로 설명하고자 한다.

기수를 지도하기

때로는 문제가 너무 복잡하거나 벅차게 보일 수 있고, 큰 문제에는 항상 큰 해결책이 필요한 것처럼 보이기 때문에 낙담할 수 있다. Heath와 Heath(2010)는 이러한 일반적인 인식을 뒤집는 놀라운 예시를 제시했다. 그것은 바로 1990년 베트남 정부가 빈발하는 영양실조에 맞서 싸우기 위해 '세이브 더 칠드런(Save the Children)'을 초청했을 때의 사례다. 이 프로젝트를 이끈 Jerry Sternin은 6개월이라는 제한된 시간 안에 성과를 내야 했다. 이는 제3세계의 전쟁으로 피폐해 있는 국가에서 오랜 기간 지속되어 온 기아 문제를 해결하는 것으로, 커다란 해결책이 필요할 것처럼 보이는 매우 크고 해결하기 어려운 문제로 여겼다. Sternin은 영양실조의 원인을 분석하는 것만으로는 유용한 정보를 얻을 수 없다는 것을 깨닫고, 그 대신 그 상황에 이미 존재하는 '밝은 지점', 즉 열악한 환경 속에서도 양호한 영양상태를 유지하는 사례들을 찾는 데 집중했다. 팀은 곧 마을 주민 대부분이 거의 비슷한 양의 식량을 갖고 있음에도 불구하고, 일부 어머니들의 아이들이 눈에 띄게 더 건강하다는 사실을 발견했다. 밝은 지점이 되는 이 어머니들은 몇 가지 작지만 중요한 차이를 보였다. 이들은 하루에 아이들을 두 번이 아닌 네 번에 걸쳐 나누어 먹였는데, 이는 영양소 흡수를 개선시켰고, 또한 현지 논에서 쉽게 구할 수 있는 작은 새우와 게, 그리고 고구마 잎을 쌀에 곁들여서 식단을 풍성하게 만들었다. 이러한 간단한 변화들은 매우 의미 있는 결과를 낳았고, 상대적으로 작은 변화가 큰 문제에도 커다란 영향을 미칠 수 있음을 잘 보여 주는 사례다.

문제가 제시되었을 때 우리의 논리와 이성(기수)은 숙고와 분석에 갇혀 버리는 경향이 있으며, 이때 분석은 대부분 문제 자체에 집중되어 '분석 마비(analysis paralysis)'와 행동 불능 상태를 초래하기 쉽다. Heath와 Heath(2010)는 겉으로 보기에는 저항처럼 보이는 현상이 사실은 명확성의 부족에서 비롯되는 경우가 많다고 지적했다(p. 15). 베트남의 영양 문제 사례에서 어머니들은 자녀를 잘 먹이려는 동기는 분명히 있었지만, 올바른 길이 명확하지 않았다. 그러나 실천하던 어머니들이 다른 지역의 어머니들과 공유한 단순하지만 필수적인 영양 관리법을 알게 된 후, 그들은 어떤 단계를 밟아야 할지 명확히 인식하게 되었고, 이는 희망으로 이어지는 발판이 되었다.

영양실조와의 싸움이 이전의 많은 시도에서 실패한 반면, 이 사례가 성공할 수 있었던 이유 중 하나는 핵심 단계들이 명확했기 때문이다. 의사결정은 신중한 사고와 자기통제력을 요구하는데, 이는 기수(논리와 이성)를 소진시키는 경향이 있다(예: Vohs et al., 2008). 일상적인 행동은 선택을 강요하지 않아 편안하게 느끼지만, 문제해결을 위해 변화가 필요할 때 자동조종장치(autopilot)처럼 행동하는 것은 효과가 없다. 불확실성은 감정적으로 불편함(코끼리에게 불안을 유발)을 초래하며, 이는 효과적이지 않거나 상황에 부적절하더라도 가장 익숙한 길로 되돌아가게 만드는 경향이 있다. 모든 단계를 시나리오처럼 세세히 예측할 수는 없지만(마치 체스 게임에서 17번째 수를 미리 읽으려는 것과 같다), 핵심 단계들에 대한 명확한 방향 제시는 매우 중요하다(Heath & Heath, 2010, p. 56).

예를 들어, 상담에서 자기주장을 잘 못하는 슈퍼바이지의 사례를 다시 들어보자. 슈퍼바이저가 슈퍼바이지에게 내담자가 이야기 전개에 몰입하는 순간과 같은 상황적 단서를 제시하고, 그 시점에 더 적극적으로 개입해야 한다는 것을 알려 주는 것은 필수적이다. 특히 발달 초기에 있는 많은 슈퍼바이지는 회기에서 '더 깊이 들어가는 것'에 어려움을 겪는다. 감정을 명확히 하도록 도와주는 질문이나 내담자가 자신의 감정에 머물도록 독려해야 할 시점과 같은 실질적이고 구체적인 제안을 제공하는 것은 슈퍼바이지가 이러한 목표를 실제로 실행에 옮기는 데 큰 도움이 된다.

코끼리에게 동기부여하기

어려운 시기에 슈퍼바이지와 효과적으로 협력하기 위해서는 슈퍼바이지에게 방향을 제시할 수 있어야 하고, 이와 동시에 슈퍼바이지가 원하는 변화를 기꺼이 할 수 있도록 슈퍼바이지의 코끼리를 참여시켜야 한다. 슈퍼바이지는 일반적으로(항상 그런 것은 아니지만) 학습과 성장의 동기는 있지만, 변화 과정에서 종종 미묘한 방식으로 장애물이 발생한다. 행동을 바꾸려고 할 때 우리는 슈퍼바이저로서 가르치려는 본능이 가장 먼저 일어난다. 그러나 그렇게 함으로써 우리는 종종 기수(논리와 이성)에게만 말을 걸게 되고, 정작 코끼리(정서적 동기)를 자극하는 데에는 실패하게 된다(Heath & Heath, 2010, p. 113).

우리 모두는 원하는 변화(예: 체중 감량, 금연 또는 임상 노트에 대한 최신 정보 유지)를 만들기에 충분한 정보를 가지고 있지만, 실제로 그 변화를 이행하는 데 어려움을 겪어 본 경험을 가지고 있다. 코끼리는 쉽게 의기소침에 빠지기 때문에 모든 학습이나 변화 시도에서 진전이 있다는 느낌(sense of progress)이 중요하다. 따라서 슈퍼바이저로서 초기 성공을 위한 계획을 세우는 것이 유용하다. 한 걸음을 내딛게 할 때는 그것이 첫 걸음이 아닌 다음 단계라고 느끼도록 하는 것이 훨씬 수월하다. 슈퍼바이저로서 우리가 전달해야 하는 핵심은 슈퍼비전의 목표가 전문성(expertise)을 완성하는 것이 아니라 역량(competence)을 향상하는 데 있다는 점이다. 초기 성공 계획은 희망을 만들어 내는데, 희망은 변화 노력에 결정적이다(p. 141). 아주 작은 진전이라도 있을 때, "코끼리는 일이 잘 풀리고 있다는 느낌을 받게 되어 덜 두려워하고, 덜 머뭇거린다. 한 걸음 한 걸음 내딛을 때마다 코끼리는 변화를 느끼기 시작한다. 두려움으로 시작된 여정은 서서히 자신감과 자부심으로 바뀌어 간다. 그리고 동시에 변화에 도달해 갈수록 코끼리는 점점 더 강하게 변한다"(p. 148).

코끼리를 효과적으로 동참시키려면 실패에도 불구하고 동기부여를 유지하는 것이 중요하다. 임상 수련 과정에서 성공하지 못하는 상황은 종종 발생할 수 있으며, 코끼리는 실패를 극도로 싫어해서 이를 혐오스럽고 불편한 상황으로 인식하여 도피하고자 하는 반응을 보이게 된다. 이를 효과적으로 관리하기 위해 슈퍼바이저는 장기적인 성공으로 가는 과정 중 실패를 예상하고 이를 함께 인정하는 분위기를 조성해야 한다. 즉, "우리는 분투할 것이고, 실패할 것이며, 쓰러질 것이다. 하지만 그 과정 내내 우리는 점점 나아질 것이고, 결국 성공할 것이다"(Heath & Heath, 2010, p. 169)라는 메시지를 전달하는 것이다. 또한 슈퍼바이저는 내담자에게도 그러하듯, 변화와 성장은 결코 단순하고 직선적인 과정이 아니라 종종 갑작스러운 진전과 주춤거림이 뒤섞여 있다는 사실을 알려 주어 슈퍼바이지의 불안을 완화할 수 있다.

길을 조성하기

마지막 요소는 길을 조성하기(shape the path)다. 즉, 변화나 학습을 방해하는 장애물을 제거하는 것이다. 상황과 맥락은 우리의 행동에 강력한 영향을 미치며, 슈퍼바이저로서 슈퍼바이지에게 근본적 귀인 오류(fundamental attribution error)를 범하기 쉬운 상황, 즉 환경적·상황적 요인을 슈퍼바이지 개인의 문제 특성으로 잘못 치부하는 경우를 경계해야 한다. Heath와 Heath(2010)는 이 개념을 설명하기 위해 Wansink(2006)의 섭식 관련 연구를 인용했다. 이 연구에서는 영화 관람객들에게 무료로 팝콘을 제공한 뒤, 영화가 끝난 후 남은 팝콘의 양을 측정했다. 예상대로 어떤 사람들은 다른 사람들보다 더 많이 먹었는데, 여기서 제공된 정보가 이것뿐이라면 더 많이 먹은 사람이 의지력이 부족하거나 건강 의식이 낮다는 식의 성급한 결론을 내리기 쉽다. 그러나 이 실험에는 중요한 세부 사항이 있었다. 참가자들은 작은 용기 혹은 큰 용기에 팝콘을 받았는데, 큰 용기에 팝콘을 받은 참가자들이 일관되게 더 많이 섭취했다. 마라톤을 뛰는 사람이 큰 용기에 팝콘을 받으면 운동을 전혀 하지 않는 사람이 작은 용기에 팝콘을 받는 경우보다 더 많이 먹는 경향이 있다. 더 많이 먹는 것이 **사람의 문제**처럼 보이지만 사실은 **상황의 문제**였던 셈이다. 즉, 상황이 달라지면 행동도 달라지는 경향이 있다.

내(저자 John Wade)가 처음 지도했던 학생 중 한 명은 상담 중에 자주 의자에서 일어나서 천장에 매달린 녹음 마이크에 직접 독백을 하는 것을 좋아하는 다소 자기애적인 내담자였다. 짐작할 수 있듯이 치료는 순조롭게 진행되지 않았고, 슈퍼바이지는 그다지 효과적이지 않았으며, 유능해 보이지도 않았다. 몇 번의 실망스러운 회기 후에 나의 동료 슈퍼바이저는 상담 녹화를 중단하고 슈퍼바이지가 내담자에게 더 이상 상담이 녹음되지 않는다고 말하게 함으로써 상황을 바꾸고자 했다. 우리는 이것을 볼 수 있는 테이프를 가지고 있지 않았지만, 그 슈퍼바이지는 상담의 역동이 극적으로 변했다고 보고했고, 다른 내담자들과의 녹음 자료에서는 첫 번째 내담자와의 상담과는 대조될만큼 유능하고 발전하는 치료자의 모습을 보여 주었다.

그림자 받아들이기

지금까지 이 책에서 강조했듯이, 강점 기반 슈퍼비전 접근은 맹목적으로 강점과 성공에만 집중하는 것을 의미하지 않는다. 대부분의 일이 그렇듯이 균형이 핵심이다. 융 심리학은 **그림자**(shadow)의 원형(archetype)이 의식적으로든, 무의식적으로든 용납할 수 없다고 여기는 것이 의식적 인식 밖으로 밀려나며, 억압되고 검열될 때 강화된다고 본다(Fitzgerald & Oliver, 2006). 만약 긍정성 혹은 해결 중심의 규범이 과도하다면 이러한 규범에서 벗어난다고 생각되는 내용이나 경험은 자기 검열을 통해 그림자의 영역으로 밀려나게 될 가능성이 높다(Fitzgerald, Oliver, & Hoxsey, 2010).

더 단순히 말하자면, 슈퍼바이지들은 슈퍼바이저인 우리와의 관계에서, 그리고 나아가 자기 자신조차도 받아들이지 않거나 현재의 규범과 맞지 않는다고 믿는 경험들을 공유하지 않으려고 할 것이며, 심지어 의식적 자각에서 멀리 밀어내려고 할 것이다. 만약 강점 중심적 초점이 단지 '성공'에만 집중하는 것으로 잘못 이해된다면 중요한 학습 기회를 제공할 수 있는 경험들이 무시되고 억압될 수 있다. 성공 사례를 기반으로 발전하는 것으로 많은 것을 얻을 수 있지만, 고군분투하는 경험을 살펴봄으로써 얻을 수 있는 배움 역시 크다. 너무 긍정적인 면에만 치우칠 경우, 의도치 않게 **그림자**에 힘을 실어 주는 결과를 초래할 수 있다.

카누 타기는 슈퍼비전에서 그림자와 함께 작업하는 유용한 은유를 제공한다(Wade, 2012). 숙련된 급류 항해자는 바위가 어디에 있는지 끊임없이 인식해야 하며, 사실상 큰 바위나 돌에 의도적으로 가까이 접근하는 전략이 더 안전하다는 것을 잘 알고 있다. 만약 우리가 바위 쪽으로 밀려나거나 카누에서 쏟아져 나온다고 해도, 위험한 요소에 더 가깝게 위치해서 있을수록 큰 힘이 쌓이지 않기 때문에 부상을 입을 가능성이 낮다. 때로는 바위를 이용해 방향을 조절하기도 한다. 실무나 슈퍼비전 상황에서 발생하는 어려움은 단지 내담자가 까다롭기 때문만이 아니라, 상담자가 자기 자신에게 불편한 측면이 떠오르는 순간에서 비롯되기도 한다. 이러한 상황에서 급류에서 카누를 타는 것과 유사한 최적의 전략은 슈퍼바이지에게 문제에 가까이 다가가도록 초대하는 안전하고 비판 없는 분위기를 조성하는 것이며, 문제를 회피하지 않고 정면으로 마주하며 받아들일 수 있도록 격려하는 것이다(pp. 37-38).

그림자를 수용하고 효과적으로 다루는 한 가지 방법은 성찰적 사고(reflective thinking)를 모델링하게 해 주고, 슈퍼바이지에게도 이를 장려하는 것이다. 슈퍼비전 과정은 '버텨 주는 환경'을 제공하고, 그림자를 인식하고 탐색하는 과정에서 발생하는 본질적인 불편감을 수용한다는 메시지를 전달한다(Wade, 2012, p. 38). **성찰적 슈퍼비전**은 슈퍼바이지들이 임상가로서 교육을 받는 과정에서 자신들의 더 괴로울 수 있는 측면들을 기꺼이 받아들일 수 있도록 유도함으로써 전체성(wholeness)을 증진한다. Shamoon-Shanok(1991)은 이 과정을 강점을 존중하고 취약한 부분에 대해 함께 협력하는 것으로 묘사했다. Moon(1999, p. 23)에 따르면, 슈퍼비전 과정 내에서 이루어지는 성찰적 사고는 압박감 없이 수행될 때 가장 효과적이며, 전체적 시각을 촉진할 가능성이 높다.

이는 슈퍼바이저의 진정성(authenticity)과 진심 어린 관심에서 비롯되며, 슈퍼바이저는 이를 통해 슈퍼바이지가 자신의 강점을 공유하는 동시에 취약한 부분 역시 드러낼 수 있게 하여 슈퍼바이지의 시야를 넓혀 준다(Shamoon-Shanok, 1991, pp. 8-9). Shamoon-Shanok(2006)은 이와 같은 과정을 '슈퍼-비전(super-vision)'이라고 불렀는데, 이는 마치 슈퍼히어로처럼 슈퍼바이지가 더 깊고, 더 넓고, 더 멀리 볼 수 있게 하고, 보이지 않는 것을 명확히 보게 해 준다. "역설적으로 우리는 슈퍼바이지가 마치 높은 빌딩을 뛰어넘으려고 할 때 부딪힌 상처나 비행에 대한 두려움을 인정할 수 있도록 신뢰와 양육적인 슈퍼비전 관계를 형성함으로써 '슈퍼-바이저(super-visor)'가 될 수 있다"(Wade, 2012, p. 39).

슈퍼바이저로서 우리는 판단하거나, 무시하거나, 간과하거나, 단순히 긍정적 재구성을 강요하거나, 슈퍼바이지를 과도하게 이상화함으로써 방어적 태도나 자기 검열을 유발하는 행동을 피해야 한다(Oliver et al., 2011). 이러한 행동들은 슈퍼바이지가 난관을 인정하고 탐색할 수 있는 여지를 줄여 버린다. 다음은 그림자를 더 쉽게 인정하고 수용할 수 있는 장을 마련하기 위한 실용적인 제안들이다.

- 임상가로서 성장하는 과정에서 불편함이 발생할 수 있음을 인정하되, 이러한 감정을 부정하거나 과소평가하지 않고, 그렇다고 지나치게 집중하지도 않아야 한다(Orem et al., 2007). 어려움과 실패를 정상적인 경험으로 여기는 것은 그림자가 멀리 밀려나지 않고 수용될 수 있는 공간을 만든다.
- **용납할 수 없는 것과 용납할 수 있는 것** 사이의 이분법을 줄이기 위해 전형적인 슈퍼바이지 반응을 재구성(reframe)한다. 이를 통해 그림자가 더 수월하고 자연스럽게 통합될 수 있는 토대를 마련한다. 예를 들어, 슈퍼바이저가 새로운 슈퍼바이지들에게 임상적 발달 과정에서 느끼는 불안감은 정상적이며, 이는 오히려 임상 업무를 제대로 해내고자 하는 바람과 관심의 표현이라는 점을 강조함으로써 강력한 정상화(normalization)와 수용의 메시지를 전달할 수 있다.
- 성찰적 사고를 장려하고, 직접 시범을 보이면서 적절한 경우에 슈퍼바이지에게 단순히 정보를 알려 주는 충동을 억제하고, 그들이 스스로 딜레마나 불편감을 다루어 보도록 유도한다. 이를 가르침의 순간으로 활용하여 의사결정 과정을 비판적으로 성찰하도록 돕는다. 이렇게 함으로써 슈퍼바이저는 **하루치의 물고기**를 주는 대신에 **낚시하는 법**을 가르치는 것과 같은 효과를 얻는다(Wade, 2012, p. 38).

결론

문제를 성공적으로 헤쳐 나가면 자신의 특성을 더 잘 이해하게 되고, 자원 활용 능력과 적응력을 강화하는 데 도움이 된다. Haidt(2006)는 트라우마나 상실과 같은 어려운 상황이 성장으로 이어지기 위해서는 다음의 세 가지 조건이 충족되어야 한다고 강조했다. (1) 강력한 지지 체계가 존재할 것, (2) 위기를 우선순위로 재평가하는 기회로 삼을 것, (3) 시험에 통과하여 생존함으로써 이전에 인식하지 못했던 더 큰 힘이 자신에게 있는 것을 깨달을 것이다. 우리는 이 틀을 슈퍼비전에 맞춰 약간 수정하였다. 즉, 슈퍼비전과 수련 과정에 내재된 불가피한 문제와 어려움은 다음과 같은 조건이 충족된다면 궁극적으로 성장과 긍정적 결과로 이어질 수 있다.

- 슈퍼바이저는 상호 존중하고, 안전하며, 비판 없는 분위기를 조성하여 어려움에 관련된 상황적 요인과 개인적 요인을 모두 탐색할 수 있도록 한다(이 과정을 성공적으로 거치면 슈퍼비전 관계 역시 강화될 수 있다).
- 슈퍼바이지는 자기 성찰을 수행하는 동시에 상황을 가능한 한 개방적이고, 정직하며, 넓은 시야에서 검토한다.
- 슈퍼비전 과정을 통해 슈퍼바이지는 무엇을 변화시킬 필요가 있는지 인식하고, 실제로 그것을 개선하기 위해 노력하겠다는 의지를 다진다.

사람들은 복잡하며, 슈퍼비전은 매끄럽지 않을 수도 있다. 목표 달성 과정은 단순하고, 선형적이지 않으며, 일반적으로 성장과 변화의 장벽이 될 수 있는 장애물과 도전을 관리하고 극복해야 한다(Peterson, 2006). 슈퍼바이지의 임상 업무와 슈퍼비전 작업 동맹 모두에서 문제가 발생할 것이다. 그러나 배움에 대한 즐거움 및 사랑으로 슈퍼비전 과정에 접근할 수 있다면 많은 '동전'이 슈퍼비전 동맹이라는 '은행 계좌'에 입금될 것이고, 이는 불가피한 장애물과 '인출'이 발생할 때 이를 극복할 수 있는 경로를 더 쉽게 만들어 줄 것이다. 현명한 슈퍼바이저들은 이 개념을 구현하고 슈퍼비전을 수행하는 것에서 얻는 큰 즐거움과 슈퍼바이지로부터 배우는 것에 대한 흥미로움을 표현한다(Nelson et al., 2008, p. 177). 그 과정을 즐기고 환영하는 이러한 관점은 전염성이 있으며(Doherty,

1997), 슈퍼바이지들이 문제와 불리한 상황에 보다 효과적으로 대처하고 긍정적인 나선을 만드는 데 도움이 될 수 있다. 긍정 정서는 기분이 좋고 더 많은 것을 할 수 있다고 느끼는 것뿐만 아니라, 실제로 그렇게 할 수 있는 더 많은 인지적 자원을 갖게 한다(예: Fredrickson, 2003). 직장에서 만족도가 높은 직원은 새로운 책임이나 더 큰 도전에 나설 가능성이 더욱 높으며(Judge & Ilies, 2004), 어려움을 두려워하기보다는 관리할 수 있는 것으로 받아들일 가능성이 더 높다. 발달 과정에서 비틀거리는 슈퍼바이지와 효과적으로 협력하는 슈퍼바이저는 슈퍼바이지의 자기 효능감을 북돋울 수 있으며, 이는 더 심각한 도전에 직면했을 때에도 인내하고, 실패를 경험하더라도 스스로를 유능하고 성공적이라고 여길 수 있도록 한다(Bandura, 1994).

생각할 거리

- 문제를 다루거나 극복하는 것에 대한 나의 신념은 무엇인가요? 나의 신념이 나 자신이나 슈퍼바이지를 어떠한 방식으로 제한할 수 있나요?
- 문제를 효과적으로 관리하는 데 있어서 나의 롤모델은 누구인가요? 그의 어떤 특성을 존경하나요? 그중 하나의 특성을 내가 실제로 구현하기 위해 작은 행동으로 옮길 수 있는 방법은 무엇인가요?
- 현재 어느 슈퍼바이지가 겪고 있는 어려움을 떠올려 보세요. 이 문제를 '감소시키고 싶은 것'이 아닌 '더 많이 나타나길 바라는 것'으로 재구성할 수 있는 방법을 모색해 보세요.
- 나의 전문성 성장 과정에서 내가 성공적으로 해결한 문제들은 무엇인가요?
- 슈퍼바이지에게 문제 발생은 당연하며, 이러한 어려움은 정상적인 성장 과정의 일부라는 메시지를 어떻게 전달하고 있나요?
- 최근 또는 현재 슈퍼바이지와 겪고 있는 문제나 갈등 상황을 한 가지 떠올려 보세요. 이 상황에 대해 '현명한 나'라면 어떤 통찰을 제시할까요?

읽을 거리

책

de Shazer, S. (1988). *Clues: Investigating solutions in brief therapy*. New York, NY: W.W. Norton.

Gelb, M. J. (2002). *Discover your genius: How to think like history's ten most revolutionary minds*. New York, NY: HarperCollins Publishers Inc.

Heath, C., & Heath, D. (2010). *Switch: How to change things when change is hard*. New York, NY: Broadway Books.

Ludema, J. D., Whitney, D., Mohr, B. J., & Griffin, T. J. (2003). *The appreciative inquiry summit*. San Francisco, CA: Barrett-Koehler Publishers, Inc.

Seligman, M. E. P. (1990). *Learned optimism*. New York, NY: Knopf.

논문

Bobele, M., Gardner, G., & Biever, J. (1995). Supervision as social construction. *Journal of Systematic Therapies, 14*, 15-25.

Juhnke, G. A. (1996). Solution-focused supervision: Promoting supervisee skills and confidence through successful solutions. *Counselor Education and Supervision, 36*, 48-58.

Nelson, M. L., Barnes, K. L., Evans, A. L., & Triggiano, P. J. (2008). Working with conflict in supervision: Wise supervisors' perspectives. *Journal of Counseling Psychology, 55*, 172-184.

Sekelman, M. D., & Todd, T. C. (1995). Co-creating a context for change in the supervisory system: The solution-focused supervision model. *Journal of Systematic Therapies, 14*, 21-33.

Tomm, K. (1989). Externalizing the problem and internalizing personal agency. *Journal of Strategic and Systematic Therapies, 8*, 1-5.

참고문헌

Allen, G. J., Szollos, S. J., & Williams, B. E. (1986). Doctoral students' comparative evaluations of best and worst psychotherapy supervision. *Professional Psychology, 17*, 91-99.

Bandura, A. (1994). Self-efficacy. In V. S. Ramachaudran (Ed.), *Encyclopedia of human behavior* (Vol. 4, pp. 71-81). New York, NY: Academic Press.

Bobele, M., Gardner, G., & Biever, J. (1995). Supervision as social construction. *Journal of Systematic Therapies, 14*, 15-25.

Cohen, B. (1999). Intervention and supervision in strengths-based social work practice. *Families in Society, 80*, 460-466.

Cooperrider, D. L. (1990). Positive image, positive action: The affirmative basis for organizing. In S. Srivastva & D. L. Cooperrider (Eds.), *Appreciative management and leadership: The power of positive thought and action in organizations* (pp. 91-125). San Francisco, CA: Jossey-Bass

Cooperrider, D. L., & Srivastva, S. (1987). Appreciative inquiry in organizational change. In R. W. Woodman & E. Pasmore (Eds.), *Research in organizational change and development: An annual series featuring advances in theory* (pp. 129-169). San Francisco, CA: Berrett-Koehler.

Cooperrider, D. L., & Whitney, D. (1999). Appreciative inquiry: A positive revolution in change. In P. Holman & T. Devane (Eds.), *The change handbook: Group methods for shaping the future* (pp. 245-261). San Francisco, CA: Berrett-Koehler.

de Shazer, S. (1984). The death of resistance. *Family Process, 23*, 11-17.

de Shazer, S. (1985). *Keys to solution in brief therapy*. New York, NY: W.W. Norton.

de Shazer, S. (1988). *Clues: Investigating solutions in brief therapy*. New York, NY: W.W. Norton.

de Shazer, S. (1991). *Putting difference to work*. New York, NY: W.W. Norton.

Doherty, D. R. (1997). The emotional contagion scale: A measure of individual differences. *Journal of Nonverbal Behavior. 21*(2), 131-154.

Edwards, J. K., & Chen, M. (1999). Strength-based supervision: Frameworks, current practice, and future directions: A Wu-wei method. *The Family Journal: Counseling and Therapy for Couples and Families, 7*, 349-357.

Fitzgerald, S. P., & Oliver, C. (2006, October). *Walking the dark side of positive organizational behavior: Appreciating the role of the shadow*. Clearwater, FL: Proceedings of the annual meeting of the Southern Academy of Management.

Fitzgerald, S. P., Oliver, C., & Hoxsey, J. (2010). Appreciative inquiry as a shadow process.

Journal of Management Inquiry, 19, 220 - 233.

Fredrickson, B. L. (2003). Positive emotions and upward spirals in organizations. In K. S. Cameron, J. E. Dutton, & R. E. Quinn (Eds.), *Positive organizational scholarship: Foundations of a new discipline* (pp. 163 - 175). San Francisco, CA: Berrett-Koehler.

Gelb, M. J. (2002). *Discover your genius: How to think like history's ten most revolutionary minds*. New York, NY: HarperCollins Publishers Inc.

Gingerich, W., de Shazer, S., & Weiner-Davis, M. (1988). Constructing change: A research view of interviewing. In E. Lipcheck (Ed.), *Interviewing* (pp. 21 - 32). Rockville, MD: Aspen Press.

Greene, G. J., Lee, M. Y., & Hoffpauir, S. (2005). The languages of empowerment and strengths in clinical social work: A constructivist perspective. *Families in Society, 86*, 267 - 277.

Haidt, J. (2006). *The happiness hypothesis: Finding modern truth in ancient wisdom*. New York, NY: Basic Books.

Heath, C., & Heath, D. (2010). *Switch: How to change things when change is hard*. New York, NY: Broadway Books.

Judge, T. A., Piccolo, R. F., & Ilies, R. (2004). The forgotten ones?: The validity of consideration and initiating structure in leadership research. *Journal of Applied Psychology, 89*, 36 - 51.

Juhnke, G. A. (1996). Solution-focused supervision: Promoting supervisee skills and confidence through successful solutions. *Counselor Education and Supervision, 36*, 48 - 58.

Kottler, J. A., & Hazler, R. J. (1997). *What you never learned in graduate school: A survival guide for therapists*. New York, NY: W.W. Norton.

Linehan, M. M., & Dexter-Mazza, E. T. (2007). Dialectical behavioral therapy for borderline personality disorders. In D. H. Barlow (Ed.), *Clinical handbook for psychological disorders* (4th ed.). New York, NY: Guilford Press.

Lopez, S. J., Snyder, C. R., & Rasmussen, H. N. (2003). Striking a vital balance: Developing a complimentary focus on human weaknesses and strength through positive psychological assessment. In S. J. Lopez & C. R. Snyder (Eds.), *Positive psychological assessment: A handbook of models and measures*. Washington, DC: American Psychological Association.

Ludema, J. D., Whitney, D., Mohr, B. J., & Griffin, T. J. (2003). *The appreciative inquiry summit*. San Francisco, CA: Barrett-Koehler Publishers, Inc.

Marek, L. I., Sandifer, D. M., Beach, A., Coward, R. L., & Protinskey, H. O. (1994). Supervision without the problem: A model of solution-focused supervision. *Journal of Family Psychotherapy, 5*, 57-64.

Moon, J. (1999). *A handbook of reflective and experiential learning*. London: RoutledgeFalmer.

Nelson, M. L., Barnes, K. L., Evans, A. L., & Triggiano, P. J. (2008). Working with conflict in supervision: Wise supervisor's perspectives. *Journal of Counseling Psychology, 55*, 172-184.

Ohman, A. (2000). Fear and anxiety: Evolutionary, cognitive, and clinical perspectives. In M. Lewis & J. M. Haviland-Jones (Eds.), *Handbook of emotions* (2nd ed., pp. 573-593). New York, NY: Guilford Press.

Oliver, C., Fitzgerald, S. P., & Hoxsey, J. C. (2011). Critical appreciation of appreciative inquiry: Reflexive choices for shadow dancing. *Review of Business Research, 11*, 45-59.

Orem, S. L., Binkert, J., & Clancy, A. L. (2007). *Appreciative coaching: A positive process for change*. San Francisco, CA: Jossey-Bass.

Parry, A., & Doan, R. E. (1994). *Story re-visions: Narrative therapy in the postmodern world*. New York, NY: Guilford.

Peterson, C., & Seligman, M. E. P. (2004). *Character strengths and virtues: A handbook and classification*. New York, NY: Oxford University Press.

Peterson, D. B. (2006). People are complex and the world is messy: A behavior-based approach to executive coaching. In D. R. Stober & A. M. Grant (Eds.), *Evidence-based coaching handbook: Putting best practices to work for your clients* (pp. 51-76). Hoboken, NJ: John Wiley & Sons.

Rilke, R. M. (1987). *Letters to a young poet*. New York, NY: Vintage Books.

Saleebey, D. (1992). *The strengths perspective in social work practice*. White Plains, NY: Longman.

Saleebey, D. (1996). The strengths perspective in social work practice: Extensions and cautions. *Social Work, 41*, 296-305.

Sekelman, M. D., & Todd, T. C. (1995). Co-creating a context for change in the supervisory system: The solution-focused supervision model. *Journal of Systematic Therapies, 14*,

21 - 33.

Seligman, M. E. P. (1990). *Learned optimism*. New York, NY: Knopf.

Shamoon-Shanok, R. (1991). The supervisory relationship: Integrator, resource, and guide. *Zero to Three, 12*, 16 - 19.

Shamoon-Shanok, R. (2006). Reflective supervision for an integrated model: What, why and how?. In G. M. Foley & J. D. Hochman (Eds.), *Mental health in early intervention: Achieving unity in principles and practice* (pp. 343 - 381). Baltimore, MD: Brookes Publishing.

Thomas, F. N. (1994). Solution-oriented supervision: The coaxing of expertise. *The Family Journal: Counseling and Therapy for Couples and Families, 2*, 11 - 18.

Tomm, K. (1989). Externalizing the problem and internalizing personal agency. *Journal of Strategic and Systematic Therapies, 8*, 1 - 5.

Vohs, K. D., Baumeiser, R. F., Schmeichel, B. J., Twenge, J. M., Nelson, N. M., & Tice, D. M. (2008). Making choices impairs subsequent self-control: A limited resource account of decision-making, self-regulation, and active initiative. *Journal of Personality and Social Psychology, 94*, 883 - 898.

Wade, J. C. (2012). Appreciatively embracing the shadow in training and supervision. *AI Practitioner, 14*, 37 - 39.

Wansink, B., Just, D. R., & Payne, C. R. (2009). Mindless eating and healthy heuristics for the irrational. *The American Economic Review*, 165 - 169.

Wetchler, J. L. (1990). Solution-focused supervision. *Family Therapy, 17*, 129 - 138.

Whiting, J. B. (2007). Authors, artists, and social constructionism: A case study of narrative supervision. *The American Journal of Family Therapy, 35*, 139 - 150.

White, M. (1984). Pseudoencopresis: From avalance to victory, from vicious to virtuous cycle. *Family Systems Medicine, 2*, 150 - 160.

White, M. (1986). Negative explanation, restraint, and double description: A template for family therapy. *Family Process, 25*, 169 - 184.

White, M., & Epston, D. (1990). *Narrative means to therapeutic ends*. New York, NY: W.W. Norton.

제 8 장

역량을 넘어

전문성과 평생학습

> 내가 특별히 똑똑한 것이 아니다. 다만 나는 질문에 훨씬 더 오래 머무를 뿐이다.
>
> – Albert Einstein

> 우리는 반복적으로 하는 그것을 통해 우리 자신이 형성된다. 그러므로 탁월함은 행동이 아니라 습관이다.
>
> – Aristotle

> 살아가면서 배우게 된다. 어쨌든 삶은 계속되는 것이다.
>
> – Douglas Adams

겉보기만큼 쉽지 않다

연습이 완벽을 만든다는 말을 들어 봤을 것이다. 그러나 다양한 분야의 연구에 따르면, 일단 기본적인 역량 수준에 도달한 이후에는 경험이 늘어난다고 해도 사람들은 더 나아진 것이 없는 경우가 일반적이다. 예를 들어, 임상 경험이 많다고 해서 심리학자들이 성격장애를 평가하는 능력이 크게 향상되지 않는 것으로 나타났다. 외과의사들도 수술 후 환자의 입원 기간을 예측하는 데 있어서 레지던트와 큰 차이를 보이지 않는다. 경험이 많은 주식 중개인이 경험이 적은 주식 중개인보다 고객에게 더 많은 수익을 안겨 주는 것도 아니다. 이와 같이 경험에서 얻는 이득이 적다는 결과는 정신과의사, 대학 입학 사정관, 법관, 인사 담당자, 정보 분석가 등에게서도 동일하게 발견되었다(Shanteau, 1992).

직장에서 성장과 발전은 초기 단계에서는 높이 평가되지만, 기본적인 숙련도가 확보된 이후에는 그리 중요하게 여기지 않는 경향이 있다. 이렇게 학습이 역량 수준에서 정체되는 경향은 '경험의 함정'(Colvin, 2008)으로 불리며, 경우에 따라 경험이 쌓일수록 오히려 실력이 퇴보하기도 한다. 예를 들어, 경험이 많은 의사가 경험이 적은 의사보다 의학 지식 테스트에서 더 낮은 점수를 받는 경향이 있는 것으로 나타났다(Camerer & Johnson, 1991).

정신건강 분야의 학생들을 아무런 수련이나 슈퍼비전 없이 순진한 내담자에게 보내 실습을 시킨다는 생각은 비윤리적일 뿐만 아니라 상식적으로도 용납할 수 없는 일처럼 보인다. 그러나 연구 결과는 슈퍼비전과 경험이 실제로 임상적 효과에 영향을 미치는지에 대해 엇갈린 결과를 보여 주고 있다. 실제로 연구자들은 임상 수련이 어떤 목적에 도움이 되는지를 조사했으며, 여러 문헌 검토에서 전문적으로 수련된 치료사가 준전문가보다 더 나은 성과를 내지 못한다는 결론을 내렸다(예: Berman & Norton, 1985; Christensen & Jacobson, 1994; Durlak, 1979). 한 연구에서는 실제로 준전문가에게 서비스를 받은 내담자가 전문가에게 치료를 받은 내담자보다 혜택을 받을 가능성이 더 높다는 것을 발견했는데, 이는 임상 수련의 효과에 심각한 의문을 제기하는 결과다(Hattie, Sharpley, & Rogers, 1984). Berman과 Norton(1985)은 Hattie 등(1984)의 연구에서 방법론적 문제점을 확인하고 데이터를 재분석하여 새로운 결과를 얻었는데, 전문 임상가가 준전문가 못지않게 효과적이라는 것을 보여 주었다. 정식 수련을 받은 치료사들이 수련을 받지 않은 치료사들보다 더 나쁘지 않다는 사실이 어느 정도 위안이 되겠지만, 수련과 슈퍼비전이 더 나은 치료 성과로 이어지지 않는 것 같다는 사실은 우려스럽다. 흥미롭게도 초보 의대생들은 **도식적 구조**(schematic structures)가 더 제한적인 반면, 전문가들의 도식은 더 정확하고 풍부하게 세부적으로 구성되어 있었다. 그러나 이러한 차이에도 불구하고 초심자와 전문가들은 본질적으로 유사한 방식으로 추론했다(Johnson et al., 1981). Garb(2005)은 임상 평가에 관한 문헌을 검토한 결과, 경험 많은 임상가들이 경험이 적은 임상가들보다 진단의 정확도가 더 높지 않으며, 정신건강 분야의 대학원생보다 더 유효한 판단을 내리는 것은 아니라는 것을 관찰했다. 진단의 정확성은 경험에 따라 증가하지 않지만, 임상 판단에 대한 자신감은 증가한다는 것이다(Garb, 1989). 임상가들이 경험을 통해 더 나아지는 것은 아니지만, 자신들이 나아지고 있다고 믿는 점은 바람직하지 않은 조합이다. 수련이나 경험이 임상 성과의 개선과 상관관계가 있다는 증거가 부족한 점에 비추어 APA(1982)에서는 전문적 수련이나 전문성이 직업적 역량과 관련이 있다는 증거가 없다는 결론을 내릴 수밖에 없었다.

이야기가 여기서 그친다면 꽤 낙담할 만한 결말일 것이다. 정신건강 분야에 뛰어드는 사람들 중 그저 **기본적인 역량**만 갖추고 발전을 멈추기를 원하는 이는 없을 것이다. 마찬가지로 슈퍼바이저나 슈퍼바이지 입장에서 슈퍼비전과 수련이 아무런 영향을 미치지 않는다면 그것에 투자하고자 하는 사람은 없을 것이다. 수련과 슈퍼비전의 목표는 임상의 능숙도를 높이고, 보다 정교한 의사결정을 할 수 있도록 돕는 데 있으며, 더 많은 경험이 지속적이고 심화된 성장을 이끌어 내기를 기대한다. 그러나 의심스러운 연구 결과는 수련과 경험이 자동으로 더 큰 역량으로 이어지지 않는다는 경고를 한다. 하지만 대부분의 대략적인 일반화가 그렇듯, 중요한 정보는 세부 사항과 예외 속에 담겨 있다. 이 장의 나머지 부분에서는 이러한 세부 사항과 예외들을 검토한다.

보다 최근의 연구에서는 슈퍼비전과 교육이 중요하며, 이것이 더 나은 임상 성과에 기여함을 보여 주었다. Callahan, Almstrom, Swift, Borja, 그리고 Heath(2009)는 다른 외래 장면에 비해 수련 클리닉의 조기 종결율이 현저히 높으며(40~60% 대 75% 이상), 수련 중인 치료자에게서 내담자의 개선이 더 느리고 적게 나타났으며, 슈퍼바이저가 치료 성과 분산의 16%를 차지한다고 보고했다. 연구자들은 슈퍼비전이 역량 개발을 위한 가장 중요한 메커니즘이 될 수 있는데, 특히 행정적인 사례 관리에 중점을 둔 슈퍼비전에 비해 **내담자 중심**의 슈퍼비전이 더 중요하다고 주장한다. 슈퍼바이지가 슈퍼바이저에 대해 강한 긍정 정서 반응을 보일 때, 내담자 성과가 특히 더 크게 개선되는 것으로 나타났다(Dodenhoff, 1981).

이 장의 초점은 학습 과정에 대해 자세히 논의하고, 슈퍼비전 과정에서부터 전문 경력 전반에 걸쳐 지속적인 학습과 성장을 위한 발판을 마련하는 방법에 대한 제안을 제공하는 것이다. 슈퍼비전과 임상적 성장을 연결하는 근거가 부족하다는 우려스러운 결과는 임상 수련에서 역량 운동(competency movement)을 촉진시키는 데 영향을 미쳤으며, 이는 수련을 객관적으로 측정 가능한 결과와 좀 더 직접적으로 연결하려는 시도다. 그러나 이 장에서는 단순한 역량을 넘어 탁월함과 평생학습을 모두 달성할 수 있는 방법을 탐구하고자 한다.

인지 과정

슈퍼비전과 경험이 임상 성과에 미치는 효과에 대한 연구는 엇갈리지만, 초심자와 전문가 간의 인지 과정에는 눈에 띄는 차이가 있다. 학습과 기술 습득은 발전적인 과정(developmental process)으로 보이며, 학습 초기 단계에 있는 슈퍼바이지는 관련된 정보의 여러 조각을 암기하지만, 이를 종합하여 더 큰 전체(gestalt)로 통합하는 데 어려움을 겪는다. 그러나 경험이 쌓이면서 새로운 지식과 정보를 기존의 지식 체계에 더 쉽게 연결하고, 적응적 전문성을 특징짓는 새로운 상황과 복잡성을 다룰 수 있는 더 유연한 모델을 개발할 수 있게 된다(Holyoak, 1991). 지식의 양이 많을수록 새로운 정보가 기존의 지식에 쉽게 연결되어 의미 있게 통합될 가능성이 높다. 나(저자 John Wade)는 석사과정 초기에 임상 수업을 들으면서 아직 내담자를 만나기 전이었을 때, 내가 배우고 있는 교과서의 유용하고 관련된 정보들을 임상 경험이라는 틀(framework)을 통해 구조화할 수 있다면 훨씬 더 잘 활용할 수 있을 것이라는 점을 깨달았던 것을 뚜렷이 기억한다.

경험은 인지 처리를 근본적으로 변화시키며, 따라서 경험이 임상가의 판단과 정보 수집 및 활용 능력에 경험이 긍정적인 영향을 미치는 것으로 보인다(Lichtenberg, 1997, pp. 228-229). 선별된 문헌(Lichtenberg, 1997, p. 234)에 따르면, 초심자와 달리 전문가들은 다음과 같은 경향이 있다.

- 해결책을 시도하기 전에 문제를 이해하거나 분석하는 데 더 많은 시간을 할애한다.
- 작업할 때 더 방대한 지식 기반을 가지고 있다.
- 더 체계적이고 구조화된 지식 기반을 가지고 있다.
- 자신의 전문 영역에서 크고 의미 있는 패턴을 인식할 수 있는 능력이 있다.
- 지식의 절차화(자동 처리)가 더 뛰어나다(속도, 노력 부재 및 통제 부재가 특징임).
- 뛰어난 장기 및 단기 기억력을 가지고 있다.
- 자신의 영역에서 더 깊은(더 의미 있는) 수준에서 문제를 보고 표현할 수 있는 능력이 있다.
- 더 강력한 자기 감찰(self-monitoring) 기술을 가지고 있다.

역설적이게도 Frensch와 Sternberg(1989)는 크고 잘 조직된, 그리고 '자동화된' 지식 기반은 대부분의 상황에서 유익하지만, 기존의 정보를 양립할 수 없는 새로운 정보와 통합해야 하거나 기존의 정보를 의식적으로 선택해야 하거나, 새로운 지식을 창출해야 하는 등 임상 상황에서 자주 발생하는 **구조화되지 않은 상황**에서는 전문가의 성과가 비전문가보다 낮을 가능성이 높다고 했다. Johnson 등(1981)은 초보 의대생의 도식이 더 정확하고 풍부하게 상세한 전문가보다 더 제한적이지만, 전문가와 초심자는 거의 동일한 방식으로 추론한다는 것을 발견했다. 그러나 Lichtenberg(1997)는 다른 문제해결 영역의 연구(예: Voss & Post, 1988)를 기반으로 전문가가 매우 의미 있는 방식에서 초심자보다 더 우수해야 한다고 제안했다. 예를 들어, 구조화되지 않은 임상 문제를 잘 구조화된(또는 더 잘 구조화되어 해결 가능한) 하위 문제로 분해하고 변환할 수 있는 능력, 이러한 하위 문제에 대한 기준(즉, 절차, 과업, 목표)을 식별하거나 부여하는 능력, 그리고 문제를 의미 있게 해결하기 위해 선택하고 사용할 수 있는 더 많은, 그리고 더 잘 조직된 임상 도구(이론적인 틀, 개입 방법, 평가 전략)를 보유하고 있어야 한다(p. 233).

지름길과 걸림돌

경험은 더 효율적인 인지 과정을 개발하고, 임상 상황을 보다 깊고 완전하게 이해할 수 있도록 하는 자동화된 경로를 더 많이 만드는 데 도움이 된다. 그러나 우리는 인간이기에 마치 10명의 목격자가 똑같은 사건을 열 가지 다른 방식으로 이야기할 수 있는 것처럼, 우리의 지각과 사고 과정에는 편견, 맹점, 한계가 있다. Tracey(2011)는 임상가가 빠지기 쉬운 오해와 휴리스틱(문제를 해결하고 보다 효율적으로 판단하게 하는 정신적 지름길)의 몇 가지 일반적인 함정을 설명했다.

- **확증 편향**(confirmatory bias): 내담자에 대한 우리의 기존 신념이나 가정을 뒷받침하는 정보를 찾는 경향으로, 이는 잘못된 판단으로 이어지며, 평가에 대한 자신감을 과도하게 높인다. **타당성 환상**(illusion of validity)이라는 용어는 종종 임상적 판단에 동반되는 근거 없는 자신감을 나타낸다(Kahneman & Klein, 2009, p. 517).

- **대표성 휴리스틱**(representativeness heuristic): 어떤 것이 관련 범주(예: 진단 범주 또는 성격 유형)와 일치하는 정도로 우리는 범주라는 렌즈를 통해 개인을 보는 경향이 있다.
- **기준점 휴리스틱**(anchoring heuristic): 초기 정보와 인상이 후속 의사결정을 결정하는 경향으로, 예를 들면 첫 번째 상담 회기에서 내담자가 어떻게 보이는지가 이후 회기에서 내담자를 보는 관점에 크게 영향을 미친다. 사람들은 일부 두드러진 정보를 기반으로 초기 판단을 내린 다음, 이후에 추가 정보가 제시되어도 초기에 형성된 판단을 잘 조정하지 않는다.
- **가용성 휴리스틱**(availability heuristic): 쉽게 떠오르는 예시를 기준으로 사건 발생 가능성을 판단하는 경향으로 노출, 기분, 예시의 생생함, 그럴듯해 보이는 정도(실제 확률과 무관함)와 같은 요인의 영향을 받는다. 이러한 현상은 특정 진단이 유행처럼 번지고 과도하게 사용되는 현상에서 관찰할 수 있다.

이 모든 정신적 함정에 더하여 인간은 그다지 호기심이 많지 않은 경향도 있다. Perkins, Farady, 그리고 Bushey(1991)는 일반적으로 사람들이 신속하게 어떤 입장을 취하고, 그것을 뒷받침하는 증거를 찾고, 그 입장이 '확실한' 것처럼 보일 만큼 충분한 증거를 찾으면 대안적인 가능성을 더 이상 탐구하지 않는다고 설명했다. Perkins와 동료들은 이렇게 대안적 가능성을 찾는 데 많은 에너지를 투자하지 않는 경향을 **그럴듯할 때에 멈추는 규칙**('makes sense' stopping rule)으로 명명했다. 우리가 타고난 성향을 의도적으로 억제하지 않는 한, 한 가지 설명을 그럴듯하게 느끼면 지적 호기심이 멈추는 경향이 있다. 설령 더 나은 설명이 존재하거나 우리가 그 정보를 충분히 이해하지 못했음에도 마찬가지다. 심지어 우리가 열린 마음을 가지려고 노력할 때조차도 그것은 본질적으로 어려우며, 여기에 더해 슈퍼비전 과정에서 관찰을 받는 등 자신의 입장을 방어해야 할 압박감을 느끼거나 이유가 생기면 모순된 증거를 찾거나 인식하는 능력은 더욱 약화된다. 이러한 이유로 우리가 경험을 통해 배우는 것이 그토록 어렵다는 것은 놀라운 일이 아니다. 예를 들어, 대인 관계 치료(interpersonal therapy)를 통한 내담자와의 상담이 어느 정도 성공적이었다면 사람들은 이것을 대인 관계 접근법이 효과적이었다는 증거로 해석하기 쉽다. 반면, 내담자의 필요나 제시된 문제에 더 적합하고 잠재적으로 더 효과적인 다른 접근법을 고려하려고 하지 않는다.

휴리스틱을 사용하는 데에는 종종 대가가 따른다. 연구에 따르면, 지능이 높은 사람들조차도 확률을 판단하고, 예측하고, 불확실성에 대처하는 데 큰 어려움을 겪으며, 이는 종종 이러한 정신적 지름길(휴리스틱)의 사용에서 직접적으로 기인한 것이다(Slovic, Fischhoff, & Lichtenstein, 1985). 상당한 경험을 가진 사람들이 결정을 내리기 위해 모든 관련 정보를 사용할 것이라고 흔히 가정하지만, 임상심리학자를 포함한 많은 분야의 전문가가 사용 가능한 정보를 충분히 사용하지 않는 경향이 있다고 보고되었다(Goldberg, 1970).

희망을 갖는 이유

휴리스틱에 의존하면 정보를 효율적으로 처리할 수 있고 문제해결 및 의사결정을 신속하게 할 수 있지만(Anderson, 1981), 이러한 '효율성 보조 장치'는 근본적으로 편향이며 모든 편향과 마찬가지로 이를 인식하고 적절한 상황에서 포기할 수 있는 능력이 중요하다. Garb(2005)은 임상가들이 경험에서 배우는 데 어려움을 겪는 이유가 그들의 판단 전략이 항상 정확하지 않기 때문이라고 주장하며, 임상가들이 내담자에 대한 초기 인상을 수정하고 대안적인 가설을 더 적극적으로 받아들여야 한다고 제안했다. 확률적 사고방식을 수용할 필요가 있으며, 임상가들은 내담자의 모든 행동을 설명할 수 있어야 한다는 압박감을 느낄 필요는 없다. 인지적 유연성—대안적 관점을 수용하고 새로운 정보를 찾아 통합하는 능력—은 좋은 정신건강의 특징일 뿐만 아니라 슈퍼비전을 통해 슈퍼바이지들이 의도적으로 길러야 할 목표이기도 하다. 과도한 경직성은 정신적·감정적 기능장애와 동일시되며, 이는 심리치료를 수행할 때에도 마찬가지다. 지지적이고 수용적인 환경을 제공하면 관점을 넓히는 능력이 증진되고 유연성과 개방성이 길러 준다. 슈퍼바이저로서 슈퍼바이지가 자신의 실수와 불확실성을 자유롭게 인정하고 탐구할 수 있는 양육적 환경을 조성하는 것은 지각의 한계와 오류를 식별하고, 관점을 확장하며, 인지적 유연성을 장려하는 데 있어 필수적이다.

우리가 내담자에게 나아지기 위해서는 노력이 필요하다고 권유하듯이, 자기 인식과 자기 감찰은 변화와 성장의 열쇠다. 우리의 의사결정 및 판단 전략을 스스로 감찰하고 조절하는 것은 휴리스틱을 건설적으로 사용하고, 휴리스틱이 편향으로 변질되어 지각을 제한하고 왜곡된 판단을 초래하지 않도록 하는 데 필수적이다. 편향은 수준 이하로 치료의 질을 떨어트리고 내담자에게 잠재적으로 해를 끼칠 수 있다. 좋은 소식은 전문가들이 다른 사람들에게 영향을 미치는 인지적 착각에서 완전히 면역이 되는 것은 아니지만(Kahneman, 1991), 인지심리학 연구에 따르면 전문가들은 기억, 학습, 문제해결, 추론 등 거의 모든 인지 기능에서 초심자들보다 우수하다는 점이다(Anderson, 1981).

Seligman(2011)은 지능은 주로 정신 처리 속도와 연관된다고 언급했다. 특정 인지 과제를 더 빠르게 처리할수록 주의력과 정신적 에너지를 다른 문제에 집중할 수 있는 여지가 생긴다. 휴리스틱을 사용하여 정신적 지름길을 찾는 것은 때때로 매우 필요하다. 그렇지 않으면 처리해야 할 모든 정보를 감당할 수 없게 될 것이다. 그러나 속도는 전체 방정식의 일부일 뿐이다. 임상적 효과성은 언제 속도를 늦추고, 언제 천천히 신중하고 성찰적으로 행동해야 하는지를 아는 것에도 크게 영향을 받는다. 좋은 수련은 슈퍼바이지들이 이러한 태도를 가지도록 독려하며, 여유 있는 성찰, 대화, 그리고 가능성에 대한 철저한 고민을 위한 시간을 포함시키는 것이다.

'휴리스틱과 편향' 모델에 기반한 판단 및 의사결정 이해의 기원은 Meehl(1954)로 거슬러 올라간다. 그는 인간(대부분 임상심리학자)이 내린 예측과 간단한 통계 모델이 예측한 정확도를 비교한 연구 문헌을 검토했는데, 거의 모든 경우에서 통계적 예측이 인간의 예측보다 더 정확하다는 결과를 발견했다. Kahneman과 Klein(2009)은 임상가들의 판단 결함에 초점을 둔 연구가 주로 '휴리스틱과 편향' 모델과 관련이 있는 반면, '자연주의적 의사결정(Naturalistic Decision Making: NDM)' 모델은 전문가 직관의 성공 사례에 더 초점을 맞춘다는 것을 확인했다. NDM 모델은 체스 대가들에 대한 연구(예: Chase & Simon, 1973; deGroot, 1978)에서 발전되었다. 이 연구에 따르면, 체스 그랜드마스터들은 유망한 수를 빠르게 식별할 수 있는 반면, 보통 수준의 선수들은 최고의 수를 고려하지도 못했다. 체스 전문가들은 복잡한 상황의 역학을 이해하고 잠재적인 수를 유망하거나 무의미하다고 빠르게 판단할 수 있는 능력이 있다는 면에서 경험이 적은 선수들과 차이를 보였다. 직관은 단순히 기억 속에 저장된 패턴을 인식하는 것으로 간주되었으며, 기억 용량이 클수록 그 효율성도 증가한다고 여겼다(Kahneman & Klein, 2009, pp. 515-

516). 화재 현장에서 지휘관을 대상으로 한 또 다른 연구에서는 그들이 직면한 상황에서 특정한 선택지가 효과가 있을지를 마음속으로 시뮬레이션함으로써 선택지를 평가할 수 있었으며, 이를 통해 효과적으로 암묵적 지식을 활용할 수 있음이 밝혀졌다.

전문가들이 일부 분야에서는 초심자보다 나은 성과를 내지 못하는 것처럼 보이지만, 특정 분야에서는 전문가가 일관되게 더 나은 성과를 보인다(예: 가축 심사관, 천문학자, 시험 비행 조종사, 체스 대가, 수학자, 회계사, 곡물 검사관, 사진 판독가, 보험 분석가). 이와 대조적으로 전문가들이 초심자에 비해 더 나은 성과를 내기 어려운 직업들도 있다(예: 주식 중개인, 임상심리학자, 정신과의사, 대학 입학 사정관, 법관, 인사 담당자, 정보 분석가). Shanteau(1992)는 전문가들의 우수한 수행과 미흡한 수행이 나타나는 과업 특성에 현저한 차이가 있음을 관찰했다. 전문가들의 우수한 수행은 다음과 같은 특성과 관련이 있었다. (행동보다는) 사물에 대한 결정을 내리는 것, (변화하는 자극보다는) 정적인 자극, (예측 불가능한 문제보다는) 예측 가능한 문제, (고유한 과업보다는) 반복적인 과업, 즉각적인 피드백과 객관적인 분석이 가능한 상황, 일정한 오류가 발생할 수 있음을 예상함, 문제를 더 작은 구성 요소로 세분화하는 것 등이다. 물론 이러한 요인들은 임상 상황에서는 쉽게 갖추기 어려운 특성들이다(이 장은 아마도 가축 심사관에 대해 썼다면 더 쉽게 쓸 수 있었을 것이다).

Dawes(1994)는 상담자들은 자신의 반응이 어떤 영향을 미치는지에 대해 즉각적이거나 지속적인 피드백을 받지는 않기 때문에 상담자의 행동은 운동 기술처럼 결과에 의해 자동으로 조정될 수는 없다고 주장했다. 예측이 어려운 행동 영역에서는 학습할 기회가 더 적어지는데, 예컨대 여러 번 반복하거나 피드백을 받을 기회가 적다(Shanteau, 1992). 이러한 상황은 학습 기회에 큰 영향을 미친다. Kahneman과 Klein(2009)은 환경으로부터 유효한 단서(valid cues)와 양질의 피드백을 얻을 수 있다면, 충분한 재능을 가진 사람에게는 결국 기술과 전문가다운 직관이 발달한다고 주장했다(p. 524).

Shanteau(1992)는 전문가의 판단 및 의사결정에 대한 연구(즉, 판단 휴리스틱의 편향 효과로 인해 전문가들이 오류가 있는 결정을 내린다는 입장)와 인지 과학 연구(즉, 전문가들이 인지 기능의 모든 측면에서 초심자보다 더 유능하고 다르다는 입장) 사이의 불일치를 설명하기 위해 **전문가 역량 이론**(theory of expert competence)을 제안했다. Shanteau에 따르면, 다음 다섯 가지의 요소가 기술과 능력의 출현을 촉진한다.

- **영역 지식:** 교과서 지식뿐만 아니라 실제 문제를 해결한 경험에서 얻은 통찰력으로 전문성에 있어 영역 지식은 필요 요건이지만 충분 요건은 아니다.
- **심리적 특성:** 강한 자신감, 뛰어난 의사소통 기술, 새로운 책임에 적응하는 능력, 명확한 책임감이다.
- **인지적 기술:** 고도로 발달된 주의력, 관련성을 포착하는 감각, 규칙의 예외를 식별하는 능력, 스트레스를 받을 때 효과적으로 일하는 능력이다.
- **의사결정 전략:** 역동적 피드백을 활용하고, 의사결정 보조 도구를 활용하고, 복잡한 의사결정 문제를 분해하고, 어려운 상황에 대한 해결책을 미리 구상하는 능력이다.
- **과업 특성:** 적절한 지식과 기술, 그리고 전략이 있더라도 전문가의 역량은 수행하는 과업에 따라 달라진다.

과업 특성은 일반적으로 상황에 의해 결정되지만, 그 외의 다른 네 가지 요소는 슈퍼바이지의 성장과 발전을 위해 의도적으로 목표로 삼아야 할 영역에 대한 유용한 이정표 역할을 할 수 있다.

배움을 위한 학습

의도적 연습

학습에는 다양한 도전과 장애물이 존재하며, 치료 기술을 연마하고 날카로운 임상적 판단력을 개발하는 것은 단순히 내담자와의 시간을 더 많이 축적하는 과정 이상임이 분명하다. 긍정심리학의 주요 특징 중 하나는 우수한 성취를 한 사람과 탁월한 수행을 의도적으로 연구함으로써 성공에 이르는 경로를 이해하려는 시도를 한다는 점이다. Anders Ericsson은 '탁월한 성취' 연구 분야의 우수 성취자라고 불릴 만하다. 그는 자신의 전문 경력 대부분을 각 분야에서 뛰어난 성과를 보여 준 사람들을 연구하며 탁월함에 대해 배우는 데 헌신해 왔다. Ericsson과 Charness(1994)는 모범적인 수행에 대한 이해의 뿌리를 탁월함을 보여 준 사람들의 삶에서 통찰을 얻어 자신의 삶을 개선할 수 있도록 돕고자 하는 인본주의적 목표에서 찾았다. Maslow(1971)의 말을 인용하자면, "인간이 얼마나 빠르게 달릴 수 있는지 알고 싶다면 인구의 '적당한 표본'의 속도를 평균 내는 것은 아무런 도움이 되지 않는다. 대신 올림픽 금메달리스트들을 모아 그들이 얼마나 잘 달릴 수 있는지 보는 것이 훨씬 낫다"(p. 7).

Ericsson과 Charness(1994)는 탁월한 수행을 종종 경험이 누적되면서 지식과 기술이 점진적으로 증가한 결과로 여겨 왔음을 관찰했다. 재능 또한 탁월함의 원인으로 자주 언급된다. 그러나 스포츠 팬들이 현명하게 지적했듯이, 만약 타고난 재능이 모든 것을 설명한다면 Michael Jordan이 고등학교 농구팀에서 탈락하는 일은 없었을 것이다. 전문가의 수행은 단순히 많은 경험을 했다고 해서 얻게 되는 자동적인 결과가 아니라, 구조화된 학습과 의식적인 적응 노력의 결과다. 반복적인 연습이 도움이 되는 주요한 방식 중 하나는 필요한 정보를 담은 '정신적 지도(mental map)'을 형성하는 데 기여한다는 점이다. 전문가들은 관련 정보의 내적 표상을 형성하여, 이를 통해 가능한 행동들을 추론하고, 계획하고, 평가하는 능력을 향상시킨다.

탁월한 수준의 수행에 도달하기 위해서는 이상적으로 사람들이 교사나 코치의 감독하에 기술을 연마하고 향상시키는 매우 오랜 기간의 적극적인 학습을 거쳐야 한다(Ericsson & Charness, 1994). 많은 분야에서 전문가 수행은 최소 10년의 집중적인 실습과 공부가 필요한 것으로 보이며, 실제로 10년 또는 10,000시간의 법칙을 널리 받아들여서 일상 용어로 자리 잡기 시작했다. 스포츠, 예술, 과학 분야의 국제 대회에서 우승하려면 최소 10년에서 일반적으로 그 이상의 준비 기간이 필요한 것으로 보인다. Gladwell은 『아웃라이어: 성공 스토리』(2008)에서 이 개념을 매우 흥미롭게 설명했다. 그는 주목할 만한 뛰어난 수행의 사례들을 소개했는데, Bill Gates가 고등학교 시절에 밤마다 집을 몰래 빠져나가 워싱턴 대학교 컴퓨터 연구실에서 새벽까지 프로그래밍을 하며 수년간 연습했던 이야기를 들려준다. 그는 20대 초반에 이미 마법의 10,000시간에 해당하는 프로그래밍 경험을 쌓았다. Gladwell은 또한 Beatles가 독일 함부르크의 허름한 스트립 클럽에서 수년간 연습했던 이야기를 들려준다. 이 장소는 중요한데, 그들이 주 6일, 하루 8시간 공연을 하면서 연주 경험을 충분히 쌓을 수 있었기 때문이다. 덕분에 Beatles는 단 6년 만에 전문가 수준의 지식과 기술을 얻고 10,000시간을 달성할 수 있었다(아마도 이 과정이 Ringo Starr가 〈Helter Skelter〉라는 곡의 마지막에 "내 손가락에 물집이 생겼어!" 라고 외친 이유가 되었을 것이다). 이러한 예시들은 임상 시간의 방대한 양을 반드시 확보해야 한다는 것을 암시하려는 것이 아니다(사실 수련 프로그램에서 요구되는 시간을 채우는 것조차도 종종 매우 어렵다). 오히려 열정, 학습에 대한 사랑, 호기심, 그리고 끊임없는 연습이 전문가 역량 개발에 중요하다는 점을 강조하기 위한 것이다.

단순한 연습만으로는 충분하지 않다. 주말 아침마다 공 몇 개를 치거나, 심지어 주 5일 동안 완전한 경기를 한다고 해도 취미로 테니스를 치는 사람들이 프로 선수로 도약할 가능성은 낮다. Ericsson과 Charness(1994)는 진정으로 실력을 향상시키기 위해서는 경험 속에 담긴 피드백의 혜택을 얻기 위해 연습에 철저히 집중하고 노력하며 모니터링해야 한다고 설명했다(p. 738).

말은 쉽지만 실행은 어렵다. 특히 심리치료 실습과 관련된 어려움 중 하나는 임상가들이 같은 상황을 자주 또는 예측 가능한 방식으로 마주하지 않는다는 점이다. 예를 들어, 테니스 선수가 백핸드 로브(backhand lob)를 향상시키고 싶다고 해도 경기 전체 동안에 백핸드 로브를 단 2~3번밖에 치지 못한다면 특정 기술을 개선하기에 충분한 연습이 되지 않을 것이다. 이러한 상황은 상담에서 훨씬 더 두드러진다. 왜냐하면 모든 내담자와 문제는 각각 고유하기 때문이다. 테니스에서 선수가 백핸드 로브를 향상시키려면 코치는 선수가 명확한 목표 지점을 겨냥해 수백 번 반복 연습을 하도록 하며, 특정 기술을 개선하기 위해 연습을 의도적으로 조정할 것이다. 그러나 임상 수련에서는 이러한 방식이 일반적이지 않기에 수련의 효과가 명확하지 않은 이유를 이해할 수 있다. 물론 심리치료와 평가를 수행하는 것은 테니스나 피아노 연주보다 훨씬 더 복잡하다. 하지만 과정의 개별 요소를 완전히 익히는 데 집중하는 것이 전체 과정을 이해하고 숙련도를 향상시키는 데에도 유익할 가능성이 높다.

Colvin(2008)은 '의도적 연습'의 개념을 더 확장하여 교사(또는 슈퍼바이저, 코치)가 명확하고 편견 없는 관점으로 슈퍼바이지를 볼 수 있다는 이점이 있기 때문에 적합한 교육 및 실습 활동을 설계할 수 있는 좋은 위치에 있다고 말했다. 간단히 말해 슈퍼바이저는 슈퍼바이지가 볼 수 없는 방식으로 슈퍼바이지를 볼 수 있다. 이것이 최고의 연주자나 선수(예: 피아니스트, 골프선수)조차도 자신의 기술이 교사를 훨씬 능가할 때에도 여전히 교사와 코치를 만나는 이유 중 하나다. 우리는 슈퍼비전이나 코칭이 없으면 의도적으로 연습을 한다고 해도 일반적으로는 이전에 해 왔던 것들을 그대로 반복하는 경향이 있다. 반면, 슈퍼비전은 우리가 현재 능력을 넘어설 수 있게 설계되도록 있다. 실제로 일부 엘리트 선수들은 특정 문제를 해결하고 최고 수준의 경기력을 유지하기 위해 코치를 바꾸거나 보조 코치를 고용하기도 한다.

의도적 연습은 몇 가지 주요 요소로 구성된다.

- 개선해야 할 성과의 요소를 명확하게 정의하고 이에 대해 열중하여 작업하기
- 특정 기술이나 기법을 고도로 반복하기(이것은 실제 상황에서 필요한 특정 활동과는 자주 일치하지는 않음)
- 도전이 없는 **안전지대**(comfort zone)나 압도당하는 **공황 지대**(panic zone)가 아니라, 기술과 능력이 약간 도달하기 어려운 수준인 **학습 영역**(learning zone)에서 연습하기
- 완전하고 초점화된 집중력 발휘하기

학습에 대해 의도성(intentional)을 가지는 것이 매우 중요한데, 활동이 자동화되지 않게 방지해야 한다. 오랜 연습을 하다보면 쉽게 그렇게 되기 때문이다. Colvin은 "뛰어난 수행자들은 자신이 선택한 분야에서 자동화 단계에 이르고, 발전이 멈추는 상태에 놓이도록 스스로를 내버려두지 않는다. 지속적이고 의도적 연습의 효과는 자동화를 피하는 것이다"라고 설명했다(Colvin, 2008, p. 83).

Colvin(2008, pp. 105-108)은 의도적 연습의 예로, Franklin이 더 나은 작가가 되기 위해 노력한 사례를 들었다. 십대 시절, Franklin의 아버지는 Franklin과 친구가 주고받은 편지를 발견했다. 아버지는 아들에게 글에 대한 피드백을 주었는데, 긍정적인 측면부터 언급한 후에 개선할 수 있는 몇 가지 요소를 지적해 주었다. Franklin은 당시 영국 정기간행물인 『관중(Spectator)』의 구절을 읽고 각 문장의 의미를 간략하게 메모한 다음, 며칠 후 각 문장의 의미를 자신의 말로 표현해 보는 연습을 했다. 그런 다음에 그는 자신의 글과 원본과 비교하여 부족한 점(예: 빈약한 어휘나 구성의 문제)을 찾아내서 이를 수정했다. 어휘를 의도적으로 확장하기 위해 에세이를 운문 형식으로 쓰는 연습을 했으며, 구성을 개선하기 위해 메모 카드를 섞은 후 몇 주 뒤에 기억에서 잊힐 때쯤 이를 올바른

순서로 재배열하는 연습도 했다. 이 사례는 의도적 연습의 원칙을 완벽하게 보여 준다. 즉, 구체적인 목표를 설정하고, 정기적이고 의도적으로 연습하며, 결과를 목표와 비교하는 것이다. 의도적 연습을 실행하기 위해 몇 가지 중요한 요소가 필요하다. 의도적 연습을 구현하는 중요한 몇 가지 구성 요소는 다음과 같다.

- 즉시 연습해야 할 다음 단계를 식별한다. 슈퍼바이저는 더 발전시켜야 할 기술과 능력을 추천하고 수행에 대한 피드백을 제공하는 중요한 역할을 한다.
- 특정 과업에 대한 목표를 설정한다. 협력적인 목표 설정은 일반적으로 슈퍼바이지의 노력 투입과 관여를 높이는 데 도움이 된다.
- 연습 중에는 마음을 기울여서 자기 조절을 한다. 목표 자체는 주의를 집중시키는 기능을 하지만, 학습 향상을 위해서는 과정 전반에 걸친 의도적인 자기 코칭이 중요하다.
- 자기 관찰, 특히 자신의 사고를 관찰한다. 연습하는 내내 깊이 숙고하고, '어떻게 작동하고 있는가?' '여기서 다른 기술을 시도해도 될까?'와 같은 질문을 스스로에게 해 본다.
- 연습 후에 주의 깊게 숙고하고, 달성하려고 했던 기준에 비추어 자가 평가를 한다. 모호하고 일반적인 평가보다는 구체적으로 평가해야 한다.

의도적 연습 모델은 슈퍼바이저가 슈퍼바이지에게 회기 녹화를 보게 하고, 강점과 약점을 논의하며, 새로운 전략이나 접근 방식을 고려한 뒤, 슈퍼바이지가 다시 한 주 동안에 내담자와 실습을 진행하는 일반적인 수련이나 슈퍼비전 시나리오와는 매우 다르다. 이러한 방식이 분명히 유용한 점도 있지만, 마치 축구팀이 연습이나 스크리미지(scrimmage) 없이 실제 경기를 하고, 경기 후에 간단히 영상 클립만 리뷰하는 것과 같다. 연습 없이 경기를 진행하면서 개선하려고 하는 생각은 스포츠에서는 터무니없게 들리지만, 정신건강 분야의 수련에서는 흔히 볼 수 있는 방식이다. 특히 수련 초기 단계에서 '미시적 기술'에 대해 집중적으로 배운 뒤에는 역할극이나 직접적인 연습이 이루어지지 않기 때문에 더욱 일반적인 현상으로 여긴다.

광범위한 의도적 연습은 보다 발전된 기술 능력을 갖추게 하며, 전문가가 중요한 정보와 사소한 정보를 구분하고 무엇에 집중해야 하는지를 아는 '심화된 영역의 전문성(deep domain expertise)'을 개발하는 데에도 도움을 준다(Colvin, 2008, pp. 93-98). 뛰어난 수행자들은 모두 자신이 속한 영역에 대해 거대하고 고도로 발전된 정교한 정신 모델을 가지고 있으며, 이는 전문성 발달에 다음의 세 가지 주요 방식으로 기여한다(pp. 122-124).

- 해당 영역에 대한 지식이 확장됨에 따라 이를 통합할 수 있는 틀을 형성한다.
- 관련된 정보와 관련 없는 정보를 구별하는 데 도움이 된다. 이것은 정말 중요한 것에 집중할 수 있는 정신적 자원을 확보하기 때문에 새로운 상황에 직면했을 때 매우 유용하다. 견습생과 최고의 성과를 내는 조종사를 비교한 연구에 따르면, 견습생은 항공교통관제 무선통신에서 중요하지 않은 단어를 더 많이 기억하지만, 전문 조종사는 정말 중요한 것에 정신에너지를 집중할 수 있는 풍부한 정신 모델을 가지고 있기 때문에 중요한 개념어를 더 많이 기억했다.
- 다음 단계를 보다 쉽게 식별하는 데 도움이 된다.

경험이 임상가의 효과에 미치는 영향은 혼재될 수 있지만, 연구에 따르면 몇몇 치료자는 다른 치료자보다 훨씬 더 효과적이다. Wampold와 Brown(2005)은 면허가 있는 정신건강 종사자를 연구한 결과, 가장 효과적인 치료자의 내담자는 효과가 낮은 치료자에 비해 약 50% 더 높은 비율로 개선되고 약 50% 더 낮은 비율로 중단한다는 것을 발견했다. Miller, Hubble, 그리고 Duncan(2007)은 매우 효과적인 치료사들을 조사한 후 Ericsson의 의도적 연습 패러다임을 심리치료 실무에 적용하여 의도적 실천을, (1) (미리) 생각하기, (2) 행동하기, (3) 성찰하기의 세 가지 핵심 단계로 구분했다. 매우 효과적인 치료자는 덜 효과적인 치료사보다 훨씬 더 의식적으로 마음을 챙기고, 피드백의 가치를 더 강조하며, 내담자로부터 직접 피드백을 요청하거나 상담 회기 직후에 회기를 성찰하면서 피드백을 얻고자 했다. 성찰 단계에서 매우 효과적인 치료사들은 자신의 성과에 대한 세부 사항을 검토하고, 목표 달성을 위한 구체적인 행동과 대안 전략을 식별하고, 자신의 책임을 수용하는 경향이 있다(예: 좋지 않은 성과를 내담자의 탓으로 돌리거나 일진이 안 좋았다는 귀인을 하지 않음).

좋은 습관 만들기

긍정적인 행동 변화의 기초는 현실적이면서 의미 있는 목표를 설정하고, 그 목표를 달성하기 위해 실질적인 조치를 취하는 것이다. 대부분의 목표는 일반적으로 다양한 방법으로 달성할 수 있다. 이러한 유연성은 여러 선택지를 제공하기 때문에 유용할 수 있고, 이는 한 경로가 가용하지 않거나 효과적이지 않은 것으로 입증될 때 특히 중요하다. 그러나 목표를 추구하는 데 있어서 유연성은 그 목표를 실행하는 방법을 결정해야 하기 때문에 스트레스와 실행 지연의 원인이 될 수도 있다. Heath와 Heath(2010)는 『스위치: 변화를 이끄는 힘』에서 '불분명한 경로'가 어떻게 마비로 이어질 수 있는지에 대해 매우 명료하게 설명했다. Schwartz(2004)는 그의 저서 『선택의 역설: 더 많을수록 덜 만족스러운 이유(The Paradox of Choice: Why More Is Less)』에서 현대 생활에서의 선택지 확대와 스트레스 증가 사이의 상관관계를 설득력 있게 자세히 설명했다. 우리는 일반적으로 어떤 상황에 몰입할 때는 전략을 개발하고 문제를 해결하려는 시도에 있어서 효과적이지 못하다. 행동 개시 또는 '목표 추구'는 사용할 전략에 대한 계획을 미리 세울 때 크게 촉진될 수 있다(Gollwitzer, 1999). '예측적 의사결정(anticipatory decisions)'은 도구적 행동에 대한 가능한 기회들을 더 쉽게 식별할 수 있게 해 주기 때문에 행동이 덜 제한된다. 좋은 기회는 종종 단시간에 나타나지만, 목표 추구를 계획하면 관련 상황에 직면했을 때 즉시 목표 지향적 행동을 시작할 수 있다(p. 494). 상황이 전개되는 중에는 노력을 기울이는 심사숙고가 더 이상 필요하지 않기 때문에 인지적 자원을 덜 요구한다는 면에서 행동 개시는 보다 효율적이어야 하며, 때로는 의식적인 의도 없이도 행동을 시작할 수 있다(p. 494).

목표(또는 더 큰 목표 달성을 위한 더 작은 단계)를 언제, 어디서, 어떻게, 구현할 것인지를 명시하는 '실행 의도(implementation intentions)'를 설정하는 것은 실제 목표 달성과 밀접한 관련이 있다(Gollwitzer & Brandstatter, 1997). 이 개념의 실례를 보여 주는 간단한 연구가 있다. 한 연구에서 대학생들은 크리스마스이브를 어떻게 보냈는지에 대한 보고서를 작성함으로써 추가 학점을 받을 수 있는 기회를 얻었는데, 이 보고서는 크리스마스이브 이후 48시간 이내에 완성해야 했다. 참가자 중 절반은 설문지를 통해 48시간 동안 보고서를 작성할 정확한 시간과 장소를 정하도록 요청받아 실행 의도를 형성하도록 지시받았다. 나머지 절반은 특정 시간과 장소를 선택하라는 요청을 받지 않았다. 실행 의도를 형성한 참가자의 4분의 3이 요청한 시간 내에 보고서를 작성한 반면, 대조군 참가자는 단지 3분의 1만이 완료했다. 의도를 구체적인 계획과 결합시키는 단순한 행위가 매우 유의미한 결과를 가져온 것으로 보인다. 또한 의도가 성과 목표(주어진 과업을 통해 자신의 역량을 알아내는 것)가 아닌 학습 목표(주어진 과업을 수행하는 방법을 배우기 위한 것)로 구성될 때 목표가 달성될 가능성이 더 높은 경향이 있다(Dweck, 1996).

예측적 계획은 실행 의도의 형태로 이루어지는데, 이는 바람직한 '목표 지향적 행동'을 예상되는 상황과 연결하는 데 도움이 된다. 예를 들어, 내담자가 증상에 대해 이야기하기 시작하면 내담자에게 척도 질문을 사용하여 답변하도록 요청하는 것이다. 내담자가 양가감정을 표현하기 시작하면 그 주제에 대해 이야기하는 것에 대한 내담자의 염려를 탐색함으로써 '저항을 존중'할 것이다. 실행 의도는 상황적 단서와 목표 지향적 반응의 시작을 연결하는데, 이는 그 순간에 결정을 내릴 필요가 없기 때문에 적시에 올바른 행동을 구현하기가 더 쉽다(Gollwitzer, 1999). 우리의 행동이 상황적 단서와 더 많이 연결될수록 우리는 행동을 취할 가능성이 더 높고, 행동을 사전에 고려했기 때문에 우리의 반응이 적절하다는 확신을 가질 수 있다.

실행 의도를 사용하면 특정 행동을 사용할 수 있는 적절한 상황에 대해 더 민감하게 되고, 좋은 기회를 더 잘 포착할 수 있게 된다(Gollwitzer, 1999, p. 495). 이는 정신적 리허설(mental rehearsal)을 통해 더 강한 연결고리와 더 큰 이점이 생성된다는 것을 의미한다. 이를 슈퍼비전과 학습에 적용해 보면 특정 행동을 강조하기 위해 식별하는 작업(예: 내담자가 감정을 표현할 때 심화 질문을 사용하는 연습)은 이러한 행동이 언제, 어떻게 사용될지를 명확히 규정하는 실행 의도와 결합될 때 가장 효과적으로 이루어진다(예: 내담자가 감정을 표현하고 안정되어 보일 때는 심화 질문을 사용하지만, 내담자가 혼란스러워 보일 때는 사용하지 않기). 또한 실행 의도는 행동 시작(action initiation)을 자동화하도록 도와주며, 행동을 언제, 어떻게 시작할지 결정하는 데 필요한 인지 자원을 다른 활동에 사용할 수 있도록 해 준다(p. 498).

이것은 습관의 발달과 유사하다. 슈퍼바이저가 좋은 습관을 형성했다면, 즉 슈퍼바이지가 건전한 임상적 판단과 행동을 기본적인 반응 경향으로 보이는 경우에는 슈퍼비전이 잘된 것으로 간주할 수 있다. 실행 의도 사용을 통한 자동적인 행동 시작은 원하는 목표 지향적 행동을 적절한 상황과 짝짓는 정신적 행위에서 비롯된다. 반면, 습관의 발달은 행동 연습(반복 및 일관성)을 필요로 한다. 실행 의도를 사용하는 이점은 새로운 습관이 개발됨에 따라 정신적 자원이 자유롭게 되는 것 외에도, 새로운 습관이 훨씬 더 빨리 생성된다는 것이다. 실행 의도는 "습관에 내재된 반복적이고 일관된 실천만큼 행동의 시작을 자동화하는 데 효과적이다. 분명히 실행 의도는 즉각적인 습관을 만들어 낸다"(Gollwitzer, 1999, p. 499).

성찰

능동적 학습은 새로운 지식과 이해가 기존의 지식과 통합되는 것으로, 경험을 통해 개선하고 성장하는 데 매우 중요하다. **성찰**(reflection)은 능동적 학습의 핵심으로, 더 깊은 의미와 이해, 그리고 더 큰 개념적 유연성을 함양하기 위해 지식과 경험을 목적을 가지고 비판적으로 분석하는 것을 강조한다. 성찰은 복잡한 상황을 이해하고 경험으로부터 학습할 수 있도록 돕는 등 여러 기능을 수행하는 것으로 보인다. 그러나 성찰은 모든 경험에서 자동적으로 발생하지는 않는다. 성찰은 일반적으로 새로운 상황이나 도전적인 상황을 예상할 때 가장 자연스럽게 이루어지지만, 효과적으로 자신의 경험으로부터 학습하기 위해서는 모든 발달 단계에서 성찰이 중요하다(Mann, Gordon, & MacLeod, 2009, p. 596).

인식의 증가와 성찰적인 자가 평가는 모든 주요 심리치료의 핵심일 뿐만 아니라 주목할 만한 사상가와 역사적 인물에 의해 역사적으로 가치 있게 여겨 온 활동인 것 같다. Gelb는 『당신의 천재성을 발견하라: 역사상 가장 혁신적인 10인의 사고법 배우기』(2002)라는 책에서 10명의 비범한 역사적 인물의 사고 패턴과 인생 학습에 대한 접근 방식을 조사했다. 이 책에는 Plato, Columbus, Shakespeare, Jefferson, Einstein과 같은 다양하고 중요한 인물이 포함되어 있다. 이들 각각은 어떤 형태로든 지속적인 자기 성찰을 했는데, 종종 정기적인 일기 쓰기의 형태로 자기 성찰을 했다. 흥미롭게도 이들 대부분은 정기적으로 긴 시간 동안 산책을 했는데, 이것이 자기 성찰을 촉진하는 수단으로 작용한 것 같다. 자기 성찰과 자기 인식을 높이는 메커니즘을 만들고 시간을 할애하는 것은 판단력과 전문성 발달에 매우 중요하며, 모든 발달 단계에 걸쳐 임상 교육에 정기적으로 통합되어야 한다. Jefferson이 국가를 운영하면서 시간을 낼 수 있었고, Einstein이 상대성 이론을 발견하는 동안에 그렇게 할 수 있었다면 우리도 슈퍼바이저와 임상가로서 그렇게 할 수 있다.

성찰은 임상 경험을 되짚어 보고 그로부터 배움을 얻는 데 의도적으로 사용될 수 있다. Schon(1983)은 **성찰적 실무자**라는 개념을 도입하여 성찰의 과정이 새로운 이해를 낳고 잠재적으로 새로운 반응과 행동으로 이어질 수 있다고 주장했다. 이것은 임상가가 뭔가에 가로막혔다고 느끼고, 일반적인 행동이나 반응이 효과적이지 않을 때 특히 유용하다. 그러나 안타깝게도 성찰적 실천은 경험이 증가함에 따라, 그리고 임상 실무의 과학적 기초가 강화되지 않은 환경에서 감소하는 경향이 있다(Mamede & Schmidt, 2005). 따라서 슈퍼바이저 개인과 기관 전체가 평생의 성장과 발전을 가치 있게 여기고 장려하는 문화를 조성하고, 사례 개념화 회의, 정기적인 전문성 발달 기회, 최신 논문 및 책에 대한 토론, 웨비나(webinar) 시청, 최신 콘퍼런스에서 얻은 정보를 공유하는 등 구조화된 환경을 설계할 필요가 있다.

Mamede와 Schmidt(2005)는 성찰적 실천을 임상에 적용하기 위한 기반으로, 의학에서 사용되는 구조를 제안했다.

- **의도적인 귀납적 사고**(deliberate induction): 익숙하지 않은 문제에 대해 숙고하는 시간 갖기
- **의도적 추론**(deliberate deduction): 다양한 가능한 가설 또는 행동 과정의 결과를 논리적으로 추론하기
- **검증**(testing): 탐색 중인 문제에 대한 예측 평가하기
- **성찰에 대한 개방성**(openness to reflection): 낯선 상황에 직면했을 때 건설적인 활동에 참여하기
- **메타추론**(metareasoning): 자신의 사고 과정에 대해 비판적으로 생각하기

의학 교사들을 대상으로 한 설문 조사에 따르면, 조사에 참여한 교사의 절반이 실패를 성찰하는 것이 성공에 대한 성찰보다 더 중요하다고 믿었다(Pinsky & Irby, 1997). 의

학 분야의 저명한 임상 교사들은 다음의 세 가지를 성찰의 본 단계로 꼽았다.

- 예측적 성찰(anticipatory reflection): 교수 활동을 계획하기 위해 과거의 경험을 활용하기
- 실행 중 성찰(reflection-in-action): 교육 중 유연성 유지하기
- 행동 후 성찰(reflection-on-action): 경험 이후에 이루어지는 깊게 분석하기

사실 성공적인 교육은 관찰하고, 성찰하고, 실험하는 의도적인 과정으로 정의된다(Pinsky, Monson, & Irby, 1998).

맥락적 요인은 성찰 및 성찰 역량의 발달에 크게 도움이 될 수도 있고 방해가 될 수도 있다. 성찰을 발전시키는 데 가장 큰 영향을 미치는 요소는 지적 · 정서적으로 지지적인 환경, 진솔한 맥락, 학습 방식의 개인차에 대한 수용, 멘토링, 그룹 토론, 지원, 자유롭게 의견을 표현할 수 있는 기회일 것이다. 추가적으로 성찰을 가능하게 하는 요인으로는 성찰의 중요성에 대한 인식, 전문가들이 서로 존중하는 조직적 분위기, 그리고 성찰을 위한 시간이 있다. 한편, 바쁜 환경에서의 시간 압박은 성찰을 방해하는 요인으로 작용한다고 밝혀졌다(Mamede & Schmidt, 2005). 적절한 환경적 지원이 주어진다면 복잡한 문제는 특히 임상 실무의 과학적 기반이 지속적으로 검토되는 실천 환경에서 성찰적 사고를 자극할 수 있다. 학습 환경, 특히 멘토와 슈퍼바이저의 모델링은 성찰적 사고에 고무적이거나 억제적인 영향을 미칠 수 있다.

높은 성취자(대부분의 대학원생 또는 실무 전문가를 포함하는 범주)는 독특한 도전에 직면해 있다(Argyris, 1991). 이것은 우리의 개인적인 경험은 아니지만, Argyris(1991)는 많은 전문가와 높은 성취를 이룬 사람이 실패를 거의 경험하지 못했기 때문에 결과적으로 실패에서 배우는 방법을 학습하지 못했다고 주장했다. 그는 성찰적 학습을 설명하기 위해 온도조절기의 비유를 사용했다. 단일 제어 온도조절기는 단순히 설정된 온도로 열을 유지하고, 온도가 너무 차갑거나 너무 뜨거워지면 스위치를 켜거나 끈다. 그러나 가상의 이중 제어 온도조절기는 "왜 68도로 설정하는가?"라고 묻는 단계를 추가한 다음에 보다 경제적인 온도가 있는지를 탐색한다(p. 4). '배우는 방법에 대한 학습'을 익히지 못한 경우에 사람들은 단일 제어 전략에 의존하는 경향이 있는데, 이러한 전략이 잘못되면

종종 방어적인 태도를 취한다. 성공에 익숙한 사람들에게는 잠재적인 당혹감이 훨씬 더 클 수 있으며, 이는 학습을 방해한다. 진정한 배움은 또한 우리의 의도와 실제 실행 사이의 불일치, 우리가 생각하는 자신의 행동 방식과 실제 행동 방식 사이의 불일치를 관찰하거나 깨닫는 불편한 과정을 종종 포함한다(p. 7). 이 과정이 불편할 수 있지만, 이는 우리가 사용한 사고 과정과 의사결정 과정을 검토하고 향후 시도할 수 있는 대안을 식별하고 고려할 수 있는 문을 열어 준다. 다시 온도조절기 모델로 돌아가 보면 의도와 결과 사이의 불일치를 인식하는 것은 성찰적 사고의 스위치를 켜고 불일치를 줄이기 위한 조치를 취하도록 유도할 수 있다.

발견과 통찰은 또한 Socrates 질문 방법을 사용하여 촉진할 수 있는데, 이 방법은 슈퍼바이지의 창의적이고 비판적인 사고 과정을 자극하기 위한 질문을 사용하는 오래된 기술이다(Overholser, 1991). 슈퍼바이지들이 자신의 의사결정과 행동 과정을 보다 철저히 검토하도록 촉구하는 질문은 다양한 접근 방식 및 개입의 잠재적 위험과 가능한 이점을 예측하는 데 도움이 될 수 있다. Socrates 기법은 또한 합리적인 자기 인식과 자기 주도적 발견의 기초를 제공함으로써 자율성을 증진할 수 있다(p. 71).

자기 감찰과 자기 조절은 임상가로서의 성장에 필수적이다. 사실 Moffett(2009)는 다음과 같이 주장했다. "…… 슈퍼비전의 궁극적인 목표 중 하나는 슈퍼바이지가 자신을 감독하는 방법을 배우는 것인데, 예를 들어 특정 임상 과제에 대한 자신의 준비 상태를 예상하고, 자신의 업무를 규칙적으로 반성하고, 자신의 개입이 미치는 영향을 고려하고, 내담자의 이익을 위해 내담자에 대한 자신의 정서적 반응을 인식하고 사용하는 것이다. 그리고 필요한 경우에 대안적인 개입을 생성하는 것이다"(p. 79). 자기 성찰은 치료자가 낯선 내담자 임상 성과나 낯선 방식 또는 환경에서 작업할 준비를 하는 데 도움이 될 수 있다. 슈퍼바이저는 문제로 여기는 주제를 다룰 질문 목록을 작성하고, 슈퍼바이지가 이를 성찰하며 답변을 작성하도록 유도함으로써 잠재적인 도전에 대비하고 이를 더 깊이 논의할 수 있도록 도울 수 있다. "이 접근법은 슈퍼바이지가 실무에서 개인적인 어려움에 직면했을 때, 이러한 도전을 더 효과적으로 인식하여 관리하거나, 최소한 슈퍼비전 시간에 이를 더 쉽게 논의할 수 있도록 준비시키는 것을 목표로 한다"(p. 78). 이 형식은 가상의 상황에서 슈퍼바이지가 구체적으로 어떤 행동을 할지 예측하도록 한다. 예를 들어, "어떤 상황에서 회기를 중단하고 슈퍼바이저와 상의하겠습니까?"

"당신과 정반대의 가치관을 가진 내담자와 함께 작업할 때 어떻게 생각하고, 느끼고, 행동하시겠습니까?" 또는 "개입이 명백히 잘못되고 있을 때 어떻게 하시겠습니까?"와 같은 질문 형식은 슈퍼바이지에게 가상의 상황에서 구체적인 행동을 예측하도록 한다. Moffett(2009)는 이러한 접근 방식을 통해 준비의 중요성과 규칙적인 자기 성찰의 중요성이 암묵적으로 강조되며, 슈퍼바이지들이 슈퍼비전에서 어떤 어려움들을 겪는 것은 자연스러운 일이고, 모든 주제가 토론 주제로서 환영받는다는 것을 분명히 함으로써 효과적인 슈퍼비전 관계의 형성이 촉진된다고 제안했다.

결론: 탁월함과 학습에 대한 결언

어떤 접근 방식이든 심리치료의 궁극적인 목표는 내담자가 자신의 치료자가 되는 법을 배우는 것이다. 여기에는 치료자의 '목소리'를 내면화하는 법을 배우고, 더 넓은 관점, 유연성 및 대처 기술을 개발하고, 무엇보다도 자기 인식, 자기 감찰, 자기 조절을 통해 일관되게 기능할 수 있는 능력이 포함된다. 슈퍼비전에서도 비슷한 점을 찾을 수 있다. 슈퍼비전의 궁극적인 목표는 기술, 임상적 판단 및 개념화 능력을 배우는 것을 넘어서 가장 중요한 능력, 즉 배우는 법을 학습하고, 본질적으로 자기 자신의 슈퍼바이저가 되는 것을 개발하는 것이다.

대학원이나 전문가 수련 과정에서의 학습 과정은 일반적으로 매우 체계적이고 명확히 규정되어 있으며, 동료와 기관의 지원을 포함하는 경우가 일반적이다. 성장의 길은 분명하다(그리고 의무적이다). 그러나 안타깝게도 이는 보통 자격 취득 후에는 그렇지 않다. 자신의 경력을 발전시키기 위해 취해야 할 조치들은 때때로 어느 정도 명확할 수는 있지만 임상적 우수성을 향한 진전을 이루기 위한 단계는 거의 고려되지 않는 경우가 많다. 슈퍼비전 과정은 슈퍼바이지가 공식적인 수련 과정을 마칠 때까지 완성되지 않는다. 이 과정에서 슈퍼바이지는 1년, 3년, 5년, 10년 후에 자신이 어떻게 더 능숙하게 변하고 싶은지, 그리고 성장을 이루기 위해 필요한 단계는 무엇인지 고민해야 한다. 탁월함은 학습을 평생의 과정으로 간주할 때에만 달성될 수 있다.

생각할 거리

슈퍼바이저를 위한 질문

- 슈퍼바이지가 슈퍼비전 과정을 내재화하도록 어떻게 돕고 있나요? 나는 학습 과정을 슈퍼바이지에게 명료하게 제공하고 있나요?
- 슈퍼바이지가 배우기 위한 장벽을 낮추기 위해 취할 수 있는 단계는 무엇인가요?
- 슈퍼바이지는 내가 가장 소중히 여기는 가치가 무엇이라고 생각할까요?
- 슈퍼비전에서 학습해야 할 기술을 연습하는 데 얼마나 많은 시간을 할애하고 있나요?
- 슈퍼바이지가 인지적 편향을 인식하도록 어떻게 도움을 주고 있나요? 내가 없는 상황에서도 인식을 높일 수 있도록 도움이 되는 방법으로 수행하고 있나요?

기관 또는 수련 프로그램을 위한 질문

- 기대하는 바가 명확한가요?
- 지속적인 학습과 전문성 성장을 중시하는 가치가 선임 직원들에 의해 어떻게 모범적으로 드러나고 있나요?
- 성찰 시간은 일정에 얼마나 포함되어 있나요?
- 탁월함을 단순한 능력보다 더 가치 있게 여기나요? 만약 그렇다면 이것을 어떻게 증명할 수 있나요?
- 다양한 방법을 통해 지속적인 전문성 성장과 발달을 촉진하기 위하여 어떤 구조를 마련하고 있나요?

읽을거리

책

Anderson, J. R. (1981). *Cognitive skills and their acquisition*. Hillsdale, NJ: Erlbaum.

Colvin, G. (2008). *Talent is overrated: What really separates world-class performers from everybody else*. New York, NY: Penguin.

Ericsson, K. A. (1996). *The road to excellence: The acquisition of expert performance in the arts and sciences, sports, and games*. Hillsdale, NJ: Lawrence Erlbaum Associates, Inc.

논문

Ericsson, K. A., & Charness, N. (1994). Expert performance: Its structure and acquisition. *American Psychologist, 49*, 725-747.

Lichtenberg, J. W. (1997). Expertise on counseling psychology: A concept in search of support. *Educational Psychology Review, 9*, 221-238.

Miller, S., Hubble, M., & Duncan, B. (2007, November/December). Supershrinks. *The Psychotherapy Networker, 31*(6), 27-56.

참고문헌

Adams, D. (2000). *Mostly harmless*. New York, NY: Ballantine Books.

American Psychological Association. (1982). *Report of the task force on the evaluation of education, training, and service in psychology*. Washington, DC: Author.

Anderson, J. R. (1981). *Cognitive skills and their acquisition*. Hillsdale, NJ: Erlbaum.

Argyris, C. (1991). Teaching smart people how to learn. *Harvard Business Review Reflections, 4*, 5-15.

Berman, J. S., & Norton, N. C. (1985). Does professional training make a therapist more effective?. *Psychological Bulletin, 98*, 401-407.

Camerer, C. F., & Johnson, E. J. (1991). The process-performance paradox in expert judgment: How can experts know so much and predict so badly?. In K. A. Ericsson & J. Smith (Eds.), *Toward a general theory of expertise: Prospects and Limits* (pp. 195-217). New York, NY: Cambridge University Press.

Callahan, J. L., Almstrom, C. M., Swift, J. K., Borja, S. E., & Heath, C. J. (2009). Exploring the contribution of supervisors to intervention outcomes. *Training and Education in Professional Psychology, 3*, 72-77.

Chase, W. G., & Simon, H. A. (1973). The mind's eye in chess. In W. G. Chase (Ed.), *Visual information processing* (pp. 215-281). New York, NY: Academic Press.

Christensen, A., & Jacobson, N. S. (1994). Who (or what) can do psychotherapy: The status and challenge of nonprofessional therapies. *Psychological Science, 5*, 8-14.

Colvin, G. (2008). *Talent is overrated: What really separates world-class performers from everybody else*. New York, NY: Penguin.

Dawes, R. R. (1994). *House of cards: Psychology and psychotherapy built on myth*. New York, NY: Free Press.

deGroot, A. D. (1978). *Thought and choice in chess*. The Hague: Mouton. (Original work published 1946).

Dodenhoff, J. T. (1981). Interpersonal attraction and direct-indirect supervisor influence as predictors of counselor trainee effectiveness. *Journal of Counseling Psychology, 28*, 47-52.

Durlak, J. (1979). Comparative effectiveness of paraprofessional helpers. *Psychological Bulletin, 86*, 80-92.

Dweck, C. S. (1996). Implicit theories as organizers of goals and behavior. In P. M. Gollwitzer, & J. A. Bargh (Eds.), *The psychology of action: Linking cognition and motivation to action* (pp. 69-90). New York, NY: Guilford.

Ericsson, K. A., & Charness, N. (1994). Expert performance: Its structure and acquisition. *American Psychologist, 49*, 725-747.

Frensch, R. A., & Sternberg, R. J. (1989). Expertise and intelligent thinking: When is it worse to know better?. In R. J. Sternberg (Ed.), *Advances in the psychology of human intelligence* (Vol. 5, pp. 157-188). Hillsdale, NJ: Erlbaum.

Garb, H. N. (2005). Clinical judgment and decision making. *Clinical Psychology, 1*, 67-89.

Gelb, M. J. (2002). *Discover your genius: How to think like history's ten most revolutionary minds*. New York, NY: HarperCollins Publishers, Inc.

Gladwell, M. (2008). *Outliers: The story of success*. New York, NY: Little, Brown and Company.

Goldberg, L. R. (1970). Man vs. model of man: A rationale, plus some evidence, for a method of improving clinical inferences. *Psychological Bulletin, 73*, 422-432.

Gollwitzer, P. M. (1999). Implementation intentions. *American Psychologist, 54*, 493-503.

Gollwitzer, P. M., & Brandstatter, V. (1997). Implementation intentions and effective goal pursuit. *Journal of Personality and Social Psychology, 73*, 186-199.

Hattie, J. A., Sharpley, C. F., & Rogers, H. J. (1984). Comparative effectiveness of professional and paraprofessional helpers. *Psychological Bulletin, 95*, 534-541.

Heath, C., & Heath, D. (2010). *Switch: How to change things when change is hard*. New York, NY: Broadway Books.

Holyoak, K. J. (1991). Symbolic connectionism: Toward third generation theories. In K. A. Ericsson & J. Smith (Eds.), *Toward a general theory of expertise: Prospects and limits* (pp. 301-336). New York, NY: Cambridge University Press.

Johnson, P. E., Duran, A. S., Hassebrock, F., Moller, J., Prietula, M., Feltovich, P. J., & Swanson, D. B. (1981). Expertise and error in diagnostic reasoning. *Cognitive science, 5*, 235-283.

Kahneman, D. (1991). Judgment and decision making: A personal view. *Psychological Science, 2*, 142-145.

Kahneman, D., & Klein, G. (2009). Conditions for intuitive expertise. *American Psychologist, 64*, 515-526. doi: 10.1037/a0016755

Lichtenberg, J. W. (1997). Expertise on counseling psychology: A concept in search of support. *Educational Psychology Review, 9*, 221-238.

Mamede, S., & Schmidt, H. (2005). The structure of reflective practice in medicine. *Advances in Health Sciences Education, Theory and Practice, 10*, 327-337.

Mann, K., Gordon, K., & MacLeod, A. (2009). Reflection and reflective practice in health professions education: A systemic review. *Advances in Health Science Education, 14*, 595-621.

Maslow, A. H. (1971). *The farther reaches of human nature*. New York, NY: The Viking Press.

Meehl, P. E. (1954). *Clinical vs. statistical prediction: A theoretical analysis and review of the evidence*. Minneapolis, MN: University of Minnesota Press.

Miller, S., Hubble, M., & Duncan, B. (2007, November/December). Supershrinks. *The Psychotherapy Networker, 31*(6), 27-56.

Moffett, L. A. (2009). Directed self-reflection protocols in supervision. *Training and Education in Professional Psychology, 3*(2), 78-83.

Overholser, J. C. (1991). The Socratic method as a technique in psychotherapy supervision. *Professional Psychology: Research and Practice, 22*, 68-74.

Perkins, D. N., Farady, M., & Bushey, B. (1991). Everyday reasoning and the roots of intelligence. In J. F. Voss, D. N. Perkins, & J. W. Segal (Eds.), *Informal reasoning and education* (pp. 83-105). Hillsdale, NJ: Erlbaum.

Pinsky, L., & Irby, D. (1997). If at first you don't succeed: Using failure to improve teaching. *Academic Medicine, 72*(11), 973-976.

Pinsky, L., Monson, D., & Irby, D. (1998). How excellent teachers are made: Reflecting on success to improve teaching. *Advances in Health Sciences Education, 3*, 207-215.

Schon, D. (1983). *The reflective practitioner*. San Francisco, CA: Jossey-Bass.

Schwartz, B. (2004). *The paradox of choice: Why more is less*. New York, NY: Harper Collins Publishers.

Seligman, M. E. P. (2011). *Flourishing: A visionary new understanding of happiness and well-being*. New York, NY: Free Press.

Shanteau, J. (1992). Competence in experts: The role of task characteristics. *Organizational Behavior and Human Decision Processes, 53*, 252-266.

Slovic, P., Fischhoff, B., & Lichtenstein, S. (1985). Regulation of risk: A psychological perspective. In R. Noll (Ed.), *Social science and regulatory policy*. Berkeley, CA: University of California Press.

Tracey, T. J. (2011). *Why is there so little expertise in psychotherapy?: Presented as part of the symposium, expertise in psychotherapy—Following the yellow brick road?* (B. Wampold, Chair). Annual meeting of the American Psychological Association, August 2011, Washington, DC.

Voss, J. F., & Post, T. A. (1988). On the solving of ill-structured problems. In M. T. H. Chi, R. Glaser, & M. J. Farr, (Eds.), *The nature of expertise* (pp. 261-285). Hillsdale, NJ: Erlbaum.

Wampold, B. E., & Brown, J. B. (2005). Estimating variability in outcomes attributable to therapists: A naturalistic study of outcomes in managed care. *Journal of Consulting and Clinical Psychology, 73*, 914-923.

제9장

윤리적 행동 촉진하기

마음(heart)을 교육하지 않고 지성(mind)을 교육하는 것은 진정한 교육이 아니다.

– Aristotle

참된 교육은 과학, 역사, 문학, 예술에 관한 몇 가지 사실을 배우는 데 그치지 않고, 인격을 함양하는 데 있다.

– David O. McKay

내담자나 슈퍼바이지에게 비윤리적인 행동을 하는 방법을 계획하면서 하루를 시작하는 임상가는 없을 것이다. 또한 단지 내담자나 슈퍼바이지의 신뢰를 저버리기 위해 많은 세월 동안 교육, 수련, 희생을 거쳐 도움을 주는 전문 직업에 진입하려고 한다는 것은 상상하기 어렵다. 그러나 윤리적 위반은 분명히 발생한다. 전문직 협회 회보에 일상적으로 실리는 범죄자들의 이름은 이러한 충격적인 사실을 입증한다. 인쇄된 이름 뒤에는 고통, 배신, 위반의 이야기가 숨어 있으며, 그 피해는 종종 내담자와 슈퍼바이지뿐만 아니라 임상가와 슈퍼바이저에게도 확장된다. 비록 본인이 그러한 결과를 자초했음에도 불구하고, 윤리적 위반의 결과로 평판이 실추되고 때로는 경력과 생계를 잃게 된다.

타인을 돕는 직업에 종사하는 대부분의 사람은 고귀한 의도로 시작하며, 법적 · 윤리적 위반은 도덕적 나침반을 잃어버렸거나 어쩌면 전혀 이름도 얼굴도 모르는 다른 사람들에 의해서만 저질러진다고 생각하기 쉽다. 그러나 윤리와 윤리 교육의 주제를 탐구하기 전에 단순히 규칙을 알고 따르는 것의 이면에 있는 복잡성을 엿보기 위해 자신의 운전 습관을 되돌아보자. 당신은 한 번이라도 제한속도 이상으로 운전을 한 적이 있는가? 만약 그렇다면(이 글을 읽고 있는 거의 모든 사람이 때때로 제한속도보다 더 빨리 달려 봤던 적이 있을 거라 장담한다) 그 당시에 속으로 무슨 말을 했는가? "나는 시속 60km 구역에서 70km로 달리고 있기 때문에 과속을 하는 게 아니야……. 다른 사람들도 모두 과속을 하고 있고, 오히려 지금 교통 흐름에 맞추지 않으면 안전하지 않을 거야. 나는 참으로 안전한 운전자이고, 한계치보다 몇 키로 초과해도 괜찮아……. 나는 고속도로에 있을 때보다 훨씬 느리게 운전하고 있는걸. 내가 지금 시속 60km 구역에서 90km로 달리고 있다는 것을 알고 있지만, 나는 매우 운전을 잘하고 아주 조심하고 있는 중이야……. 나는 지금 늦었고, 내 아이는 어린이집에 있어서 지각을 하면 1분당 만 원을 내야 하잖아……. 아니면 내가 과속을 하고 있나!? 말도 안 돼. 난 친환경 차를 몰고 있다고!"

우리는 교통법규를 알고 있으며, 게시된 속도제한이 우리를 안전하게 지키기 위해 고안되었다는 것을 알고 있지만, 법을 알고 과속의 위험을 알고 있음에도 불구하고 거의 대부분 과속을 한다. [물론 Barry(1999)가 통찰력 있게 관찰한 것처럼, 우리 모두는 평균보다 더 나은 운전자이기 때문에 괜찮다고 생각한다.] 자신의 운전 습관을 스스로 점검해 보도록 한 것은 엄격한 규칙을 강요하거나 죄책감을 심으려는 것이 아니라, 일상적이고 평범한 법적 및 윤리적 문제조차도 얼마나 복잡할 수 있는지를 보여 주고, 무엇보다도 우리 모두가 법적 또는 윤리적 위반을 저지를 가능성에 얼마나 쉽게 노출될 수 있는지를 설명하기 위한 것이다.

윤리에 관한 대부분의 책이나 장에서는 주로 적절한 법적 및 윤리적 행동에 대한 정보를 제공하는 데 중점을 두고 있으며, 이를 준수하지 않을 경우에 발생할 수 있는 잠재적 결과에 대해서 자세히 설명하는 데 초점을 맞춘다. 슈퍼바이지에게 전문적인 법적·윤리적 책임에 대한 철저한 실무 지식을 제공하는 것이 필수적이지만 그것만으로는 충분하지 않다. 다양한 정신건강 분야에 대한 법적 및 윤리적 요구 사항을 포괄적으로 다루는 것은 이 장의 범위를 벗어나며, 일반적으로 윤리 과목이나 전문 워크숍 등을 통해 다룬다. 그 대신 이 장에서는 주로 윤리적 방정식에서 종종 간과되는 부분, 즉 정보와 지식을 행동으로 옮기는 부분에 초점을 맞춘다. 이 장에서는 우리 모두가 겪기 쉬운 취약성을 다루고, 좋은 의도를 가진 슈퍼바이지나 임상가조차도 윤리적 수렁(ethical quicksand)에 빠질 수 있는 인간의 경향성을 우리 자신과 슈퍼바이지들이 보다 효과적으로 해결할 수 있도록 윤리적 **회복력**을 촉진하는 방법을 검토한다.

윤리에 대한 긍정적 접근

Tjeltveit와 Gottlieb(2010)는 많은 윤리 수련 경험이 의도적으로 불안을 증가시키는 경향이 있다고 지적했다. 주제의 심각성과 정신건강 전문가가 수련생과 내담자 모두에게 지는 막중한 책임을 고려하면 이것은 확실히 이해할 만한 것이다. 그러나 이것은 지나친 불안이 인지를 방해하고 명확성 대신 혼란을 조장할 수 있다는 잘 확립된 원칙을 위반한다(p. 100). 그들은 윤리의 '기준선(floors)'보다는 '상한선(ceilings)'에 초점을 맞춘 긍정적 접근이 가장 좋으며, 임상가가 최선을 다하도록 격려하면 치료 표준 이하로 떨어질 가능성이 줄어들 것이라고 제안했다(p. 100). Handelsman, Knapp, 그리고 Gottlieb(2002)는 직업 윤리가 최고의 윤리적 행위를 촉진하기보다는 위법 행위를 피하거나 처벌하는 데 너무 중점을 두고 있다고 지적하며, 임상심리학에서 병리학 관점이 지나치게 강조되는 것과 유사하게 현재의 윤리 모델 역시 종종 규칙에 얽매이고 방어적인 성격이 강하다고 하였다.

내(저자 John Wade)가 면허를 소지한 심리학자로서 윤리에 관한 교육 수련에 정기적으로 참석한 개인적인 경험에 따르면, 윤리 워크숍을 마치고 나면 두려움에 떨기 쉽고, 사무실에 들어오는 다음 내담자가 당신을 고소하고 당신의 삶과 경력을 파괴하려고 시도할 것 같은 느낌이 들기 쉽다. 내담자는 어려움을 겪고 있고 도움이 필요한 사람이 아니라, 당신이 경계심을 가지고 자신을 보호해야 하는 적으로 변모한다. 윤리 교육에서 CYA(Cover Your Ass: 문제가 생겼을 때 빠져나갈 구멍을 만들어 놓다)라는 글자는 구체적으로 언급되지 않지만 교육을 받고 나면 며칠 동안 그 메시지가 계속 머릿속을 맴도는 경우가 있다. 위험 관리를 실천하는 것은 분명 중요하지만, 대립적인 사고방식이 치료 관계에 도움이 될 수 있다고 상상하기는 어렵다. 아무리 직관적으로, 호소력이 있어도 두려움은 일반적으로 좋은 수련 기법이 아니다. Wilson(2011)은 〈공포로 교화하기(Scared Straight)〉라는 인기 있는 범죄 예방 프로그램을 언급하면서 이 점을 매우 강하게 지적했다. 이 프로그램은 위험에 처한 청소년을 연방 교도소로 데려가서 교도소 생활의 공포를 직접 목격함으로써 범죄의 삶을 시작하는 것을 방지하기 위해 고안된 것인데, 프로그램에 참여하지 않은 동일한 위험에 처한 비참가자에 비해서 참가자의 범죄 활동을 평균 13% 증가시켰다.

Knapp과 VandeCreek(2012)은 윤리에 대한 상세한 긍정적이고 적극적인 접근법을 제시하면서 긍정심리학이 심리학의 목표를 병리학에 대한 초점에서 긍정적인 특성과 시민적 미덕에 초점을 맞춘 과학으로 전환시켰듯이, 긍정적 윤리(positive ethics)의 목표는 부정행위와 징계 조치에 대한 초점에서 벗어나 "높은 윤리적 기준에 대한 명확한 비전"(p. 11)으로 강조점을 옮긴 것이라고 설명했다. 정신건강 전문가들이 채택한 최소한의 법적 · 윤리적 기준을 충족시키는 데 초점을 맞춘 '기준선' 접근법은 불완전한 윤리적 관점으로 간주된다. Bersoff(1994)는 "APA의 윤리 강령은 윤리적 기준선을 구축할 뿐, 높은 기준을 추구하도록 독려하지는 않는다"(p. 385)라고 언급했다. Handelsman 등(2002)은 1992년 APA의 윤리 강령이 이상적인 윤리 원칙과 강제 가능한 행동 기준이라는 두 부분으로 나뉘어 있음을 관찰했다. 그러나 실제로 심리학자들은 윤리 강령을 행동 기준과 동일시하고 이상적인 원칙은 무시한다고 지적했다(p. 733).

임상 윤리는 "첫째, 해를 끼치지 말라"는 원칙에 기반을 두고 있지만, 임상가는 항상 처벌을 피하는 이상의 것, 즉 내담자의 삶에 긍정적인 영향을 미치기를 원한다(Knapp & VandeCreek, 2012, p. 4). 효과적인 치료는 이것에 달려 있다. 우리 중 많은 사람이 아마도 **죽은 사람 치료**(dead-man cure)라는 말을 들어 본 적이 있을 것이다. 이는 내담자가 단순히 죽기만 하면 증상이 **치료**되는 것을 말한다. 물론 내담자는 증상의 부재 그 이상을 원하며, 자신의 삶에 긍정적인 요소들이 존재하기를 원한다. 이와 마찬가지로 긍정적 윤리의 목표는 '죽은 임상가(dead clinician)'의 기준을 넘어서는 것이다. 이 기준에서는 치료자가 죽으면 내담자에게 해를 끼치지 않겠지만(분명히 도움이 되지도 않을 것이다), 이를 넘어서야 한다는 뜻이다.

윤리에 대한 '기준선' 접근법은 윤리 지침 이면의 정신과 철학을 축소하고 윤리가 임상 실습을 향상시킬 수 있는 방법을 고려하지 않는다. 윤리는 문제 행동과 처벌을 피하는 방법일 뿐만 아니라 임상가가 최고의 잠재력을 발휘할 수 있도록 돕는 방법으로 볼 수 있다(Knapp & VandeCreek, 2012, pp. 9-10). 윤리는 내담자에게 해를 끼치지 않는 방법뿐만 아니라 내담자를 더 잘 돕는 방법에 초점을 맞춰야 한다. 긍정적 윤리 또는 능동적 윤리(active ethics)는 APA의 윤리 강령의 일반적(이상적) 원칙[general(aspirational) principles]과 유사하며, 긍정적 윤리는 심리학자들이 가장 높은 윤리적 기준에 부응하도록 격려한다(p. 10). 윤리의 규범적 목표와 이상적 목표는 상호작용할 수 있다. 정신건강 전문가들은 규범적 강령의 근본이 되는 도덕적 원칙을 이해하고 적용할 수 있다면 자신의 전문적 책임을 더 잘 수행할 수 있다. 규범적 강령만으로는 모든 상황에서 실무자들을 인도하기에 충분하지 않다. 윤리적 딜레마는 종종 임상가가 윤리적 기준을 해석하고 적용하는 과정을 요구하며, 개인의 윤리적 신념에 의존하여 행동을 결정해야 하는 경우가 많기 때문이다(p. 4). 이는 법적 기준선에 대한 교육이 중요하지 않다는 뜻이 아니다. 심리학 실무를 규제하는 법률을 아는 것과 내담자가 피해를 입거나(혹은 피해를 입었다고 인식하는) 방법을 식별하는 데 도움을 주는 위험 관리 원칙을 이해하는 것은 중요하다. 그러나 자신의 직업 윤리 강령의 기초가 되는 도덕적 원칙을 더 잘 알고 있는 임상가는 실질적인 판단을 내려야 하는 회색 영역을 더 효과적으로 다룰 수 있을 것이다(p. 13). 법적인 감각과 윤리적 지식을 높이면 더 나은 판단과 의사결정으로 이어질 수 있다.

Handelsman 등(2002)은 긍정적 윤리의 특징을 임상가가 "내부적 관점(예: 개인적 및 직업적 가치) 및 외부적 관점(예: 전문적 행동에 대한 사회적 영향)에 대한 더 큰 인식을 가지고 다면적 맥락에서 윤리를 고려하는 것(p. 732)"이라고 제안했다. 전통적으로 연구와 임상 활동이 병리와 문제에 초점을 맞춰 온 것처럼, 윤리 분야 또한 "윤리적 행동의 결함, 잘못된 행동, 그리고 잘못된 행위자"에 초점을 맞춰 왔다(p. 732). 전문 윤리 강령과 법적 규정을 상세히 이해하고 있더라도, 슈퍼바이저나 임상가의 일상 업무에서는 서로 상충되는 두 가지 이상의 행동을 정당화할 충분한 이유가 있는 수많은 회색 영역과 딜레마 상황이 발생한다. 예를 들어, 치료자는 내담자가 해를 끼칠 가능성이 있는 피해자에게 경고하기 위해 비밀 유지 의무를 위반할지 여부를 결정해야 할 수 있다. 이 경우, 치료자는 내담자의 비밀 유지와 자율성에 대한 존중의 중요성과 제3자에게 발생할 가능성이 있는 잠재적 피해를 저울질해야 한다. 윤리 강령은 이러한 상황에서 윤리적 기준과 원칙이 서로 충돌할 때 큰 도움을 주지 못한다. 윤리 강령은 구체적인 금지 조항과 이상적 원칙에 국한되기 때문이다. 따라서 윤리적 추론과 신중한 사고가 필수적이다(p. 737). 이는 다음 절에서 다룰 윤리적 의사결정 모델로 직접 연결된다.

의사결정 모델

이 절에서는 윤리적 의사결정에 일반적으로 포함되는 몇 가지 요소에 대한 개요를 간략하게 소개한다. 분명히 슈퍼비전이나 임상 상황이 윤리적으로 모호하거나 혼란스럽기 시작할 때를 대비하여 미리 논의된 '흐름도'를 갖는 것이 매우 도움이 될 수 있다. 그러나 이 장의 후반부에서 우리는 구체적이고 직접적인 윤리적 의사결정 모델을 따르는 것이 중요함에도 불구하고, 대부분의 현재 모델이 현실 세계의 윤리적 의사결정과 행동에 중요하고 영향력 있는 변수들을 무시하고 있다는 점에 대해서도 논의한다.

슈퍼바이지와 임상가는 전문 윤리 강령이나 법률에 익숙하지 않기 때문에 윤리적 문제에 직면할 수 있다. 그러나 윤리에 대한 뛰어난 지식이 있더라도 윤리 강령과 규정, 또는 법률이 명확한 방향을 제시하지 않는 상황에 때때로 직면할 수 있다. APA 및 기타 전문 윤리 강령의 많은 기준은 실행에 있어 전문적 판단을 요구한다. 이는 **합리적으로**(reasonably), **적절히**(appropriately), **잠재적으로**(potentially)와 같은 단어가 사용될 때 특히 그러하다. 이러한 상황에서는 윤리적 의사결정 전략과 기술이 특히 중요하다(Knapp & VandeCreek, 2012, pp. 35-36). 때로는 전문 윤리 강령이 복잡한 문제에 대해 아무런 정보를 담고 있지 않거나 구체적인 지침을 제공하지 않는다. 예를 들어, 1992년 APA의 윤리 강령은 이메일을 통한 정보 전달이나 전자 수단을 통한 서비스 제공에 대해 언급하지 않았다[이 장에서는 주로 APA의 윤리 강령을 참고하고 있지만, 정신건강 분야의 다른 전문단체들도 각기 특정 윤리 지침을 가지고 있다. 예를 들어, 미국상담협회(American Counseling Association), 전미사회복지사협회(National Association of Social Workers), 그리고 미국가족치료협회(American Association for Marriage and Family Therapy) 등이 있다]. 최근 전문 문헌에서 이러한 문제에 대한 지침을 제공하려는 시도가 있었지만, 최근까지도 전문적인 목적으로 전자 통신을 사용하는 심리학자들은 이를 사용할지, 그리고 어떻게 사용할지를 스스로 결정해야 했다(pp. 36-37). 이러한 상황에서는 신중한 판단과 견고한 의사결정 기술이 특히 중요하다. 대부분의 윤리 교과서는 의사결정 모델을 제시하며, 종종 다음과 같은 단계를 포함한다.

- 문제 식별
- 문제 정의
- 법규 및 윤리 강령 자문
- 자문 요청
- 법적 · 윤리적 의무 확인
- 대안 생성
- 잠재적 결과 나열(Knapp & VandeCreek, 2012, p. 38)

Knapp과 VandeCreek(2012)은 특히 스트레스를 받는 상황에서는 '단순함'이 더 잘 기억되고 이를 따르게 될 가능성이 더 높다는 점에서 의도적으로 단순화된 의사결정 모델을 제시했다. 이들의 5단계 모델은 다음과 같은 구성 요소로 이루어졌다.

- **1단계 문제를 식별하거나 면밀히 관찰하기:** 어떤 도덕적 또는 윤리적 원칙이 위협받을 수 있는지 결정한다. 이러한 식별은 인지적 또는 정서적 수준에서 발생할 수 있는데, 예를 들어 관계에서의 긴장이나 정서적 불안은 종종 문제의 첫 번째 징후다. 슈퍼바이지는 윤리 규범과 직업 표준을 잘 알고 있어야 윤리 기준이 위험에 처할 수 있는 시기를 쉽게 인식할 수 있다.
- **2단계 대안이나 가설을 개발하기:** 일반적인 도덕적 원칙과 일치하는 대안이나 가설을 개발한다. 이는 해결책을 도출하는 것이 포함된다. 최선의 결정에 도달하기 위해서는 일반적으로 유용한 대안을 다양하게 개발해야 한다. 특히 문제가 되는 것은 인지적 경직성인데, 이는 대안적인 전략과 설명을 허용하지 않고 하나의 가능한 해결책에 집착하는 경향이다. 이는 자문, 윤리 강령 및 관련 법률에 대한 고려, 의사결정에 대한 인지적 · 정서적 영향에 대한 인식을 통해 개선할 수 있다. 자문은 격한 감정을 줄이고 임상가가 정보를 보다 명확하게 처리하는 데 도움이 될 수 있다. 또한 딜레마를 설명하는 과정은 개인이 그 과정을 더 명료하게 생각하는 데 도움이 될 수 있다.
- **3단계 선택지를 평가하거나 분석하기:** 선택지는 도덕적 · 윤리적 원칙의 최적 균형이나 순위를 매기는 것에 달려 있다. 윤리적으로 어려운 다양한 상황에서 모호성

과 긴장이 존재하며, 가능한 각 해결책에는 장점과 단점이 모두 있을 수 있음을 인지하라. 이것은 정보 부족뿐만 아니라 정서적 방해 및 인지적 편향으로 인해 발생할 수도 있다. 또한 관련된 사람들에게 선택지가 제공되는 방식이 종종 결과에 상당한 영향을 미칠 수 있음을 인식하는 것이 중요할 수 있다.

- 4단계 최선의 선택지를 실행하기: 때로는 완벽한 해결책을 찾을 수 없다는 것을 인정한다. 해결책에 도달했다고 해서 반드시 해결책이 구현되는 것은 아니라는 점을 인식하라. Bernard와 Jara(1986)는 윤리적 딜레마에 대한 '올바른' 해결책에 도달한 많은 심리학과 대학원생이 그 해결책에 따라 행동할 의도가 없다는 것을 발견했다. 이유는 명확하지 않지만, 일부 학생들은 윤리 강령이나 위기 관리 지침이 가장 도덕적이거나 윤리적인 대응을 반영한다고 믿지 않기 때문일 수 있다.
- 5단계 결과를 평가하기: 취한 행동이 윤리적 · 도덕적 원칙을 어느 정도 충족시켰는지를 판단한다. 또한 선택한 행동 방침이 현실적으로 성공할 가능성이 있는지, 그리고 윤리 원칙들이 상충하는 경우에 침해된 도덕적 원칙의 부정적인 영향을 최소화하고, 불필요한 정보를 배제하고, 가능한 한 공정하게 결정이 이루어졌는지 여부를 평가하라. 특히 교육 환경에서는 윤리적 문제해결을 항상 학습의 기회로 검토하고 성찰하는 과정이 포함되어야 한다(pp. 41-45).

이 의사결정 모델은 그것이 최선이거나 유일한 모델임을 암시하기 위해 제시한 것이 아니다. 슈퍼바이저와 슈퍼바이지가 윤리적 딜레마에 어떻게 접근해야 하는지에 대해 논의하고, 윤리적 의사결정 모델을 협력적으로 만들고 결정하는 것은 슈퍼비전 과정에서 매우 유용할 수 있다. 하지만 윤리적 딜레마가 발생하기 전에 이러한 작업을 완료하는 것이 확실히 더 바람직하다. 차분하고 신중한 상황에서 개발된 계획을 실행하는 것이 압박감 속에서 문제를 해결하려고 시도하는 것보다 훨씬 쉽기 때문이다.

윤리적 취약성

개인적 요인의 영향은 우리의 일상생활뿐만 아니라 직업적 판단에도 영향을 미칠 수 있다. Danziger, Levav, 그리고 Avnaim-Pesso(2011)는 이를 극적으로 보여 주는 예를 제시했다. 그들은 이스라엘 교도소에서 가석방 판사들이 내린 1,000건 이상의 판결을 검토한 결과, 수감자의 약 3분의 1이 가석방 허가를 받았다는 사실을 발견했다. 하지만 수감자의 심리 시간은 극적인 차이가 있었다. 판사가 충분히 쉬고 식사를 한 이른 아침에 출석한 사람은 약 65%의 확률로 가석방된 반면, 늦은 시간에 출석한 사람들은 10% 미만의 확률로 가석방되었다. 또 다른 눈에 띄는 차이는 수감자가 점심 식사 직전(20%가 석방됨)과 점심 직후(60%가 석방됨)에 따라 달랐다. 정의는 눈을 가리고 있다지만, 배가 고프고 피곤하다.

이러한 발견은 정말 충격적이다. 법과 윤리적 기준을 지키는 것이 임무인 판사들이 일반적인 배고픔과 피로에 의해 그들의 판단이 그토록 극적으로 영향을 받을 수 있다면 일상적인 요인이 정신건강 전문가인 우리의 인지적 처리에 유사한 영향을 미치지 않을 거라고 예측할 수 있을까? 편견 없이 공정하고 중립적인 태도를 갖는 것이 해답이 될 수는 없다. 왜냐하면 그것이 윤리적 의사결정과 행동의 유일한 기반이라면 우리는 모두 실패할 수밖에 없기 때문이다. 윤리 교육의 주요 초점은 보통 정보를 제공하는 데 맞춰 있지만, 편견, 인지적 오류, 감정적 요동으로 구성된 우리의 인간 본성을 인정하는 것이 필수적일 것으로 보인다. 이러한 요소들이 가석방 판사들에게 영향을 미쳤던 것처럼, 우리가 윤리적 판단과 의사결정에도 영향을 미칠 수 있기 때문이다. 우리의 전문 윤리 강령과 주 법률 강령을 아는 것은 필수적이지만, 행동 변화에 관여하는 우리 모두가 알다시피 지식만으로는 반드시 실천으로 이어지지 않는다.

배가 고플 때 식료품을 사 본 적이 있는 사람이라면 누구나 우리의 신체적 · 감정적 상태가 우리의 의사결정에 영향을 미친다는 것을 너무나 잘 알고 있다. 그러나 이러한 사실은 윤리의 영역에서 충분히 인정받지 못하며, 이는 종종 극적으로 비참한 결과를 낳는다. 일상생활에는 정보가 좋은 의도와 결합되어도 충분하지 않다는 것을 보여 주는 사례가 많이 있다. 담배를 끊거나, 체중을 줄이거나, 더 규칙적으로 운동하거나, 일을 미루지 않으려는 시도가 실패하는 것은 모두 이 원칙을 보여 주는 예시다. 개인적 차원에서는 이를 직관적으로 이해하는 것처럼 보이지만, 전문직 임상 성과는 비합리적 요인의 중요성을 받아들이는 데 더디었다. 시카고 경제 예측 모델은 단순한 수요와 공급이 선형적으로 작동한다는 합리적 기대를 전제로 한다. 닷컴(dot.com) 버블, 부동산 버블,

대침체(great recession), 치아펫(chia pets) 같은 사례는 결국 비합리적인 요인이 사람들의 의사결정에 자주 영향을 미친다는 명백히 자명한 결론을 내리게 했다.

윤리적 지식이 반드시 윤리적 행동으로 귀결되는 것은 아니다(예: Smith, McGuire, Abbott, & Blau, 1991). 아무리 최선의 인지적이고 이성적인 전략이라도 불충분할 수 있다. 우리의 윤리적 반응은 윤리적 딜레마가 존재한다는 것을 인식할 수 있는 능력, 사회문화적 영향, 습관, 감정, 정체성, 미덕 및 성격, 복합적인 동기 또는 경쟁적 동기, 이전의 의사결정, 결정을 이행하는 데 필요한 실행 및 조직 기술을 포함한 다양한 요인에 의해 형성된다. 이러한 요소들은 모두 윤리 강령과 합리적인 의사결정에 대한 지식을 압도할 가능성이 있다(Tjeltveit & Gottlieb, 2010, p. 99).

결론적으로 우리 삶의 많은 일이 그렇듯이, 우리는 해야 할 옳은 일을 알면서도 여전히 그것을 실행하지 않을 수 있다. Bernard와 Jara(1986)는 전국의 임상심리학 대학원생 표본을 대상으로 윤리적 위반과 관련된 두 가지 가상 상황에 응답하도록 요청했다. 한 상황에서 참가자들에게 동료 학생이 치료 실습의 일환으로 만난 내담자와 성적 관계를 맺고 있다는 것을 알고 있다고 가정하도록 했다. 다른 상황에서는 참가자들이 동료 학생의 음주 문제로 인한 심각한 판단 오류를 알고 있다고 가정하도록 했다. 참가자들에게 자신이 무엇을 **해야** 한다고 느끼는지, 또한 자신이 무엇을 **할 것**이라고 생각하는지를 말하도록 요청했다. 이에 '아무것도 하지 않는다'부터 '윤리위원회에 보고한다'까지 다섯 가지 선택지에 답하도록 하였다. 그 결과, 대다수의 학생이 행동의 필요성을 인식하는 데 어려움이 없었지만, 표본의 약 절반은 자신이 **해야** 한다고 생각하는 것보다 실제 행동을 덜 취할 것이라고 말했다. 다시 말해, 대다수의 학생은 자신이 무엇을 해야 하는지 알고 있지만 실제로 행동에 옮길 것이라고 믿는 학생은 절반 정도에 불과했다. 연구자들은 이것이 지식의 문제가 아니라 개인적 가치관의 문제라고 결론지었다.

Bernard와 Jara(1986)의 연구를 확장하여 Bernard, Murphy, 그리고 Little(1987)은 비슷한 시나리오를 대상으로 500명 이상의 전문 임상가를 조사했다(내담자와 성적 관계를 맺은 남성 임상가와 음주 문제로 인해 임상 판단이 부적절했던 알코올중독 임상가에 대한 사례). 윤리 지침을 준수하려는 의도에 관해 전문 임상가들이 학생들보다 다소 더 긍정적인 결과를 보였으며, 성적 위반 시나리오에서는 63%, 음주 문제와 관련된 시나리오에서는 74%의 임상가들이 자신이 해야 한다고 느끼는 일을 실제로 할 것이라고 믿는다고 응답했다. 그러나 자격을 갖춘 임상가들이 더 전문적이고 윤리적 기대에 부합하는 행동을 취할 것이라고 응답한 비율이 더 높았음에도 불구하고, 시나리오에 따라 약 4분의 1에서 3분의 1은 여전히 그렇게 하지 않을 가능성이 있다고 진술했다. 향후 연구에서는 실무에 종사하는 전문가들이 슈퍼바이지보다 윤리 강령을 더 충실히 준수하는 이유를 조사하는 것이 흥미로울 것이다(이는 긍정적인 신호로 보인다). 실무자와 슈퍼바이지의 관점 차이는 윤리 교육의 중요한 잠재적 요소로 보인다.

이 두 연구의 결론은 슈퍼바이지의 윤리적 관점을 형성하는 데 중요한 가치를 논의하는 것이 슈퍼비전의 필수적인 요소가 되어야 함을 시사한다. 예를 들어, Wilkins 등(1990)은 임상가들이 자신이 해야 한다고 믿는 행동을 실제로 할 것인지 여부가 상황에 따라, 그리고 윤리적으로 의심스러운 행동을 보이는 사람과의 관계의 친밀도에 따라 다르다는 것을 발견했다. Fly, van Bark, Weinman, Kitchener, 그리고 Lang(1997)은 윤리적 위반을 저지른 대학원생들 중 54%가 윤리 과정을 이수했으며, 학생들이 윤리적 행동을 개발하도록 돕는 방법에 대해 우리가 충분히 폭넓게 생각하지 못하고 있다고 지적했다(p. 494). 정보 외에도 개인적 가치, 문화적 · 사회적 · 정서적 요인이 도덕적 행동과 판단에 영향을 미칠 수 있다(Haidt, 2001, 2007). 규칙, 규정, 법령, 절차에만 초점을 맞춘 예방 노력이 지나치게 제한적일 가능성이 있다. 이는 필요하지만, 복잡한 문제에 직면하는 임상가들에게는 충분하지 않을 수 있다(Tjeltveit & Gottlieb, 2010, p. 100).

대부분의 윤리적 의사결정 모델은 윤리적 판단을 내리는 데 있어 논리와 이성에 초점을 맞추지만, 일반적으로 실증적으로 검증되지 않았으며, 많은 비합리적 요인이 윤리적 사고와 행동에 영향을 미친다는 사실을 무시한다. 비합리적 요인은 잘 숙고된 원칙과 비교하여 종종 윤리적으로 행동하지 않을 위험 요인으로 간주된다. 그러나 Rogerson, Gottlieb, Handlesman, Knapp, 그리고 Younggren(2011)은 비합리적 요인이 인간의 중요한 일부이기 때문에 윤리 교육이 이를 단순히 극복하도록 지도하기보다는 포함시키는 것이 더 유익할 것이라고 제안했다(p. 620). Tjeltveit와 Gottlieb(2010)은 슈퍼바이저가 윤리적 탄력성(ethical resilience)을 높이고 취약성(vulnerabilities)을 줄임으로써 슈퍼바이지가 윤리적 실수를 예방하도록 도울 수 있다고 제안했다. 가장 효과적인 슈퍼바이저는 슈퍼바이지가 자신의 지각, 직관, 가정, 논리를 탐구하도록 도전한다(Knapp & VandeCreek, 2012, p. 42). 다음 절에서는 슈퍼바이지와 모든 정신건강 전문가가 윤리적 부적절성에 빠지기 쉬운 다양한 방식을 좀 더 자세히 탐구하고, 윤리적 회복력을 향상시킬 수 있는 방법을 제안한다.

개인적 취약성과 일반적 취약성

인간다움은 좋은 치료와 슈퍼비전의 기초이지만, 양날의 검과 같아서 윤리적 행동의 동반자가 될 수도 있고 적이 될 수도 있다. 윤리적 취약성은 우리의 전문적 삶에서 윤리적 실수로부터 충분히 보호받지 못하는 측면으로 정의할 수 있다(Tjeltveit & Gottlieb, 2010). 이는 선의로 행동하더라도 잘못된 사고와 판단에 더 취약할 수 있는 영역을 의미한다. 취약성은 일반적 취약성과 개인적 취약성으로 나눌 수 있다. 일반적 취약성은 모든 사람에게 영향을 미친다. 예를 들어, 피로하거나 스트레스를 받을 때 우리 모두는 판단 실수를 하기 쉽다(p. 101). 어린 시절 매주 금요일 밤 롤러스케이트를 타던 경험을 떠올려 보면 넘어지는 시점은 첫 3시간이 아니라 마지막 20분에 일어났다. 이를 슈퍼비전 상황에 적용해 보면 내담자와의 일정이 과도하게 잡혀 있거나, 스트레스를 받거나, 서두르는 상황에서 윤리적 실수를 저지르기 쉽다는 것을 상상하는 것은 어렵지 않다. 개인적 취약성(idiosyncratic vulnerabilities)은 개인에게 고유하며, 개인의 성격, 습관, 특성, 그리고 개인사에서 비롯된다. 예를 들어, 이혼, 심각한 건강 문제, 가족 문제와 같은 강한 스트레스를 겪을 때 평소에는 매우 유능하고 윤리적인 전문가조차도 이전에 상상하거나 경험하지 못했던 방식으로 취약할 수 있다. 적절한 시점에 이루어지는 상담은 탄력성을 높이고, 윤리적으로 복잡한 사례를 처리하는 방식에 큰 차이를 만들어 낼 수 있다. 이러한 사례는 윤리적 실수를 저지를 가능성이 매우 높은 상황일 수 있다(Tjeltveit & Gottlieb, 2010, p. 102).

비합리적인 과정과 인지적 편향들

Rogerson 등(2011)은 윤리적 판단에 관한 연구를 검토했는데, 윤리적 의사결정이 일상적인 삶에 영향을 미치는 동일한 인지적 편향에 의해 방해받는다는 결론을 설득력 있게 제시했다. 맥락적 · 대인적 · 직관적 요인은 윤리적 의사결정 과정에 미묘하지만 강력한 방식으로 영향을 미치며, 이러한 불가피한 비합리적 요인을 포함시키는 것이 윤리 이론과 교육에 도움이 될 것이라고 제안했다(p. 616).

Kahneman(2003)은 여러 학문 분야에 걸친 방대한 증거를 수집하여 우리의 '합리적 의사결정' 시도가 종종 '비합리적'이라는 점을 보여 주었다. 그들은 우리가 더 많은 노력이 필요한 사고 대신에 휴리스틱 또는 '정신적 지름길'을 사용하는 경향이 있음을 설명했다. 이는 가능한 대안에 대한 고려를 서둘러 종결하고, 더 많은 고려를 통해 더 나은 선택이 명확히 보임에도 불구하고 긴장을 해소하기 위해 단순히 합리적으로 보이는 선택을 따르도록 만들 수 있다. 이러한 경향은 본질적으로 불안을 유발하는 윤리적 딜레마에 적용될 가능성이 특히 높다. 예를 들어, 다른 선택지를 택한 것을 후회할 것을 예상하면서 그 후회를 최소화하려는 유혹을 받을 수 있다. 이는 임상가가 동료의 윤리적 실수 가능성을 대면하지 않는 결과로 이어질 수 있다. 왜냐하면 잘못된 경고로 인한 후회를 피하려는 걱정이 윤리적 위반을 방치하는 것에 대한 걱정보다 더 클 수 있기 때문이다(Rogerson et al., 2011, p. 616). 인지적 편향에 대한 우리의 경향을 인식하는 것은 특히 중요하다. 왜냐하면 우리는 주관적인 이유에 의해 정당화된 결정을 내리는 경향이 있으며, 이와 같이 스스로 구성한 내러티브는 우리가 지나치게 자신감을 갖게 만들 가능성이 높기 때문이다(Baron, 2000).

개인-상황 변수들

개인의 윤리적 의사결정은 특정 윤리적 딜레마의 본질적인 압박이나 조직의 분위기와 관습 같은 개인적 및 상황적 변수에 의해 영향을 받는다. Trevino(1986)는 옳고 그름에 대한 인지(윤리적 원칙과 전문적 규정에 대한 지식)가 "윤리적 의사결정 행동을 설명하거나 예측하기에 충분하지 않다"고 주장했는데, 이러한 인지가 개인적 및 상황적 변수와 상호작용하여 개인이 윤리적 딜레마에 어떻게 반응할지를 결정한다고 설명했다(p. 602). 자아 강도(ego strength), 장 의존(field dependence), 통제 소재(locus of control)와 같은 개인적 특성은 매개변수로 작용하여 개인이 옳고 그름에 대한 자신의 생각에 따라 행동할 가능성에 영향을 미치는 것으로 제안된다. 다양한 상황적 변수는 윤리적으로 도전적인 상황에 대한 해석과 반응에 영향을 미칠 수 있다. 예를 들어, 직무 환경과 조직의 전반적인 문화는 암묵적 규칙, 기대치, 기타 다양한 압력과 같은 변수들을 통해 의사결정에 영향을 미친다(p. 602).

좋지 못한 역할 모델링

초급 수준에서 인턴 수준의 슈퍼바이지 중 절반 이상(51%)이 슈퍼바이저가 적어도 하나의 윤리적 위반을 저질렀다고 보고했다(Ladany, Lehrman-Waterman, Molinaro, & Wolgast, 1999). 이러한 위반 사례는 주로 불충분한 수행 평가, 슈퍼비전과 관련된 비밀유지 문제, 대안적 관점을 다루지 못하는 능력과 관련이 있었다. 윤리 지침을 잘 따르지 않는 것은 약한 슈퍼비전 관계 및 낮은 슈퍼비전 만족도와 유의미한 상관관계를 보였다. 그러나 슈퍼바이저 중 절반 이상이 적어도 하나의 윤리 지침을 준수하지 않았음에도(주로 슈퍼바이지 평가와 관련된 위반 사례, 33%) 대부분의 슈퍼바이저는 대부분의 시간 동안에 대부분의 윤리 지침을 준수했다(p. 457). 분명히 윤리적 원칙의 일관성 없는 적용은 모순된 메시지와 혼란을 의도치 않게 전달할 수 있다.

불확실성

Healy(2003)는 사회복지사들이 다양한 정도의 인지장애를 경험하는 노인의 의사결정 능력을 평가하는 과정에서 겪는 윤리적 갈등에 대한 질적 연구를 수행했다. 이들의 평가와 보고서는 내담자의 치료 과정과 향후 치료 결정 및 방향에 상당한 영향을 미칠 뿐만 아니라, 평가받는 개인들의 삶에도 중대한 영향을 미쳤다. 사회복지사의 윤리적 결정에 매우 중요한 세 가지 영역이 나타났다. (1) 임상적 불확실성(clinical uncertainty), 즉 적절한 행동 방침이 명확하지 않은 상황, (2) 다른 전문가들로부터의 압박, (3) 다른 전문가들로부터의 압박과 임상적 불확실성이 결합된 상황이었다(p. 293). 저자들은 특히 다른 전문가들이 관련된 경우, 윤리적 결정이 종종 검사 결과나 임상적 인상과 같은 독립적이고 추상적인 정보에만 근거하지 않고 협력과 협상을 통해 이루어지는 경우가 많다고 언급했다. 다른 전문가들과 관련 당사자의 참여는 관점을 넓히고 판단 실수나 부적절한 판단을 완화하는 데 기여할 수 있지만, 동시에 타인을 만족시키려는 욕구를 촉발하여 임상적 및 윤리적 판단을 흐리게 할 수도 있다. 특히 안전 위험 관리와 관련하여 결과를 예측할 수 없는 임상적 불확실성은 윤리적 의사결정 과정에 추가적인 압박과 혼란을 더하게 된다(p. 296).

불안, 스트레스, 피로

우리 모두는 피곤하거나 스트레스를 받을 때 판단 오류를 범하는 경향이 있다. 특히 자신의 취약성을 인식하지 못한 상태라면 업무나 개인 생활에서의 스트레스는 윤리적 위험에 빠질 가능성을 빠르게 높일 수 있다(Tjeltveit & Gottlieb, 2010, p. 100). 예를 들어, 높은 불안감은 긴장을 줄이기 위해 가장 먼저 떠오르는 해결책을 선택하게 만들 수 있는데, 이는 '그냥 적당히 괜찮은' 해결책일 뿐 최선의 선택은 아닐 수 있다(Knapp & VandeCreek, 2012, p. 41).

Arnsten(1998)은 스트레스를 받을 때 생기는 생물학적 반응을 설명했는데, 스트레스 상황에서 우리의 사고가 혼란스럽고 집중력을 잃게 된다고 지적했다. 혼란스럽고 산만하게 될 때, 우리의 행동은 습관적인 반응에 의해 통제된다(p. 1711). 기본적으로 우리는 덜 생각하고 더 반응적으로 행동하게 된다. 심지어 경미하거나 중간 정도의 통제 불가능한 스트레스에 노출되어도 전전두엽 피질(prefrontal cortex)의 기능이 저하된다(p. 1712). 그녀는 청소년을 키우는 모든 부모가 알고 있듯이, 우리가 적절하게 행동하기 위해서는 전전두엽의 조절 기능이 필요하며, 스트레스는 우리의 효과적인 사고 능력을 손상시킨다고 말했다(p. 1712).

Goleman(2006)은 그의 잘 알려진 책 『사회적 지능(Social Intelligence)』에서 지지적이고 차분한 직장 환경을 조성하는 것이 중요함을 강조했다. 그는 업계를 혁신시킨 품질 관리 전문가 Richard Deming이 자주 언급했던 슬로건인 '두려움을 없애라(banish fear)'를 소개했다. Deming은 두려움이 종종 직원들을 무기력하게 만들어서 그들이 의견을 내거나, 새로운 아이디어를 공유하거나, 개선을 시도하는 것을 꺼리게 만든다고 지적했다. Goleman(2006, p. 268)에 따르면, 높은 불안은 우리의 인지적 공간을 축소시킬 뿐만 아니라, 새로운 정보를 받아들이고 신선한 아이디어나 관점을 생성하는 능력을 제한한다. 이러한 능력은 윤리적 딜레마를 적절히 인식하고 대응하는 데 필요한 인지적 유연성에 매우 중요하다. 물론 스트레스에는 최적의 범위가 있다. 이는 뒤집힌 U자 곡선으로 설명되는데, 너무 적은 스트레스는 지루함과 주의력 상실을 초래하고, 너무 많은 스트레스는 터널 시야와 마비 상태로 이어진다(Noteboom, Barnholt, & Enoka, 2001). 결론적으로 태도가 너무 무관심하면 윤리적 위반 가능성에 주의를 기울이지 않게 되고, 반대로 스트레스가 너무 많으면 주의력과 집중력이 제한되고 인지적 자원이 과부하되어 명확하게 사고하거나 적절히 대응할 수 없게 된다.

우리 자신과 슈퍼바이지들이 본질적으로 가지고 있는 윤리적 취약성과 인지적 편향에 대한 해결책은 어떻게든 마술처럼 그것들을 쫓아내려고 노력하는 것이 아니라, 오히려 우리의 그러한 경향을 인식하고 있어야 하고 눈을 뜨고 그것들을 효과적으로 탐색하는 것이다. 자기 탐색이라는 거친 물결을 받아들이는 데에는 많은 노력이 필요할 수 있다. Pope, Sonne, 그리고 Green(2006)은 윤리적 예방을 실천하는 데 가장 중요한 특성을 용기, 유연성, 정서적 정직성, 지적 정직성과 함께 자신의 취약성에 대해 기꺼이 도전하고 이야기하려는 태도라고 밝혔다. 이것은 어려운 일일 수 있다. 다음은 몇 가지 일반적인 취약점을 나열한 것이다.

- 다른 사람을 돕는 직업을 가진 사람들이 공통적으로 가진 타인을 돕고자 하는 고귀한 열망은 슈퍼바이지들이 역경에 직면했을 때에도 노력을 지속하는 데 도움이 될 수 있지만, 선의의 치료사들이 적절한 경계를 놓치게 만드는 취약성이 될 수도 있다. Behnke(2008)는 도움이 되고자 하는 욕구가 많은 심리학자를 윤리적 곤경에 빠뜨린다고 지적했다.
- 개인적인 감정과 직관은 지성이나 이성이 아닌, 감정이 우선이 되게 하므로 좋은 판단을 흐리게 하고 건전한 의사결정을 방해할 수 있다(Tjeltveit & Gottlieb, 2010, p. 103).
- 치료자가 자신의 가치관에 따라 행동하거나 윤리 지침을 지나치게 경직되고 비성찰적인 방식으로 고수할 때에도 문제가 발생할 수 있다. 예를 들어, 선의의 치료자는 내담자가 신중하게 고른 작은 선물을 받기를 거부하고 내담자로부터 선물을 받지 않는다는 원칙을 엄격하게 고수하려고 함으로써 치료 관계에 해를 끼칠 수

있다(Tjeltveit & Gottlieb, 2010, p. 104). 이 영역의 유연성은 선물을 주는 것이 관례적이고 존경과 감사의 표시인 문화권에 속한 내담자와 함께 작업할 때 훨씬 더 중요하다.

취약성을 인정하고 적절하게 관리하면 윤리적 탄력성이 생겨날 수 있다. 다음 절에서는 슈퍼바이지들과 우리 자신을 위한 윤리적 탄력성을 육성하고 강화할 수 있는 방법에 초점을 맞춘다.

윤리적 탄력성 구축하기

탄력성에 대한 지식의 대부분은 빈곤과 방치와 같은 많은 어려움에도 불구하고, 건강하고 성공적으로 지낼 수 있었던 아이들을 대상으로 한 연구에서 얻은 것이다(예: Masten, 2001). 내부(개인) 자원과 외부(환경) 자원들은 모두 탄력성 구축에 도움이 될 수 있다. 슈퍼비전은 슈퍼바이지가 외적 자원(예: 긍정적이고 윤리적인 롤모델이나 상담 기회)을 식별하도록 돕고, 자신의 내적 자원을 탐구하면서 이를 활용하도록 돕는 외적 자원으로 볼 수 있다. 보호 요인(protective factors)은 탄력성의 중요한 측면이며, 탐구, 논의, 지도의 기회는 중요한 보호 요인이 될 수 있다. 이러한 요인들이 더 쉽게 작동하도록 만드는 관계의 질은 회복력에 관한 모든 논의에서 지속적으로 강조된다(Snyder, Lopez, & Pedrotti, 2007).

윤리적 탄력성을 강화하는 목적은 윤리 규범을 위반할 유혹이 강한 어려운 상황을 피하거나 이를 효과적으로 헤쳐 나가는 데 있다(Tjeltveit & Gottlieb, 2010, p. 100). 아무리 선의가 있어도 정신건강 전문가들은 예방할 수 있었던 비윤리적 행동을 하게 되는 상황에 처할 수 있다.

모든 정신건강 전문가는 윤리적 위반을 저지를 가능성을 높일 수 있는 취약성을 가지고 있지만, 동전의 양면을 음과 양으로 비유하는 것처럼 취약성을 유발하는 동일한 요인이 적절하게 식별되고 해결되면 더 큰 회복력을 개발하는 데 도움이 될 수 있다(Tjeltveit & Gottlieb, 2010, p. 98).

전문 윤리 강령, 법률, 그리고 위험 관리 원칙에 대한 충분한 실무 지식을 갖추는 것은 윤리적 탄력성 도구 상자에서 매우 중요한 자원이 된다. 그러나 배운 정보를 실제로 적용할 수 있는 다른 요소들도 필수적이다. Tjeltveit와 Gottlieb(2010)는 "우리의 관점에서 이 분야는 윤리적 위반의 발생을 분석하는 데 있어 논리적이고 준법적인 추론에 너무 많은 초점을 맞추었으며, 윤리적 예방 실천의 기반을 형성하는 취약성을 다룰 수 있는 개인적 회복력과 능력에 너무 적은 관심을 기울였다"고 주장했다(p. 107).

다음은 슈퍼비전을 통해 윤리적 탄력성을 향상시키기 위한 몇 가지 제안이다.

- 슈퍼바이저들은 학생들이 단순히 돌봄의 최소 기준을 충족시키는 것이 아니라, 이를 넘어 가장 높은 윤리적 목표를 추구하도록 장려하는 전략을 개발하고 활용해야 한다(Tjeltveit & Gottlieb, 2010, pp. 107-108).
- 감정적 요인과 상황적 요인은 일반인들에게 미치는 것만큼 임상가들에게도 강력한 영향을 미친다. 윤리적 탁월함을 추구하는 전문가들은 자신의 감정 상태와 자신에게 영향을 미칠 수 있는 사회적 요인에 특히 주의를 기울여야 한다(Tjeltveit & Gottlieb, 2010, pp. 107-108).
- 임상가는 정기적으로 자기를 평가하고, 특히 이혼, 질병 또는 큰 상실과 같은 강한 스트레스 시기에 자신의 취약성과 회복력을 재평가해야 한다. 기본 원칙은 의식을 가지고 활동할 때 훨씬 더 효과적일 수 있다는 점이며, 눈을 감고는 올바른 방향으로 나아가기 어렵다는 것이다(Tjeltveit & Gottlieb, 2010, pp. 107-108).
- 비판하지 않는 분위기를 조성하고 본보기가 되는 행동을 통해 슈퍼바이지가 자신의 취약성을 논의하는 '위험을 감수하는 열린 태도(risky willingness)'를 가지도록 장려해야 한다(Tjeltveit & Gottlieb, 2010, p. 101).
- 문제가 발생하기 훨씬 전에 자신의 감정, 동기, 가치에 대해 지속적으로 자기 성찰을 수행해야 한다(Tjeltveit & Gottlieb, 2010, pp. 99-100).
- 슈퍼바이지와 임상가가 단순히 전문적 책임을 상기하도록 요청받거나 스스로 상기하면 정보를 더 철저히 분석하고 신중한 결정을 내릴 가능성이 높다(Baron, 2000).
- 슈퍼바이지에게 자신의 '맹점(blind spot)' 경향을 인식하게 만드는 것만으로도 이

러한 편향을 제거하는 데 효과적일 수 있다(Pronin & Kugler, 2007).

- 아마도 가장 중요한 것은 사회적 관계와 지지적 네트워크에 의해 탄력성이 향상될 수 있다는 것이다. 여기에는 동료들과의 정기적인 연락과 자문이 포함된다(Tjeltveit & Gottlieb, 2010, p. 101). '도덕적 공동체'를 구축하여 슈퍼바이지가 어려운 윤리적 결정에 직면했을 때 자문과 지원을 제공하라. 이는 어려운 행동 방침을 실행하는 데 필요한 자아 강도를 강화하는 데 도움이 될 수 있으며, 교수진은 학생과 내담자를 위해 비윤리적 행동의 실질적인 결과에 대해 논의할 수 있다(Knapp & VandeCreek, 2012).
- 윤리적 해결책을 실행하는 것은 보통 상당한 요령과 민감성을 요구하는데, 잘 수행될 경우에 그 영향과 결과를 크게 증대시키고, 내담자의 수용성을 높일 수 있다. 슈퍼바이지들에게 윤리적 결정과 행동을 내담자에게 어떻게 제시할 것인지에 대한 선택권이 있다는 점을 상기시키면 도전적인 윤리적 상황에서 통제감과 주인의식을 크게 증대시킬 수 있다. 슈퍼바이지들은 자문을 통해 자신이 원하는 대응방식을 최적화하는 방법에 대한 도움을 얻을 수 있다(Knapp & VandeCreek, 2012, p. 45).
- 자기 돌봄(self-care)을 잘하는 것은 손상과 윤리적 위반을 피하게 해 주고, '윤리적 평범함을 피하여 탁월함을 향해 나아가는 것'을 의미하므로 중요하다(Tjeltveit & Gottlieb, 2010, p. 105).
- 심리적 어려움을 겪고 있는 사람에게 치료나 처치를 권하는 것처럼, 우리도 그 조언을 마음에 새기고 개인적 또는 심리적 문제로 어려움을 겪을 때 적절한 도움을 구해야 한다. Koocher와 Keith-Spiegel(1998)은 APA의 윤리위원회에 소환된 심리학자의 약 절반이 윤리적 부적절성과 관련된 정서장애를 가지고 있는 것으로 보인다고 비공식적으로 추정했다.
- 취약성이 너무 심하면 임상가는 자기 자신과 취약성을 정직하게 직면하고 회복력을 재건할 수 있도록 심리치료나 슈퍼비전(두 가지를 혼합하지 않고)에 의지할 수 있어야 한다(Tjeltveit & Gottlieb, 2010, pp. 107-108).

Rogerson 등(2011)은 정신건강 전문가들이 문제를 신중하게 고려하고, 자기 감찰 및 자기 반증 전략을 일상적인 업무 습관에 통합하는 자기 반성적 태도를 취함으로써 인지 왜곡을 방지하고자 노력할 때 윤리적 의사결정이 향상된다고 조언했다. 이는 자신의 초기 생각이 틀릴 수 있다는 것을 인정하고, 우선적으로 떠올랐던 충분해 보이는 해결책에 따라 행동하려는 충동을 억제하며, 그 대신 대안적 관점을 적극적으로 탐구하고 자신에게 악마의 변호인(devil's advocate) 역할을 하는 방식으로 이루어질 수 있다. (그렇지 않아서 상황이 악화되면 기꺼이 그 역할을 대신할 다른 사람이 나타날지도 모른다.) 또한 저자들은 윤리적 딜레마를 흑백논리, 전부 아니면 전무의 틀로 보지 말라고 조언한다. 윤리적 추론의 함정과 오류에 대한 인식은 전문성 발달이라는 긍정적인 고려 사항으로 보완될 수 있다(Rogerson et al., 2011, p. 620). 예를 들어, 슈퍼바이저는 슈퍼비전에서 충성(loyalty) 개념을 다루며 충성심이 내담자 돌봄에서 매우 긍정적인 기능을 수행한다는 점을 강조할 수 있다. 그러나 어떤 경우에는 치료자가 윤리적 또는 전문적 지침을 준수하는 것보다 내담자에 대한 충성을 우선시하도록 유혹할 수도 있다는 점을 설명할 수 있다. 또한 윤리적으로 행동하는 것이 적어도 어떤 지점에서는 항상 좋은 것은 아니라는 점을 인식하는 것도 중요하다(Rogerson et al., 2011, p. 622).

결론적으로 모든 정신건강 전문가가 알고 있듯이, 우리가 의식적으로 인식하지 못하는 것들이 일반적으로 우리에게 문제를 일으키는 원인이 된다.

> 이성은 단순히 감정의 힘을 무시함으로써 극복할 수 없다. 감정과 가치는 자동적이고 직관적인 과정을 통해 강력한 영향력을 발휘한다. 이로 인해 나타나는 경향성과 편향을 인정하고 이해하는 것은 특히 감정적으로 격앙된 상황에서 의사결정을 더 현실적이고, 정확하며, 도움이 되는 방식으로 개념화할 수 있는 좋은 길을 제시해 준다(Rogerson et al., 2011, p. 622).

우리의 약점과 취약성을 인식하는 것뿐만 아니라, 단순히 의지력을 발휘해서 약점을 극복할 수 있는 능력을 과대평가하지 않는 것도 중요하다. 경제학자 George Loewenstein(Ariely & Loewenstein, 2006)은 **뜨거움-차가움 공감 격차**(hot-cold empathy gap)라는 개념을 도입하여 차분하고 이성적이며 평화로운 순간에는 우리가 유혹의 순간에 어떻게 행동할지를 제대로 이해하지 못하는 경향을 설명했다. (나초 한 접시를 먹으며 다이어트를 계획해 본 적이 있다면 이 개념을 체험한 것이다.) 자문은 지지와 책임감을 동시에 강화해 주며, 우리가 마음 한 켠에서는 윤리적으로 위험할 수 있다고 어렴풋이 인식하면서도 선의로 하려던 행동에 빠져들지 않도록 제어하게 해 주는 핵심적인 수단이 될 수 있다.

임상 슈퍼비전의 윤리적 주제들

이 절에서는 임상 슈퍼비전에서 발생할 수 있는 몇 가지 문제를 간략히 강조하려고 한다. 이 책은 윤리에 관한 전체를 다루는 것이 아니라 슈퍼비전에서 주의해야 할 몇 가지 문제에 대한 간략한 개요를 제공하기 위한 것이다. 윤리적 탄력성이 이러한 다양한 상황에 어떻게 적용될 수 있을지 독자 스스로 고려해 보기를 권장한다.

사전 동의

사전 동의는 본질적으로 내담자이든, 슈퍼바이지이든 서비스를 받는 사람이 충분히 정보를 제공받아 정보를 바탕으로 어떤 결정을 내릴 수 있는 상태를 의미한다. 이 정보에는 일반적으로 다음과 같은 항목이 포함된다. 슈퍼바이저 및 슈퍼바이지의 자격 및 자격 증명, 비밀 유지의 한계, 치료의 위험과 이점, 내담자에게 요구되는 점(내담자의 역할), 치료 기간과 비용, 치료 방식이나 접근법 등의 세부 사항(Bernard & Goodyear, 2004)이다. 치료가 시작될 때 내담자에게 치료자는 수련생이라는 것과 슈퍼바이저의 이름, 상담 회기를 녹음할 수도 있다는 점, 녹음 자료에 접근할 수 있는 사람이 누구인지에 대해 알려야 한다.

또한 슈퍼바이지도 사전 동의를 받을 권리가 있는데, 슈퍼비전 과정에 무엇이 포함되는지, 그리고 어떻게 평가될지를 알 권리가 있다. 바람직하게는 이 정보들 또한 서면으로 제공되고, 슈퍼바이지 및 슈퍼바이저 모두가 서명하는 것이 좋다. 이는 특히 많은 슈퍼바이저가 피드백, 특히 비판적인 피드백을 주는 데 불편함을 느낄 수 있다는 점과 평가 과정에서 내재된 불안감을 고려할 때 더욱 중요하다.

이중 관계와 경계 문제

이중 관계 또는 다중 관계는 치료자 또는 슈퍼바이저가 내담자 또는 슈퍼바이지와 하나 이상의 역할 또는 관계 유형을 가질 때 발생한다. 슈퍼비전에서 이중 관계의 예로는 이전 슈퍼바이지에게 치료를 제공하거나 현재 또는 이전 슈퍼바이지와 감정적 관계를 발전시키는 경우가 있다. 치료와 슈퍼비전 모두에서 치료자-내담자 또는 슈퍼바이저-슈퍼바이지 간의 성적 관계는 문헌에서 가장 많이 주목받아 온 주제다(Bernard & Goodyear, 2004). 성적 매력이 가끔씩 생기는 것은 아마도 놀라운 일이 아닐 것이다. 나(저자 John Wade)의 경험에 따르면, 슈퍼바이지들에게 흔히 있는 치료 회기를 이렇게 묘사한 적이 있다. "상대방이 당신의 말을 놓치지 않으려고 귀 기울이는 모습을 보면 당신을 깊이 신뢰하는 것처럼 보이고, 의미 있는 수준에서 연결되는 느낌을 받습니다. …… 이것이 데이트(좋은 데이트)인가요, 아니면 치료 장면인가요?" 물론 매력을 느낀다고 해서 반드시 행동으로 옮기거나 문제가 되는 것은 아니다. 따라서 슈퍼바이지들은 치료와 슈퍼비전에서 로맨틱한 감정이 생길 가능성을 알고 있어야 하며, 모든 윤리적 문제와 마찬가지로 이를 인정하고 슈퍼비전 과정에서 드러내어 다룰 때 훨씬 잘 관리될 가능성이 높다는 점은 분명하다.

다중 역할(multiple roles) 자체가 반드시 문제를 일으키는 것은 아니다. 예를 들어, 슈퍼바이저가 슈퍼바이지의 연구 자문가 역할을 동시에 할 수도 있다. 이때 관계 내에서 내재된 권력 차이가 해를 끼치지 않도록 주의해야 한다. 심리학자 윤리 원칙 및 행동 강령(APA, 2002)에서는 다음과 같이 명시하고 있다.

> 3.05(a) 심리학자는 다중 관계가 심리학자로서의 직무를 수행하는 데 있어서 심리학자의 객관성, 역량 또는 효율성을 손상시키거나 전문적 관계를 맺고 있는 사람에게 착취 또는 해를 끼칠 위험이 있다고 합리적으로 예상되는 경우에는 다중 관계를 맺는 것을 삼가야 한다.

그러나 해를 끼칠 것으로 합리적 예상이 되지 않는 다중 관계는 비윤리적인 것으로 간주되지 않는다.

어떤 다중 관계는 슈퍼바이지에게 도움이 될 수 있는 반면, 해를 끼칠 수 있는 다중 관계도 있다. 도움이 되는 다중 관계에는 한 학생의 슈퍼바이저이자 그 학생의 논문 심사위원회에 참여하거나, 슈퍼바이지의 임상 슈퍼바이저와 연구의 자문 역할을 동시에 수행하는 것이 포함될 수 있다. 이러한 관계는 역할이 명확하게 정의되어 있고, 본질적으로 '직무 설명'을 포함하기 때문에 위험한 경계로 미끄러질 가능성은 최소화될 확률이 높다(Gottlieb, Robinson, & Younggren, 2007). 해로운 관계는 슈퍼바이저가 직업적 관계에서 개인적 관계로 옮겨 가기 시작할 때 발생한다. 순전히 전문적 관계에서 개인적 관계로 전환되는 시점을 정확히 판단하기는 종종 어렵다. 왜냐하면 개인적이고 인간적인 요소는 모든 의미 있는 관계에서 중요하기 때문이다. 예를 들어, 슈퍼바이저가 슈퍼바이지와 함께 전문 회의에 참석하여 점심을 먹는다면 함께 식사하는 것은 자연스러운 일처럼 보인다. 그러나 더 친밀한(intimate) 점심 식사를 하기 위해 따로 근처 식당으로 가기로 선택하면 그것은 더 사적인 관계가 되는 것인가? 친밀한이라는 단어의 언급만으로도 관계가 문제가 되는 것인가?

Gutheil과 Gabbard(1993)는 이를 **미끄러운 경사**(slippery slope)라고 표현했는데, 선을 넘는 순간을 아는 것이 어렵다는 점을 강조한다. 그리고 모든 경사면과 마찬가지로 내리막길에 들어서면 매우 빠르게 가속하며 재앙으로 향할 위험이 크다고 설명했다.

역량

슈퍼바이지의 역량 문제는 윤리적 원칙의 효과적 적용에 내재된 '회색 영역'과 모호성을 보여 주는 문제임이 분명하다. Sherry(1991)는 슈퍼비전 과정이 발달적 특성을 가지고 있음을 언급하며, 슈퍼바이지는 기본적으로 배움을 위해 수련 중이며, 아직 독립적으로 많은 할당 과제를 수행할 역량이 없다고 지적했다. 슈퍼바이저는 내담자와 슈퍼바이지의 이익을 동시에 고려하며, 슈퍼바이지에게 학습을 위한 임상 경험을 제공하는 동시에 내담자를 보호하고, 그들이 원하는 유능한 치료를 제공해야 하는 도전적인 위치에 있다.

슈퍼바이저와 임상가는 모두 자신의 역량 범위(scope of competence) 내에서만 직무를 수행해야 한다는 윤리적 책임을 가지고 있다. 슈퍼바이지의 경우, 자신이 실천하는 역량을 갖춘 슈퍼바이저의 지원과 지도를 받는 것을 포함한다. 역량 범위 내에서 실천하는 것은 슈퍼바이저에게 다양한 방식으로 도전이 될 수 있다. 많은 현직 슈퍼바이저는 슈퍼비전에 대한 구체적인 교육이나 수업을 받은 경험이 없으며, 가르치는 것과 마찬가지로 효과적인 임상가가 된다고 해서 자동으로 효과적인 슈퍼바이저가 되는 것은 아니다. 게다가 슈퍼비전 활동은 슈퍼바이지 평가 양식 외에는 대체로 모니터링되지 않으며, 평가 양식은 익명성이 보장되지 않기 때문에 정직한 피드백을 얻기가 어렵다. 또한 제8장에서 논의했듯이, 일단 역량을 달성하면 자만하거나 더 이상 스스로에게 도전하거나 새로운 정보를 배우지 않게 되기 쉽다. 이는 시간이 지나면서 역량이 불안정하게 될 가능성을 초래할 수 있다.

상담에서 내담자가 자기 감찰을 배우는 것이 중요하다는 점과 유사하게, 슈퍼바이저의 기본적인 임무는 슈퍼바이지가 자가 평가를 배우도록 돕는 것이다(Vasquez, 1992). 이것은 자신의 능력 범위 내에서만 실천해야 한다는 윤리적 의무를 고려할 때 필수적이다. 자가 평가는 공식적인 슈퍼비전이 종료된 후 일반적으로 개별 임상가가 스스로 수행해야 하는 내적 평가다. 경험이 쌓일수록 임상가로서의 자신감은 높아지지만 능력은 향상되지 않는 경향이 있기 때문에(Garb, 1989) 이로 인해 자신의 역량 범위 밖에서 치료를 시작하기 쉬우므로 자가 평가가 중요하다.

Pope와 Vasquez(1998)는 윤리와 관련하여 지적인 역량(즉, 연구, 이론, 개념화 및 치료 효능에 대한 지식)과 정서적 역량(즉, 임상 작업과 관련된 모든 측면에서 자기 자신에 대한 지식)을 논의했다. 이는 2002년 APA의 윤리 강령에서 역량이 '기술 기반 역량(skill-based competence)과 관계적 역량(relational competence)'으로 구성된다고 개념화한 것과 유사하다(Campbell, Vasquez, Behnke, & Kinscherff, 2010, p. 46). 기술 기반 역량에는 전문 경험, 자문, 슈퍼비전 경험, 지속적인 교육 및 수련과 같은 기술이 포함되며, 관계적 역량은 대인 관계 관찰 능력 및 개인 내 통찰 능력을 포함한다.

결론

임상 윤리에 관한 문헌을 검토해 보면 대부분의 초점이 개인에게 맞춰 있으며, 윤리적 책임은 대부분 보다 큰 시스템이 아닌 개별 임상가에게 있다는 것을 알 수 있다. 이 장에서는 슈퍼바이저와 슈퍼바이지, 임상가와 내담자 개인을 다시 강조함으로써 이와 같은 초점을 반복하여 언급했다. 물론 개별 슈퍼바이지와 슈퍼바이저에게는 윤리적 책임이 있으며, 자신의 직업적 역할과 의무를 인식해야 한다. 그러나 윤리를 산업 안전과 다소 유사한 것으로 개념화하는 것이 도움이 되고 더 정확할 수 있는데, 그 목적은 사고와 피해를 최소화하거나 해를 초래하는 윤리적 위반을 피하는 것을 목표로 할 수 있다. (물론 이 장을 읽은 후에는 진정한 목표가 항상 가장 좋고, 윤리적으로 민감한 치료를 제공하는 것임이 확립되었기를 바란다) 산업 안전 모델에서 기업과 산업은 안전을 중장비에 다치거나 지게차로 동료의 발을 밟지 않는 직원의 개인적 책임으로만 취급하지 않는다. 직원 개개인이 힘든 하루를 보내더라도 사고가 덜 일어나고 안전이 더 쉽게 달성될 수 있도록 최적의 작업 환경을 조성하는 것이 기업의 책임이라고 본다. 공장에서는 안전을 팀의 노력으로 간주하기 때문에 개인 사물함에 'Bill이 사고 당한 지 112일'이라고 적힌 표지를 붙이지 않고 회사 내에 누군가가 사고를 당한 지 얼마나 지났는지를 나타내는 대형 표지판을 게시한다.

우리의 목표가 진정으로 윤리적 위반 가능성을 줄이고 윤리적 탄력성을 높이는 것이라면 이와 동일한 원칙을 정신건강 기관의 윤리에도 적용하는 것이 유리할 것이다. 슈퍼바이저로서 우리는 슈퍼바이지들이 좋은 윤리적 결정을 내릴 가능성을 높이고, 판단 오류나 잘못된 선택을 할 가능성을 어떻게 줄일 수 있을지 우리 스스로 자문해야 한다. 관리자로서 우리는 동일한 목표에 따라 직무 환경을 구조화해야 할 윤리적 책임이 있다. 예산 삭감과 불합리한 요구는 모든 정신건강 종사자와 슈퍼바이지에게 강력한 압박과 스트레스를 줄 수 있다. 윤리는 종종 상충되는 요구가 있을 때 작동하는데, 서비스 제공이 어려운 내담자들을 더 많이 돕고자 하는 필요와 임상가들이 만성적 스트레스와 소진 상태에서 일하지 않도록 보호하려는 필요 사이에 분명한 긴장이 존재할 수 있다. 조종사나 트럭 운전사와 같은 여러 전문직은 과도한 피로 상태에서 작업을 하지 못하도록 방지하는 엄격한 규정을 가지고 있는데, 하루 또는 주당 작업 시간을 제한한다. 비록 같은 수준의 정밀함으로 시행될 필요는 없겠지만, 동일한 원칙이 정신건강 직종에서도 고려되어야 한다. 많은 환경에서 스트레스와 탈진 직전의 상태가 일상적인 환경을 조성해 놓은 채, 직원들이 그 조건에서 어떻게든 예외가 되어 부정적인 영향을 극복해

내길 기대하는 것은 건전한 위험 관리 계획이 아니다. 각 개인은 내담자와 슈퍼바이지에게 유능한 서비스를 제공하기 위해 합리적인 자기 돌봄에 참여할 책임이 분명히 있지만, 기관 역시 올바른 조건을 만들 책임을 공유해야 한다. 적은 자원으로 더 많은 서비스를 제공해야 한다는 압박이 현실이긴 하지만, 충분한 휴식 없이 조종사를 비행시키지 않고(자기 관리), 정기적인 점검이 완료될 때까지(빈번한 상담) 비행기를 착륙시키는 항공사 지침을 따르는 것이 현명해 보인다.

윤리적 행동이 번성할 수 있는 올바른 조건을 만드는 것이 얼마나 중요한지 아직도 확신이 서지 않는다면 고전적인 **선한 사마리아인** 연구(Darley & Batson, 1973)를 떠올려 보라. 이 연구는 상황적 변수와 개인적 변수가 도움 행동에 미치는 영향을 조사하기 위해 선한 사마리아인의 상황을 재현했다. 프린스턴 대학교의 신학 대학원생들이 두 건물 사이를 이동하는 길에 도로 한쪽에 허름한 옷을 입고 고통스러워 보이는 자세로 앉아 있는 사람과 마주쳤다. 학생들이 목적지로 서두르고 있는 경우, 멈춰서 도움을 준 확률은 훨씬 낮았다(단 10%가 도움을 줌). 반면, 서두르지 않았던 학생들은 63%가 멈춰 도움을 주었다. 흥미롭게도 학생들 중 절반은 선한 사마리아인의 비유에 대한 짧은 발표를 하러 가는 중이었고, 나머지 절반은 관련 없는 주제에 대해 발표를 하러 가고 있었다. 그러나 이러한 차이는 피해자에게 도움을 줄 가능성에 유의미한 영향을 미치지 않았다. 실제로 일부 학생들은 '선한 사마리아인의 비유' 발표를 제시간에 하러 가기 위해 고통 받는 남성을 피해 넘어가는 모습이 관찰되었다! 이 잘 알려진 연구를 논의할 때 종종 언급되는 개념이 '기본적 귀인 오류(fundamental attribution error)'다. 이는 성격(또는 윤리적 지식과 같은 자질)과 같은 개인적 요인의 영향을 과대평가하는 경향과 상황적 요인의 중요성을 과소평가하는 경향을 말한다. 우리가 어려움에 처해 있을 때, 도움이 필요한 상황에 대해 발표를 연습한 누군가보다 시간이 여유로운 사람을 만나는 것을 훨씬 더 선호할 것이다. 비록 연구되지는 않았지만, 윤리적 행동을 진정으로 지원하는 환경에서 일하는 임상가가 법적 및 윤리적 문제에 대해 매우 잘 알고 있지만 다음 내담자를 만나기 위해 서두르는 임상가보다 내담자들에게 더 나은 도움을 줄 가능성이 높다는 것은 과장된 생각이 아닐 것이다.

생각할 거리

- 나는 슈퍼바이저로서 슈퍼바이지들이 중요한 윤리 원칙과 전문 규정에 대해 탄탄한 실무 지식을 가지도록 어떻게 보장할 것인가요?
- 일주일에 한두 시간 정도만 슈퍼바이지와 만날 수 있다면 슈퍼비전 시간에 여러 상충되는 요구와 함께 윤리가 충분히 다루어지도록 보장하는 방법은 무엇인가요?
- 윤리적 딜레마가 명백히 드러나기 전에도 슈퍼바이지들이 윤리적 딜레마에 대해 슈퍼바이저인 나와 편안하게 상의할 수 있는 분위기를 어떻게 조성할 수 있나요?
- 나의 슈퍼바이지가 내담자에게 매력을 느낀다면 슈퍼바이지가 이를 슈퍼비전에서 처리할 가능성이 있나요? 그렇지 않다면 어떻게 하면 나의 슈퍼바이지가 슈퍼비전에서 이에 대해 논의할 가능성을 높일 수 있을까요?
- 내가 최근 일상생활에서 비합리적인 결정을 내린 예로 어떤 것들이 있나요?
- 성급하게 내린 결정을 재빨리 알아차리고 실행에 옮기지 않았던 경우가 있다면 그것이 가능했던 이유는 무엇인가요?
- 내가 취약하게 될 가능성이 높은 세 가지 윤리적 취약성은 무엇인가요?
- 슈퍼바이저로서 슈퍼바이지들의 눈으로 나 자신을 바라볼 때, 나의 윤리적 행동과 자기 돌봄 태도에 만족할 수 있나요?
- 나는 모호한 상황에 일반적으로 어떻게 접근하나요? 의사결정을 내리기 전에 여러 관점과 선택지를 진지하게 고려할 수 있도록 모호함에 대한 편안함을 높이려면 어떻게 해야 하나요?
- 어떻게 하면 슈퍼바이지에게 맹점 경향을 부정적이거나 잔소리처럼 느끼지 않도록 부드럽게 상기시킬 수 있나요?
- 우리 모두에게는 세 가지 맹점이 있는데, 나의 세 가지 맹점은 무엇인가요?
- 이혼이나 사랑하는 사람의 죽음과 같은 상황에서 자문과 지원이 반드시 필요한 순간은 어떤 경우인가요?
- 나의 취약성을 인식하기 위해 어떤 미묘한 신호나 경고를 알아차릴 수 있을까요?
- 과거에 내가 '윤리적 수렁'에 너무 가까이 다가간 적이 있다면 그러한 상황을 앞으로 더 빠르게 인식하기 위해 무엇을 할 수 있을까요?

- 두 가지 윤리적 원칙이 서로 상충하는 것처럼 보이는 상황에 직면했을 때, 나는 어떤 결정을 내렸나요? 이 상황을 어떻게 해결했나요?
- 윤리적 탄력성을 개발하는 데 있어서 더 지지적인 수련 과정이나 기관의 환경을 조성하는 방법은 무엇인가요?

읽을거리

책

Baron, J. (2000). *Thinking and deciding* (3rd ed.). New York, NY: Cambridge University Press.

Campbell, L., Vasquez, M., Behnke, S., & Kinscherff, R. (2010). *APA ethics code commentary and case illustrations*. Washington, DC: APA.

Goleman, D. (2006). *Social intelligence*. New York, NY: Bantam Dell.

Handelsman, M. M., Knapp, S., & Gottlieb, M. C. (2002). Positive ethics. In C. R. Snyder & S. Lopez (Eds.), *Handbook of positive psychology* (pp. 731-744). New York, NY: Oxford University Press.

Knapp, S. J., & VandeCreek, L. D. (2012). *Practical ethics for psychologists: A positive approach* (2nd ed.). Washington, DC: American Psychological Association.

Koocher, G. P., & Keith-Spiegel, P. (1998). *Ethics in psychology: Professional standards and cases* (2nd ed.). New York, NY: Oxford University Press.

논문

Bersoff, D. (1994). Explicit ambiguity: The 1992 ethics code as oxymoron. *Professional Psychology: Research and Practice, 25*, 382-387.

Garb, H. N. (2005). Clinical judgment and decision making. *Clinical Psychology, 1*, 67-89.

Haidt, J. (2001). The emotional dog and its rational tail: A social intuitionist approach to moral judgment. *Psychological Review, 108*, 814-834.

Rogerson, M. D., Gottlieb, M. C., Handlesman, M. M., Knapp, S., & Younggren, J. (2011). Nonrational processes in ethical decision making. *American Psychologist, 66*, 614-623.

Tjeltveit, A. C., & Gottlieb, M. C. (2010). Avoiding the road to ethical disaster: Overcoming vulnerabilities and developing resilience. *Psychotherapy Theory, Research, Practice, Training, 47*, 98-110.

참고문헌

Ariely, D., & Loewenstein, G. (2006). The heat of the moment: The effect of sexual arousal on sexual decision making. *Journal of Behavioral Decision Making, 19*, 87-98.

Arnsten, A. F. T. (1998). The biology of being frazzled. *Science, 280*, 1711-1712.

Baron, J. (2000). *Thinking and deciding* (3rd ed.). New York, NY: Cambridge University Press.

Barry, D. (1999). *Dave Barry turns 50*. New York, NY: The Ballantine Publishing Group.

Behnke, S. (2008, August). Discussant. In N. S. Rubin (Chair), *International ethics rounds: Dilemmas and guidance for consultants, clinicians, investigators and educators*. Presented at the annual meeting of the American Psychological Association, Boston.

Bernard, J., & Jara, C. (1986). The failure of clinical psychology students to apply understood ethical principles. *Professional Psychology: Research and Practice, 17*, 313-315.

Bernard, J. M., & Goodyear, R. K. (2004). *The fundamentals of clinical supervision* (3rd ed.). Boston, MA: Allyn & Bacon.

Bernard, J. M., Murphy, M., & Little, M. (1987). The failure of clinical psychologists to apply ethical principles. *Professional Psychology: Research and Practice, 18*(5), 489-491.

Bersoff, D. (1994). Explicit ambiguity: The 1992 ethics code as oxymoron. *Professional Psychology: Research and Practice, 25*, 382-387.

Campbell, L., Vasquez, M., Behnke, S., & Kinscherff, R. (2010). *The APA code of ethics: Alive and Applied*. Washington, DC: American Psychological Association.

Danziger, S., Levav, J., & Avnaim-Pesso, L. (2011). Breakfast, lunch, and their effect on judicial decisions. *Proceedings of the National Academy of Sciences, 108*, 6889-6892.

Darley, J. M., & Batson, C. D. (1973). "From Jerusalem to Jericho": A study of situational and dispositional variables in helping behavior. *Journal of Personality and Social Psychology, 27*(1), 100.

Fly, B. J., van Bark, W. P., Weinman, L., Kitchener, K. S., & Lang, P. R. (1997). Ethical transgressions of psychology graduate students: Critical incidents with implications for training. *Professional Psychology: Research and Practice, 28*, 492-495.

Garb, H. N. (1989). Clinical judgment, clinical training, and professional experience. *Psychological Bulletin, 105*, 387-396.

Goleman, D. (2006). Social intelligence. New York, NY: Bantam Dell.

Gottlieb, M. C., Robinson, K., & Younggren, J. N. (2007). Multiple relations in supervision: Guidance for administrators, supervisors and students. *Professional Psychology: Research and Practice, 38*, 241-247.

Gutheil, T. G., & Gabbard, G. O. (1993). The concept of boundaries in clinical practice:

Theoretical and risk management dimensions. *American Journal of Psychiatry, 150*, 188-196.

Haidt, J. (2001). The emotional dog and its rational tail: A social intuitionist approach to moral judgment. *Psychological Review, 108*, 814-834.

Haidt, J. (2007, May 18). The new synthesis in moral psychology. *Science, 216*, 998-1002.

Handelsman, M. M., Knapp, S., & Gottlieb, M. C. (2002). Positive ethics. In C. R. Snyder & S. Lopez (Eds.), *Handbook of positive psychology* (pp. 731-744). New York, NY: Oxford University Press.

Healy, T. C. (2003). Ethical decision making: Pressure and uncertainty as complicating factors. *Health & Social Work, 28*, 293-300.

Kahneman, D. (2003). A perspective on judgment and choice: Mapping bounded rationality. *American Psychologist, 58*, 697-720.

Knapp, S. J., & VandeCreek, L. D. (2012). *Practical ethics for psychologists: A positive approach* (2nd ed.). Washington, DC: American Psychological Association.

Koocher, G. P., & Keith-Spiegel, P. (1998). *Ethics in psychology: Professional standards and cases* (2nd ed.). New York, NY: Oxford University Press.

Ladany, N., Lehrman-Waterman, D., Molinaro, M., & Wolgast, B. (1999). Psychotherapy supervision ethical practices: Adherence to guidelines, the supervisory working alliance, and supervisor satisfaction. *The Counseling Psychologist, 27*, 443-475.

Masten, A. (2001). Ordinary magic: Resilience processes in development. *American Psychologist, 56*(3), 227-238.

Noteboom, J. T., Barnholt, K. R., & Enoka, R. M. (2001). Activation of the arousal response and impairment of performance increase with anxiety and stressor intensity. *Journal of Applied Physiology, 91*(5), 2093-2101.

Pope, K. S., Sonne, J. L., & Green, B. (2006). *What therapists don't talk about and why: Understanding taboos that hurt us and our clients*. San Francisco, CA: Jossey Bass.

Pope, K. S., & Vasquez, M. J. T. (1998). *Ethics in psychotherapy and counseling* (2nd ed.). San Francisco, CA: Jossey-Bass.

Pronin, E., & Kugler, M. B. (2007). Valuing thoughts, ignoring behavior: The introspection illusion as a source of the bias blind spot. *Journal of Experimental Social Psychology, 43*, 565-578.

Rogerson, M. D., Gottlieb, M. C., Handlesman, M. M., Knapp, S., & Younggren, J. (2011). Nonrational processes in ethical decision making. *American Psychologist, 66*, 614-623.

Sherry, P. (1991). Ethical issues in the conduct of supervision. *The Counseling Psychologist, 19*, 566-584.

Smith, T. S., McGuire, J. M., Abbott, D. W., & Blau, B. I. (1991). Clinical ethical decision making: An investigation of the rationales used to do less than one believes one should. *Professional Psychology: Research and Practice, 22*, 235-239.

Snyder, C. R., Lopez, S. J., & Pedrotti, J. T. (2007). *Positive psychology: The scientific and practical explorations of human strengths* (2nd ed.). Thousand Oaks, CA: Sage.

Tjeltveit, A. C., & Gottlieb, M. C. (2010). Avoiding the road to ethical disaster: Overcoming vulnerabilities and developing resilience. *Psychotherapy Theory, Research, Practice, Training, 47*, 98-110.

Trevino, L. K. (1986). Ethical decision making in organizations: A person-situation interactionist model. *Academy of Management Review, 11*, 601-617.

Vasquez, M. J. T. (1992). Psychologists as clinical supervisor: Promoting ethical practice. *Professional Psychology: Research and Practice, 23*, 196-202.

Wilkins, M. A., McGuire, J. M., Abbott, D. W., & Blau, B. I. (1990). Willingness to apply understood ethical principles. *Journal of Clinical Psychology, 46*, 539-547.

Wilson, T. (2011). *Redirect: The surprising new science of psychological change*. New York, NY: Little, Brown and Company.

제10장

결언

정원의 잡초 제거하기

당신의 행동이 다른 사람들에게 더 많은 꿈을 꾸게 하고, 더 많이 배우게 하고, 더 많은 일을 하게 하고, 더 나은 사람이 되도록 영감을 준다면 당신은 리더다.

— John Quincy Adams

정신건강 임상가이자 슈퍼바이저로서 우리가 가진 힘의 많은 부분은 사려 깊고 흥미로운 질문을 던지는 능력에서 비롯된다. 물론 성찰에서부터 통찰을 제공하거나 간단한 교훈적 지침을 제공하는 등 다른 개입 방법도 매우 유용할 수 있다. 그러나 Rich Hanson이 그의 저서 『붓다 브레인(Buddha's Brain)』(2009)에서 "훌륭한 질문은 깨달음(enlightenment)으로 이끈다"라고 한 말은 매우 적절하다고 볼 수 있다. '깨달음' 또는 이전에 보지 못했던 것을 조명하는 행위는 시야와 가능성을 확장시킨다. 더욱이 Senay, Albarracin, 그리고 Noguchi(2010)는 **내성적 자기 대화**(introspective self-talk)에 대한 연구에서 질문을 다루는 것이 단정적인 진술에 응답하는 것보다 우리의 마음을 훨씬 더 깊이 참여시키며, 문제해결 모드로 전환하여 목표를 달성하기 위한 단계를 고려하도록 만든다는 사실을 발견했다.

임상 작업과 마찬가지로, 슈퍼비전의 궁극적인 목표는 우리가 맡은 사람들로 하여금 문제를 해결하고 스스로 효과적으로 기능할 수 있도록 돕는 것이다.

Socrates는 "성찰하지 않는 삶은 살 가치가 없다"라고 주장한 것으로 유명하다. 무지가 행복일 수 있는 경우도 있지만, 슈퍼비전은 확실히 그런 경우가 아니다. 성찰과 검토는 전문성 발달 과정에서 많은 함정과 장애물을 해결하는 데 중요한 방법으로 보인다.

이 책 전반에 걸쳐 우리가 명확히 하고자 했던 바와 같이, 긍정심리학은 단순히 긍정적인 면에만 초점을 맞추는 것이 아니다. 하지만 밝은 면을 보는 것은 확실히 효과적인 행동을 확장하도록 이끄는 강력한 동력이 될 수 있다. 물론 위험과 문제의 가능성은 존재한다. 따라서 우리 자신과 슈퍼바이지들에게 잠재적인 문제를 예상하고 준비하기 위한 질문을 던지는 것은 매우 유용할 수 있다. 2007~2009년의 대침체(Great Recession) 이전에 정부 관리들이 주택 버블과 거대 은행들이 무리한 대출을 하는 상황에서 발생할 수 있는 잠재적 문제를 진지하게 고려하여 대비했다면 결과가 얼마나 달라졌을지를 상상해 보라. 좋은 질문은 대체로 관점을 넓히고 인식을 확장하는 데 도움을 준다. 예를 들면, 다음과 같다.

- 우리 모두가 그렇듯이 나도 맹점이 있다고 가정한다면 슈퍼바이저로서 나의 맹점은 무엇이 있는가?
- 이러한 맹점이 현재 나의 슈퍼비전에 어떤 영향을 미칠 수 있는가?
- 내가 의도하고 원하는 방식과는 다르게 슈퍼바이지가 슈퍼비전을 다르게 인식하거나 평가하고 있을 가능성은 무엇인가?
- 우리 모두가 실수를 한다고 가정할 때, 나와 나의 슈퍼바이지가 현재 저지르고 있을 수 있는 실수는 무엇인가? 나의 강점을 활용하여 더 나은 결과를 얻을 가능성을 높이기 위해 어떻게 변화할 수 있겠는가?

우리가 스스로에게 이러한 질문들과 또 다른 질문들을 던질 때, 지나치게 자기 비판적이 되는 인간적인 경향을 염두에 두고 자신을 자비롭게 바라보는 것이 중요하다. 자신의 인간다움을 인정하고, 건설적인 자기 탐색에 기꺼이 참여하려는 의지를 스스로 인정해 주어야 한다.

우리는 성찰을 목표에 두고 책의 주요 주제를 빠르고 간략하게 검토할 것이다. Seligman(2011)은 심리적 현상을 '일원론(monoism)'의 관점에서 지나치게 단순화하려는 유혹에 빠지기 쉽다고 적절히 지적했다. 즉, 단 하나의 간단한 심리 이론이 모든 인간의 행동을 설명할 수 있다고 가정하는 것이다(pp. 9-10). 예를 들어, 우리는 학습 원리가 우리의 일상에서 작동하는 무수한 사례를 목격한다. 반려동물 훈련, 자녀 양육, 소비자 행동을 조형하는 마케팅 등에서 이를 볼 수 있다. Watson(1930)은 초기 학습 이론을 공식화했을 때, 분명히 중요한 통찰을 발견했다. 그러나 그가 "건강하고 잘 발달된 12명의 영아를 주고, 내가 설계한 특정 환경에서 그들을 키우게 해 준다면 나는 무작위로 선택한 누구라도 내가 선택한 어떤 종류의 전문가, 즉 의사, 변호사, 예술가, 상인, 심지어 거지나 도둑으로도 수련시킬 수 있다. 그들의 재능, 성향, 경향, 능력, 직업, 조상의 인종과는 상관없이 말이다"(Watson, 1930, p. 82)라고 주장했던 것은 그가 과장한 것으로, 그로 인해 신뢰를 잃었다. 긍정심리학의 개념에 기반을 둔 우리의 강점 기반 슈퍼비전 모델이 슈퍼바이저들에게 실질적인 가치를 제공하고 수련과 슈퍼비전이 개념화되는 방식을 형성하는 데 도움이 되기를 바란다. 그러나 우리는 또한 모든 모델이 이미 존재하는 방대한 지식의 맥락에서 고려되어야 한다는 점을 이해한다. 제1장에서 묘사된 코끼리를 보는 맹인의 비유와 마찬가지로, 더 나은 목표는 '올바른' 이해를 추구하는 것이 아니라 전체 그림을 진정으로 파악하기 위해 가장 완전한 이해를 추구하는 것이다.

우리는 경험적 연구에 근거한 실용적인 적용을 종합하여 제공하고자 노력했다. 우리는 의도적으로 다학제적 접근 방식을 취했고, 정신건강 분야의 연구를 간호학에서 언어 병리학에 이르기까지 다양한 관련 분야의 정보와 연구 결과로 보완했다. 우리는 Maslow(1971)의 격언을 굳게 믿는다. 즉, 모범적인 행동을 이해하려면 성공의 모범을 연구해야 한다. 오늘날의 비지니스 용어를 사용하자면 '성공적인 실천 사례'를 이해하는 것을 포함해야 한다는 것이다.

효과적인 슈퍼비전의 대부분은 좋은 결과가 발생할 가능성을 높이기 위해 적절한 환경을 조성하는 데 달려 있다. 이러한 '환경 조성(setting the stage)'은 좋은 슈퍼바이저와 슈퍼바이지의 속성을 이해하는 것부터 시작하여 지원적인 기관을 마련하는 것에 이르기까지 다양한 형태로 이루어진다. 대인 변수(interpersonal variables)는 효과적인 슈퍼비전의 가능성을 높이는 가장 중요한 요소다. 어떤 슈퍼바이지도 고립된 존재가 아니다. 우리는 모두 작업 환경과 우리가 속한 문화의 규범에 의해 미묘하게, 때로는 분명하게 영향을 받는다. Beck(2013)은 단지 우리의 존재만으로도 서로에게 영향을 미친다고 언급했다. 그녀는 1660년대에 네덜란드 과학자 Christian Huygens가 여러 개의 시계가 벽에 걸려 있을 경우, 시간이 지나면 모든 진자가 동기화되어 움직이는 것을 관찰한 사실을 설명했다. 이 현상은 **동조화**(entrainment)라고 부른다. 동조화의 원리는 인간에게도 작용하는 것으로 보이는데, 이는 효과적인 수련과 슈퍼비전이 단지 개별 슈퍼바이저가 좋은 슈퍼비전을 제공하는 것에만 의존하는 것이 아니라 효과적인 기관의 리더와 관리자가 분위기를 설정하고, 효과적인 정신건강 서비스와 질 높은 슈퍼비전을 제공할 수 있는 작업 환경의 규범을 조성하는 데 달려 있음을 의미한다. 우리는 슈퍼비전과 수련을 긍정심리학의 원칙과 개념에 기반하는 것이 이를 수행하는 효과적인 방법이 될 수 있다고 믿는다. 관리자는 학습과 성장이 이루어질 수 있는 분위기를 조성할 특별한 책임을 가지고 있으며, 영향력은 물과 같다는 점을 염두에 두어야 한다. 물이 잠시 위로 튈 수는 있지만, 물과 영향력은 위에서 아래로 흐르는 경향이 있기 때문이다.

신뢰할 수 있는 동료들과 아이디어를 나누고 상의하며 정기적으로 관점을 넓힐 수 있다면 항상 더 효과적이고 현명하게 행동할 수 있다. Surowiecki(2004)는 임상 성과의 지혜에 대해 논의하면서 개인이 아무리 재능이 있고 똑똑하더라도 개인의 능력은 임상 성과의 지혜를 거의 항상 능가할 수 없다는 것을 보여 주는 많은 연구를 인용했다. 특히 윤리 문제를 고려할 때 다른 사람의 지혜를 얻는 것이 우리의 관점을 넓히고, 상황의 전체 스펙트럼과 가능한 함정, 해결책, 의도하지 않은 결과들을 더 잘 인식하는 데 도움이 된다.

우리가 슈퍼바이지들의 강점을 파악하고 이를 더 발전시키도록 돕는 것이 많은 이점을 가져올 수 있음을 충분히 명확하게 했기를 바란다. 하지만 이것이 실제적인 약점을 무시해야 한다는 의미는 아니다. 강점을 파악하고 활용하는 것은 우리 모두가 가지고 있는 약점을 관리하는 가장 효과적인 방법이 될 수 있다. 모든 일과 마찬가지로, 균형이 중요하다(다시 한번 우리는 Aristotle에게 감사해야 할 것이다). 자신의 약점이나 슈퍼바이지의 약점을 무시하는 것은 위험을 초래할 수 있다. 그러나 인간은 부정적인 것에 초점을 맞추는 타고난 경향이 있는 것 같다. 이는 대부분의 사람이 건강하고 유익한 균형 잡힌 관점을 달성하기 위해 강점과 성공에 더 의도적으로 초점을 맞춰야 한다는 것을 의미한다. 이는 특히 중요한데, 왜냐하면 우리가 실수와 문제에 집중하여 그것으로부터 배우려고 할 때조차도 우리는 운전할 때와 마찬가지로 주의를 기울이는 방향으로 나아가게 되는 경향이 있기 때문이다. 따라서 자동차를 운전할 때처럼, 우리가 가고 싶은 방향이나 슈퍼바이지가 가기를 원하는 방향에 시선을 고정하는 것이 필수적이며, 피하고 싶은 것에 지나치게 초점을 맞추지 않는 것이 중요하다. 사려 깊은 평가 절차와 효과적인 피드백 제공은 슈퍼바이저와 슈퍼바이지 모두를 올바른 방향으로 이끄는 데 도움이 될 수 있다. 잘 선택된 목표는 가능하면 상호 동의된 목표로 설정되어야 하며, 이는 에너지와 주의를 집중시키고 학습을 강화하는 데 기여할 수 있다.

남을 돕는 직업에 종사하는 우리 대부분은 다양성을 인정하려는 진지한 의도와 열망을 가지고 있다고 가정하는 것이 합리적이다. 이것이 우리 마음에 없다면 우리는 타인을 돕는 직업에 있어서는 안 될 것이다. 그것은 아마도 자녀를 양육하는 것과 비슷할 것이다. 우리 모두는 그들이 진정한 축복이고 기쁨이라는 것을 안다. 그러나 실제로 아이를 낳기 전까지는 일상생활에 요구되는 수고와 좌절감이 온전히 이해되지 않는 경우가 많다. 이는 자녀를 갖는 큰 보람을 깎아내리려는 것은 결코 아니다. 사실 수고와 투자는 만족감과 보상을 더욱 강화할 가능성이 높다. 그러나 때로는 동일성을 차이점보다 더 편안하게 느낄 수 있음을 인식하는 것도 중요하다. 그러나 이러한 도전을 때로는 불편하게 느낄 수 있지만, 진정한 축복이 될 수 있다. 특히 모든 사람이 같은 관점을 가지도록 노력하는 데 그치는 것이 아니라, 우리의 관점이 넓어져서 더 풍성한 페이지를 써 내려갈 수 있는 기회로 접근할 때 그러하다.

임상 서적을 읽을 때 내가 불편함을 느끼는 지점은 내담자가 교재에 제시된 대본에서 벗어날 수 있는 가능성이 있다는 점이다. 이는 임상가가 실제 내담자가 교재의 사례에 제시된 원활한 프로세스와는 다른 방식으로 반응할 때 부적절하다고 느끼게 할 뿐이라고 생각한다. 빠르고 쉬운 '치료법'이 표준임을 암시하는 책은 내담자와 임상가에게 비현실적인 기대를 할 수 있게 만든다. 슈퍼비전에 있어서 어려움과 도전은 불가피한 것이다. 이러한 상황에서 쉽게 발생할 수 있는 어려움을 관리하고 해결하는 데 도움이 되는 몇 가지 유용한 모델과 제안이 제공되었기를 바란다.

우리 모두는 슈퍼바이저로서 우리의 슈퍼바이지들이 기본을 숙달하고 유능하게 기능할 수 있기를 원하지만, 우리의 궁극적인 목표는 슈퍼바이지가 평생학습자로서 전문가가 되는 길을 시작하게 하는 거라고 생각한다. 궁극적으로 슈퍼바이저로서 우리가 미칠 수 있는 가장 큰 영향력 중 하나는 배움과 자기 계발에 대한 사랑을 심어 주는 것이다. 내담자들과 마찬가지로, 우리의 슈퍼바이지들이 우리가 말한 것뿐만 아니라 슈퍼비전을 통해 모델링한 자기 성찰, 자기 감찰 및 효과적인 문제해결 과정을 내면화하길 바란다. 슈퍼바이저로서, 특히 더 많은 경험을 쌓을수록 우리는 현실에 안주하고 우리가 배워야 할 것이 없다고 믿기 쉽다. 이것은 분명히 위험할 수 있는데, 특히 학습의 모델링으로서 슈퍼바이저 역할을 맡고 있다면 더욱 그러하다. 여기서 불교 스승의 이야기가 떠오른다. 그는 새로 온 학생에게 차 한 잔을 따라 주며 환영했다. 스승은 잔이 가득 차서 흘러 넘쳐도 계속해서 차를 부었다. 학생이 처음에는 놀라더니 마침내 입을 열어 "잔이 가득 찼으니 더 이상 들어갈 수 없습니다!"라고 말하였다. 그러자 스승은 마음도 마찬가지라고 말하며, 마음이 이미 가득 차 있다면 어떻게 더 많은 지식이 들어갈 수 있겠냐고 물었다.

우리 자신과 슈퍼바이지 모두가 탁월함을 추구하는 것은 현실주의와 인간 조건의 한계 및 제약에 대한 인식에 기반해야 한다. Franklin은 배우고 성장하려는 우리의 노력을 안내하는 데 도움이 되는 매우 유용한 예시로 정원에 잡초를 제거하는 것을 들었다(예: Isaacson, 2003). 그는 스스로 개선하고 싶은 13가지 미덕의 목록을 작성했다. 그는 주의력과 자기 수련의 한계를 알고 있었기 때문에 매주 한 가지 덕목에 집중하기로 했다. 특정한 덕목을 선택한 후, 그는 그 영역에서 좋은 행동과 실천을 강화하고 나쁜 습관을 제거하려고 노력했다. 그는 13주 동안 여러 영역을 순환하며 집중했을 때, 몇 주 동안 방치된 후 다시 나쁜 습관들이 되살아나는 것을 발견했다. 이는 마치 정원에서 잡초가 다시 자라는 것과 같았다. 그러나 그는 완벽함에 도달할 수 없더라도 매번 순환할 때마다 나쁜 습관이 줄어들고, 다시 '궤도로 돌아오는' 일이 점점 더 쉽다는 것을 알아차렸다. 더 나아가 '정원' 전체가 훨씬 더 잘 가꾸어진 듯 번영하고 있다는 것을 느꼈다. 우리가 추구하는 목표나 대상은 대개 높은 수준에 있지만, 우리 모두는 맹점이 있으며, 기본적인 것들과 씨름하기도 한다. 잡초를 뽑는 일은 매우 기본적으로 보일지라도 눈을 뜨고 나쁜 습관을 찾아 제거하려는 용기를 필요로 한다. 슈퍼바이저로서 내가 누군가를 편애한다고 인식될 가능성이 있는가? 관리자로서 기관의 현실적 제약이 효과적이고 윤리적인 서비스 제공이 이루어질 수 있는 여지를 허용하고 있는가?

이 책은 많은 영역을 다루었고, 실천을 위한 여러 제안과 성찰을 위한 질문을 제공하려고 노력했다. 아마도 어떤 책을 사용하든 가장 큰 위험은 압도감을 느껴서 아무것도 하지 않게 되는 것이다. 우리는 당신이 Franklin을 본받아 기대치를 단순하고 현실적으로 유지하면서 이번 주에 집중하고 싶은 한 가지를 선택하길 권장한다. 줄 하나를 선택하고 잡초를 뽑기 시작하자!

읽을거리

참고문헌

Beck, M. (2013, July). May we help you?. *Oprah*, 38-41.

Hanson, R. (2009). *Buddha's brain: The practical neuroscience of happiness, love, and wisdom*. Oakland, CA: New Harbinger Publications.

Isaacson, W. (2003). *Benjamin Franklin: An American life*. New York, NY: Simon and Schuster.

Maslow, A. (1971). *The farther reaches of human behavior*. New York, NY: Viking Press.

Seligman, M. E. P. (2011). *Flourish: A visionary new understanding of happiness and well-being*. New York, NY: Free Press.

Senay, I., Albarracin, D., & Noguchi, K. (2010). Motivating goal-directed behavior through introspective self-talk: The role of the interrogative form of simple future tense. *Psychological Science, 21*, 499-504.

Surowiecki, J. (2004). *The wisdom of crowds: Why the many are smarter than the few and how collective wisdom shapes business, economies, societies and nations*. New York, NY: Random House.

Watson, J. B. (1930). *Behaviorism* (Rev. ed.). Chicago, IL: University of Chicago Press.

찾아보기

저자 소개

John C. Wade, PhD

John C. Wade 박사는 엠포리아 주립대학교의 심리학 부교수이자 임상심리학 프로그램 관리자이다. 펜실베이니아 주립대학교에서 상담심리학 박사학위를 받았으며, 미주리 대학교에서 인턴십과 박사 후 과정을 수료하고 슈퍼비전을 전문으로 연구하였다. 긍정심리학, 슈퍼비전 및 수련, 진로상담, 다문화주의, 그룹 치료 등 다양한 주제에 관한 논문과 저서를 출간했다.

Janice E. Jones, PhD

Janice E. Jones 박사는 카디널 스트리치 대학교의 박사 리더십 연구과 부교수이며 학과장을 맡고 있다. 위스콘신-밀워키 대학교에서 상담심리학 박사학위를 받았으며, 위스콘신 의과대학에서 박사 전 과정과 인턴십을 마쳤다. 직업심리학, 장애인과 함께 작업하기, 다양성 및 다문화주의 등 다양한 주제에 관한 책의 장과 기사를 발표했다.

역자 소개

김은지(Kim, Eun-Ji)

가톨릭대학교 일반대학원 상담심리 전공 박사 수료
(사)한국상담심리학회 상담심리사 1급(슈퍼바이저)
현 포옹심리상담센터 대표

김경희(Kim, Kyung-Hee)

가톨릭대학교 일반대학원 상담심리 전공 박사
(사)한국상담심리학회 상담심리사 1급(주수퍼바이저)
현 가톨릭대학교 상담심리대학원 조교수
가톨릭대학교 상담심리대학원 상담센터장

〈주요 저 · 역서〉

학부생을 위한 상담이론과 실제(공저, 공동체, 2024)
긍정정서치료: 워크북(공역, 학지사, 2024)
긍정정서치료: 치료자 가이드북(공역, 학지사, 2024)

이희경(Lee, Hee-Kyung)

한양대학교 교육학과 상담심리 전공 박사
전 가톨릭대학교 학생생활상담소장
가톨릭대학교 상담심리대학원장
가톨릭대학교 학생처장
한국상담심리학회 부회장
현 가톨릭대학교 심리학과 교수

〈주요 역서〉

신경증적 갈등에 대한 카렌호나이의 정신분석(공역, 학지사, 2006)
긍정심리평가: 모델과 측정(공역, 학지사, 2008)
긍정심리학 핸드북(학지사, 2008)
상담연구방법론(공역, 센게이지러닝코리아, 2017)
상담심리학(공역, 학지사, 2020)
긍정정서치료: 워크북(공역, 학지사, 2024)
긍정정서치료: 치료자 가이드북(공역, 학지사, 2024)

강점 기반 슈퍼비전

- 상담자의 전문성 발달을 위한 긍정심리학적 접근 -

Strength-Based Clinical Supervision:
A Positive Psychology Approach to Clinical Training

2025년 9월 5일 1판 1쇄 인쇄
2025년 9월 10일 1판 1쇄 발행

지은이 • John C. Wade · Janice E. Jones
옮긴이 • 김은지 · 김경희 · 이희경
펴낸이 • 김진환
펴낸곳 • ㈜학지사
04031 서울특별시 마포구 양화로 15길 20 마인드월드빌딩
대표전화 • 02-330-5114 팩스 • 02-324-2345
등록번호 • 제313-2006-000265호

홈페이지 • http://www.hakjisa.co.kr
인스타그램 • https://www.instagram.com/hakjisabook

ISBN 978-89-997-3503-5 93180

정가 22,000원

역자와의 협약으로 인지는 생략합니다.
파본은 구입처에서 교환해 드립니다.